Jesus, Fact or Fallacy?

예수 신화?

예수 실화!

김 주 옥 지음

최광민 이학박사 감수

서철원 신학박사 추천

CLC

기독교문서선교회(Christian Literature Center: 약칭 CLC)는 1941년 영국 콜체스터에서 켄 아담스에 의해 시작되었으며 국제 본부는 미국의 필라델피아에 있습니다.

국제 CLC는 59개 나라에서 180개의 본부를 두고, 약 650여 명의 선교사들이 이동도서차량 40대를 이용하여 문서 보급에 힘쓰고 있으며 이메일 주문을 통해 130여 국으로 책을 공급하고 있습니다.

한국 CLC는 청교도적 복음주의 신학과 신앙서적을 출판하는 문서선교기관으로서, 한 영혼이라도 구원되길 소망하면서 주님이 오시는 그날까지 최선을 다할 것입니다.

Jesus, Fact or Fallacy?

Written by
Joo-ok Kim
(aka Hanna Kim)

Korean Edition

Seoul, Korea

추천사

서 철 원 박사
전 총신대 조직신학 교수

기독교는 신비의 종교다. 하나님의 창조뿐만 아니라 구원사역은 더 큰 신비다.

하나님이 성육신하여 사람이 되셔서 인류의 죄과를 전가받아 십자가에서 피 흘리심으로 인류를 죄와 죽음에서 구원하여 영생에 이르게 하시되 믿는 자에게 그렇게 하시기로 하셨다. 이 구원진리는 신비 중의 신비여서 사람이 이성으로 도저히 헤아리거나 감당할 수 있는 것이 아니다. 그래서 많은 비평과 비난과 배척을 받았지만, 믿는 자에게는 생명과 영원한 기쁨이 되었다.

저자는 확실한 증거들에 의해서 하나님의 구원사역의 신비에 대한 많은 반대와 부정을 논박하고 구원진리를 굳게 세웠다. 또 일괄적으로 기독교에 대해서 감행된 비난과 욕설들에 대항하고 변호하되 성경적인 기독교와 기독교란 이름 아래 잘못된 기독교 종파들의 과오를 지적하고 밝힘으로 바른 성경적 기독교의 진리를 바로 세웠다. 또 이방 종교들의 비평과 비난을 잘 반박하고 성경적인 기독교의 진리를 바로 세워 우리의 믿음을 굳게 하는 일을 하였다.

• • •

저자는 이런 일련의 작업들을 출판물의 홍수 가운데서도 바르고 권위있는 저작들에 근거하여 비판하며 저술해 나간다. 전문인도 하기 어려운 신학적 작업을 평신도가 해냈으니 대단한 작업을 한 것이다.

『예수신화? 예수실화!』는 우리의 믿음을 바르고 확실한 길로 가도록 돕는 확실한 신앙지침서다. 저자는 이런 위대한 작업을 통해 한국복음주의 교회에 큰 기여를 하였다. 한국의 그리스도인 모두가 일독을 하여 긍지를 갖는 믿음생활을 할 수 있기를 바란다.

2017년 2월 28일

저자 서문

김 주 옥

세상은 예수를 부정하며 이렇게 주장한다.

"예수는 신화적 존재다. 혹은 역사적 인물이기는 하지만 죽음으로 끝난 실패한 메시아다. 단지 위대한 인간일 뿐인데 니케아 종교회의에서 투표에 의해 신으로 격상되었다. 그리스도가 맞지만 부처, 마호멧, 공자 등 많은 그리스도들 중의 하나다. 불교를 공부한 불제자였다. 결혼도 했지만 제자들에 의해 숨겨져왔다. 성경은 신화나 타종교의 표절이다. 모순과 억지로 가득한 비과학적 비역사적 종교서적이다. 천지는 하나님이 창조한 것이 아니라 빅뱅으로 생겨나고 진화된 것이다. 하나님은 인간이 만들어낸 상상일 뿐이다. 하나님이 있다면 세상은 왜 고통과 불공평으로 가득한가? 만약에 하나님이 있다고 해도 그는 악한 하나님이거나 무능한 하나님일 것이다. 목사와 교회들의 범죄를 보라…."

많은 지식인들이 허무맹랑한 성경과 예수를 진실이라고 믿는 기독교의 허구를 폭로하기 위해서 자료를 모으며 연구를 시작했다. 그러나 연구의 결과 의도와는 달리 예수 앞으로 나아오게 되었다. 명백한 증거들을 부정할 수 없었기 때문이다. 그렇게 회심한 사람들 중에는 저명한 철학자인 앤토니 플루도 있다. 그는 무신론과 진화론의 신봉자로 반기독교인의 아이콘이었기 때문에 그의 '변절'은 세계적 이슈가 되었다. "나는 증거가 이끄는 대로 따라가라던 소크라테스의 법칙에 충실하게 살았을 뿐이다"는 것이 그의 단순한 답변이었다. 그는 예수의 분명한 증거를 반박할 수 없었던 것이다. 자신의 저서 『존재하는 신』에서 그것을 진술한다.

하버드대학교의 법학자 사이몬 그린리프도 무신론자로서 "예수의 부활은 단순한 전설에 불과하다"고 주장해 왔다. 하버드대학교의 제자들은 그가 만든 '증거의 규칙'을 '예수의 부활'에 적용해 보라고 도전했다. 그는 도전을 받아들여 자료들을 조사하다가 너무나 분명한 증거들을 발견하게 되었다. 결국 예수의 부활이 사실이라는 결론을 내리며 기독교로 회심하고 『전도자의 증언』을 저술했다.

물리학자이자 진화론자였던 헨리 립슨을 창조론자로 바꾸게 만든 것도 명백한 증거였다. 그는 "받아들일 만한 유일한 설명은 창조뿐이다. 나는 이것이 물리학자들에게 저주와도 같은 것임을 알고 있다. 내게도 역시 그렇다. 그러나 실험상의 증거가 지지하는 한, 우리가 싫어하는 이론이라고 해서 물리칠 수는 없다"고 고백했다. 노벨 물리학상 수상자인 로버트 밀리칸은 물리학회에서 "유물론은 내 삶에서 가장 생각하기 어려운 것이다"고 고백하며 '우주의 배후에 존재하는 초월자'에 대해서 '위대한 건축가'라고 명명했다.

넬슨 글루엑도 세계적 고고학자의 명성을 걸고 이렇게 증언했다.

"성경의 기록을 부인한 고고학적 발견은 전혀 없었다. 수많은 고고학적 발견물들이 성경의 역사적 진술들을 개괄적으로 혹은 세세하게 확증하고 있음은 명백하다. 증거를 탐사할 수 있는 곳은 어느 지역이든지 다 조사해도 성경은 총체적으로 믿을 만한 것임을 분명히 해 준다. 사실상 어떤 고고학적인 발굴도 성경적 참고가 필요함을 부정할 수 없다."

신화학자 셔윈 화이트는 '예수신화론'을 주장하는 사람들에게 "지금까지의 역사 속에서 60년 이내에 어떤 사건이 전설이나 신화로 발달된 증거는 없었다"고 반박한다. 예수에 관한 기록은 그의 죽음과 부활 이후 약 18년에서 60년 사이에 모두 다 완성되었기 때문에 신화가 발생되기에는 너무나 짧은 시간이라는 것이다.

예수에 관한 기록이 가장 짧은 구전 전승 기간을 거쳤다는 것은, 우리가 아는 고대 인물들 중에서 가장 확실한 역사적 인물이라는 의미다. 따라서 만일 누군가 예수의 역사성을 부인하고 싶다면 알렉산더나 소크라테스 등 다른 모든 고대 인물들에 대한 역사성도 부인해야만 한다. 또 성경은 '고서검증법'을 통해서도 완전한 신뢰를 얻게 되었다. 만일 성경이 믿을 수 없는 책이라면 다른 모든 고서들도 믿지 않아야 한다는 논리가 성립된다.

트리그베 메팅거 교수는 예수의 부활이 타종교의 표절이라고 주장하는 사람들에게 "예수의 부활과 유사하게 부활한 신에 대한 이야기들은 예수의 부활이 알려진 후 최소 100년 후에 나온 것이다"라고 반박한다. 타종교에 있는 부활신화가 오히려 기독교를 표절했다는 것이 더 논리적이라는 것이다. 또 세계적 종교학자 막스 뮐러 교수는 불교가 기독교에 영향을 주었다는 주장에 대해서 "불교와 기독교 사이에 어떤 역사적인 연계성의 증거를 발견하지 못한다"고 발표했다.

사람들이 성경을 부정하고 예수를 거부하는 이유는 세상의 거짓말에 속기 때문이다. 정직하고 진지하게 연구한 사람이라면 누구라도 성경 속의 예수가 사실임을 부정하지 않는다. 그러나 대부분의 사람들은 연구하지 않고 근거없는 소문들을 따라서 예수를 부정하고 배척한다. 진리대로 믿는 것이 아니라 원하는 대로 믿는 것이다. 예수가 내 인생의 주인이 되어서 갈 길을 간섭하고 죄를 지적하는 것이 싫은 것이다. 인생에서 그렇게 많은 실패를 거듭하고도 여전히 내가 내 인생의 왕이고 주인이고 싶은 것이다.

"신은 죽었다"는 말로 유명한 니체는 대표적인 무신론자였다. 선과 악은 없고, 하나님과 악마도 없고, 인간 스스로 초인이 되어서 무소처럼 나아가며 살아야 한다는 그의 주장은 하나님의 거추장스런 지배를 싫어하는 사람들에게 큰 호응을 얻었다. 이렇게 당당했던 니체는 죽음을 너무나 두려워한 나머지 정신발작을 일으키다가 결국 완전한 정신병자가 되어 마지막 10년을 정신병원에서 살아야 했다. 자신의 철학처럼 살다가 실패한 인생에도 불구하고 그의 철학은 지금도 유효하다.

세상은 고난을 핑계로 하나님을 배척하기도 한다. 하나님이 있다면 자신의 창조물이라는 인간들을 이처럼 혹독하게 방치하겠느냐는 것이다. 그러나 인간이 하나님을 거절했기 때문에 하나님은 인생에 간섭하실 수 없었다. 인간은 스스로의 판단에 따라 선악을 결정하고 자기 판단에 좋을 대로 살아갔다. 하나님을 배척하자 스스로 알지 못한 채 사탄의 통치 아래로 들어갔고 악과 범죄와 고통이 계속되었지만 하나님은 침묵하셨다. 만약 세상에서 끔찍한 범죄들이 일어날 때마다 하나님이 막아 주신다면 인간들은 하나님 없이도 스스로 얼마든지 잘 살 수 있다고 착각하며 자신의 창조주를 잊어버리게 될 것이다. 하나님은 인간의 착각과 거짓에 동조하시지 않는다.

고난이 하나님 부재의 핑계가 된다면, 그럼 건강하고 부유한 사람들은 하나님의 존재와 선하심을 인정할까? 물론 아니다. 저들은 자신이 똑똑하고 운이 좋아서 행복하다고 생각하며 하나님을 찾으려 하거나 감사하려하지 않는다. 반면에 가난하고 병들고 고통받는 사람들은 모두 하나님을 부인하거나 저주할까? 아니다. 사람들은 오히려 고통과 외로움 가운데서 하나님을 찾게 되고 찾으면서 만난다. 이것이 인생의 아이러니다.

하나님이 내 눈 앞에 나타난다면 믿겠다는 사람들이 있다. 혹은 지금 어떤 기적을 일으켜 주시면 믿겠다는 사람들도 있다. 그러나 하나님은 사람들의 이런 거짓말과 착각에 속지 않으신다. 하나님을 직접 대면하고 놀라운 기적을 경험했던 성경 속의 역사적 인물들은 평안하고 안정되자 곧 하나님을 배반하고 떠나갔다. 지금도 하나님의 놀라운 기적을 경험하고 기뻐하며 간증하다가 곧 배반하고 세상으로 떠나가는 사람들이 얼마든지 있다. 이처럼 하나님을 경험하고도 배척하는 사람들이 있는가 하면, 아무런 경험없이도 하나님께 나아오는 사람들이 있다. 사람들이 하나님께로 돌아오는 것은 성령의 은혜가 아니면 불가능하다고 성경은 말씀한다(고전 12:3).

모든 종교는 인간이 신을 찾아 구도하다가 깨닫게 된 인간의 지혜로 만들어진다. 반면 기독교는 하나님이 만물 가운데 자신을 계시하시고 인간이 발견해서 알게된 진리다. 하나님은 모든 환경 가운데서 자신에 대한 암시를 남겨놓으시고 인간들이 하나님 찾기를 간절히 기다리신다. 하나님은 인간에게 발견되기를 간절히 원하시면서도 모두에게 입증할 수 있도록 자신을 드러내시지 않는다. 그래서 성경은 하나님 나라와 복음을 '비밀'이라고 표현한다(눅 8:10; 엡 1:9; 6:19). 비밀은 다 드러난 것이 아니므로 모두에게 알려진 것은 아니지만, 또한 모두에게 닫혀져서 아무도 모르는 것도 아니다. 비밀이란 보물찾기처럼 일부에게만 드러나고 발견된다. 하나님은 숨어 계시지만 우리가 찾으면 발견될만한 곳에 계신다. 그리고 보물찾기에서 성공한 사람들에게 상을 주신다고 약속하신다(히 11:6).

과학적, 역사적, 철학적, 법학적, 신학적, 고고학적으로 타당한 모든 증거들이 "예수는 하나님이다"고 외치고 있다. 그러나 예수를 믿기 위해서 이 모든 지식을 다 갖출 필요는 없다. 나는 성경을 한번도 읽어보지 못했고 고고학자들의 한마디 증언도 들어보지 못했지만, 하나님이 계시고 나를 사랑하시고 나를 용서하신다는 복음 한마디만 듣고 덥석 예수를 영접했다. 아무 것도 모르는 채 예수를 믿고 따르겠다고 결단했던 순간은 믿을 수 없을 만큼 무모해 보이지만 그것은 내 인생에서 최고로 훌륭한 결정이었다.

예수를 믿자마자 복음을 전하기 시작하면서 반기독교인들로부터 무수한 질문과 반박을 받았다. 그들의 질문에 답변하기 위해서 열심히 자료를 찾으며 공부했다. 공부하면 할수록 예수의 정체는 더욱 분명해졌다. 성경 속 인물들이 역사자료 속에서 발견되는 것은 큰 기쁨이었다. 신화처럼 아득해 보였던 창세기의 사건들이 고고학 자료들을 통해서 가까이 다가왔다. 수천년 전 태고 때의 전설 같은 인물과 사건들이 역사적 사실로 현실감 있게 이해되었다. 성경은 인간에게 교훈을 주기 위한 이솝우화 같은 책이 아니라 인류에게 일어났던 사건들을 하나님의 안목에서 기록한 책이라는 것이 점점 더 확신되었다.

그런데 예수를 믿는다고 하면서 '다른 예수'를 믿는 사람들이 많다는 놀라운 현실을 알게 되었다. 하나님보다 더 똑똑한(?) 인간들이 부족(?)하거나 불완전(?)한 성경을 수정하고 추가하고 또는 그것을 기반으로 소설을 쓰면서 전혀 '다른 예수'들을 만들어낸 것이다. 많은 사람들이 성경 속의 예수를 거부하고 온갖 모습의 사이비 예수를 받아들여서 세상에 거짓말들을 퍼트리고 있다.

이 책은 성경을 있는 그대로 이해하고 해석하는 근본주의적 입장을 취한다. 근본주의자란 성경의 무오성, 예수의 신성, 예수의 대속적 죽음, 예수의 재림과 심판 등을 진리로 믿는 기독교인들이다. 그런데 '어떤 기독교인'들은 근본주의 기독교를 원수로 여긴다. 세계종교계와 유엔과 함께 활동하며 모든 종교가 동일한 것이라고 주장하는 릭 워렌 목사는 근본주의 기독교를 21세기의 큰 적(enemy)으로 간주한다고 발표했다. 그래서 근본주의 기독교는 세상에서도 미움받고 '다른 기독교'에게도 미움받는다.

기독교는 처음부터 미움받는 종교였다. 가라지 교인들과 삯꾼 목사들의 범죄 때문에도 미움받지만, 진리 때문에 더 미움받는다. 죄는 모두가 감추고 싶은 것인데 성경은 자꾸 죄를 지적하기 때문에 싫은 것이다. 예수는 우리를 사탄의 노예에서 풀어주시고 죄책감으로부터 자유케 하시려고 죄를 지적하시는 것인데 사람들은 죄라는 말을 아예 듣기 싫어한다. 또 소속된 세계가 다르기 때문에도 미움받는다. 사탄이 하나님을 대적하듯이, 사탄이 임금된 세상(요 14:30)에서 사는 사람들은 예수의 통치를 받는 사람들을 미워하고 대적한다. 그래서 예수를 믿는 삶은 좁은 길이고 험한 길이다.

무수한 사람들이 예수가 인도하는 좁은 길을 따라갔다. 예수를 따라가며 변화받고 미움받고 심지어 순교까지 했다. 예수는 왕이 된 적도 없고,

군대를 지휘한 적도 없고, 책을 쓰거나 법을 바꾼 적도 없고, 겨우 3년 남짓 공생애를 살았을 뿐이고, 더구나 가장 비참하게 실패한 것같이 십자가에서 처형되었지만, 그는 인류 역사에서 가장 큰 영향을 미쳤던 인물이다. 역사학자 자로슬라브 펠리칸은 "예수에 대해 누가 어떤 생각을 하든 어떤 믿음을 갖든 상관없이 이천 년 동안 서양 문화권을 지배해 온 인물이었음을 부인할 수 없다"고 말한다.

인류 역사에서 가장 큰 영향을 미친 예수는 자신이 하나님의 아들이자 메시아라고 주장했다. 그것은 무슨 의미일까? 그는 정신병자나 사기꾼이나 거짓말장이거나, 아니면 그의 주장과 사건들이 보여주듯이 정말 하나님인 것이다. 그렇다면 우리는 예수가 성인이라거나 종교지도자라는 모호한 답변이 아니라, 정직하게 둘 중 하나의 답변을 선택할 수밖에 없다. 그 선택은 우리의 영원한 인생을 결정지을 것이다.

* 각주에 소개한 웹페이지들은 독자의 편의를 위해서 한 곳(blog.daum.net/jesusofbible)에 모아서 올렸다.

* 자연과학자인 최광민 박사님은 과학 분야 이외에 고대역사와 고대종교와 신화 분야에서 많은 도움을 주었다. 히브리어/그리스어/라틴어 등의 원전을 제시하며 잘못된 부분들을 수정해 주고 반박받을 수 있는 질문을 해 주어 미리 답변할 수 있도록 도와주었다. 큰 감사를 보낸다.

* 총신대학교에서 신학대학원장을 역임한 서철원 박사님은 독일 튀빙겐대학이 선정한 20세기 신학자 100인에 포함된 조직신학자다. 은퇴 이후 연구와 저술과 강의 등으로 더욱 바쁜 일정 중에도 기꺼이 본서를 읽어주셨고 추천해 주셨다. 깊은 감사와 경의를 드린다.

차례

제1부

창조론 변증

1장. 과학이 부정하는 진화론
2장. 지구 나이와 인류 나이
3장. 인간에 대한 상반된 시각

1장

과학이 부정하는 진화론

진화론과 창조론의 상반된 주장이 팽팽하다. 세상은 이것을 '과학과 종교의 대결'이라고 표현하면서 마치 진화론이 과학적이고 창조론은 비과학적인 것처럼 말한다. 진화론이 모든 과학자들의 지지를 받는 증명된 진리이자 확증된 사실이라고 오해하는 것이다.

세상은 과학이 모든 것을 다 밝혀줄 수 있다고 생각하지만 아직도 우주의 티끌만큼만 알 수 있을 뿐이다. 과거에는 진리였던 것이 과학이 발달하면서 진리가 아니라고 밝혀지고 있다. 과거에는 아인슈타인의 상대성 이론이 진리라고 배웠지만 지금은 이것에서 오류가 발견되었다. 수학에서 진리로 배웠던 피타고라스의 정리에서도 오류가 발견되었다. 이론은 완벽했지만 실제에서는 오류가 있었다. 과학이 발달되면서 실험을 통해서 밝혀진 것이다.

진화론은 1859년 찰스 다윈에 의해 『종의 기원』이 출간된 처음부터 지금까지 과학자들 사이에서 끊임없는 논쟁이 되어왔지만 교과서에 소개되면서 대부분에 의해 진리라고 믿게 되었다. 하지만 계속되는 실험과 관찰과 발견은 진화 이론과 일치하지 않았다. 진화론자들은 수정에 수정을 반복하며 새로운 용어와 가설을 만들어 왔지만 여전히 실제와 일치하지 않았다. 이제는 과거의 진화론자들조차 스스로 그것을 부인하고 있다. 진화론의 모순들과 과학자들의 증언을 살펴보자.

1. 생명 시작의 증명 실패

인간은 어떻게 생겨났을까? 생명은 어디서 시작되었을까? 진화론은 무생물에서 생명이 생성되었다고 답변한다. 또 생성된 하등 생명체가 여러 종류의 고등 생명체로 진화되면서 궁극적으로 이 지상에 존재해 온 모든 형태의 동식물을 산출했다고 주장한다. 부모없이 생명체가 스스로 생겨났다는 자연발생설(Spontaneous Generation Theory)을 주장하는 진화론은 과연 과학적으로 증명된 사실인가?

BC 4세기경 아리스토텔레스는 이슬, 쓰레기, 땀 등에서 곤충이나 진드기가, 흙탕물에서 새우나 장어가 저절로 생겨나는 것을 관찰하고 자연발생설을 주장했다. 무생물에 생기가 가해지면 생물이 만들어질 수 있다는 아리스토텔레스의 주장은 르네상스 때까지 별 의심 없이 받아들여졌다. 17세기경 벨기에의 유명한 화학자이자 의학자인 반 헬몬트는 밀가루 낟알과 땀으로 더러워진 셔츠에 기름과 우유를 적셔서 항아리에 넣어 창고에 방치하고 관찰하면서 쥐가 생겨난 것을 발견했다. 그의 실험은 자연발생론자들에게 확신을 가져다 주었다.

그러나 과학이 발달하면서 자연발생설이 부정되었다. 1665년 처음으로 실험한 사람은 이탈리아의 의사이자 생물학자인 프란체스코 레디였다. 레디는 2개의 병에 죽은 물고기를 넣은 후 한쪽 병은 뚜껑을 덮지 않고 한쪽 병은 천으로 막은 채 며칠 동안 방치했다. 그 결과 뚜껑을 덮지 않은 병 쪽에는 날벌레가 꼬였지만 천으로 막은 병에는 날벌레가 꼬이지 않았다. 그는 이 실험으로 쥐나 날벌레 등이 자연발생되지 않는다는 사실을 발견했다.

그러나 레벤후크에 의해 미생물의 존재가 발견되면서 자연발생설이 다시 제기되었다. 쥐나 날벌레같이 몸집이 큰 생물이 자연발생할 수 없다는 사실은 실험으로 증명되었으나 눈에 보이지 않는 미생물은 무생물로부터 생겨날 수 있다는 주장이었다. 1745년 영국의 존 니담은 자연발생설을 증명하기 위해 실험을 고안했다.

니담은 열을 가하면 모든 생명체가 죽는다고 알고 있었기 때문에 음식물을 가열하고 다른 생명체가 들어가지 못하도록 막는다면 자연발생의 여부를 확인할 수 있을 것이라 생각했다. 니담은 가열된 닭고기 육즙을 플라스크에 넣고 마개로 단단히 밀봉한 후 며칠이 지난 뒤 현미경으로 육즙을 살펴보았다. 그가 짐작했던 대로 육즙 속에서는 작은 미생물이 관찰되었고, 니담은 이 실험을 통해 미생물이 무생물로부터 자연발생할 수 있다는 진화론을 주장했다.

그러나 그의 주장은 이탈리아의 동물학자 라자로 스팔란차니의 실험에 의해 부정되었다. 그는 가열된 육즙을 밀봉하는 과정에서 외부 공기가 유입되며 미생물이 따라 들어갔을 가능성을 제기하며 다시 실험했다. 이번에는 플라스크 내의 유기물 용액을 가열한 뒤 금속으로 용접밀폐하고 장시간 보관했는데 미생물은 발견되지 않았다. 그의 실험으로 자연발생설은 부정되고 통조림 같은 식품 보존법이 개발될 수 있었다.

그러나 자연발생론자들은 포기하지 않았다. 생물의 생육에 필요한 산소가 공급되지 않았기 때문에 자연발생한 미생물의 생육이 억제된 것 뿐이라는 주장이었다. 그러나 그런 주장도 실험으로 거부되었다. 1861년 프랑스의 화학자이자 생물학자인 루이 파스퇴르는 가열하고 밀폐한 유기물 용액에 가열한 공기를 들여보내는 실험을 했다. 이 실험에서 공기를 넣어주었지만 미생물의 증식을 찾아볼 수 없었다. 이 실험을 기초로 해서 루이 파스퇴르는 1861년 "자연발생설 비판"이라는 논문을 저술할 수 있었다.

하지만 1871년 다윈은 첫 생명이 물 속에서 나왔을 것이라는 생명기원설을 제시했고 이후 러시아 과학자 오파린과 영국의 과학자 홀데인이 이를 지지하는 논문을 발표했다. 1953년 시카고대학교의 스탠리 밀러는 그들의 이론에 따라 원시 대기 상태를 만들어 실험했다. 유리관 속에 물, 암모니아 가스, 메탄 가스 등을 넣고 번개의 효과를 내고자 일주일 동안 전기 스파크를 가했다. 그러자 소량의 아미노산이 검출되면서 진화론의 생명기원설은 사실로 인정받게 되었다.

그러나 이 실험에서 고분자 단백질을 만드는 것은 실패했고 생명을 이루는 22종의 아미노산 중에서도 단지 5종의 아미노산만 합성할 수 있었다. 비유로 설명하면 생명체를 구성하는 22개의 퍼즐조각 중 5개만 발견하는데 그친 것이다. 아미노산의 퍼즐조각 22개가 모두 자연적으로 만들어졌다고 해도 그것이 생명체로 태어나기는 어렵다. 고분자 물질은 생명이 없이는 쉽게 분해되고 흩어지는 성격이 있는데, 그것이 수억 년 동안 흩어지지 않고 환원 불가능한 복잡성을 가진 분자기계 구조의 생명체로 태어난다는 것은 거의 불가능한 일이라고 한다.

그 확률은 얼마나 될까? 온 우주가 생명체 합성에 필요한 아미노산 물질로 꽉 차있다고 가정하고 거기에 생체합성용 번개를 계속 가했다고 하자. 혹자의 계산에 의하면 그 안에서 우연한 생체기능을 가진 한 개의 분자 또는 물질이 우연히 합성될 확률은 10^{26}년 동안 10^{14110}분의 1이 된다고 한다. 더구나 이 분자가 고등생명체로 진화하고 인간으로까지 진화할 확률은 그보다 비교도 안되게 작아져서 숫자로 표현이 불가능해진다.

1994년 스페인에서 개최된 '생의 기원' 주제 세계학술대회에서 밀러의 실험은 의미가 없다는 주장이 제기되었다. 존 코헨(Jon Cohen) 박사도 밀러의 실험은 무의미했다며 1995년 과학잡지 「사이언스」에 “생명의 기원을 연구하는 많은 학자들이 오파린과 홀데인이 주장한 원시 대기 조성 성분에 대한 가설을 버렸다. 이 가설을 이용해 실험을 수행했던 밀러 본인도

1984년의 논문에서 이 가설이 맞지 않았음을 인정했다"고 기고했다.[1]

첫 생명 발생에 대한 밀러의 가설이 무너지자 진화론자들은 또 다른 가설을 제기했다. 바닷속 깊은 곳에서 화산이 폭발하면서 첫 생명이 탄생되었다는 주장이 그 하나다. 그러나 섭씨 120도가 넘는 뜨거운 곳에서는 모든 생물이 다 죽는데 어떻게 거꾸로 생명이 생겨날 수 있는가라는 질문 등에 대답하지 못하면서 이 가설은 인정받지 못했다.

유성 등이 대기 중으로 떨어지며 타 들어 가는 순간 암모니아 등이 발생되고 여기서 생명이 탄생되었을꺼라는 주장도 있었다. 그러나 연소 기간은 수분밖에 안되어 너무나 짧고, 태어나야 할 생명체는 너무 복잡하므로 이 주장도 설득력을 잃었다.

생명체의 기원을 지구상에서 찾을 수 없다면 아마도 외계의 생명체가 우주 먼지 등에 묻어 지구로 왔을 수 있다는 주장이 제기되었다. 그러나 생명체가 우주 먼지를 타고 지구까지 오려면 엄청나게 긴 세월 동안 엄청나게 비친화적인 환경(온도, 유해 우주선 등)을 견뎌야 하는데 그것이 과연 가능할 것인가라는 질문에는 아직까지도 답변하지 못하고 있다. 그럼에도 생명의 기원을 우주에서 찾으려는 노력으로 막대한 비용을 들이면서까지 달나라 탐사를 계속하고 있다.

암모니아 가스나 우주 먼지 같은 것들이 합성해서 우연히 생명이 만들어지고 우연히 인간으로까지 진화할 수 있을까? 이 시대 최고의 진화론자이자 무신론자인 리차드 도킨스는 이 '우연'에 긍정적이다. 그는 『이기적 유전자』에서 "만약 여러분들이 1억년 동안 매주 복권을 산다면 여러 차례 횡재를 할 수 있듯 (자기복제가) 전혀 불가능한 게 아니다"라고 주장했다.[2]

---

1 Casey Luskin, "Top Five Problems with Current Origin-of-Life Theories," http://www.evolutionnews.org/2012/12/top_five_probl067431.html.

2 「한겨레신문」, "인간은 이기적 유전자를 보존하기 위한 로봇," http://www.hani.co.kr/arti/society/schooling/488905.html.

한편 1993년 10월 '생의 기원'을 특집기사로 다뤘던 「타임」지는 "생의 기원에 대해 현재까지는 아무 것도 증명된 것이 없고 서너 개의 설익은 주장만이 난립하고 있다"고 글을 맺었다. 『제로의 발견』의 저자인 액젤(Amir Aczel)은 2014년 4월 「타임」지에서, 과학은 우리가 세상을 이해하는 데 도움을 주었지만 생명에 관해서는 여전히 불가사의로 남겨놓았다며 "과학은 하나님을 부정하지 않는다"고 결론내렸다.[3]

페르미 역설

노벨 물리학상을 수상한 이탈리아의 천재 물리학자 엔리코 페르미는 외계에도 생명체가 존재할 것이라고 생각했다. 진화론자들의 주장처럼 우주의 나이가 매우 오래 되었고 무수히 많은 항성들이 있고 그 항성들이 지구와 유사한 행성을 거느리고 있다면, 지구인 이외의 다른 지적 생명체가 우주에 널리 분포하고 있어야 한다는 것이다. 외계인은 더 오랫동안 진화되었으므로 지구인보다 훨씬 더 발달된 자들로서 그 중에서 몇몇은 지구를 방문했었을 수도 있다고 가정했다.

그런 가정으로 미국 NASA는 1차 조사를 수행했다. 펜실베니아대학교의 천문학자들은 WISE(Wide field Infrared Survey Explorer) 망원경의 데이터를 사용해 지구 궤도에 있는 10만 개의 은하들 중에서 중적외선 파장이 높은 것에 대한 검사를 수행했다. 외계인들이 문명된 기기를 사용하면 다량의 에너지를 발산할텐데 그 열은 중적외선 파장에서 감지될 수 있을 것이라는 가정에서다.

연구팀은 평균보다 높은 중적외선 방사선을 보이는 50개의 은하들을 발견할 수 있었다. 그러나 자연적 과정이 아닌 지성적 흔적에 기인한 것을

---

3 *TIME*, "Why Science Dose Not Disprove God," http://time.com/77676/why-science-does-not-disprove-god.

찾아내는 데는 실패했다. 연구의 공동 저자이자 펜실베니아주립대학교의 외계행성탐사센터의 천문학자인 제이슨 라이트는 이렇게 말했다.

"이들 은하들은 수십억 년의 나이라고 믿어지는데 이 정도의 시간은 은하들을 외계 문명으로 가득 채울 수 있는 충분한 시간이었다. 그러나 WISE가 상세히 살펴볼 수 있었던 10만 개의 은하들 중에서 외계인의 문명은 발견할 수 없었다. 그들이 아직 존재하지 않거나, 확인될 수 있는 충분한 에너지를 아직 사용하지 않은 것으로 보인다."[4]

진화론에 입각했던 SETI(Search for Extra Terrestrial Intelligence, 외계 지적생명체 탐사)의 노력은 지난 50년 이상 계속 실망스런 결과를 직면해야 했지만, 여전히 진화론과 외계인의 존재를 믿고 싶은 사람들은 "외계인은 다른 차원에 존재하고 있으므로 인류가 인식할 수 없거나, 이미 지구인들에게 잠복해 섞여서 정체를 숨기고 있거나, 정부가 알면서도 사실을 숨기고 있다"고 주장한다

그러나 "그들이 거기에 있다면 지구를 방문했을 것이다. 그들은 모두 어디에 있는가?"라는 페르미의 질문에, 영국의 물리학자 스티븐 웹은 그의 저서 『모두 어디 있지?』에서 "우리 밖에 없다"는 결론을 내린다.

2. 진화과정의 생명체 제시 실패

설사 무생물에서 생물이 저절로 만들어졌다는 진화론자들의 주장이 사실이라고 가정해도 진화론은 더 큰 문제들을 만나게 된다. 다윈은 『종의 기원』에서 "현재의 모든 생물은 일찍이 이 지구상에 살았던 어느 원시 생물체

4 CEH, "100,000 Galaxies without a Sign of Life," http://crev.info/2015/04/100000-galaxies-without-life.

의 직계 후손이다"라고 주장했다. 모든 생물은 공통 조상으로부터 나왔으며, 변형된 후손과 자연 선택에 의해서 새로운 종들이 생겼다는 것이다.

진화론은 의견이 매우 다양하지만 보편적으로 지구의 나이는 50억 년, 생명체의 역사는 30억 년으로 잡는다. 처음 지구가 생겨나고 너무나 뜨거웠기 때문에 20억 년 동안 생명체가 살 수 없었다고 추정하는 것이다. 30억 년 전 무생물에서 생겨난 박테리아 같은 미생물이 오랜 시간 동안 진화되면서 다양한 생물들이 생겨났고 이것이 인간으로까지 진화된 것은 약 20－50만 년 전이라고 주장한다.

연결고리의 부재

진화론이 사실이라면 진화되는 과정의 과도기적 생물이 무수하게 발견되어야 한다. 다윈은 『종의 기원』에서, 지층대가 다 발굴되면 모든 살아있는 종과 사라진 종들 사이의 중간 형태와 과도기적 고리의 수가 상상할 수 없을 정도로 많이 발견될 것이라고 장담했다. 그러나 모든 지층대를 다 발굴했지만 다윈이 기대했던 것과는 달리 그가 언급한 '중간 형태의 과도기적 생물체'의 화석은 발견하지 못했다. 발견된 화석들은 모두 완성된 생물의 형태를 갖고 있었다.[5]

지금도 진화론자들은 한 종류의 생물체가 또 다른 종류의 생물체로 변해 가는 증거를 보여달라는 요구를 받고 있지만 제시하지 못하고 있다. 그들이 연구했던 그 많은 화석들 중에도 없었고, 우리가 살고 있는 이 세계에서도 관찰 혹은 발견된 적이 없다.

한때 조류와 파충류의 중간 존재로 보이는 화석이 발견되자 진화론자들은 이것에 시조새(Archaeopteryx)라는 이름을 붙여 주고 종과 종 사이의 진

5 임번삼, "중간 형태로 주장되는 화석들," http://www.kacr.or.kr/library/itemview.asp?–no=1408.

화를 증명해 주는 연결고리라고 주장했다. 그러나 2011년 7월 과학저널 「네이처」는 진화론자들이 당황할 기사를 게재했다. 시조새가 새의 조상이 아니라 깃털 달린 공룡일 가능성이 높다는 연구 결과였다. 그러니까 시조새는 파충류와 조류의 연결고리적 존재가 아니라 그냥 파충류의 하나일 뿐이라는 것이다. 중국학술원의 수싱(Xu Xinh) 박사가 새로 발굴한 깃털공룡 화석을 조사한 끝에 내린 결론이었다. 150년 동안 '새의 조상' 지위를 누려 왔던 시조새는 이제 '깃털 공룡'으로 이름이 바뀌어지려 하고 있다.[6]

1996년에는 어류에서 포유류로 진화된 것처럼 보이는 화석이 발견되었다. 그것은 물고기의 모습을 하고 있었지만 포유류처럼 턱, 갈비뼈, 다리 같은 옆지느러미(lobe fins)를 갖고 있었다. 진화론자들은 그것이 종과 종 사이를 연결해 주는 연결고리라고 주장하며 틱타알릭(Tiktaalik)이라는 이름을 붙여 주었다.

발견 팀원 중의 한 사람인 하버드대학교의 파리쉬 젠킨스는 틱타알릭이 물과 육지 사이의 전이 형태의 생물체를 대표한다고 주장했다. 스웨덴 웁살라대학교의 마틴 브라제아도 틱타알릭은 연대가 알려진, 육상동물을 가장 많이 닮은 물고기임에 의심의 여지가 없다고 주장했다. 「뉴욕 타임즈」는 육상동물의 출현을 예상케하는 특성들을 갖고 있는 그것을 양서류, 파충류, 공룡의 조상이라고 보도했다.

과거에도 틱타알릭과 똑같은 종류의 엽지느러미를 가진 실러캔스(Coelacanth)라는 물고기 화석이 발견되었을 때, 진화론자들은 실러캔스가 지느러미로 해양바닥을 걸었을 것이라고 주장하며 이를 어류가 포유류로 진화했다는 증거로 제시했다. 그러나 3억 5천만 년 전의 물고기 화석이라고 주장되었던 실러캔스는 1938년 아프리카의 남쪽 해안에서 잡힌 바 있고 지

6 과학동아, "시조새는 공룡이다?" http://science.dongascience.com/articleviews/article-view?acIdx=10963&acCode=4&year=2016&month=08&page=1.

금도 잡히고 있다. 실러캔스를 잡아서 관찰했지만 옆지느러미로 걷는 것은 볼 수 없었고 다만 수영을 더 잘할 수 있도록 사용되고 있었다. 이 발견 이후로 진화론자들은 실러캔스에 대해 입을 다물고 있다.[7]

하바드대학교의 심리학자 스티븐 핀커는 그의 저서 『하버드 교양강의』에서 "새와 박쥐, 고래와 바다표범, 사람과 말의 앞다리 구조가 기본적으로 동일한 것은 이들이 모두 같은 조상에서 나왔다는 것을 설명한다. 진화가 없다면 그러한 유사성에 기능과 관련한 어떤 설명도 붙일 수 없으며 유사성이 나타나지도 않았을 것이다"라고 했다.

그러나 진화론자들조차 핀커의 의견에 동의하지 않는다. 콜롬비아대학교의 지질학자 노만 뉴엘은 "화석 기록은 수집하면 할수록 불연속성이 확대된다"고 했다. 「뉴스위크」지는 "과학자들이 종 사이를 연결하는 중간 형태의 전이화석을 찾으려고 하면 할수록 더욱 낙담하게 된다. 화석 기록에는 중간 형태의 전이화석이 없다는 것이 법칙이다"고 보도했고, 과학작가 로저 레윈도 「사이언스」지에서 "실제로 발견되는 화석의 모습은 대진화의 가설을 부정하고 있다"고 했다. 대영박물관의 수석 고생물학자인 콜린 패터슨(Colin Patterson)은 20년 이상 진화를 연구해 왔지만 진화론의 증거를 단 한 가지도 제시할 수 없다며 "진화론은 아무것도 설명해 주지 않으면서 모든 것을 설명하는 듯한 특별한 단어들로 꽉 차 있다. 진화론은 반지식을 양산하는 반이론이다"고 비난한다.[8]

핀커는 물고기의 지느러미나 새의 날개나 인간의 손가락에서 보이는 기능, 조직, DNA의 유사성이 진화론의 근거라고 주장하지만, 그것들이 유

---

7 Smithsonian NMNH, "The Coelacanth: More Living than Fossil," http://vertebrates.si.edu/fishes/coelacanth/coelacanth_wider.html.
Paul Garner, "The fossil record of early tetrapods," http://creation.com/the-fossil-record-of-early-tetrapods-evidence-of-a-major-evolutionary-transition.

8 "Colin Patterson on Transitional Fossils," http://www.don-lindsay-archive.org/creation/quote_patterson2.html.

사하다면 하나님이 '종류대로' 창조하실 때 그렇게 유사하게 만드셨기 때문이다. 물고기에 발이 있고 공룡에 깃털이 있고 원숭이가 서서 걷는다고 해서 그것도 진화론의 근거가 되지 않는다. 하나님이 '종류대로' 창조하시면서 다른 종과 유사하게 만드신 것뿐이다.

수십억 년 동안 생물체가 진화되어 왔다면 인류가 목격하고 있는 이 시대에는 왜 진화가 멈추었을까? 왜 아직도 발이 있는 물고기가 존재하고 왜 아직도 원숭이는 진화되지 않고 남아 있을까? 지난 세월 동안에는 진화가 있었지만 지금은 진화가 멈춘 특별한 이유가 무엇인가? 지금은 없지만 과거에는 있었다고 말하는 근거는 무엇인가?

진화론에 의하면, 생명은 특별한 목적이 없이 우연히 생겨났고 각 생물이 다양성 아래서 적자생존의 경쟁을 벌인 결과 현재의 생물군을 형성하게 되었다. 그렇다면 진화는 종결이 없어야 하고 지금도 여전히 현재 진행형이어야 한다. 하지만 화석뿐만 아니라 살아 있는 생명체에서도 중간적 존재는 목격되지 않고 있다.

개를 예로 들어보자. 하나의 종 안에서 엄청난 다양성이 있지만 어느 것도 일반적인 개의 테두리를 벗어나지 않는다. 조랑말만큼 큰 것도 있고 컵 속에 들어갈 만한 작은 것도 있지만 모두 개다. 사자 같은 모습도 있고 양 같은 모습도 있고 원숭이 같은 모습도 있고 쥐새끼 같은 모습도 있지만 모두 개다. 어떤 것도 양과 개의 중간단계의 생명체라고 불리지 않는다. 우리는 조류인지 포유류인지 파충류인지 양서류인지 분류가 불가능할 정도의 중간단계의 생물들을 목격하지 못하고 있다.

돌연변이설의 모순

신다윈주의 진화론자들은 오랜 세월 동안 생물에 돌연변이가 발생하면서 종에서 다른 종으로 진화되어 왔다고 주장한다. 돌연변이가 발생하면서 하등동물이 고등동물로 개선되어 왔다는 주장이다.

그러나 존스홉킨스대학교의 응용물리학자 리 스페트너(Lee Spetner)는 이 주장의 허구성을 지적하며 반박한다. 그에 의하면 인간과 박테리아와의 본질적인 생물학적 차이점은 이들이 갖고 있는 정보에 있다. 인간의 게놈(genome)은 박테리아의 게놈보다 훨씬 더 많은 정보를 갖는다. 그런데 돌연변이는 정보를 잃게 하는 것이지 결코 정보를 축적할 수는 없다. 그러므로 수십억 년이 아니라 수백억 년의 시간이 걸려도 아메바나 박테리아가 무수한 돌연변이의 과정을 거쳐서 인간이라는 존재가 된다는 것을 언어도단이라는 것이다. 스페트너는 그의 저서 『결코 우연이 아니다』(*Not By Chance*)에서 이렇게 말한다.

"분자 수준에서 돌연변이의 모든 측면들을 연구해 본 결과 돌연변이는 유전정보를 증가시키는 것이 아니라 오히려 감소시킨다는 사실이 드러났다. 내가 읽은 생명과학을 다룬 모든 문헌 중에서 게놈에 조금이라도 정보를 증가시키는 돌연변이는 단 한 건도 발견되지 않았다… 신다윈주의자들은 작은 규모의 사건들이 충분히 많이만 일어난다면 대규모의 진화가 있을 수 있다고 믿기를 바라고 있다. 그러나 아무리 많은 돌연변이가 일어난다고 해도 계속 정보를 잃어간다면 저들이 원하는 진화가 될 수는 없다… 이는 마치 물건을 팔 때마다 매번 조금씩 손해를 보는 상인이 손해 보는 가격으로라도 물건을 많이만 팔면 이 손해를 만회할 수 있다고 생각하는 것과 똑같다."[9]

독일의 과학자 워너 깃트(Werner Gitt)도 『태초에 정보가 있었다』(*In the Beginning Was Information*)에서 "새로운 정보가 돌연변이로 인해 생길 수 있는가?"라는 질문에 대해 이렇게 답변한다.

---

9 Lee Spetner. "Not By Chance: Shattering the Modern Theory of Evolution." http://www.aish.com/ci/sam/48936977.html

“이러한 생각은 진화론 설명의 주요 골자이지만 돌연변이는 이미 존재하는 정보에 변화를 야기시킬 뿐이다. 정보의 증가라는 것은 있을 수 없고 오히려 일반적으로 해로운 결과를 가져올 뿐이다. 새로운 기능이나 새 기관을 위한 청사진 같은 것은 결코 생겨날 수 없다. 돌연변이는 새로운(창조적인) 정보의 근원이 될 수 없다.”[10]

3. 진화론과 화석의 불일치

화석 기록은 지구에서 일어났던 일들을 가장 분명히 그리고 직접적으로 나타내 준다. 만일 진화가 사실이라면 점진적으로 진화된 생물의 화석이 지층의 순서로 나타나야 한다. 하나의 지층에서 연대가 다른 동식물들이 한꺼번에 나타난다면 진화는 거짓으로 판명난다. 다윈도 『종의 기원』에서 “많은 종이 일시에 발생한 것이 드러난다면 진화론에 치명적이 될 것이다”고 기록했다.

진화론자들은 지구가 처음 만들어지고 여러 다세포 생물이 번성한 시기를 50억 년에서 5억 년 전의 선캄브리아대, 최초 육상생물이 출현한 시기를 5억 년에서 2억 년 전의 고생대, 공룡 등 파충류가 번성한 시기를 2억 년에서 6천만 년 전의 중생대, 포유류가 번성한 시기를 6천만 년에서 현재까지의 신생대 등으로 크게 분류한다. 인류가 유인원에서 진화되었다고 주장하니 어디서부터 인간이라고 부를지 애매하지만 대략 수백만 년에서 1만 년 전까지의 신생대 후기를 인류의 시작 시기로 추정한다.

1987년경까지 그린랜드, 중국, 시베리아, 나미비아까지 지구의 지층이

---

10 Werner Gitt. “In the Beginning Was Information.” http://www.sedin.org/propeng/informat.htm

다 발굴되고 조사도 다 마쳐졌는데 전 세계의 모든 지층이 동일한 시간대에 동일하게 발전했음이 드러났다. 수 킬로미터의 화석층을 이루는 캄브리아기에서는 벌써 대부분의 종이 한꺼번에 발견되었다. 진화론에 의하면 선캄브리아기 층에서는 생명체의 시작이 되는 박테리아 정도가 발견되야 했지만, 지질학자 클리포드 버딕은 그랜드 캐년의 여러 층으로부터 암석 표본을 채취하면서 소나무와 느릅나무의 화분을 발견했다. 진화론에 의하면 이 층에서는 절대 존재할 수 없는 완전히 발달된 육지 식물이었다.[11]

진화론에 의하면 고생대의 석탄기 층에서는 바다로부터 막 기어 나오는 양서류가 살고 있어야 했는데 이곳에서 인류의 화석이 발견되었다. 진화론은 이것을 설명할 방법이 없었다. 앨버트 잉걸스는 석탄기 층에서 발견된 인간의 발자국 화석에 대해 "사람의 조상이 어떠한 형태로든지 석탄기까지 거슬러 올라간다면 모든 지질학은 완전히 무너지고 지질학자들은 직업을 버리고 트럭운전이나 해야 할 것이다"고 「사이언티픽 아메리칸」지에 기고했다.

진화론에 의하면 신생대에 나타났다는 인간과 중생대를 살았다는 공룡은 그 시대가 완전히 동떨어져 있어야 한다. 그러나 1980년 석화된 인간 두개골과 척추가 발견되고 근처에서 브론토사우르스 공룡의 화석이 발견되었다. 진화론자들은 공룡의 발자국은 진짜지만 인간의 발자국은 조작한 것이라고 주장했다. 그러나 면밀히 조사한 결과 사람의 것임이 입증되었다. 사람과 공룡의 발자국이 함께 나오는 지역은 이외에도 여러 곳이 있다. 사실 신생대 후기에나 나타날꺼라고 예상되었던 인간이 고생대, 중생대, 신생대의 모든 지층에서부터 발견되고 있다. 이것은 진화론에 치명적인 증거가 된다.

---

11 Carl Wieland, "Fossil Pollen in Grand Canyon Overturns Plant Evolution," http://www.kacr.or.kr/library/print.asp?no=2248.

4억 2,500만 년 전 고생대 실루리아기 지층의 미주리주 철광산에서는 사람의 뼈와 함께 화살촉 모양의 부싯돌과 숯조각 등이 발견되었고, 1억 3,500만 년으로 추정되는 록키포인트 광산의 전 지층에서는 구리 화살촉 등의 도구와 함께 사람의 유골이 발견되었고, 1억 8,500만 년 전 쥬라기 지층인 네바다주 스프링 밸리 지역에서는 여러 의학자들에 의해 확인된 매우 현대적인 사람의 뼈가 발견되었다. 1억 년 이상으로 추정되는 유타주 빅 인디아 구리광산에서는 2구의 사람뼈가 발굴되었고, 3,000만 년 전의 것으로 추정되는 몬태나주 베어크릭 석탄광산에서는 사람의 어금니가 발견되었다. 또한 2,000만 년 전의 지층이라고 주장되는 이탈리아 투스카니 석탄광산에서는 5~7세의 완전한 현대인의 어린이 턱뼈가 발견되었고, 1,200만 년으로 추정되는 캘리포니아의 테이블 마운틴 금광에서는 돌그릇, 돌연장과 더불어 사람의 두개골과 유물들이 발견되었다.[12]

1억 년 전의 중생대로 추정되는 유타주의 모압 지층에서 현대인의 두개골을 발견한 인류학자 마윗 박사는 이후 화석 연구를 포기하고 다른 대학으로 떠나갔다고 한다. 발견된 화석들과 진화론의 이론은 전혀 일치하지 않았기 때문에 더 이상의 연구가 무의미했던 것이다.

초음속 진화

과거 진화론자들은 최소한 7,500만 년을 거쳐 진화가 진행되어 왔다고 주장했고 이것도 진화가 이루어지기에는 너무 짧은 시간이라고 생각해 왔다. 그런데 발견된 화석에 의하면 대부분의 생명체들이 훨씬 더 짧은 시간에 완성되어 있었다. 과학자들은 이런 초음속 진화(Biology Big Bang) 현상을 어떻게 설명할 도리가 없다며 놀라워했다. 평생 동안 진화론에 헌신

12 J. R. Jochmans. "Strange Relics from the Depths of the Earth." http://www.kacr.or.kr/library/itemview.asp?no=343&series_id=A0&orderby_1=subject&page=74

했던 MIT와 하버드대학교의 과학자들도 자신들이 과거 추정하던 것보다 훨씬 더 빠른 시간에 모든 종들이 생겨났다는 것은 엄청나게 이상한 일이라며 이 결과가 생물학자들을 불안하게 하고 있다고 고백했다.

1995년 '화석과 진화'를 특집기사로 다룬 「타임」지는 "이제 다윈의 진화론은 화석에 나타난 현상들을 더 이상 설명할 수 없게 되었다. 통상적인 신다윈주의가 가정하는 것보다 훨씬 더 빠른 속도로 진행되는 진화론이 나오지 않으면 안된다"고 결론내렸다.[13]

대홍수가 화석을 설명

동물의 시체가 지표면에 있으면 급격히 부패되어 뼈를 포함해서 빠른 시간내에 사라지게 되므로 화석을 만들 수 없다. 하지만 급격한 대홍수가 일어난다면 물의 수력학적 분류 작용에 의해 퇴적과 분리가 이루어지며 바다에 연속적인 지층이 형성되고 사체가 빠르게 파묻히면서 화석으로 보존될 수 있다. 지층에서 발견되는 화석들은 과거 대량적이고 신속한 매몰이 일어난 대격변이 있었다는 증거가 된다.

한꺼번에 발견되는 화석의 존재가 진화론에게는 이해할 수 없는 것이지만 창조론에게는 자연스러운 것이다. 진화론은 화석을 설명해 주지 못하지만 성경에 기록된 노아의 대홍수는 화석을 설명해 준다.[14]

---

13 고건, "타임지가 비판한 진화론의 문제점들," http://www.kacr.or.kr/library/itemview.asp?no=202.

14 창조과학회, "지사학과 잘못된 발견들," http://www.kacr.or.kr/library/itemview.asp?no=279&series_id=A0008&orderby_1=editdate%20desc&page=230.

4. 공격받는 진화론

성경은 경건치 않은 사람들이 하나님에 대해 반역을 일으켰다고 기록한다. "신은 죽었다"는 주장으로 인기 있는 철학자가 된 니체 같은 사람은 하나님의 존재 자체를 부정함으로 그를 거부했다. 어떤 사람에 대한 궁극의 거부는 그의 존재를 부정하는 것이다. "당신은 나에겐 죽은 사람이다"라는 표현처럼 말이다.

하나님이 없다고 주장하기 위해서는 진화론이 필요했다. 하나님없이 천지의 시작을 설명해야하기 때문이다. 이 시대의 대표적 진화론자인 리차드 도킨스는 "다윈은 지적으로 만족되는 무신론자를 가능케 했다"고 치하하는 한편, 창조론자인 칼빈 스미스는 "진화론은 사실로부터 생겨난 것이 아니고 무신론의 필요에 의해서 만들어진 것이다"고 비난한다.[15]

사실 진화론은 처음 발표되었을 때부터 큰 반발이 있었고 과학이 발달할수록 그것은 더욱 분명히 부정되고 있다. 성경과 다르기 때문이 아니라 과학적으로 전혀 신빙성이 없기 때문이다. 전자기를 발견한 물리학자 맥스웰, 면역학을 개척하고 생물학의 기본 법칙을 발전시켰던 루이 파스퇴르, 열역학법칙의 개척자이며 대서양 횡단 전보를 개발했던 켈빈 경, 현대 빙하지질학의 창시자인 루이스 아가시 등이 다윈의 진화론을 거부했다. 유명한 수학자이자 천문학자이며 영국왕립학회의 회원이었던 존 허셜 경은 진화론을 '엉망진창의 법칙'이라고 비난했고, 독일 듀칼자연사박물관의 책임자였던 요한 블라시우스는 "그렇게 적은 사실들로 그렇게 광범위한 결론을 내리는 과학책을 결코 읽어본 적이 없다"고 반박했다.[16]

---

15 Calvin Smith, "Atheism needs evolution," http://creation.com/atheism-needs-evolution.

16 C. Wieland, "Blast from the past," http://creation.com/blast-from-the-past-dr-johann-blasius.

과학 잡지 「디스커버」는 "진화론은 정통파 그리스도인들의 공격을 받고 있을 뿐 아니라 이름있는 과학자들에 의해서도 의문시되고 있다. 화석 기록을 연구하는 과학자들인 고생물 학자들간에 의견차가 점점 커지고 있다"고 기록한다. 시카고에서 진화론 전문가들의 회의가 있은 직후에는 "진화가 정확하게 어떻게 일어났느냐 하는 문제가 생물학자들 사이에 큰 논란이 되고 있다. 논란의 명확한 해답이 보이지 않는다"는 보도기사가 실렸다.[17]

한때 진화론을 지지했던 크리스토퍼 부커(Christopher Booker)는 "그것은 아름다우리만큼 매혹적인 학설이었다. 단 한가지 난점은, 다윈 자신도 의식했듯이 그것이 허점 투성이라는 것이다"라고 말했다. 그는 『종의 기원』에 관해서도 "지극히 모순된 점은 종의 기원을 설명해 주는 것으로 유명해진 책이 실은 그런 책이 전혀 아니라는 점이다"라고 비난하며 "진화론자 자신들 사이에는 거의 공공연한 전쟁에 가까운 상태가 존재하여 진화론의 분파마다 새로운 수정안을 내세우고 있다"고 주장한다.[18]

고생물학자 나일즈 엘드리지(Niles Eldridge)는 "진화 생물학이 지난 20년 동안 독선적으로 나타내 온 태도, 곧 자신만만하게 확신하던 이전의 태도를 침식해 온 의심 때문에 격정의 불이 당겨졌다. 같은 편에서조차 전원 일치되는 일이 없다… 각 진화론의 제목마다 변종 학설 수가 생물학자 개개인의 수 만큼은 되는 것 같다"고 말했다.

하버드대학교의 고생물학자 스티븐 굴드도 "대부분의 종은 불변하며 이러한 무진화 현상이 오랜 기간의 지질연대 층에서 발견된다는 사실을 모든 고생물학자들은 이미 알고 있다. 다만 공개적으로 말하지 않을 뿐이다. 그 이유는 화석종의 불변성이 무진화에 대한 증거가 되어 학계를 지배하

---

17 *Discover*, 1980.

18 Christopher Booker, "Charles Darwin zealots have made science a substitute religion," http://www.telegraph.co.uk/comment/columnists/christopherbooker/4550448/Charles-Darwin-zealots-have-made-science-a-substitute-religion.html.

고 있는 다윈의 이론과 상반되므로 흥미 없는 연구결과로 치부되기 때문이다. 너무도 광범위한 화석종의 불변성은 당황스러운 실상이며, 결국은 무진화이므로 더 이상 언급하지 않는 것이다"고 말했다.[19]

엘드리지와 굴드는 "종의 불변성은 진화의 부재를 필연적으로 보여준다. 하지만 기존 진화학자들은 이러한 진화의 부재를 연구의 대상으로 삼지 않는다. 고생물학에서 가장 공통적으로 일어나는 진화의 부재 현상에 대해 관심을 갖지않고 흥미롭게 여기지도 않는다는 것이 얼마나 이상한 일인가?"라고 비난했다.[20]

물리학자 헨리 립슨은 "설명은 창조뿐이다. 나는 이것이 물리학자들에게 저주와도 같은 것임을 알고 있다. 내게도 역시 그렇다. 그러나 실험상의 증거가 지지하는 한, 우리가 싫어하는 이론이라고 해서 물리칠 수는 없다"고 고백했고, 과학 사학자 프리드릭 번햄도 "오늘날의 과학계는 100여 년 동안의 그 어느 때보다 하나님이 이 우주를 창조하셨다는 아이디어를 더 그럴듯한 가설로 고려할 준비가 되어있다"고 고백했다.

진화론이 당황하고 엎치락 뒷치락하며 수정에 수정을 반복하고 있는 동안에 3,500년 전에 기록된 성경은 한 글자도 변경하지 않은 채 의연하다. 창조론은 비과학적이라는 비난과 조롱을 숱하게 받아왔지만 그것을 가르치는 성경은 과학과 부합하기 위한 노력으로 토씨 하나도 변경하지 않았다. 왜냐면 기독교는 성경이 하나님의 말씀이라고 믿으므로 설령 인간의 눈으로 보기에 틀린 부분이 있어도 변경할 수 없었던 것이다.

성경은 먼 훗날 진화론이 제기될 것을 알았다는듯이 "하나님이 천지를 창조하셨다," 각 생물이 "종류대로 창조되었다"라고 담대하게 선포한다. 무생물이 미생물을 만들어내고 미생물이 유인원을 거쳐서 인간이 된 것이

---

19 Stephen Gould, *Natural History*, 1993.

20 "종의 불변성은 진화의 부재를 필연적으로 증거," http://m.blog.naver.com/woogy68/220790629388.

아니라, 또 미생물이 거북이가 되었다가 오랜 시간 돌연변이를 거듭하며 코끼리가 된 것이 아니라, 거북이는 거북이대로 코끼리는 코끼리대로 미생물은 미생물대로 인간은 인간대로 각각 종류대로 개성 있게 창조하셨다는 것이다.

과학이라고 믿었던 진화론이 증거를 찾지 못해 흔들리면서 어쩔 수 없이 '전능자'의 창조를 시인하는 자들이 있는가 하면, 새로운 추측과 새로운 가설을 제시하며 진화론을 포기하지 못하는 자들도 있다.

여지껏 증명된 것이 아무 것도 없으면서도 여전히 진화론을 포기하지 못하는 이유가 무엇일까? 평생 동안 진화론을 연구하고 업적을 쌓고 노벨상을 받고 학생들을 가르치며 명예를 쌓아 온 학자들이 갑자기 진화론을 철회한다면 이후 그들의 삶은 아무런 보장이 없게될 것이다. 그래서 또 다른 방향으로 가설을 세우며 연구를 계속하고 있다.

마지막 한 명의 과학자가 여전히 진화론을 주장하는 한, 세상은 진화론을 붙잡고 싶을 것이다. 왜냐면 사람들은 진리를 믿기보다는 믿고 싶은 것을 믿으려 하기 때문이다. 우리의 인생을 간섭하고 가르치고 인도하며 심지어 심판까지 한다는 하나님의 존재를 부인하고 싶은 것이다. 내가 내 인생의 주인이 되고자 하나님은 인정하고 싶지 않은 것이다. 그래서 애써서 진리에 눈을 감고 내가 하고 싶은 대로 하고 내 마음대로 살려고 한다.

저들이 무엇을 선택할 지는 자유고 또 선택에 대한 책임도 저들의 몫이지만, 적어도 과학이 진화를 증명한다는 말은 할 수 없게 되었다.

2장

지구 나이와 인류 나이

지구와 우주의 나이는 몇살일까? 매우 오랜 나이를 주장하는 과학자들도 있고 상당히 젊은 나이를 주장하는 과학자들도 있다. 어느 주장이 성경과 일치할까? 매우 젊은 나이를 지지하는 신학자들도 있고 나이를 판단할 수 없다고 주장하는 신학자들도 있다. 이에 비해서 인류의 나이가 대략 6,000년이라는 데에는 모든 신학자들이 동의한다. 어떻게 이런 주장들이 나왔는지 살펴보자.

1. 지구는 매우 오래 되었다

진화론자들은 지구의 나이를 계속 늘려갔다. 1892년 톰슨은 지구의 나이가 2천만 년이라고 말했다가 1897년에는 4천만 년으로 늘렸다. 2년후 졸리는 9천만 년이라고 했고, 1921년 레이라이는 10억 년으로 늘렸다. 1932년 하취키스는 16억 년으로, 1947년 홀름즈는 33억 5천만 년으로,

1956년에는 45억 년으로 늘렸다.[1] 지금은 대략 50억 년으로 주장되고 있다.

진화론자들이 지구의 나이를 계속 늘려간 이유는 진화론의 독특한 이론을 지지하기 위해서 매우 오랜 연대가 필요하기 때문이다. 앞으로 더욱 늘어날 수도 있겠지만 현재의 이론에 의하면 지구의 나이는 대략 50억 년 정도가 된다.

방사성 동위원소 측정법

지구의 연대를 추정하는 방법은 여러 가지가 있는데 탄소측정법이 가장 보편적으로 사용되었다. 물리화학자 윌라드 리비는 방사성탄소(C－14)의 붕괴원리를 발견하며 노벨상을 받았는데, 그의 원리를 기초로 지층에 포함되어 있는 방사능 원소의 양을 비교 측정해서 연대를 추정하겠다는 것이다. 방사성 동위원소는 자발적으로 붕괴하며 보다 안정된 핵종으로 변해 간다는 특성이 있다. 예를 들어 우라늄(U238)은 시간이 지남에 따라 여러 원소 단계를 거치며 안정된 납(Pb206)으로 붕괴되어 간다. 붕괴가 진행되면서 질량이 줄어드는데 질량이 절반까지 줄어든 '반감기'의 시간을 계산해서 암석의 나이를 측정할 수 있다는 이론이다.

운모나 장석에 포함되어 있는 칼륨(40K)은 처음 양의 절반이 아르곤(40Ar)으로 변하는데 약 13억 년이 걸린다. 암석이 생성될 당시에 포함되어 있던 칼륨은 13억 년이 지난 후에 50%가 되고, 다시 13억 년이 지난 후에는 처음 양의 25%가 남는다. 만약 암석 속에 남아 있는 칼륨과 아르곤의 비율이 25% : 75%가 되었다면, 그 암석은 26억 (13억 + 13억) 년 전에 생성되었다고 추정할 수 있다. 이런 식으로 지구상에서 가장 오래 된 암석의 연령을 확인한다면 지구의 나이도 추정할 수 있다는 것이다.

---

1 창조과학회, "지구의 나이," http://www.creation.or.kr/library/itemview.asp?no=144.

방사성 동위원소를 이용해서 측정한 가장 오래 된 암석은 캐나다의 아카스타 지역에서 발견되었다. 이 암석의 연대는 40억 년으로 추정되었다. 달에서 가져온 운석도 같은 방법으로 조사한 결과 45억 년으로 추정되었다. 그런 식으로 지구와 달의 나이가 40억 년 이상은 될 것으로 결론내린 것이다.

실제와 다른 결과

그런데 이런 방법으로 측정한 결과가 정확할까? 캐나다의 연대측정 전문가 로버트 리(Robert Lee)는 "리비의 방법으로 최대 7천 년까지의 데이터는 의미가 있을지 몰라도 그 이상의 데이터는 완전한 억측이다"라고 주장한다.[2]

실제로 이미 나이를 알고 있는 물체에 대해 동위원소 반감기를 이용해서 측정해 봤더니 사실과 전혀 다른 결과가 나왔다. 비교적 최근에 만들어진 하와이 화산암, 러시아 화산암, 콜로라도 광산의 침전물 등을 이 방법으로 측정한 결과 1억 6천만 년에서 30억 년, 5천만 년에서 146억 년, 2백만 년에서 2백억 년 등으로 나타났다. 고압선에 의해 타면서 순간적으로 화석이 되어 버린 나무는 100만 년의 나이로 나타났다.

1980년 5월 18일에 폭발한 세인트헬렌스 화산은 가장 좋은 예가 된다. 이 산의 화산 폭발은 지금까지 관찰된 모든 화산들 중에서 가장 관찰이 잘 된 경우다. 폭발의 조짐이 있었을 뿐 아니라 최고의 장비와 인력을 보유하고 있는 미국에서 발생한 사건이기 때문이다. 이 화산을 통해 과학자들은 화산활동, 침식, 퇴적, 암석화, 화석화, 석탄 형성 등에 대한 많은 정보를 얻을 수 있었다. 진화론이 수백만 년에서 수억 년이라고 추정했던 것들이

2 임번삼, "동일과정설을 뒷받침하는 연대측정법 비판," http://www.str.or.kr/xe/index.php?mid=menu02_05&page=1&l=en&listStyle=list&document_srl=40680.

사실은 아주 짧은 시간에 이루어질 수 있다는 것이 목격되었다.

세인트헬렌스의 화산 폭발은 노아홍수와 유사한 결과를 만들어냈다 홍수와 화산 폭발이 어떻게 유사한 결과를 초래할 수 있었을까? 이 산을 덮고 있었던 두꺼운 빙하 때문이었다. 화산이 터지자 빙하가 녹은 물이 흘러내렸는데 그 속도가 쓰나미(보통 800km/h)와 같았다. 이 물이 화산재와 화산 분출물과 함께 내려오면서 숲과 산 아래를 초토화 시켰다. 순식간에 바위가 침식되면서 지질학자들이 매우 오랜 시간 걸려야만 쌓일 수 있다고 주장했던 것과 똑같은 모양의 퇴적층이 곧바로 생겨났다.

산 아래에는 200m 두께의 퇴적층이 쌓였다. 이 퇴적층은 불과 몇 년 만에 단단한 퇴적암이 되었다. 그리고 몇 년이 더 지난 어느 날 오후에 이 지층들을 도려내는 사건이 발생해 순식간에 캐년이 형성되었다. 이 캐년의 모습이 그랜드캐년과 너무 닮아 창조과학자들은 '작은 그랜드캐년'이라고 부른다. 세인트헬렌스 산의 또 다른 곳에서는 불과 몇 년 사이에 나무가 규화(petrification)되고 석탄이 만들어지고 있었다. 인류 초기에 있었던 노아홍수의 격변을 현대 사람들이 세인트헬렌스의 화산 폭발을 통해 고스란히 볼 수 있었다. 세상 과학자들이 장구한 세월이 필요한 과정이라고 믿어왔던 것들이 지금 과학자들의 눈앞에서 아주 짧은 시간에 다 이루어졌던 것이다.

헬렌스 화산으로 생긴 불과 수십 년밖에 안된 석영 안산암을 동위원소법으로 연대측정을 하니 수백만 년이 나왔다. 분출된 지 수년이 지난 용암의 성분들을 분리해서 측정했을 때는 각각 크게 다른 연대가 나왔다. 결국 이 방법은 암석의 나이를 측정하는 데 실패했음이 드러났다. 따라서 이 방법을 사용해서 측정한 지구나 달의 나이가 수십억 년이라는 주장은 신뢰할 수 없게 되었다.[3]

3 "헬렌스 산의 노아홍수?" http://www.chpress.net/detail_section.asp?id=8468&cate=-

2. 우주/지구는 아주 젊다

우리가 살고 있는 우주가 알려진 것보다 훨씬 빨리 팽창하고 있다는 관측 결과가 나왔다. 존스홉킨스대학교의 애덤 리스(Adam Riess)가 이끄는 연구진은 초신성의 관측으로 우주 가속 팽창을 입증하며 2011년 노벨 물리학상을 수상했다. 우주가 알려진 것보다 빨리 팽창하고 있다는 것은 우주의 나이가 훨씬 젊을 수 있다는 뜻이기도 하다. 관측 결과가 맞다면 현재의 물리학은 대대적인 손질이 불가피하다고 과학자들은 주장한다.[4]

많은 과학자들이 별, 행성, 달, 태양계, 대기권, 운석, 지구, 바다, 생물체, 문명 등과 관련해서 100여 가지의 증거들을 제시하며 '젊은 지구'를 주장한다.[5] 그중에서 '우주먼지'에 대한 것을 살펴보자. 천문학자 리틀턴(R. A. Lyttleton)은 이렇게 말했다.

"달표면은 직사광선에 노출되어 있으므로, 강한 자외선과 엑스선이 노출된 암석의 표피층을 파괴하여 1년에 수밀리씩 먼지를 만들 것이다. 달은 지구와 달리 대기와 물이 없어 풍화되거나 빗물에 씻겨 내려가지 않기 때문에, 달표면에 쌓인 우주 먼지로 달의 나이를 추정해 볼 수 있다."

달의 나이를 수십억 년으로 추정할 때 먼지가 만년에 1인치씩 쌓인다면 최소 16미터는 될꺼라는 계산이 나왔다. 이런 추정으로 아폴로 11호가 달에 착륙할 때 먼지에 파묻히지 않도록 다리를 길고 넓적하게 설계했다. 그러나 1969년 7월 20일 아폴로 11호가 달에 착륙했을 때 예상과는 달리 달에는 먼지가 거의 없었다. 닐 암스트롱은 달착륙선 루나호 밖으로 나와

---

column&c_id=84.

4 조선일보, "우주, 알려진 것보다 훨씬 빨리 팽창하고 있다," http://news.chosun.com/site/data/html_dir/2016/06/05/2016060501232.html

5 CMI. "101 evidences for a young age of the earth and the universe." http://creation.com/age-of-the-earth

달에 첫 발을 디디면서 유명한 말을 남긴다.

"작은 한 발자욱은 인류의 엄청난 도약이다."

그리고 두 번째로 그는 이렇게 말했다.

"꽤 딱딱한데(It's solid)."

우주비행선이 달의 먼지층에 잠기지 않을까 하는 생각은 완전히 우려였다. 달의 먼지는 단지 수천 년분에 해당하는 약 3/4인치(약 2센티미터) 두께밖에 되지 않았다. 달의 먼지는 어디로 갔을까 하는 질문에 NASA의 과학자들은 당황하며 고민했다. 지구대기권 안으로 들어오는 우주먼지의 양도 당황스럽기는 마찬가지였다. 우주먼지는 1년에 1,400만 톤 정도가 지구에 떨어지고 있으며, 그 먼지 속의 니켈(Ni) 함량은 지구에 있는 물질 속에 들어 있는 니켈 함량보다 약 300배나 많음이 연구 결과 밝혀졌다. 지구의 나이를 약 50억 년으로 본다면 지구도 대략 60미터 이상의 우주먼지로 뒤덮였을 것이고, 지각이나 대양의 니켈 함량도 엄청나게 많아야 하는데 사실은 그렇지 않았다. 현재 지구나 달에 있는 우주 먼지의 양은 단지 수천 년에서 수만 년에 해당하는 분량밖에 없는 것으로 밝혀졌다.

천체물리학자 존 에디(John Eddy)는 한 심포지엄에서 겸손한 학자의 고백을 했고 이것은 세계적 지구과학 잡지인 「지오타임즈」에 보고되었다.

"나는 태양의 나이가 45억 년일 것이라고 생각했다. 그러나 태양의 관측만으로는 45-50억 년이 되었다는 그 어떠한 증거도 없다. 태양의 나이에 관해 새롭고 예상하지 않았던 결과들이 주어진다면, 그리고 언젠가 멋진 재계산과 이론적 재조정이 이루어진다면, 나는 성경이 언급하는 태양과 지구의 젊은 나이를 받아들일 수도 있다고 생각한다. 사실 천문학은 우주나 지구의 젊은 연대를 거부할 수 있는 어떤 관측 증거들을 갖고 있지 않다."[6]

---

6 Conservapedia, "Age of the Earth," http://www.conservapedia.com/Age_of_the_Earth.

노안의 지구

실제 나이는 40세지만 신체 나이는 50세인 사람이 있다고 하자. 그는 아마도 많은 병고와 문제를 겪으면서 실제보다 더 많은 나이로 보였을지 모른다. 과학자들이 추정하는 것처럼, 지구도 마찬가지로 우리가 알지 못하는 동안 많은 혼란을 겪으면서 실제 나이보다 더 많이 들어보였을 수도 있다. 지구의 실제 나이는 훨씬 젊은데 과학자들의 방법을 통해 조사했을 때 신체 나이가 50억 년일 수가 있다.

흔히 닭이 먼저인가 계란이 먼저인가, 갓난 아기가 먼저인가 성인이 먼저인가 하는 질문을 한다. 성경에 의하면 닭이 먼저고 성인이 먼저다. 하나님이 만드신 첫 인간 아담은 갓난 아기가 아니라 성인이었다. 의사가 아담의 신체 나이를 측정했을 때 가령 30살이라고 하자. 그의 신체 나이는 30살이었지만 실제 나이는 하루에 불과했다. 하나님은 아담을 만들기 위해서 30년의 세월을 보내시지 않았다. 순식간에 30년의 세월을 뛰어넘은 것이다. 지구의 신체 나이가 정말 50억 년이 맞다고 해도 하나님은 50억 년에 걸쳐서 지구를 만드시지 않았다. 순식간에 50억 살짜리 지구를 창조하실 수도 있다. 그것이 왜 불가능한가? 그럴 능력이 없다면 이미 그는 전지전능한 창조주 하나님도 아니다.

3. 우주/지구의 나이는 알 수 없다

하나님은 여섯 날에 걸쳐서 천지를 창조하셨다고 성경은 기록한다. 그 하루들이 지금의 하루들과 동일하다면 지구와 우주의 나이가 6,000년이라고 추정할 수 있지만, 지금과 동일한 하루가 아니라면 나이를 추정할 수 없다고 해야 한다.

성경에 의하면 하나님은 태초에 땅과 하늘이 있는 지구를 만드셨고 넷째 날에야 태양과 달이 있는 우주를 만드셨다. 아직 태양과 달이 없으니 지구는 자전과 공전을 하지 않았을 것이므로 지금과 같은 개념의 시간은 없었을 것이다.

"하나님이 이르시되 하늘의 궁창에 광명체들이 있어 낮과 밤을 나뉘게 하고 그것들로 징조와 계절과 날과 해를 이루게 하라 또 광명체들이 하늘의 궁창에 있어 땅을 비추라 하시니 그대로 되니라 하나님이 두 큰 광명체를 만드사 큰 광명체로 낮을 주관하게 하시고 작은 광명체로 밤을 주관하게 하시며 또 별들을 만드시고 하나님이 그것들을 하늘의 궁창에 두어 땅을 비추게 하시며 낮과 밤을 주관하게 하시고 빛과 어둠을 나뉘게 하시니 하나님이 보시기에 좋았더라 저녁이 되고 아침이 되니 이는 넷째 날이니라"(창 1:14 – 19).

성경은 첫째 날, 둘째 날, 셋째 날, 넷째 날에 대해서는 관사없이 에하드, 쉐니, 쉐리쉬, 레이비라고 기록한 반면에, 다섯째 날, 여섯째 날, 일곱째 날에 대해서는 관사 '하'를 사용해서 하마쉬, 하쉬쉬, 하쉐비이라고 기록하며 둘 사이를 구분시켰다. 지금과 같은 시간 개념이 다섯째 날부터 생기게 된 것이라면 지구의 나이는 현재의 개념으로 계산되지 않는다. 천지가 창조된 태초는 인간이 측정할 수 없는 무한의 시간대가 될 것이다.

4. 인류의 나이는 6천 살이다

창세기에 명시된 '날'이 지금과 같은 개념의 하루와 동일하다면 '젊은 지구설'이 맞을 것이고, 시간 개념이 있기 전에 지구와 우주가 만들어져서 그때의 '날'이 지금의 하루와 다르다면 '오랜 지구설'도 용납할 수 있다. 이처럼 지구와 우주의 나이에 대해서는 성경이나 과학이 정확한 답을 주지 못하고 있지만, 인류의 나이에 대해서는 성경과 세속사를 근거로 해서 6,000년 정도라는 추정을 가능하게 한다.

성경에는 인류의 연대를 계산해 낼 수 있는 자료들이 기록되어 있다. 창세기에는 아담부터 아브라함까지 족장들의 나이를 구체적으로 기록해 놓았고, 역대상이나 누가복음 등에는 인물의 계보가 상세하게 나온다. 각 인물들이 몇 세를 살다가 죽었는지, 몇 세에 아이를 낳았는지, 그들이 죽을 때에 아들의 나이는 몇 세였는지 등을 기록해 놓았다.

성경의 사건들과 인물들에 대한 구체적인 기록은 그것이 정확한 역사적 사실이라는 것을 의미한다. 과학자 헨리 모리스(Henry M. Morris)는 "이 계보 자체가 정확하고 완벽한 것이 아니었다면 이 계보의 모든 각 연결 인물들의 세부적인 연대기적 데이터를 제공하는 데에 성경 저자가 그토록 주의를 기울일 이유가 없었을 것이다"라고 말한다.

신학자들은 성경이 인류 역사의 기간들을 포함하는 연대기적 정보의 믿을만한 출처가 되는 문서라는 확신으로 연대기를 만들었다. 연대기를 만들기 위해서는 먼저 성경과 세속사가 공통으로 기록한 분명한 사건을 근거해야 했는데 그렇게 선택된 사람이 신 바벨론의 네부카드네자르(Nebuchadnezzar) 왕이다. 성경에는 느브갓네살로 기록된다. 세속사에서는 이때부터 비로소 연대에 대한 정확한 기록이 있고 그 이전에 시작되었다는 나라들에 관해서는 대부분 추정과 설화에 의존한다.

그는 신 바벨론의 칼데아 왕조의 2대 왕으로 BC 605년부터 562년 동안 재위하면서 수도 바벨론에 기념 건축물인 공중 정원을 세웠던 인물로 알려진다. 성경은 느부갓네살 왕이 유다왕 여호야김의 통치 4년째 바벨론을 통치하기 시작했다고 기록한다(렘 25:1).

이렇게 양쪽 기록을 기반으로 해서 성경과 세속사의 연대를 추정할 수 있게 되었지만 조금씩 오차를 보이는 연대들도 있다. 느부갓네살의 아버지가 BC 605년에 죽었기 때문에 역사가들은 이때 그의 통치가 시작되었다고 생각했다. 그런데 그는 아버지가 죽기 2년 전인 BC 607년부터 총독으로서 통치하고 있었고 총독이 되던 해를 왕의 통치 첫 해로 보는 것이 일반적이므로 그의 재위가 BC 605년이 아니라 607년으로 보기도 한다.

따라서 예루살렘의 함락에 대해서도 BC 586년이나 588년이라는 차이를 보이기도 한다. 출애굽 사건과 같이 큰 오차를 보이는 연대도 있다. 출애굽을 이끈 모세에 관해서 성경 외적 자료가 많이 발굴되었으나 그의 연대에 대해서는 기록이 없어서 BC 15세기 설이나 13세기 설과 같이 큰 차이를 보이는 경우도 있다.

이처럼 한 사건의 연대에 대해서는 다소 차이를 보이기도 하지만 인류 초기까지 거슬러 올라가면서 추적된 연대는 거의 일치한다. 창세기 5장-11장에 기록된 인물들의 연대와 성경의 다른 구절들에 기록된 정보들을 사용해서 연대를 계산해 내려가면 대략 BC 4004년경에 인류가 시작되었다는 결론에 이른다. 지금부터 약 6,000년 전이다.

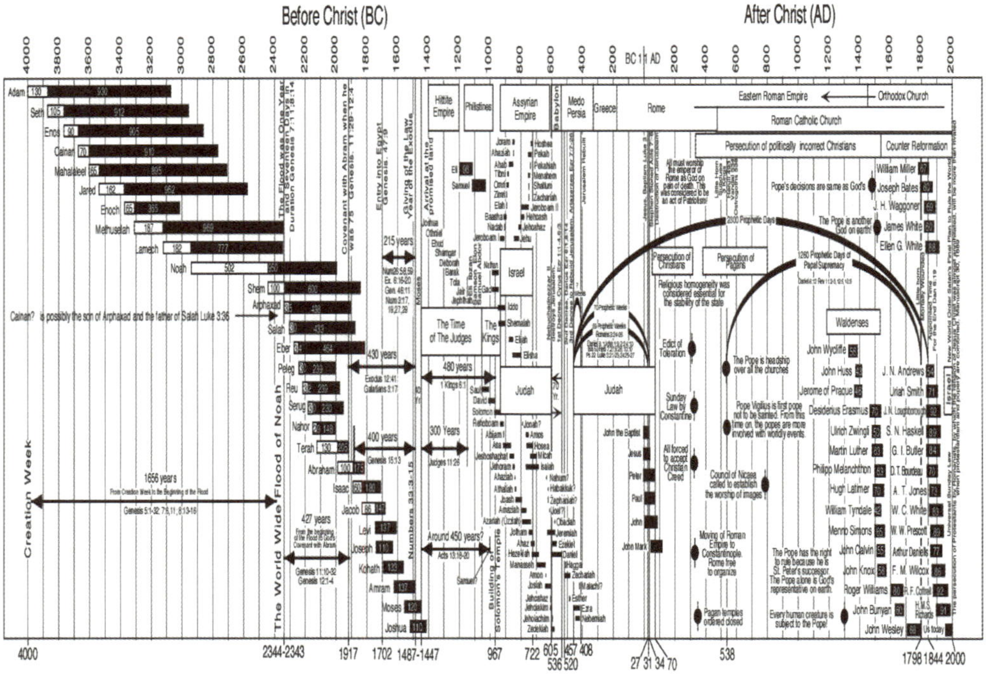

마이클 브라운 박사의 인류초기 계보[7]

7 Michael Brown, "Early time chart," http://www.creation-science-prophecy.com

성경에 기록된 계보를 근거로 연대기를 만들어 보니 우리가 생각했던 것보다 시대가 훨씬 더 압축되어 있다. 연대기에 의하면, 노아의 아버지 라멕이 56살 되던 때까지 아담은 죽지 않았다. 그렇다면 라멕이 아담에게 이런 질문을 했을 수도 있다.

"당신이 금지된 과일을 먹고 에덴동산을 떠나오기 전까지 하나님과 마주하며 어떻게 지냈는지 말씀해 주세요."

홍수에서 살아남은 셈은 아브라함의 시대까지 살아있었다. 아브라함이 셈에게 이렇게 질문했을 수도 있다.

"당신과 당신의 형제인 함과 야벳, 그리고 당신의 아버지 노아가 방주를 지었던 일들에 대해서 자세히 말씀해 주세요. 방주 안에서는 1년여 동안 모든 동물들과 어떻게 지냈는지도 알려 주세요."

선조들은 하나님과 하나님의 역사를 생생하게 경험하면서 그것을 대대 후손에게 전달했을 것이 분명하다. 그래서 BC 1500년경 모세가 하나님과 대면해서 구체적인 계시를 받고 성경의 기록으로 남기기 전부터도 사람들 간에는 하나님에 대한 인식과 경외함이 있었을 것이다. 어떤 사람들은 하나님을 진지하게 생각하고 거룩한 두려움으로 신중하게 살았으며 어떤 사람들은 무시하고 제멋대로 살아왔다.

3장

인간에 대한 상반된 시각

인간과 자연은 성경의 기록처럼 하나님이 특별한 목적으로 창조하신 피조물일까, 아니면 진화론자들의 주장처럼 목적없이 임의로 진화되며 우연히 생겨난 존재일 뿐일까? 이 둘이 바라보는 인간에 대한 관점은 완전히 상반된다.

1. 진화론의 인간관

진화론에 의하면 인간은 암모니아와 아미노산 등이 합성되고 진화되며 아무런 목적도 없이 생겨난 우연한 생명체에 지나지 않는다. 생명이 하나님으로부터 왔다거나 하나님의 형상으로 만들어졌다는 사실을 믿지 않으므로 인명에 대해 경외심이나 소중함을 가질 필요가 없다. 건강하고 똑똑한 인간이라면 생존하고 번성할 가치가 있지만, 장애자나 병자들은 없애버리는 것이 국가와 지구를 위해 더 유익하다. 인간이 인간을 개량할 수 있다고 믿으며 우생학도 발전시켰다.

우생학 고발

우생학(eugenics)은 인류의 유전학적 개량을 목적으로 여러 가지 조건과 인자 등을 연구하는 학문이다. 자연은 환경에 적응한 우수 개체에게만 생존을 허락하고 열등 개체는 도태시킨다는 다윈의 진화론에 바탕한 이 학문은, 1883년 다윈의 사촌인 프랜시스 걸튼(Francis Galton)이 시작하고 다윈의 아들인 레너드 다윈이 이어받아서 발전시켰다.

걸튼은 우수한 집안의 엘리트로서 우수하게 태어난 사람들의 출산율을 인위적으로 증가시키려는 '사회적 선택'으로서의 우생학에 골몰했다. 바람직한 계층의 출산율을 높이려는 것이 '포지티브 우생학'이라면, 불임 수술 등의 방법을 통해 바람직하지 않은 계층의 출산율을 낮추려는 것은 '네거티브 우생학'이다. 네가티브 우생학에 따라서 미국(1909), 스위스와 캐나다(1928), 덴마크(1929), 노르웨이와 독일(1934)은 환자들과 범죄자들에 대해서 강제적인 불임 시술을 시행했다. 환자를 치료하고 범죄자를 감금하는 것보다 불임시술이 더 경제적이기 때문이었다. 우생학 실험을 위해서 살상도 서슴치 않았다. 아프리카 흑인 등은 학문을 위한 실험 대상일 뿐 인간으로 취급되지도 않았다. 작가 에두아르도 갈레아노는 『불의 기억』에서 우루과이에서 한 지역의 원주민이 모조리 죽임당하고 두 사람만 남겨져 파리의 인류학 박물관에 넘겨졌던 실화를 소개한다.

이후 우생학은 혐오적인 단어가 되어서 이제는 없어져 버린 것 같지만 사실 우생학적 사고방식은 우리의 의식 가운데 그대로 심어졌다. 강한 자들만이 살아남는 약육강식과 적자생존의 세상에서 우리는 숨가쁘게 경쟁하고 투쟁할 수밖에 없게 되었다.

사회진화론 고발

사회학이 진화론의 영향을 받고 탄생시킨 사회진화론은 인종주의를 설파하고 사회적 정치적 불평등을 정당화하며 전쟁을 옹호했다. 히틀러는 열등인종은 말살시키고 우수인종인 아리아인이 확산되는 것이 인류에 대한 공헌이라고 생각했다. 결국 히틀러와 그의 지지자들이 세계대전을 일으키고 유럽의 유대인들을 학살하는 명분을 주기까지 했다. 댄 맥밀란은 『어떻게 이런 일이 일어났는가: 홀로코스트에 대한 설명』에서 진화론을 이렇게 고발한다.

"다윈이 발견한 자연의 법칙은 필연적으로 투쟁이라는 개념을 동반하며, 여기에 어떤 도덕적 의미도 가미하고 있지 않습니다. 약육강식, 적자생존의 동물의 왕국에서는 '네 이웃을 사랑하라'와 '네 원수를 사랑하라'는 기독교의 가르침은 존재하지 않습니다. 인간은 신의 형상을 따라 만들어지지 않았고, 따라서 그 가르침을 따를 필요가 없었습니다. 인간은 그저 동물들 중에서 특별히 영리한 동물에 불과할 따름입니다.

사회진화론자는 유럽과 북미의 지도층들, 특히 독일의 호전적이고 반민주적인 엘리트들에게 여러 편리하고 매력적인 개념들을 제공했습니다. 그 중 가장 중요한 개념은 아마 '투쟁'이었을 겁니다. 이 단어는 모든 인간의 관계, 그리고 국가의 관계가 생존을 위한 무자비한 전투임을 암시합니다.

이런 투쟁이라는 개념 위에서 극한 사회적 불평등은 자연스러운 것이었고, 또 바꾸어야할 필요도 없는 것이었습니다. 가난한 자는 부자보다 그저 덜 적응했기에 가난한 것이었습니다. 가난한 자에게 베푸는 자선은 사회적 부적응자를 사회 속에서 계속 생존시킴으로써 사회의 유전자 풀(gene pool)을 낮은 지능과 정신으로 더럽히는 것이었고, 곧 인류가 더 높은 단계로 나아가는 것을 방해하는 행위였습니다. 또 영원한 투쟁이라는 개념은 국가 간의 반목을 정당화하고 전쟁을 미화했습니다.

'우수한' 민족은 '열등한' 민족을 정복하고 이용하고 심지어 학살할 권리까지 부여받았습니다. 우수한 민족이 더 공격적으로 행동할수록 인류는 장기적으로 더 개선될 것이며 따라서 열등한 민족의 절멸은 슬퍼할 일이 아니라 축하해야할 일이었습니다. 국가 관계에서 힘은 곧 정의였습니다. 승자는 바로 자신의 민족이 생존에 더 적합한 민족임을, 따라서 승리할 자격이 있음을 보인 것이었습니다.

이렇게 인종주의를 조장한 사회진화론이 가장 위험했던 것은 이들이 자신은 과학적 사실에 기반하고 있다고 주장했기 때문입니다… 이런 새로운 인종주의는 과학적 확실성이라는 압도적 권위를 동반했기에 지식인들 역시 이를 인정했습니다. 이 모든 결과는, 사람들에게 모든 인간은 태어난 대로 행동할 수밖에 없고 자신이 원한다 하더라도 자신의 행동을 바꿀 수 없는 유전자의 포로라는 생각을 심었습니다. 어떠한 교육이나 정치적 압력도 민족이나 국민성을 바꿀 수 없으며, 한 집단의 특정 행동이 해로운 것이라면 그 집단은 사라져야 했습니다."[1]

여러 역사학자들이 감수한 『이야기 세계사』도 이렇게 진화론을 고발한다.

"서구인들은 다윈의 설을 빌려 제국주의, 인종차별, 민족주의, 군국주의를 아무런 양심의 가책 없이 시행할 수 있었다. 서구인들은 진화론의 적자생존 이론을 빌미로 우수한 인종이 열등한 인종을 착취하고 말살시키는 것은 당연한 자연의 계율이라고 받아들였다. 패자는 당연히 멸절되야 한다는 것을 자연의 법칙으로 받아들였다. 진화론이 나온 후 갑자기 정복민족을 자처하는 민족들이 나타나게 되었다. 진화론이 나온 후 갑자기 민

1 "Eugenics: The War of Capitalism and Socialism Against Humanity," http://distributistreview.com/eugenics-the-war-of-capitalism-and-socialism-against-humanity/

족마다 민족주의, 민족우월성 고취운동을 경쟁적으로 벌이게 되었다. 영국은 셰익스피어를, 독일은 괴테를 민족 우수성을 입증하는 도구로 부각시키기 시작했다.

전 세계적으로 상부상조 정신은 말살되고 휴머니즘은 찾아볼 수 없는 덕성이 되었다. 사회진화론자들은 진화론을 변용하여 영토확장, 군비증대, 민족 간 불신, 국가 간 적대감을 악화시키는 일, 특정 인종 증오와 말살에 사용하며 세계대전에까지 이르는 길을 예비하였다."[2]

이 시대 최고의 진화론자이자 무신론자인 리차드 도킨스가 1976년 출판한 『이기적 유전자』는 지금까지도 베스트셀러의 자리를 차지하고 있다. 1979년 영국에서 마거릿 대처, 1981년 미국에서 로널드 레이건이 등장한 것은 이 책의 영향력이라는 평가가 있다. 이론으로만 존재했던 자유지상주의자, 신자유주의자가 처음으로 정치 권력으로 등장하면서 이후 전 세계는 시장만능주의자들의 세상이 되었다는 주장인데, 2011년 「한겨레신문」은 둘의 관련성에 대해서 다음과 같은 글을 올렸다.

"『이기적 유전자』와 신자유주의는 동시에 등장하고 성공했다. 신자유주의의 핵심 단어는 '이기심,' '개인,' '시장,' '경쟁'이다. 『이기적 유전자』에도 똑같은 단어가 핵심이다. 신자유주의자들의 기본 생각은 '개인과 이 개인이 가지고 있는 이기심이 사회 발전의 원동력'이라는 것이다. 이기심은 나쁜 게 아니라 되레 좋다. 이기심에 대한 그 어떤 제약, 특히 국가에 의한 제약은 최악이다. 이기심은 개인들 사이에 경쟁을 활성화시켜 결과적으로 사회 전체의 능력을 높인다. 한 개인이 가난한 건 시장 경쟁에서 진 탓이며, 국가라는 공동체가 패배자를 책임 질 필요가 없다. 따라서 그들은 경쟁 탈락자를 배려하던 복지국가를 해체했다…

'보편적 사랑이나 종(種) 전체의 번영과 같은 것은 진화적으로 있을 수

---

2 창조과학회, "진화론: 역사의 평가." http://www.kacr.or.kr/library/print.asp?no=147.

없다'는 말은 '사회적 연대나 공동체 전체의 번영은 역사 발전에서 있을 수 없다'는 신자유주의자들의 말과 똑같다. 만약 이걸 시정하려 한다면 진화 법칙에 어긋난다…

유전자가 생존을 위해 사용하는 방법은 야비하고 비정하고 잔인하다. 열등 유전자는 우수 유전자에 의해서 도태된다. '만인 대 만인의 투쟁'이 벌어지는 자유시장이라는 자연에서 패배한 개인은 열등한 자다. 아니 정확하게 말하면 운 나쁘게도 그가 스스로 선택한 적도 없는 부모에게서 받은 유전자가 열등했기 때문이다. 도킨스는 '이빨도 발톱도 피범벅이 된 자연이라는 표현이 자연선택의 현대적 의미를 아주 잘 요약한다'고 했다.

『이기적 유전자』에 따르면 친일파의 행동은 당연하다. 인간은 생존하도록 프로그램된 이기적 유전자에게 조종당하고 있기 때문이다. 친일파는 생존 프로그램이 뛰어난 유전자를 가졌던 로봇이고, 독립운동가는 그게 고장났던 것이다…"[3]

반기독교인들은 종교(특히 기독교)가 과학(진화론과 같은)의 발전을 저해했다면서 기독교가 없었다면 세상은 좀 더 살기 좋은 곳이 되었을 거라고 비난한다. 과연 지금 세계가 불행한 이유가 과학이 덜 발달한 때문일까? 과학이 더 발달한다면 세상은 행복해질까? 아니다. 우리는 이전보다 좀더 쾌적한 환경과 좀더 발달된 문명기기의 세상에서 살고 있지만 더욱 각박해지고 더욱 피곤해지고 있다. 바로 자칭 과학이라고 불리는 진화론적 세계관의 덕택이다.

과학이 너무나 발달한 이 세상에서 우리는 이전보다 더 행복하지 않다. 강한 자들만이 살아남는 적자생존의 세상에서 약한 자들로 도태되지 않으려고 숨가쁘게 달려야만 한다. 자유시장의 경쟁사회가 되어 버린 시대에서 약한 자들은 돌보아야 하는 대상이 아니라 딛고 일어서고 이용되는 대

3 「한겨레신문」, "인간은 이기적 유전자를 보존하기 위한 로봇," http://www.hani.co.kr/arti/society/schooling/488905.html.

상이 되어버렸다. 실패자와 낙오자가 되지 않기 위해서, 각박한 세상에서 살아남기 위해서 우리는 어쩔 수 없이 이기적인 사람이 되어야 한다고 강요받고 있다.

2. 창조론의 인간관

인간이 하나님의 피조물이라고 믿는 그리스도인들은 모든 인간을 소중하고 귀한 존재로 본다. 비록 불구자나 저능아로 태어났다고 해도 그에게 하나님의 아름다운 목적과 계획이 있다고 믿는다. 비록 정상적이지 않은 방법으로 태어났다고 해도 여전히 그는 하나님의 형상대로 지음받은 자라고 믿는다. 하나님께 귀하고 소중하지 않은 인간이란 아무도 없다.

하나님이 인간에게 죄를 규정하고 금지하신 이유도 모든 인간이 그렇게 소중하므로 보호하시기 위함이다. 자신과 타인이 상하지 않고 아름답고 행복하게 살게 하시기 위함이다. 모든 인간이 하나님께는 가장 귀하고 중요한 존재가 되는 것이다.

내가 예수를 믿고 가장 크게 변한 것 중의 하나는 바로 인간에 대한 시각이었다. 이전에는 나쁜 사람, 불가능한 사람, 불필요한 사람들이 있었지만 이후에는 모든 사람 안에서 소망과 가능성을 보게 되었다. 그래서 인간에게 투자하는 것이 가장 의미있고 가장 가치있는 삶이라고 생각하게 되었다. 예수 그리스도를 통해 하나님의 사랑과 용서를 알게 될 때 변하지 않을 사람이 없다고 믿기 때문이다. 인간의 연약한 사랑이라도 인간을 변화시킨다면 하물며 하나님의 사랑이랴!

하나님의 형상을 따라서 완전하게 지어진 인간이 자유의지로 죄를 선택하고 타락하며 비록 불완전하게 변형되었지만 생명 현상은 여전히 신묘막측하다. 여기 조셉 파투리(Joseph Paturi) 박사가 쓴 글을 읽으며 인체의 신비를 감상해 보자.[4] 과연 진화론자들의 주장처럼 박테리아나 화학가스가 장구한 세월 동안 진화를 거듭할 때 이런 존재가 만들어질 수 있을까?

인체의 신비

인간의 몸은 뼈대로 부르는 연골조직과 다이나믹한 뼈의 구조물이다. 인간의 골격은 유연하고, 무릎관절과 이음매가 움직이도록 되어 있다. 그러나 해로운 마찰력을 감소시키기 위해서는 그런 움직이는 부분에 윤활유가 쳐져야만 한다. 사람이 만든 기계들은 외부의 재료에 의해서 기름이 쳐진다. 그러나 인체는 필요한 모든 곳에 정확한 양으로 젤리와 같은 성분들을 만들어 스스로 기름을 친다.

인체는 인간이 지금까지 만들어낸 어떤 공장보다도 훨씬 더 정교한 화학공장들을 지니고 있다. 이러한 공장들은 우리가 먹는 음식을 살아 있는 조직으로 변화시킨다. 그래서 근육, 혈액, 뼈, 그리고 치아가 자라게 된다. 부품들이 사고나 질병으로 피해를 받을 때, 그것들은 수선되기도 한다. 일하고 운동하는 힘은 우리가 먹는 음식에서 온다.

얼어붙는 날씨에서조차 우리의 몸은 때때로 과열된다. 그때는 몸 자체의 냉각시스템이 가동된다. 피부에 있는 수백만의 땀샘에서 땀방울이 쏟아져 나온다. 이것이 우리의 냉각시스템으로서, 체온을 떨어뜨리는 주요한 방식이다. 인간의 몸은 가열과 냉각 시스템을 담당하고 있는 자동온도 조절장치가 있어서 체온을 약 37℃로 유지해 준다.

우리가 듣는 소리는 귀 내부의 완벽한 작은 기관에 의해서 재생되고 있다. 음파가 관으로 내려가 고막 및 중이의 뼈들과 달팽이같이 말려진 달팽이관에 의해서 수행된다. 외이는 공기로 작동된다. 그러나 달팽이관은

---

4 "The human body—God's masterpiece," http://creation.com/the-human-body-gods-masterpiece.

액체로 채워져 있고, 음파를 공기에서 액체로 전달하는데, 이것이 과학계에서 알려진 가장 어려운 문제 중 하나이다. 소골이라 부르는 3개의 작은 뼈들은 우리가 올바르게 들을 수 있도록 정확히 그 일을 수행한다. 흥미롭게도 이 작은 뼈들의 크기는 우리가 태어난 이후로 변하지 않는다.

심장은 실제로 수천 마일의 혈관을 통해 혈액을 공급하는 근육질의 펌프이다. 혈액은 신체의 모든 부분으로 음식과 산소를 공급한다. 심장은 분당 평균 6리터의 피를 펌프하고, 하루에 펌프하는 혈액의 양은 200리터 드럼통 40개 이상을 채우기에 충분한 것이다. 이 펌프는 수명이 다하는 80년 동안 10초도 쉬지 않고 작동된다!

혈관은 수도관같이 직선으로 된 관이 아니라 나선형으로 약간 비틀려 있다. 직선형 도관에 비하여 약간 나선형인 도관이 혈액을 보다 균등하게 할 수 있다. 나선형 도관은 특히 T자형 접합부에서 소용돌이치는 흐름에 의한 손상을 훨씬 줄일 수 있다.

신체의 어떤 기관보다도 우수한 기관은 의심할 바 없이 뇌다. 그것은 우주에서 최고로 복잡한 정보처리 시스템이다. 만약 우리가 우리 몸의 정보처리를 직접 해야 한다면, 즉 의식적인 것들(언어, 조절된 정보, 의도적인 수의적 운동…)과 무의식적인 것들(조절되는 장기들의 기능들, 호르몬 시스템 등)을 처리해야 한다면 매일 10^{24} bits의 정보 처리를 필요로 한다. 천문학적인 이 수치는 세계의 모든 도서관에 저장된 정보인 10^{18} bits의 인간 지식보다 100만배 더 큰 수치다.

대부분 컴퓨터 시스템에서 그러한 정보는 전선 및 전자부품으로 수행된다. 인체에서 신경은 중추신경계에서 앞뒤로 정보를 운반하는 전선들이다. 한 사람의 뇌에는 세상의 모든 컴퓨터 시스템을 결합시킨 것보다 더 많은 배선과 더 많은 전기회로가 들어있다. 이것이 바로 우리의 경이로운 뇌인 것이다.

우리 몸의 보호장치도 경이롭다. 외부 세균과 직접 접촉하게 되는 열린 부위들은 모두 자체 방어기전을 갖고 있다. 눈썹은 빗물이나 땀이 들어가지 않도록 막아 주는 걸림돌 역할을 하고 눈꺼풀은 재빨리 감겨서 위험으로부터 눈동자를 보호해 준다. 귀에는 특별한 분비선이 있어서 귀지를 만들어 주고 귀지는 외부의 세균들로부터 외이도를 보호하는 데 중요한 역할을 해 준다. 코털은 한 번 호흡으로 체내에 들어오는 20만 개의 이물질을 걸러주는 역할을 한다. 기관지와 폐를 보호하는 인체 필터인 셈이다. 또 코에는 극소량의 철(Fe) 성분이 있어서 커다란 자장이 있는 지구에서 방향을 잡기 쉽게 해 준다(방향치인 나는 코에 철분이 부족한 것인가?)

소화란 강한 산성과 알칼리성 사이의 위태로운 평형 작용이라 할 수 있는데, 위산은 아연을 녹여버릴 정도로 강하지만 위장에서 생성되는 알칼리성 분비물이 위벽이 녹지 않도록 막아 준다.

우리 몸에는 100조 개의 세포조직이 있고 25조 개의 적혈구와 250억 개의 백혈구가 있다. 백혈구는 파수꾼으로 몸속의 바이러스를 잡아먹으며 나쁜 세균들과 싸워서 우리 몸을 지켜내고, 혈소판은 우리 몸에서 피가 나는 곳을 찾아 멈추게 해 준다.

신체의 모든 부분은 적재적소에서 꼭 필요한 기능을 하고 있다. 인간의 꼬리뼈는 진화론자들의 주장처럼 퇴화되어 없어진 꼬리의 흔적이 아니다. 그것은 다리와 아래 뒤근육을 연결시켜 몸의 균형을 잡아주는 매우 중요한 역할을 해 준다. 과거 흔적기관이라고 믿었던 수백종의 기관들이 의학과 과학이 발전하면서 모두 기능을 갖고 있는 기관으로 밝혀졌고 이제 퇴화기관이나 흔적기관이니 하는 말은 의학이나 생물학에서 자취를 감춰 버렸다.

아직도 기능이 잘 밝혀지지 않은 기관도 있지만 과학자들은 어떤 기능을 갖고 있을 것인가에 대해 연구할 뿐, 흔적기관이라고 무시하지는 않는다. 맹장이나 편도선은 잘라버려도 되는 불필요한 기관이 아니라 면역의 중요한 기능을 수행하고 있는 기관으로 밝혀졌다. 갑상선도 불필요한 기관이 아니라 중요한 호르몬을 분비하는 기관으로 밝혀졌다.

이처럼 정교하고 효율적이고 경이로운 신체는 원재료의 화학물질을 '지상의 먼지'에서 발견할 수 있다. 성경도 하나님이 인간을 흙으로 만드셨다고 말씀한다. 그래서 죽으면 땅에 묻혀서 다시 흙으로 돌아가는 것이다.

그러나 인간을 구성하는 화학물질의 모든 재료가 다 모아졌다고 해도 세포조직, 기관, 시스템으로 스스로 조직화될 수는 없다. 이것은 오직 지성의 개입으로만 일어날 수 있는 일이다. 하나님은 흙으로 사람을 만드시고 그 코에 생기를 불어넣으셨다고 말씀한다. 그래서 사람은 살아 있는 생령이 되었다.

하나님은 인간에게 생육하고 번성하라고 명령하시며 축복하셨다. 하나님은 우리의 몸이 다른 사람을 만드는 데 필요한 프로그램된 정보를 다음 세대에 전할 수 있는 능력을 갖도록 설계하셨다. 부모가 자녀를 생산하는 번식 능력은 얼마나 경이로운가. 아기가 태어나고 연령에 맞게 자라나는 과정은 또 얼마나 신비로운가.

무신론자들의 영웅으로 불리던 영국의 철학자 앤서니 플루(Antony Flew)는 노년에 하나님의 옹호자로 돌변해서 『존재하는 신』(*There is a GOD*)을 저술했다. 거기서 그는 "생명을 만들어 내는 데 필요한 믿을 수 없이 복잡한 DNA 배열을 최초로 설계하려면 반드시 어떤 지성의 개입을 전제해야 한다"라고 기록하며 천지를 창조하신 하나님의 존재를 인정했다.

인간과 자연의 조화

인간만이 아니라 모든 피조물이 그렇게 오묘하고 신비하다. 씨앗이 흙에 묻혀 비를 맞고 자라나며 큰 나무가 되는 것, 사계절이 때 맞춰 오고가고, 해가 뜨고 지고, 비가 오고 바람이 불고, 구름이 모이고 흩어지고, 바닷물이 밀려갔다 돌아오고, 달이 작아지고 없어졌다가 다시 자라나고…

하는 일상적인 자연의 움직임은 기이할만큼 신묘막측하다.

웅장하고 거대한 우주뿐만 아니라 주변에서 흔하게 보는 자연도 매우 경이롭다. 사과, 홍당무, 호박, 감자같이 아무 땅에서나 쉽게 자라나는 것들이 우리 몸에 생명을 준다. 눈여겨 보지도 않았던 엉겅퀴, 민들레, 쑥, 삼백초, 여주 등 잡풀 같은 것이 현대의학으로도 못고치는 불치병, 난치병을 치료하는 약이 된다.

진화론자들에 의하면, 인간도 저절로 생겨나고 풀과 열매들도 저절로 생겨났는데 그들이 우연히 서로 궁합이 맞게된 걸까? 그럴 수는 없다. 인간을 만드시고 인간의 체질과 구조를 완벽하게 아시는 하나님이 인간에게 반드시 필요한 것들을 자연만물에 넣어서 선물로 주신 것이다. 세상에 존재하는 모든 것의 시작을 알려 주는 성경은, 하나님이 인간을 위해 모든 자연만물을 창조하셨다고 증언한다. 하나님을 모르고 배척하는 사람들에게까지 일반 은총으로 이런 선물을 주셨다.

하나님의 작품은 품질에서만이 아니라 다양함에서도 압도적이다. 과일만 봐도 딸기, 사과, 포도, 수박, 버찌, 앵두 등 색깔이며 모양이며 맛이며 향기며 영양이며 질감이 어쩌면 그렇게 각양각색인지 감탄스럽다. 동물도 귀여운 것, 무서운 것, 코가 긴 것, 뿔이 난 것 등 그 생김새, 소리, 성격, 크기 등이 너무나 다양하고 재미있다. 사람 얼굴도 모두 비슷해 보이지만 각자가 독특한 생김새를 하고 있다. 하나님은 눈과 코와 입의 제한된 요소로 어쩌면 그처럼 다양하게 얼굴을 표현하실 수 있는지 가장 위대한 예술가가 틀림없다.

산과 나무와 바위와 바다와 물고기와 들과 꽃과 새와 하늘과 구름의 변화무쌍한 아름다움이 우리를 압도시킨다. 인간은 창의성을 자랑하지만 다 하나님의 자연작품에서 모티브를 받은 것 뿐이고 자연을 초월한 창의는 아무 것도 없다. 우리는 그저 하나님의 자연작품을 조금 흉내내고 있을 뿐이다.

인간의 과학은 엄청나게 발달해서 인간의 교만은 바벨탑처럼 높아지고 과학을 만능으로 여기는 사람들도 생겨났지만, 사실 과학은 하나님의 소박한 풀 한 포기조차 카피할 능력이 없다. 과학은 우주에 대해서도 아직 대부분을 모르고 있다. 거대한 우주뿐만 아니라 우리가 매일 대하는 몸조차 다 알지 못하고 있다. 어디 물질뿐인가. 정신도 헤아릴 수 없을 만큼 깊고 오묘하다. 나도 내 마음을 알지 못하고 통제 못하는 것이 우리 인간이다.

어떤 사람들은 인간에게 유익함과 즐거움을 주는 자연에게 감사하면서, 때론 그 굉장한 위력에 두려움을 느끼면서 자연을 경배한다. 자연만물에 신이 있다면서 태양신, 달신, 산신, 바다신, 농경신 등을 부르며 섬긴다. 그러나 자연은 하나님의 명령에 따라서 만들어진 비인격적 존재일 뿐이다. 더구나 우리 인간을 위해서 만들어진 피조물일 뿐이다. 우리가 찬양하고 감격하고 감사하고 경외하고 두려워할 대상은 피조물인 태양이나 산이나 바다가 아니라 그것들의 창조주이신 하나님이다.

하나님은 자신의 피조물들을 통해서 자신을 분명하게 계시하신다. 이 질서있고 웅장하고 아름답고 정교하고 유익하고 신비하고 오묘한 자연의 비밀에 대한 질문을, 우리는 하나님의 존재를 알고 나서야 비로소 정확하게 답변할 수 있게 된다.

제2부

성경 변증

4장

자연이 증명하는 성경

진화론은 무수한 가설들로 천지를 증명해 보이려 했지만 실패했다. 성경이 하나님이 천지를 창조하셨다고 선포하자, 그럼 하나님과 하나님의 창조를 과학적으로 증명해 보라고 요구한다. 하나님을 과학으로 증명해 보일 수는 없지만 그러나 그의 피조물을 통해서는 증명할 수 있다. 성경은 하나님이 자신의 피조물을 통해서 분명히 계시하시므로 우리가 핑계할 수 없다고 말씀한다.

"창세로부터 그의 보이지 아니하는 것들 곧 그의 영원하신 능력과 신성이 그 만드신 만물에 분명히 보여 알게 되나니 그러므로 저희가 핑계치 못할지니라"(롬 1:20).

1. 창조와 종말

우주는 매우 정교하게 정리된 법칙 아래서 질서 정연하게 움직이고 있다. 하나님은 우주를 창조하시고 그것이 질서 있게 움직이도록 놀라운 정교한 법칙들을 주신 것이다. 4,000년 전의 사람인 욥도 우주만물이 우연히 생겨나서 무심히 움직이는 것이 아니라 하나님이 만드신 법칙에 따라서 질서 있게 움직인다는 것을 알고 "네가 하늘의 법도를 아느냐? 하늘로 그 권능을 땅에 베풀게 하겠느냐?"(욥38:33)라고 고백했다.

중력 : 물질을 서로 잡아당기는 중력이 없다면 행성도 항성도 없고 어떤 형태의 복잡한 유기체든 생성이 불가능하게 된다. 또한 강한 핵력이 없다면 원자핵에 양성자와 중성자를 잡아둘 힘이 사라지므로 원자 자체가 생성될 수도 없고 화학물질이라는 것 또한 존재할 수가 없게 된다. 전자기력이 사라지면 화학물질 사이의 연결고리가 없어져 빛이 사라지게 된다. 중력은 140억 광년에 달하는 전 우주에 걸쳐 분포하고 있는데 이 중력의 세팅을 단 1인치만 움직이게 되면 생명체에 미치는 영향은 가히 재앙에 가깝다.

거리와 기울기 : 태양과 지구 사이는 평균 15 x 10^{10}km라는 거리를 유지하고 지구의 공전속도는 시속 10만 km 정도이며 기울기는 23.5도 정도가 된다. 만일 이런 거리와 속도와 기울기를 유지하지 않으면 태양열이 지구에 와 닿는 온도가 달라진다. 지구가 태양이 뿜은 열에너지를 1%만 더 받는다고 가정한다면 남극과 북극의 얼음이 전부 녹아서 세계는 물바다가 되고 반면에 1%라도 적게 받으면 빙하시대가 된다. 지금은 햇빛이 지구에 넓게 골고루 퍼질 수 있고 지구의 기온이 생명체가 살기에 이상적인 범위 내로 유지되고 있다.

무게와 크기 : 지구는 적도 반지름 6,378km, 극 반지름 6,357km로 적도가 조금 부푼 공 모양이다. 적도의 둘레는 4 x 10^4km, 표면적은 5 x 10^8km^2, 부피는 10^{22}km^3, 무게는 6 x 10^{24}kg 정도가 된다고 한다. 지구의

크기가 달랐다면 지구의 중력, 대기의 고도, 물의 증발, 기압 등에 엄청난 변화가 있었을 것이다. 지금보다 더 컸다면 지구의 중력이 지금보다 강해서 증발이나 강우현상이 사라지게 될 것이며 몸에 해로운 암모니아와 메탄 같은 기체들이 우주로 탈출하지 못하고 대기에 점점 쌓이게 되어 목성처럼 아예 생존자체가 불가능했을 것이다. 반면 중력이 지금보다 약했다면 대기와 물이 모두 증발해 사라지면서 생명체가 살 수 없게 되었을 것이다. 실제로 중력이 지구의 반밖에 안되는 화성에서는 공기의 대부분이 우주로 달아나버려 현재 남은 공기는 지구의 1% 정도이다. 또한 지각의 두께가 지금보다 몇 m만 더 두터웠더라도 산소가 없어 생명체가 살지 못할 것이며 바다가 지금보다 몇 m만 더 깊었어도 탄산가스와 산소를 모조리 흡수해 버려 지구에는 여하한 식물도 생존하지 못했을 것이다.

자전주기 : 지구의 자전주기가 지금보다 느려지면 주야의 일교차가 너무 심해지고, 지금보다 빨라지면 바람의 속도와 해류의 속도가 너무 빨라져 항상 쓰나미가 발생하면서 생물의 생존이 불가능하게 될 것이다.

대기 : 지구의 공기 중에는 산소가 21%를 차지하고 있다. 만약 산소가 25% 정도라면 젖은 나무에도 불이 붙을 정도가 되어 전 지구가 불바다가 되어 한시도 살 수 없는 환경이 된다. 만약 20% 이하라면 생명유지에 필요한 호흡을 하기가 매우 힘들어진다.

인력 : 달의 인력은 지구가 자전축을 유지하게 해 준다. 달의 인력 덕분에 생긴 안정적인 자전축이 없다면 이렇게 정기적이고 예측 가능한 계절은 없을 것이다. 뿐만 아니라 지구의 축이 불안정하게 사방으로 진동해 예측불허의 혼돈 상태가 될 수 있다. 또 달과 지구의 거리가 지금과 달라진다면 극심한 환경과 기후의 변화로 생명체가 살기 어려운 곳이 될 것이다.

공전면 : 일식과 월식이 생겨나기 위해서는 지구와 달의 공전면이 완벽히 일치해야만 한다. 실제로 달의 자전주기와 지구를 도는 공전주기가 동일하기 때문에 지구에서는 달의 한쪽면만 관찰할 수 있다. 또한 태양의 크기 : 달의 크기, 지구와 태양의 거리 : 지구와 달의 거리 비율이 같아야 한다. 실제로 둘은 동일하게 약 400:1 의 비율을 보인다. 태양계 내에는 8개의 행성과 그에 딸린 수백 개의 위성이 존재하나 이러한 일치를 보여 주는 곳은 지구 외에는 없다.

생명을 위한 완벽한 상수

우주가 시작된 시점부터 우주의 모든 물질들이 정밀하게 조정된 법칙과 수치에 의해 지배를 받고 있다는 '우주의 미세조정론'이 많은 과학자들에 의해서 주장되고 있다. 우주는 진화론자들의 주장처럼 임의로 생겨나서 임의로 움직이는 것이 아니라 그것을 만들고 지배하는 어떤 전능자가 있어야 한다는 것이다.

프린스턴대학교의 물리학 교수인 존 휠러(John Wheeler)는 "중력이나 전자기력과 같은 물리법칙이 약간만 변화되어도 생명은 불가능하게 된다. 생명을 생산하는 데 필요한 것이 우주의 전체 기구와 설계의 중심에 놓여 있다"고 말한다. 영국의 천문학자 프레드 호일(Fred Hoyle)은 우주론적 일치성에 대해 "그러한 특징들은 마치 이어져 있는 실같이 자연세계라는 조직물을 관통하는 것처럼 보인다. 자연계에는 생명에게 필수적인 이상한 일치성들이 너무나 많다. 모종의 설명이 필요한 것으로 보인다"고 말했다.

캠브리지대학교의 마틴 리스(Martin Rees)는 "우리가 알듯이 생명의 가능성은 몇개의 기본적인 물리상수들에 의존하는데 그 수치가 놀랄만큼 민감하다. 자연은 놀랄만한 일치성을 보여주고 있다. 일단의 과학자들은 그렇게 많은 우연적인 사건들에 놀라움을 표한다. 그러한 놀라움은 우리가 자연법칙 내에서의 우연성 대신 신적인 목적성을 고려할 경우 순식간에 사라지게 된다"고 말한다.

버지니아대학교의 천문학자 루드(R. T. Rood)와 트레필(J. S. Trefil)은 공동저서 『우리는 혼자인가?』에서, 다음과 같이 말한다.

"이 우주의 어느 곳에서든지 생명이 살 확률은 10억분의 1이다. 지구상의 생명은 우주 어느 곳에서도 다시 재현될 수 없는 매우 엄청난 사건이다. 물리학자들은 우주 상수가 $1/10^{53}$의 정확도로 조정되어 있으며 이처럼 극도로 정확한 값에 의해서 우주가 움직이지 않는다면 결코 생명이 존재할 수 없다."

자연의 다양한 현상들은 뉴튼의 운동법칙과 중력법칙, 맥스웰의 전자기 방정식과 같이 간단한 몇 개의 수학식들로 설명할 수 있다. 이 우주가 한 장의 종이에 우아한 수학식으로 간단히 표현된다는 것이다. 우주의 생명체가 존재하기 위한 기본 법칙들 중 단 하나만 제거해도 생명체는 우주에 존재할 수 없게 된다. 모든 생명체들이 바로 이 물리적 상수들에 의해 존재하고 있는 것이다.

천체물리학자 폴 데이비스(Paul Davies)는 그의 저서 『초월힘』(*Superforce*)에서 "물리학의 방정식들은 그 안에 믿을 수 없을 정도의 간단함과 우아함 그리고 아름다움을 가지고 있다. 이것은 그 자체로서 이 우주와 이들 법칙들의 근거가 되는 하나님이 반드시 존재한다는 사실을 내게 증명해 주는 데 부족함이 없다"고 기록했다. 러시아의 물리학자 폴랴코브(Alexander Polyakov)는 「포츈」지에 "이 자연은 가능한 모든 수학 중에서 가장 훌륭한 것만으로 표현되는데 이는 바로 하나님께서 이 자연을 창조하셨기 때문이다"라고 기고했다. 우크라이나의 국립과학연구센터 수석연구원 빅토르는 물리학자로서 세계가 어떻게 생성되었는지 심층분석하면서 하나님의 창조를 인정하지 않을 수 없었다며 이렇게 말한다.

"열역학법칙이 이 사실을 뒷받침해 줍니다. 에너지 전환과 보존법칙(열역학 제1법칙)은 '모든 에너지는 한 형태에서 다른 형태로 전환할 뿐 스스로 발생하거나 소멸하지 않는다'는 것입니다. 또 '에너지 전달에는 정해진 방향이 있다'는 에너지 방향성의 법칙(열역학 제2법칙)에 의하면 열을 저온에서 고온으로 이동시키려면 반드시 외부의 작용이 필요합니다… 우주가 스스로 폭발했다면 무질서 상태에서 복잡한 우주 구조를 형성하기 위해 다량의 에너지가 필요합니다. 하지만 카오스와 같은 무질서 상태에서는 에너지가 스스로 형성될 수 없습니다. 이것은 열역학 법칙을 위배합니다… 우주는 창조자 없이는 절대 스스로 형성될 수 없다는 결론을 말해 줍니다. 우주가 저절로 생겨났다고 하는 것은 휴대폰이나 컴퓨터가 저절로 생겨났다고 하는 것과 같습니다. 부품들을 아무리 혼합해도 저절로 컴퓨터와 같은 복잡한 시스템이 형성되지는 않습니다. 전문가의 지식과 기술이 더해져야 물체가 만들어집니다. 모든 창조물에는 그것을 고안하고 창출한 창조자가 있기 마련입니다. 우주는 휴대폰이나 컴퓨터와는 비교할 수 없을 만큼 복잡하고 정교한 체계를 갖고 있습니다. 그런 작은 물체도 당연히 창조자가 있다고 생각한다면 대우주가 창조자 없이 저절로 생겨났다고 말할 수 있을까요? 당연히 그럴 수 없습니다. 우리는 의심의 여지없이 우주가 창조주에 의해 만들어졌음을 알 수 있습니다."

하나님의 영광 선포

이처럼 완벽한 정교함으로 창조되고 운영되는 우주는 그 나이를 인간적 시간 개념으로 측정할 수 없듯이 그 크기도 인간의 능력으로는 측정할 수 없다. 인간이 관측 가능한 우주(Observable Universe)는 신호가 지구에 도달하는 범위인데 이 범위 밖에 대해서는 알 길이 없다. 심지어는 우주가 유한한 지 무한한 지도 알 수 없다. 관측 가능한 우주는 관측지인 지구를 중심으로 한 구형 공간이 되며, 그 반지름은 465억 광년(약 465 x 10^{13} km)이라고 한다. 상상해 볼 수도 없는 크기다. 그 어마어마한 우주에서 지구 이외에는 생물의 흔적이 보이지 않는다.

우주는 측정불가할만큼 너무나 큰데 은하들에는 생물체가 살 수 없다는 사실이 매우 낭비적으로 보이기도 한다. 하지만 성경은 "하늘이 하나님의 영광을 선포한다"(시 19:1)고 말한다. 하나님은 자신의 영광과 기쁨을 위하여 광대한 우주를 만드셨다. 그 안에 많은 별들을 두셔서 지구에게 아름다운 장면을 연출해 주셨다. 그리고 사람들에게 발견될 무한한 가능성을 열어 놓으셨다. 사람들은 그 엄청나고 광대하고 아름다운 우주를 바라보면서 이것을 지으신 창조주와 그분의 무한한 능력과 권능을 깨달아 알게 된다. 다윗의 말처럼 "어리석은 자는 그 마음에 이르기를 하나님이 없다"(시 14:1)고 하지만, 지혜롭고 겸손한 자들은 자연에 가득찬 신비와 조화를 보면서 그것의 창조주이자 운영자가 되시는 하나님을 깨닫게 된다.

1918년 노벨상 수상자가 된 독일의 물리학자 막스 플랑크는 "이성과 지성이 높은 창조자의 존재를 가정하지 않고서 우주의 생성을 증명한다는 것은 불가능하다"고 고백했다. 1921년 노벨상 수상자인 아인쉬타인은 "우주의 법칙은 수학적 아름다움을 갖고 있다"고 했고, 1933년 노벨상 수상자가 된 영국의 수학자/물리학자 폴 디락은 "하나님은 매우 뛰어난 수학자이며 우주를 만들 때 고도의 수학을 이용하셨다"고 말했다. 1927년 노벨상 수상자인 미국의 물리학자 아서 컴프턴은 "정확하고 질서 있게 펴져있는 우주는 창세기 1장 1절의 '태초에 하나님이 천지를 창조하시니라'는 가장 장엄한 진리의 말씀을 증거하는 것이다"고 말했다. 1923년의 노벨상 수상자인 미국의 물리학자 로버트 밀리칸은 1948년 물리학회에서 "유물론은 내 삶에서 가장 생각하기 어려운 것"이라고 고백하며 '우주의 배후에 존재하는 초월자'에 대해서 '위대한 건축가'라고 찬양했다.[1]

---

1 "우주는 창조자의 능력과 신성을 증거해," http://www.kacr.or.kr/library/itemview.as-

창조와 종말의 열역학 법칙

과학계에서 기초가 되는 것으로 열역학 법칙이 있다. 열역학 제1법칙은 에너지의 보존을 다루고 제2법칙은 에너지의 감소와 소멸을 다룬다. 제1법칙은 우주의 물질과 에너지의 총량은 일정해서 생성하거나 소멸될 수 없고 오직 형태만 바뀐다는 에너지 보존의 법칙이다. 제2법칙은 닫힌 계에서 물질과 에너지가 무질서하고 값어치 없는 상태로 변하고 있다는 '엔트로피의 법칙'이다. 제1법칙에 따르면 에너지가 하나의 형태에서 다른 형태로 변할 수는 있지만 아무 것도 저절로 창조되거나 혹은 파멸될 수 없다. 제2법칙에 따르면 존재하는 모든 것은 저하 소멸하면서 쓸모없는 것으로 변해서 언젠가는 완전한 무용의 상태 혹은 죽음의 상태가 된다. 제1법칙으로 하나님의 창조를, 제2법칙으로 우주의 종말을 설명해 보자.

알버트 아인슈타인은 제1법칙을 확장해서 $E=MC^2$이라는 질량-에너지 보존법칙을 만들었다. 물질과 에너지는 형태만 다를 뿐 동일한 것으로 둘은 서로 변환될 수 있다는 것이다. 물질에 에너지가 숨어있다는 사실을 밝혀내면서 이 사실을 근거로 인간은 원자폭탄이라는 에너지를 만들 수 있었다. 이것을 역으로 보면 에너지가 물질로 전환될 수도 있다.

성경에 의하면 창조의 첫째 날에 하나님이 "빛이 있으라"고 명하시자 빛이 있었다(창 1:3). 그것은 창조의 넷째 날에 만드신 태양(창 1:16)과는 다른 빛으로서 하나님의 무한 권능의 순수 에너지였다. 질량-에너지 보존법칙을 성경에 적용해 보면, 빛으로 나타난 하나님의 권능의 무한한 에너지(E)가 질량을 갖는 태양이나 달이나 바다와 같은 물질(M)로 전환되며 우주가 탄생된 것으로 해석할 수 있겠다. 진화론자들은 이 현상을 빅뱅이라고 부른다.

---

p?no=2455&type=C&authorname=%C0%D3%B9%F8%BB%EF&category=A06&order-by_1=subject&page=1.

그런데 열역학 제1법칙이 모든 자연현상을 설명하기에 부족하게 되자 열역학 제2법칙이 만들어졌다. 세상에 사용 불가능한 에너지가 전체적으로 계속 증가하는 현상이 발견된 것이다. 아이삭 아시모프(Isaac Asimov)는 "우주는 지속적으로 더 무질서하게 변한다. 사실 우리가 해야할 일은 아무것도 없다. 모든 것은 스스로 저하하고 타락하며 붕괴하고 사라진다. 그것이 제2법칙에 관한 전부다"고 말한다. 힐버트 시글러(Hilbert Siegler)는 『진화냐 혹은 퇴보냐』에서 다음과 같이 말한다.

"우주는 퇴보하고 있다. 이것은 우주가 창조되었던 시초가 반드시 있음을 의미한다. 그때 에너지는 최고의 상태였다. 이것은 열역학 제2법칙이 우리에게 강요하는 냉혹한 결론이다."

과학자들은 우주가 천천히 그러나 확실하게 '열의 소멸'로 지향한다고 주장한다. 하나님의 우주 창조는 완전하고 질서정연하게 이루어졌지만, 이후로는 모든 것이 쇠퇴와 붕괴를 향해 진행하고 있다는 것이다. 엔트로피가 최대치에 도달하면 모든 가용 에너지가 소모되고 우주에 에너지가 균일하게 퍼져 극도의 안정된, 혹은 죽은 상태가 되어 어떤 거시적 활동도 존재하지 않게 된다. 모든 에너지는 전자기파 형태로 전환되며 시간도 종말을 맞는다고 볼 수 있다.

제레미 리프킨(Jeremy Rifkin)은 그의 저서 『엔트로피』에서 기계론적 세계관과 엔트로피의 세계관을 대립해서 설명한다. 기계론적 세계관은 물질적 풍요와 기술적 발전으로 세상이 더욱 질서와 완전을 향해 나아간다고 주장한다. 반면 엔트로피의 세계관은 인류의 에너지 환경이 거의 종말에 다다랐다고 주장하면서 미래에 대해 낙관적인 기계론적 세계관의 착각을 지적한다. 이것이 성경과 일치하는 내용이다. 하나님이 처음 지구와 우주와 인간을 창조하셨을 때 보기에 아주 좋다고 하셨다. 그러나 인류가 하나님을 거역했을 때 하나님은 땅을 저주하셨고 지구는 물론 온 우주 위에 퇴보, 부패, 죽음의 원리가 적용되었다.

"아담에게 이르시되 네가 네 아내의 말을 듣고 내가 너더러 먹지 말라 한 나무 실과를 먹었은즉 땅은 너로 인하여 저주를 받고 너는 종신토록 수고하여야 그 소산을 먹으리라 땅이 네게 가시덤불과 엉겅퀴를 낼 것이라 너의 먹을 것은 밭의 채소인즉 네가 얼굴에 땀이 흘러야 식물을 먹고 필경은 흙으로 돌아가리니 그 속에서 네가 취함을 입었음이라 너는 흙이니 흙으로 돌아갈 것이니라 하시니라"(창 3:17-19).

"다 흙으로 말미암았으므로 다 흙으로 돌아가나니 다 한 곳으로 가거니와"(전 3:20).

"한 사람으로 말미암아 죄가 세상에 들어오고 죄로 말미암아 사망이 왔나니"(롬 5:12).

"주께서 옛적에 땅의 기초를 두셨사오며 하늘도 주의 손으로 지으신 바니이다. 천지는 없어지려니와 주는 영존하시겠고 그것들은 다 옷같이 낡으리니 의복같이 바꾸시면 바뀌려니와"(시 102:25-26).

"너희는 하늘로 눈을 들며 그 아래의 땅을 살피라. 하늘이 연기같이 사라지고 땅이 옷같이 해어지며 거기 거한 자들이 하루살이 같이 죽으려니와 나의 구원은 영원히 있고 나의 의는 폐하여지지 아니하리라"(사 51:6).

과학이 엔트로피의 법칙을 발견하기 전에도 성경은 이미 그것을 알고 기록했다. 하나님은 우주를 완벽하게 설계해서 창조하시고 운영하시지만, 모든 것이 계속 퇴보하다가 하나님의 정하신 기한이 찼을 때 결국 폐해지며 종말을 맞는다는 것이다. 과학은 우주가 소멸과 멸망을 향해 가고 있다는 사실을 최근에야 발견했고 그 이유도 설명하지 못하지만, 성경은 이미 수천 년 전에 그 결말과 이유를 기록해 주었다.

오래 전 미국 잡지에서 보았던 만화가 생각난다. 자세하게는 생각나지 않지만 두 과학자 친구들이 동료 과학자의 수상식에 참석해서 주고받는 대화는 대략 이런 내용이었다.

“저 친구가 수십 년에 걸쳐서 연구하고 발견한 결과가 이미 성경에 단 한 줄로 명시되어 있었다네.”

“성경을 읽었다면 저렇게 힘든 연구를 할 필요가 없었을텐데…”

물론 그의 농담과는 달리 과학자들의 연구는 계속되어야 한다. 다만 성경이 진리라는 확신을 토대로 방향을 잡고 진행한다면 분명한 성과를 거두게 될 것이다. 그것을 고백하는 과학자들과 고고학자들의 간증을 많이 들을 수 있다. 반면에 성경에 반하는 진화론이 사실임을 밝히기 위해서 평생을 헌신한 과학자들은 여전히 허공을 맴돌며 아무런 열매없이 시간을 낭비하고 있다.

2. 성경과 자연의 일치

성경은 역사책이 아니다. 그러나 성경이 기술하거나 예언한 사건들은 모두 역사적으로 일어났음이 증명되었다. 성경은 지리책이 아니다. 그러나 다음 장에서 설명하듯이 성경이 기록한 나라와 도시들은 실재했었음이 증명되었다. 성경은 과학책이 아니다. 그러나 성경 기록에서 아주 사소해 보이는 표현들도 모두 과학적이라는 것이 계속 증명되고 있다.

수천 년 전에 기록된 성경이 어떻게 이런 사실들을 알았을까? 그것은 성경이 하나님의 계시로 기록된 책임을 증명하는 것이다. 성경은 과학적 증명에는 무심한듯 단순하고 쉽게 사실을 표현하고 있다.

- 오래 전 사람들은 지구가 평평하다고 생각했지만, 성경은 지구가 우주 공간에 떠 있는 구형이라는 사실을 알고 기록했다– 그는 땅을 공간에 다시며(욥 26:7).
- 17세기 말에야 뉴튼에 의해 만유인력의 법칙이 제시되었는데 성경은

이미 그 사실을 알고 있었다– 그의 능력의 말씀으로 만물을 붙드시며(히 1:3).

- 지구 내부의 구조가 암석층, 맨틀층, 외핵, 내핵으로 이루어져 있음이 1953년 과학자 리먼에 의해서 발견되었다. 성경도 동일하게 말한다– 지면은 식물을 내나 지하는 불로 뒤집는 것 같고(욥 28:5).
- 1902년에 비로소 지상에서 30km 지점에 태양의 해로운 자외선으로부터 지구를 보호하는 오존층이 존재한다는 사실이 밝혀졌다. 성경은 이것을 문학적으로 표현한다– 그가 하늘을 차일같이 펴셨으며 거할 천막같이 베푸셨고(사 40:22).
- 질서를 잃고 떠도는 별들이 블랙홀에 빨려들어 흔적도 없이 사라진다는 것이 과학계에 보고되었다. 성경도 모든 별들이 항상 하늘에 있지 않고 일부 유리하는 별들이 흑암으로 돌아간다는 사실을 알고 있었다– 영원히 예비된 캄캄한 흑암에 돌아갈 유리하는 별들이라(유 1:13).
- 북극성 주변에는 육안으로도 별이 잘 보이지 않는데 1981년 천문학자들은 북극성 주변에 광대한 지역이 비어 있다는 사실을 확인했다. 2,000여 개의 은하수를 넣을 수 있는 3억 광년에 해당하는 공간이라고 한다. 성경도 그곳이 비어있음을 알고 있었다– 그는 북편 하늘을 허공에 펴시며(욥 26:7).
- 망원경이 발명되기 전에 사람들은 별을 셀 수 있다고 생각했다. 그리스 학자 프톨레마이오스는 1,056개의 별을 세어 최초로 별의 갯수를 말하기도 했다. 그러나 현대과학은 별이 셀 수 없이 많다는 것을 밝혀냈다. 은하계 안에 별이 약 천억 개 정도, 우주 안에는 이런 은하계가 천억 개 정도 있다고 한다. 따라서 우주에는 천억 x 천억, 즉 10^{22}개 정도의 별이 있다는 계산이 된다. 성경도 별이 셀 수 없이 많고 바닷가의 모래처럼 많다고 이미 기록했다– 하늘의 만상(모든 별들)은 셀

수 없으며(렘 33:22), 네 씨가 크게 번성하여 하늘의 별과 같고 바닷가의 모래와 같게 하리니(창22:17).

- 17세기에 이르러서야 페라룰트와 마리오테의 실험으로 증발과 응결 등, 강수의 물의 순환 과정이 증명되었다– 그가 물을 가늘게 이끌어 올리신 즉 그것이 안개되어 비를 이루고 그것이 공중에서 내려 사람 위에 쏟아지느니라(욥 36:27 – 28), 바닷물을 불러 지면에 쏟으시는 자니 그 이름은 여호와시니라(암 9:6).
- 1630년 갈릴레오의 시대까지 바람이 정기적으로 순환한다는 사실을 알지 못했다. 대기의 순환이란 주로 두 가지 요소의 영향을 받게 되는데 그 하나는 지표의 다양성으로 인해 생기는 태양 복사열의 차이이고 다른 하나는 지구의 자전이다. 이러한 사실을 갈릴레오가 발견한 이후 19세기에 이르러 과학자들은 바람의 순환이 북반구에서는 오른쪽으로 남반구에서는 왼쪽으로 휘어진다는 사실을 발견했다. 이렇게 순환되는 바람은 결국 한 바퀴를 돌아 불던 곳으로 돌아가게 된다– 바람은 남으로 불다가 북으로 돌이키며 이리 돌며 저리 돌아 불던 곳으로 돌아가고(전 1:6).
- 19세기에 이르러 과학자들은 번개의 길(방전로)이 있다는 것을 밝혀냈다– 비를 위하여 명령하시고 우뢰와 번개를 위하여 길을 내시는 도다(욥 28:26).
- 1995년 미국의 대기학자 후란즈 블라우는 수년 동안 해발 3,300m 산에서 번개가 칠 때마다 대기의 샘플을 채취하여 측정했다. 그 결과 번개에 의해 지구상에 연간 10억톤의 질소가 질산으로 변한다는 사실을 발견했다. 번개가 치면 순간적으로 그 주변의 온도와 압력이 급상승하여 질소와 산소가 결합되는 것이다. 이렇게 생산된 질산은 비를 타고 흙속에 스며들고 식물이 이것을 흡수해서 생장할 수 있었던 것이다. 질소산화물은 식물의 생장을 위해서 반드시 필요하다. 그

것이 없으면 식물이 죽고 식물이 죽으면 초식동물도 육식동물도 모두 죽게 되면서 결국 생태계는 파괴되어 버린다. 성경은 번개가 식물을 먹이고 있다는 사실을 이미 알고 있었다– 그가 번개 빛으로 자기의 사면에 두르시며 … 이런 것들로 식물을 풍비히 주시느니라(욥 36:30－31).

- 1914년 독일의 지질학자 베게너는 대륙이 원래 하나였다가 나중에 나뉘어졌다고 발표했다. 성경도 원래 하나의 대륙에서 바다로 인해 여러 대륙으로 나뉘게 되었음을 시사해 준다– 하나님이 가라사대 천하의 물이 한 곳으로 모이고(창1:9), 그 지식으로 해양이 갈라지게 하셨으니(잠 3:20).
- 마우리(Matthew Maury)는 성경을 통해서 바다에 길이 있다는 사실을 깨닫고 연구하다가 1839년 해로를 발견할 수 있었다. 그는 해로의 발견자로서 해양학에 혁혁한 공을 세우게 되었다– 공중의 새와 바다의 어족과 해로에 다니는 것이니이다(시 8:8).
- 20세기에 들어서야 비로소 해양학자들은 바닷속에 골짜기, 산, 계곡들이 가득 차 있다는 것을 발견하기 시작했다– 물이 나를 둘렀으되 … 내가 (바닷속) 산의 뿌리까지 내려갔사오며(욘 2:5).
- 해양학자들은 1960년 SONAR(SOund Navigation And Ranging) 연구에 의해 바닷속에 샘들이 있다는 사실을 증명하고 1973년에 심해 잠수함을 만들면서 바닷속의 샘을 촬영하는 데 성공했다– 네가 바다 근원(Springs of the Sea)에 들어갔었느냐(욥 38:16).
- 성경은 토끼가 되새김질을 한다고 언급한다. 토끼는 위가 하나라서 새김질을 못하는 것으로 알려졌기 때문에 성경은 비과학적이라고 비웃음을 받았다. 그런데 최근 과학은 토끼가 새김질을 한다는 사실을 밝혀냈다– 토끼도 새김질은 하되 굽이 갈라지지 아니하였으므로(레 11:6).

- 과학자들은 인체를 구성하는 광물질을 화학적으로 분석해서 산소, 탄소, 수소, 질소, 칼륨, 카리, 인, 마그네슘 등이 주요 성분이라고 밝혔는데 그것은 흙의 주요 성분과도 유사하다. 성경도 인간의 육체와 흙에 대해서 이렇게 말한다– 너는 흙이니 흙으로 돌아갈 것이니라 하시니라(창 3:19), 이는 저가 우리의 체질을 아시며 우리가 진토임을 기억하심이로다(시 103:14).
- 흔히 우리는 뼈가 먼저 만들어지고 나중에 살이 붙여진다고 생각한다. 그런데 자궁 안의 태아의 성장과정을 초음파 장비로 지켜보면 가죽이 먼저 생기고 다음에 뼈가 생성된다는 사실이 발견된다. 성경도 동일한 순서로 말씀한다– 가죽과 살로 내게 입히시며 뼈와 힘줄로 나를 뭉치시고(욥 10:11).
- 20세기 후반에 유명한 의학자인 스칸질로 박사는 태어나서 8일째 되는 날에 프로트롬빈이 110%가 되므로 할례하기에 생애 중 가장 안전하고 좋은 날이라고 밝혀냈다– 대대로 남자는 난 지 팔 일 만에 할례를 받을 것이라(창 17:12), 할례할 팔 일이 되매 그 이름을 예수라 하니(눅 2:2).

홍수와 방주

한국창조과학회에서 펴낸 『큰 깊음의 샘들이 터지며』를 비롯한 여러 논문과 서적들이 지질학적 화석학적 증거들을 제시하며 성경에 기록된 그대로 전 지구적 홍수가 발생했음을 증언한다.

성경은 노아의 홍수에서 살아남기 위해 지으라고 명하신 방주의 크기를 "장이 삼백 규빗 광이 오십 규빗 고가 삼십 규빗"(창 6:15)이라고 구체적으로 명시한다. 성경이 명시한 방주의 크기는 길이 135m, 폭 22.5m, 높이 13.5m로 통상적인 배가 아니라 바지선 형태의 거대한 선박이었다. 이것은 농구코트 20개를 10개씩 2열로 배열한 크기로 현재 축구장보다 길이는 더 길고 폭은 약간 좁은 규모가 되는데 상, 중, 하 삼층으로 되어서 방주 내의 사용 가능한 총면적은 100,000 평방피트 이상이 된다고 한다. 과연 이런 규격과 구조의 방주가 대홍수에서 안전할 수 있었을까?

이런 비율의 방주가 풍랑 가운데서 배의 엔진을 끈 채 바다에 그냥 떠 있을 때 가장 빨리 안정을 되찾을 수 있는 구조라는 것이 여러 연구들에 의해 판명되었다. 30m 이상의 파도에도 견딜 수 있으며 60도까지 기울어져도 오뚜기처럼 다시 돌아오는 매우 안정적인 구조라는 것이다. 노아시대 사람들은 배에 대한 아무런 지식이 없었지만 하나님의 계시로 제작된 방주에서 1년 넘게 있으면서 안전할 수 있었다.

이제 노아의 방주로 들어왔던 동물들은 모두 몇 마리나 되는지를 알아보자. 전문가들은 어류를 제외하고 오늘날 살고 있는 포유류 3,500종, 조류 8,600종, 파충류와 양서류 5,500종을 합쳤을 때 총 17,600종이고 각 쌍으로 계산할 경우 35,200마리가 된다고 추정한다. 그중에서 정결한 짐승은 7마리씩 실렸으니 더 추가되어야 한다. 이 동물들의 평균 크기를 양(羊)만하다고 가정할 때 방주는 125,280마리의 양들을 수용할 수 있는 용량이 된다. 방주는 실제 승선했던 동물보다 훨씬 더 많은 숫자를 태울 수 있는 크기였음을 알 수 있다.[2]

인류의 동일 조상

성경은 모든 인류가 하와에게서 나왔다고 기록한다. "아담이 그 여자의 이름을 하와라 이름하였으니 그는 모든 산 자의 어미가 되었음이더라"(창 3:20). "인류의 모든 족속을 한 혈통으로 만드사"(행 17:24).

19세기 후반 인류의 조상에 대한 의문을 품고 유전공학적 조사를 한 과

2 "노아의 방주," http://www.kacr.or.kr/library/itemview.asp?no=721.

학자들이 있다. 앨런 윌슨(Allan C. Wilson) 박사팀은 각 대륙을 대표하는 147명의 여성으로부터 미토콘드리아 DNA를 받아 각 특징들을 비교해 본 결과, 흑인, 황인, 백인 관계없이 모든 인류의 여자 조상은 단 한 사람으로부터 유래한 것임을 증명했다. 그들은 모든 인류의 첫 어머니에게 미토콘드리아 이브(Mitochondrial Eve)라는 명칭을 붙여서 1987년 「네이처」지에 논문을 기고했다.[3]

미토콘드리아 이브 논문에 자극받아 Y 염색체를 통해 아담을 추적하는 연구들이 속속 진행되었다. 2000년에는 스탠포드대학교와 하버드대학교를 포괄하는 14개 공동연구팀에서 지구촌을 대표하는 1,062명 남자의 Y 염색체를 정밀 조사했다. 「네이처 제네틱스」에 기고된 연구결과에 의하면, 현존 인류의 공통 조상 할아버지는 대략 35,000–89,000년 전 사람이며 이 시기에 아프리카로부터 후손들이 지구 각 지역으로 퍼져 나갔다고 한다.

한편 진화론자 앤 깁본스(Ann Gibbons)는 "미토콘드리아 이브에 새로운 시계를 사용하면 6,000년 전쯤 살았다고 계산되어질 수도 있다"고 제안한다.[4] 펜실베니아대학교의 앨런 맨(Alan Mann) 교수도 "우리는 극적인 도약을 다루고 있다. 그것은 우리와 같은 인류가 아주 최근에야 나타났다는 것이다. 미토콘드리아의 자료들은 결정적 증거가 된다"고 말했다. 진화론자들 사이에 최초 인류의 연대에 대해서는 차이가 있지만 한 부모라는 공통조상을 갖는다는 데에는 동일한 의견이다.

---

3 "분자생물학이 찾아낸 인류의 기원," http://www.newstoday.name/sub_read.html?uid=7446.

4 "Calibrating the Mitochondrial Clock," http://www.dnai.org/teacherguide/pdf/reference_romanovs.pdf.

다양한 인종

한 쌍의 부부에게서 어떻게 황인종 백인종 흑인종 등이 다양하게 나올 수 있는지 DNA 유전물질로 설명해 볼 수 있다. 유전자는 아버지와 어머니로부터 각각 한 개씩 받아서 한 쌍으로 존재한다. 피부색은 여러 개의 유전자에 의해 조절되는데 이것을 A, a, B, b로 나타내 보자.

A와 B는 멜라닌 과립을 다량 생산하는 우성형질, a와 b는 멜라닌 과립을 소량 생산하는 열성형질을 나타낸다. 염색체가 분열할 때 A나 a는 반드시 상대방의 B나 b와 결합해서 AB, Ab, aB, ab로 나타난다. 유전자가 ABAB라면 진한 흑색, AbAb나 aBaB라면 흑갈색, Abab나 abaB라면 연갈색, abab는 흰 피부색으로 발현된다. 아담과 이브가 AbAb나 aBaB의 갈색 인종이었다면 그들의 자녀들은 ABAB의 흑색부터 abab의 흰색까지 모두 나타날 수 있다. 아담이 살던 시대는 수명이 매우 길었으므로 한 세대에 여러 명의 자녀를 산출했을 것으로 추정할 수 있는데 그렇다면 아담 시대에 이미 다양한 피부색을 가진 자손들이 공존했을 것으로 추측할 수 있다.

물론 피부색은 유전자에 의해서만 아니라 환경에 의해서도 영향을 받는다. 예를 들어, 적도와 가까운 지역에서는 강렬한 자외선에 오래 노출되어도 피부암 등에 걸릴 확률이 낮은 짙은 피부의 인종들이 오래 살아남아 다수를 형성하게 된 것으로 여겨진다. 이들이 북유럽으로 이주한다면 자외선을 충분히 공급받지 못해 비타민 D 부족으로 심각한 문제를 일으킬 수 있지만, 북유럽에서는 부족한 비타민 D를 유제품에서 공급받을 수 있다.

2010년 영국에 사는 흑인 부모에게 흰 피부와 푸른 눈과 금발의 딸이 태어나서 세상에 큰 충격을 준 적이 있다. 아프리카에서도 종종 알비노들이 태어나서 타부의 대상이 되곤 하는데, 의학계는 잘 설명하지 못하지만 아기에게 백인의 먼 조상이 있었을 것으로 추정한다. 열성유전자는 없어지는 것이 아니라 숨어있다가 언젠가 발현되며 드러나기 때문이다.

여담이지만, 여러 가지 원인으로 백인종이 점점 줄어들고 있다고 한다. 미국 중앙정보국(CIA)은 '2020 미래보고서'에서 2000년도 세계인구의 20%를 점유했던 백인이 2050년에는 2%로 줄어들 것으로 전망하며 사실상 백인의 시대가 종말을 고할 것이라고 예언했다.

근친결혼

성경에 의하면 초기 인류는 근친결혼을 했는데 그들의 자손에게 아무런 문제가 발생하지 않았을까?

하나님은 인간을 완전하게 창조하셨다. 그런데 인간이 죄를 지으면서 육체도 불완전하게 변질되고 유전자에는 돌연변이로 인한 많은 결함들이 생겨나게 되었다. 유전자는 부모로부터 각각 물려받아 2개씩 짝을 이루는데, 이중에서 어느 하나가 결함이 있을지라도 좋은 유전자가 결함 있는 유전자보다 강해서 결함이 겉으로 나타나지 않는다. 그러나 부와 모가 가까운 혈족일 경우에 물려받은 유전자들은 유사한 오류를 갖기 때문에 그 오류들이 합쳐지면 아이는 장애를 유발할 가능성이 높게 된다.

인류의 초기에는 유전자 자체가 완전했고 결함 있는 유전자가 문제를 일으킬 정도로 많이 누적되지 않았기 때문에 근친결혼이 허락되었다. 그러나 오랜 세월이 지나고 결함 있는 유전자가 점점 많아지면서 하나님은 모세를 통해서 근친결혼을 금지하는 율법을 주셨다(레 18-20장).[5]

---

5 "Cain's wife – Who was she?" https://answersingenesis.org/bible-characters/cain/cains-wife-who-was-she/

5장

역사가 증명하는 성경

성경은 다른 경전들과 달리 시대적, 지리적, 역사적, 문화적 배경으로 구체적인 인물, 도시, 국가, 시대뿐만 아니라 연대에 대해서도 자세하게 언급한다. 이런 지명과 인명과 연대가 교훈을 위해서 대체 무슨 의미가 있을까 의아할 정도로 언급이 구체적이다. 성경은 역사적 사실을 하나님의 안목에서 해석하고 기록한 책인 것이다.

그러나 어떤 주장이나 기록이 역사적 사실로 증명되려면 다른 문헌이나 고고학 자료에 의해 검증되어야 하는데, 이스라엘 왕 다윗과 솔로몬이 통치했던 BC 10세기 이전까지는 문헌 자료가 거의 존재하지 않기 때문에 성경의 사실을 증명할 방법이 없는 것 같았다. 성경 비평가들은 성경이 역사적 사실이 아니라 단지 교훈을 위한 설화라고 주장하며 반박했다.

그런데 고고학적 발굴과 연구가 계속될수록 성경의 인물, 나라, 도시, 사건들이 실재했고 그 시대가 고고학적으로 일치한다는 것이 속속 밝혀지게 되었다. 지금까지 성경의 내용과 고고학의 발굴 자료 간에 모순되는 것은 하나도 없었고 완벽하게 부합한다. 성경의 기사들이 한낱 신화나 전설에 불과하다는 비평가들의 주장은 힘을 잃게 되었다. 이제 고고학이 밝힌 사실들 중에서 몇 가지를 살펴본다.

1. 유물과 유적의 증거

발달된 초기 문명

진화론자들은 초기 인류가 동물처럼 미개한 원시인이었다고 주장하지만, 성경에 의하면 초기 인류는 매우 발달된 문명을 갖고 있었다. 아담의 아들 가인과 아벨은 농사와 목축을 했고, 가인은 도시를 건설했으며, 두발가인은 동과 철을 사용했고, 노아 때에는 대규모의 방주를 만들기도 했다. 고고학자들도 초기 인류가 발달된 문명을 갖고 있었다는 점에서 성경에 동의한다. 르네 누어버겐(Rene Noorbergen)은 이렇게 말한다.

"인류의 문명이 원시적인 시작에서부터 점진적으로 발전되어 왔다고 하는 정통 역사학자들의 주장은 지금 매우 심각하게 도전받고 있다. 반면 초기 조상들이 놀라운 문명을 갖고 있었다는 증거는 날로 커져 가고 있다. 오파츠, 고고학, 지질학, 고생물학 등이 그 사실을 증명한다."

오파츠(OOPARTS, Out Of Place ARTifactS)는 고고학에서 사용하는 용어로, 있어서는 안 될 장소에 있는 유물, 또는 시대와 일치하지 않는 인공물들을 말한다.[1]

니므롯과 바벨탑

성경에 의하면 니므롯은 수메르 지역에 최초로 통일제국을 만든 영웅으로서 하나님을 대항해서 백성들과 함께 바벨탑을 세우려 했지만 하나님이 사람들의 언어를 혼잡케 하심으로 완성하지 못했다(창 10－11장). 대영박물관의 조지 스미스가 저술한 『갈대아인의 창세기 이야기』에는 BC 3세기의 갈대아 출신으로 마르둑 신관이자 역사가인 베로소스가 쓴 기록이 인용/

---

1 "고도로 발달된 초기 인류," http://www.kacr.or.kr/library/itemview.asp?no=2757&series_id=A0005.&orderby_1=readcount&page=146

정리되었는데 성경 기사와 동일한 내용이다.

"이 사원의 건축은 신들을 화나게 했다. 한 밤에 신들은 지어진 것을 무너뜨려 버렸다. 신들은 그들을 멀리로 흩어버렸고 그들의 말을 이상하게 만들어 버렸다. 그들의 진보는 저지되었다."[2]

유대 역사가 요세푸스의 『유대고대사』에서도 성경과 유사한 기록이 발견된다.

"그때 사람들로 하여금 하나님께 대해 그토록 모욕적이고 경멸적으로 격동시킨 자는 니므롯이었다… 그는 사람들을 하나님 경외하는 것에서 돌이킬 다른 길이 없는 것을 알고 정부를 서서히 폭군 정치로 바꾸어 나갔다. 그들이 탑을 세운 곳을 지금은 바벨론이라고 부른다."

니므롯의 흔적이 수많은 장식들로 뒤덮힌 찬란한 고대도시의 유적에서 발견되었다. 바벨론, 우르크, 우르 같은 수메르 시대의 풍요로운 도시국가들에서는 30여 개의 거대한 지구라트도 발견되었다. 지구라트는 당대의 주신인 마르둑을 섬기기 위한 신전으로서 바벨론에 세워진 것은 바벨탑으로 불렸다.

수메르 문명

1849년 앗시리아의 니느웨 유적에서 30,000점 이상의 점토판 문서가 대량으로 발굴되면서 수메르 문명이 알려지게 되었다. 인류 최초의 문명으로 알려진 수메르 문명은 갈대아 우르 지방에서 발달한 것인데, 가장 주목할 만한 것은 수메르 문자의 발견이다. 인류 역사상 가장 오래된 문자는 수메르 사람들이 쓰던 쐐기문자(설형문자)로 알려지고 있다.

조지 스미스가 설형문자를 연구해 길가메시의 서사시를 해석했는데 성경의 노아 홍수 기사와 내용이 거의 일치한다. 수메르의 점토판에는 그외

---

2 "The Chaldean Account of Genesis," http://sacred-texts.com/ane/caog/index.htm.

에도 성경에서 언급된 에덴동산, 바벨탑, 모세의 율법, 욥의 이야기 등과 유사한 내용이 들어있다.[3]

우르

아브라함은 BC 2000년경 우르에서 살다가 하나님의 부르심을 받고 75세에 고향을 떠나 명하신 가나안으로 갔다(창 11:31). 성경 비평가들은 이 이야기를 설화처럼 생각하며 사실로 믿지 않았다. 그러나 수메르의 유적을 통해서 우르가 실재한 도시였음이 밝혀졌다.

우르에서 발굴된 유물에는 세밀한 지도들이 그려진 많은 점토판들이 있었다. 그들은 아주 정밀한 수로를 만들어 그 지역의 농사를 위해 물관리를 철저히 했음을 확인할 수 있었다. 태양빛에 말린 고운 흙가루로 만든 진흙 벽돌의 이층집, 흙을 구워 만든 도기로 깐 안뜰, 물통과 대야가 놓인 로비, 붉은 도기 배수관을 가진 수세식 화장실, 화로와 맷돌이 놓인 부엌, 이층으로 오르는 계단식 층계, 10여 개의 방을 가진 이층집의 흔적 등도 발굴되었다.[4]

에블라와 에벨

4,300년 전의 것으로 추정되는 에블라 점토판 17,000개가 1975년 마티애(Paolo Matthiae) 박사팀에 의해 발견되었다. 점토판에는 에블라가 교역했다는 가자, 므깃도, 멜기세덱, 소돔, 고모라 등의 고대도시가 나오는데 이들은 성경에서도 언급된 지명들이다. 학자들은 초기 역사에 광범위한 교역이 이루어졌다는 것을 상상조차 못했지만, 점토판에는 식량 배급

3 "길가메시 서사시," https://ko.wikipedia.org/wiki/%EA%B8%B8%EA%B0%80%EB%A9%94%EC%8B%9C_%EC%84%9C%EC%82%AC%EC%8B%9C.

4 "Ur," https://en.wikipedia.org/wiki/Ur.

과 재고 명세서, 세금 명부, 곡물과 가축 문서, 특산물인 금속과 섬유류에 대한 국제 무역 명세서 등이 기록되어 있었다. 에블라는 당시 이집트와 라이벌이었을 만큼 강대국이었음을 확인할 수 있다.

큰 문명국가를 이룬 에블라 왕국의 왕 에벨은, 노아의 아들인 셈의 후손이자 아브라함의 6대조인 에벨과 동일인으로 추정한다(창 10:21). 성경은 아브라함과 여러 왕들이 연합해서 다섯 왕들과 싸워 이긴 이야기를 기록하는데(창 14:1－2), 에블라 서판에서도 나라들과 왕들 이름의 동일한 기록을 발견할 수 있다. 수백 개의 지명과 인명 이외에도, 역사적 참고 사항, 경제 문제에 대한 설명, 정교한 법령 등을 포함한 종교적, 사법적 관례 등이 성경의 내용과 일치한다.

1978년 「내셔널 지오그래픽」지는 4,300년의 세월 동안 서판의 기록이 어떻게 이렇게 잘 보존될 수 있었는가 질문하면서 "아이러니컬하게도 불꽃이 점토판을 파괴한 것이 아니라 그것을 구우면서 후세를 위해서 문자를 잘 보존할 수 있었다"고 설명했다.[5]

하란

성경은 아브라함의 아버지인 데라가 우르를 떠나서 가나안으로 가기 전에 하란에 오래 머물렀다고 기록한다(창 12:4). 이전에는 하란이라는 지명을 성경 이외에서는 발견할 수 없었기 때문에 상상 속의 도시라고 비판받아 왔지만 에블라 점토판을 통해서 하란이라는 도시가 실재했음을 확인할 수 있었다. 데라는 하나님의 명령을 따라서 가나안으로 향하다가 자기 조상 에벨이 세웠던 찬란했던 나라 에블라의 고토 하란 땅에 안주하려 했던 것으로 보인다.

---

5 Fred Wight, *Highlights of Archaeology in Bible Lands*(Chicago: Moody Press, 1955).

이집트와의 관계

1824년 영국의 고고학자 윌킨슨(G.Wilkinson)은 이집트 중부 지방의 베니하산 유적지에서 크눔호텝이라 불리는 한 이집트 귀족의 무덤벽화 여러 개를 발견했다. 벽화에는 이집트인들과 뚜렷하게 구분되는 독특한 턱수염과 화려한 무늬로 짜여진 통치마를 걸친 셈족 유목민들이 이집트에 들어오는 장면 등이 그려져 있다. 이 벽화는 BC 1900년경으로 추정되므로 성경의 족장 시대와 일치한다. 이러한 그림들은 당시에 가나안과 이집트의 왕래가 자유롭게 이루어졌음을 설명한다. 성경은 아브라함이 하나님의 부르심을 받고 우르를 떠나 가나안에 들어온 후 가나안에 큰 기근이 있었는데 그때 아브라함은 기근을 피하고자 이집트로 내려갔다고 기록한다(창 12:10). 큰 강이 없는 가나안 지방에 기근이 들면 주민들은 나일 강의 혜택을 누리는 이집트의 동부 쪽으로 들어오는 일이 많았다는 사실을 다른 기록물에서도 확인할 수 있다.[6]

족장 시대의 문화와 법령

1936년 안드레 패롯 팀은 유프라테스 중부 지역에서 BC 1700년경으로 추정되는 마리 왕국의 설형문자 서판 수천 개를 발굴했다. 마리 서판에서는 하란, 나홀, 하피루(히브리) , 아리육(아리옥) 등의 성경 속 이름과 아브람, 아브라함 등의 성경 속 이름과 어울리는 구음의 아바라마, 아바암라암 등의 이름이 발견되었다.[7]

이라크의 동북 지방에서 BC 1500 – 1400년 동안 번성했던 아모리인의 것으로 추정되는 누지 유적이 발굴되었다. 유적 중에는 훌륭한 벽화, 작

---

6 "The Beni Hasan Asiatics and the Biblical Patriarchs," http://www.biblearchaeology.org/post/2009/09/09/The – Beni – Hasan – Asiatics – and – the – Biblical – Patriarchs.aspx.

7 "마리서판," http://www.deluxebible.co.kr/user/sub01 – 2.asp?mis_no=2739&List-page=1&submenu=24.

은 입상, 원통 도장, 도기류 등이 있었는데 무엇보다도 중요한 것은 3,500개 가량의 서판이었다. 서판의 대부분이 개인 가정에서 작성된 것으로 유력한 가문 사람들의 생활상이 기록되어 있을 뿐만 아니라 당시 지역의 정치 구조와 사회적 상황에 대한 정보도 담고 있다. 누지 서판에 의하면 당시 아이가 없는 부부는 종을 상속자로 삼을 수 있었다. 또 아이를 낳지 못하는 부인은 여종을 남편에게 주고 여종이 낳은 아들을 자신의 양자로 삼을 수 있었고, 후에 자신이 직접 아들을 낳으면 여종의 아들에게서 장자권을 회수할 수도 있었다.[8]

그들과 인접한 곳에서 같은 시대를 살았던 이스라엘이 그들과 유사한 문화를 지녔을 것은 매우 자연스럽다. 아브라함이 아들이 생기지 않자 남종 엘리에셀을 상속자로 삼아 재산을 물려주려 했던 것이나(창 15:2–3), 아내 사라의 여종 하갈에게서 낳은 아들 이스마엘과 이후 사라가 직접 낳은 아들 이삭과의 사이에서 있었던 갈등(창 16:1–4) 등은 당시의 시대적 상황과 일치한다. 이스라엘은 족장 시대에 이방 민족을 따라서 행했지만 모세 때 하나님으로부터 법령을 받은 이후에는 이런 관습도 없어졌다.

소돔과 고모라

아브라함은 소돔과 고모라가 하나님의 심판을 받아 멸망하는 모습을 "하늘에서 유황과 불이 비같이 내리고 연기가 옹기점 연기같이 치밀었다"(창 19:24, 28)라고 묘사한다. 성경 비평가들은 소돔과 고모라가 실재하는 도시가 아니라고 주장했지만, 사해 남동 지역의 바베드라와 누메이라에서 발굴된 유적을 통해서 그것이 실재했던 도시임이 증명되었다. 그곳은 지진이 일어날 가능성이 가장 높은 지각판의 분기점에 위치하고 있

---

8 "The Nuzi Tablets," http://www.biblearchaeology.org/post/2006/02/27/Great-Discoveries-in-Biblical-Archaeology-The-Nuzi-Tablets.aspx#Article.

었다. 또한 토양은 아스팔트와 유사한 역청 성분을 많이 포함하고 있는데 역청에는 다량의 유황 성분이 함유되어 있었다.

학자들은 이곳이 지진으로 심한 압력을 받아 갈라지며 틈을 통해 유황이 '옹기점 연기같이' 새어나오고, 그것이 대지 표면의 조그만 불꽃 등으로 인해 발화되며 거대한 불덩어리가 되어서 도시들을 덮쳤을 것으로 추정한다. 유적에서 지붕 부분만 집중적으로 불에 탄 건물들의 흔적들도 많이 발견되었는데 '하늘에서 유황과 불이 내렸다'는 아브라함의 묘사와도 일치한다.[9]

또 성경은 소돔과 고모라를 탈출하던 롯의 처가 뒤를 돌아보다가 소금기둥으로 변했다고 기록한다(창 19:26). 번영했던 도시를 아쉬워해서 뒤돌아보다가 뒤쳐지며 혼자 재앙을 당한 것으로 보인다. 폼페이가 화산 폭발로 멸망할 때 주민들이 용암과 떨어지는 화산재에 묻혀서 화학적 대체과정이 일어났듯이, 롯의 아내도 그런 과정에서 소금기둥으로 변했을 것으로 학자들은 추정한다. 실제로 이 지역에는 거대한 소금 구성물이 많다. 사해는 평균 해면보다 훨씬 낮아 배수구가 없고 물이 계속 증발하므로 염기의 농도가 매우 짙어져 소금바위, 소금기둥들이 생성되는 것이다.[10]

에돔과 페트라

성경에는 많이 언급되지만 일반 역사에서는 발견되지 않았던 에돔의 존재가 고고학자 럿셀 아담스(Russell Adams)에 의해서 드러났다. 요르단 남부 세일산 지역에서 발굴된 BC 10세기경의 것으로 추정되는 요새는 에돔 왕국의 수도 페트라의 것이었다. 성경은 다윗이 에돔사람 1만 8천 명을 죽이고 그곳에 수비대를 두었다고 기록한다(삼하 8:13). 에돔학의 권위자인 존

9 "Evidence for the Biblical story of Sodom and Gomorrah's destruction by fire and brimstone," http://www.kacr.or.kr/library/itemview.asp?no=4391.

10 "How Lot's wife became Encrusted with Salt," https://ncse.com/files/pub/creationism/McIver_1989_dissertation_complete.pdf.

바렛(John Bartlett)은 이 전쟁이 BC 990-980년경에 있었다고 추정했는데, 고고학자들이 추정한 유적의 시대와 일치한다.[11]

성경은 에돔이 '붉다'는 뜻이라고 설명하는데 실제로 이곳은 붉은 바위 속에 세워져서 '붉은 장미빛 페트라'라고 불리우던 도시였다. 에돔은 바위 틈에 있는 천연요새로 외부 침략이 쉽지 않고 또 찬란한 문명을 자랑하던 강국이었지만, 교만함으로 패망될 것이 예언되었다(옵 1:3-4). 그 예언대로 에돔은 완전히 패망해 버렸고 그 유적은 오랜 세월 동안 모래 속에 묻혀 있었다.

고대 세계는 우리가 생각했던 것보다 훨씬 더 뛰어넘는 거대한 문명을 이루고 살았다. 고대 도시 페트라도 천연의 요새로 사방이 절벽으로 방어된 채 극장, 온수 목욕탕, 상수도 시설이 갖추어져 있었다. 이집트의 피라밋과 더불어 고대 세계 7대 불가사의의 하나로 불리는 이곳은 유네스코 문화재로 지정되었다. 영화 "인디아나 존스-마지막 성배"의 촬영 장소로 유명해진 것이기도 하다.

헷 족속

성경에는 헷 족속(히타이트 족)에 대한 기록이 50번 이상이나 나오지만 다른 근동 지방의 문서에는 그에 대한 기록이 전혀 없어서 성경 비평가들은 실재한 족속이 아니라고 주장했다. 그런데 1892년 터키의 보가즈코이에서 헷 족속의 도시들과 기록들이 발굴되었다. 이집트 한 무덤의 벽화에는 이집트가 헷 족속들과 20여 차례나 전쟁을 했다는 상형문자의 기록도 있었다. 헷 족속은 강력한 철기 문명을 바탕으로 해서 심지어는 이집트까지도 점령했던 대제국이었다.[12]

---

11 "Artifacts From Iron Age Fortress Confirm Old Testament Dates of Edomite Kingdom," http://www.s8int.com/edom.html.

12 "Hittite," http://www.allaboutarchaeology.org/hittite-faq.htm.

이집트에서 총리가 된 요셉

성경에 의하면 요셉은 은 20개에 노예로 팔렸다(창 37:28). 키친(K. A. Kitchen)은 이전에는 노예 값이 대략 은 10–15개 정도였으나 요셉이 살았던 BC 18세기 때는 노예 값이 평균 은 20개였다고 한다. 은 20개에 요셉이 팔렸다고 하는 기록은 시대적 정확성을 갖는다.

성경 비평가들은 요셉이 이스라엘인 노예에서 이집트의 총리가 되었다는 성경 기록(창 41:41)이 실재 사건이 아니라고 의심했다. 그러나 이집트의 학자이자 제사장인 마네토(Manetho)와 케레몬(Cheremon)의 기록에서 요셉이 이집트에서 이스라엘인 지도자였다는 내용이 발견되었다.

뿐만 아니라 2009년 이집트 국립박물관의 고고학 권위자들은 백년 전에 발견되어 보관 중이던 고대 동전들에서 성경 속의 요셉을 재발견했다고 발표했다. 이어서 카이로의 신문 「알아흐람」도 성경 속 요셉의 이름과 형상을 새긴 동전들에 대해서 보도했고, 「이스라엘 국립뉴스」도 이집트의 고고학자들이 파라오 궁전의 재무상이었던 요셉의 초상을 새긴 동전을 발견했다는 기사를 웹사이트에 올렸다. 이전에 고고학자들은 요셉 시대의 이집트에서 아직 동전을 사용하지 않고 물물교환했을 것이라고 주장해 왔다. 그러나 무하마드 타벳 박사는 이 동전들이 주조된 시기가 성경 속 요셉의 시기와 일치한다고 결론내렸다.[13] 성경은 이처럼 세상의 틀린 지식을 수정해 주는 역할도 해 왔다.

1799년 나폴레옹의 원정대군은 이집트 북부 로제타 지역에서 일명 로제타 스톤(Rosetta Stone)을 발견했다. 모양이 다듬어지지 않은 길이 114㎝, 폭 72㎝의 검은 현무암의 상단에는 고대 이집트의 상형문자가, 중간에는 이집트 속자(俗字)가, 하단에는 그리스 문자가 새겨져 있었다. 프톨레마이

13 Grant Jeffrey, "Ancient Egyptian Coins Bearing the Image of Joseph," *The Signature of God*, 2010.

오스 5세(BC 205–180)의 재위 9년을 기념해서 만든 비문이었다. 이것이 해독되기 전까지 고대 이집트의 역사는 단지 그리스 문헌이나 구약성경을 통해서만 알 수 있었다.

프랑스의 언어학자 샹폴리옹은 기념비에 새겨진 그리스어를 읽고 다른 2개의 문자를 비교분석해 가며 고대 이집트 상형문자의 부호 읽는 법을 알아낼 수 있었다. 로제타 스톤의 비문을 통해 고대 이집트 상형문자가 해독되면서 미이라나 오벨리스크의 수수께끼가 풀리고 이집트 5천 년 역사를 규명할 수 있는 단서가 마련되었다. 뿐만 아니라 이집트에 관한 기록이 성경의 내용과 일치한다는 사실을 확인할 수 있었다.[14]

7년의 풍년과 흉년

성경은 이집트에 7년 풍작에 이어서 7년 흉년이 있었다고 기록한다(창 41:47,53–54). 이것이 역사적 사실임을 확인해 주는 석판이 사우디아라비아 남동부의 민주예맨 지역에서 발견되었다. BC 1800년경에 씌어진 것으로 추정되는 대리석판에는 요셉 당시 기근과 관련된 역사적 사실이 기록되어 있었다. 풍년 뒤에 따른 기근과 흉작의 시기에 찾아든 황폐함을 탄식하는 이 기록에는 7년이라는 구체적 증언도 있다. 슐튼(Schultens) 교수가 아랍어로, 포스터(Charles Forster) 목사가 영어로 번역한 묘비글의 일부는 다음과 같다.

"우리는 이 성에서 7년간 풍부한 삶을 살았다. 그것을 기억하는 것이 얼마나 고통스러운가! 그리고 황폐한 날들이 왔다. 악한 일 년이 지나고 다음 해에도 이어졌다. 우리는 이전에 한 번도 좋은 적이 없었던 것처럼 황폐해졌다."

1850년 에븐헤샴은 이 기근 기간에 죽은 것으로 보이는 부유한 예맨 여

14 "The Rosetta Stone," http://www.ancientegypt.co.uk/writing/rosetta.html.

인의 무덤을 발견했다. 많은 보석들과 함께 발견된 석판에는 이집트의 7년 기근 시기에 보물로도 양식을 살 수 없었음을 비탄하는 이야기가 있다. 비축된 양식을 처리하는 사람으로 요셉의 이름도 언급한다.

"함야의 하나님 두쥬 세파의 딸인 나 타야는 나의 종을 요셉에게 보냈다. 종의 귀환이 지체되어 내 여종을 보냈다. 은을 실어 밀가루를 가져오게 했다. 식량을 조달 받을 수가 없어서 나는 금을 실어 여종을 보냈다. 그래도 받지 못하여 다시 진주를 보냈다. 역시 식량이 도착되지 않아 그것들이 밀가루가 되라고 명령했다. 아무 소용이 없어서 나는 여기서 입을 다물고 말았다. 누구든지 이 소식을 듣는 사람은 요셉이 나를 불쌍히 여기도록 해 주시오. 이런 장식물로 몸치장을 할 수 있는 어떤 여인도 나 같은 죽음으로 죽지는 않을 것이다."[15]

이집트의 국고성 건설

성경에 의하면 요셉의 4대 이후에 히브리인들은 그 시대의 대규모 건축 계획에 따라 이집트 새 왕조의 벽돌공장에서 일하는 종이 되었다. 그들의 중노동은 국고성 비돔과 라암셋의 건설에서 절정에 달했다(출 1:11, 14).

성경과 일치하는 이런 내용이 기록된 이집트의 파피루스가 발견되었다. 거기에는 아비루(히브리인)들이 라메셋 2세의 거대한 신전 건축을 위해 돌을 끌고 일정한 양의 벽돌을 만들었으며, 간역자들이 벽돌 만들 짚도 주지 않았다는 내용이 있다. 라메셋 2세가 건설한 동부 삼각주의 유명한 비 라메세의 자리에 국고성 라암셋이 위치한다는 사실도 성경의 기록과 일치한다. 출애굽 당시의 파라오(바로왕)가 라메셋 2세였다는 제안은 이런 기록을 근거로 하지만, 한편 다른 주장도 있어서 출애굽의 연대는 아직도 확정되지 않았다.

---

15 Grant Jeffrey, "Joseph and the Seven Years of Famine," *The Signature of God*, 2010.

테베에서는 토기 파편에 기록된 '작업 일정표들'이 발견되었다. 여기에는 노동자들이 일한 날과 쉰 날들이 상세히 기록되어 있었다. 또한 "그의 아내가 병들다," "감독과 함께 맥주를 만들다," "전갈에 쏘이다" 등등 노동자 개개인의 결근사유가 구체적으로 덧붙여져 있었다. "자기 신에게 제사하는" 사람의 명부 혹은 어떤 지방의 종교축제에 며칠씩 단체로 참가한 자들의 명부도 볼 수 있다.[16]

모세와 출애굽 사건

그리스 역사가 시클루스(Diodorus Siculus, BC 90–BC 30)는 고대 사건에 대한 방대한 지식을 습득하기 위해 중동 지방 전역을 여행하며 흥미로운 역사적 사건들을 연구하고 『역사도서실』을 저술했다. 이집트의 열 재앙과 출애굽과 시내산에서 율법을 받은 사건에 대한 기록도 있는데 성경의 내용과 일치한다.

"고대 이집트에 큰 재앙이 있었다. 많은 사람들은 재앙의 원인을 하나님 탓으로 돌렸다. 그 하나님은 그 땅에 사는 이방인들 때문에 이집트인들을 벌하곤 하였다. 이 이방인들은 자신의 신을 예배할 때 그들의 의식과 예식을 거행했다. 이집트인들은 이방인들이 자신의 땅에서 밀려 나가지 않으면 재앙으로부터 자유로워 질 수 없다고 결론지었다… 이집트에서 멀리 떨어져 있고 그 시대에는 거주지가 아니었던 현재 유대라고 불리는 곳으로 물러난 이런 이주민들을 모세가 이끌었는데 그는 지혜와 전술에 매우 능하였다. 모세는 이들에게 법을 주었고 그는 또 모든 것을 주장하고 모든 것의 주인이라는 유일한 하나의 신만 있다고 하여 신의 어떠한 이미지도 만들지 못하는 법을 제정했다."[17]

---

16 "히브리인들의 애굽 국고성 건설," http://kcm.co.kr/bible/gen/gen012.html#gen03.

17 Diodorus Siculus, *The Library of History*.

그리스 역사가이자 지리학자인 스트라보(Strabo, BC 65 – AD 23)도 이집트의 학자이자 제사장인 마네토의 문건을 근거로 해서 이런 기록을 남겼다.

"이집트 제사장인 모세는 이집트의 남부 지역을 소유하고 있었는데 그곳의 제도에 불만이 있어서 '위대한 신'을 예배하는 대규모의 사람들을 데리고 그곳을 떠나서 유대라고 부르는 곳으로 갔다."

마네토는 모세가 원래 이집트의 신인 오시리스의 신관이었다가 이후 이집트 종교에 반하는 새로운 종교를 이끌었다고 기록한다. 모세는 살인사건으로 이집트에서 도망쳐 40년간 미디안 광야에 머물면서 장인이자 미디안의 제사장인 이드로와 함께 생활했는데 80세에 하나님의 부르심을 받기 전까지 이교도의 신관으로 있었던 것 같다.

모세오경

모세는 BC 1500년경에 오경을 기록하며 이스라엘의 법률(토라)을 정립했다. 벨하우젠(Julius Welhausen)은 모세가 살았던 BC 1500년경에는 아직 문자가 없던 시대이므로 모세가 오경을 쓸 수 없었다고 주장했다. 그러나 모세보다 수백 년 앞선 수메르 문명이나 에블라 문명에서도 이미 문자가 있었음이 밝혀졌다. 모세는 이집트의 왕자로서 최고의 학문을 가진 자였으므로 그가 오경을 썼다는 것은 전혀 문제가 안된다.

또 성경 비평가들은 모세가 토라를 기록하기에는 시대가 너무 빠르다고 주장했다. 오경에 기록된 법적 시스템은 모세 이후 1,000년이 지나서야 가능했을 것이라는 주장이다. 그러나 에블라 서판, 누지 서판, 함무라비 서판에서 보듯이 모세 이전에도 이미 법령들이 있었다.

한편 모세가 하나님으로부터 직접 율법을 받아서 오경을 기록한 것이 아니라 함무라비 법전을 빌려온 것이 아니냐는 비평도 나왔다. 이에 대해서 바톤(G.A. Barton) 교수는 두 법령을 비교 분석해 본 후 서로 독립되어 있다고 답변했다. 실제로 모세를 통해 하나님으로부터 율법을 받기 전까지 이스라엘은 이웃한 아모리나 바벨론의 관습을 따라서 행했지만 모세 이후부터는 그렇게 행했다는 기록이 없다.

여리고성 함락

성경에 의하면 이스라엘은 가나안으로 진입하면서 첫 도시인 여리고성을 기적적으로 무너뜨렸다. 모든 백성이 여호수아의 인도로 칠일동안 성 주변을 돌고 난 후 나팔을 불고 함성을 지르자 견고한 요새가 무너져 버린 것이다. 이때 라합과 가족만은 하나님께 투항하면서 살아남을 수 있었다(수 6장).

1908년 여리고 유적이 발견되고 거의 100년에 걸쳐서 발굴작업이 진행되었다. 여리고의 이중성벽은 높이가 10m 이상, 외벽 두께가 2m, 내벽 두께가 4m되는 난공불락의 구조를 갖고 있는데 외벽과 내벽 사이의 제방에서 사람들이 살았던 것으로 추정되었다. 이 성벽은 BC 1400년경에 파괴된 것으로 추정되는데 성경에 언급된 여호수아의 정복 연대와도 일치한다. 케이틀린 케년은 여리고 내부성곽의 성벽에 외부로 향하는 집들이 존재했고 성벽의 일부에 붕괴되지 않은 가옥이 남아 있다는 것을 발견했다. 브라이언트 우드는 이것이 성경에 기록된 라합의 이야기를 방증하는 것이라고 풀이한다.[18]

견고한 여리고성을 무너뜨리기 위해 하나님이 여호수아에게 지시하신 전술은 아주 독특했다. 백성들이 엿새 동안 하루 한 차례씩 성벽을 돌고 칠일째 되는 날에는 일곱바퀴 돌다가 제사장들이 나팔을 불면 일제히 고함을 지르라는 독특한 전술이었다(수 6:3–5). 이렇게 순종했을 때 정말로 성벽이 무너졌다고 성경은 진술한다. 이것이 어떻게 가능했을까?

---

18 "여리고성에 대한 예언," http://www.kacr.or.kr/library/print.asp?no=3403.

지질학자들은 요단 계곡이 거대한 단층으로 이뤄졌다고 밝혔다. 특히 여리고성 근처의 땅은 서로 반대 방향으로 움직이는 2개의 판구조 사이에 끼여 있는 지진 다발 지역으로 밝혀졌다. 여리고성도 리히터 규모 6.0의 지진으로 붕괴되었음을 보여 주는 지질구조가 발견되었다. 여기에 공명이 더해질 때 그 위력은 상상을 초월한다. 공명이 일어날 때 미풍으로도 견고한 다리가 무너질 수 있다는 것은, 1940년 미국 워싱턴의 타코마교 붕괴나 1831년 영국 멘체스터의 브로스턴교 붕괴 등에서 그 실례를 볼 수 있다.

여리고성 주변을 100여만 명의 전사들이 하루에 한 바퀴씩 엿새 동안 돌았을 때 그 지반은 반복적인 공명으로 서서히 약해졌을 것이라고 과학자들은 추정한다. 일곱 번째 되던 날 제사장들이 나팔을 불고 백성들이 크게 외쳤을 때 진동이 극에 달해 마침내 지반이 갈라지면서 난공불락의 여리고성이 무혈상태에서 무너져내렸다는 것이 당시 발굴에 참여했던 학자들의 견해다. 여리고성이 무너진 것에 대한 과학적 분석은 '공명과 지진'으로 압축할 수 있으나, 하나님의 방법은 '성벽돌기'라는 지극히 단순한 것이었다.[19]

가나안의 우상들

가나안에서는 아세라나 바알 등의 우상이 숭배되었다. 바알을 위해서는 돌로 주상들을 만들었고 아세라를 위해서는 나무에 상을 새겨서 산당에 기둥으로 세웠다. 아세라는 사랑과 다산을 주는 달의 신으로 원래 두로의 신이었으나 후에 여러 민족들의 숭배 대상이 되었다. 하나님의 땅에서는 가나안의 우상숭배가 계속될 수 없었으므로 하나님은 모든 산당을 헐고 나무나 돌이나 금속을 녹여 부어 만든 우상들을 깨뜨리고 찍으며 불태

19 "공명과 지진으로 무너진 여리고성," http://biblenara.org/jboard/?p=detail&code=idb-si2&id=4492&page=345.

우라고 하셨다(출 34:12-13).

고고학자들은 므깃도에서 BC 1900년대의 것으로 추정되는 가나안의 번제단을 발굴했다. 거기서 아세라의 상징인 나무기둥과 바알의 상징인 돌기둥이 발견되었는데, 돌기둥에는 바알-하다드가 부조로 새겨져 있었다.

다윗

고고학자 아브라함 비란에 의해 1993년 이스라엘 북부의 텔단에서 BC 8세기 중반의 것으로 추정되는 여러 개의 돌 조각이 발굴되었다. 성경 속 다윗 왕의 이름이 발견된 중요한 발굴이었다. 거기에는 "아람 왕이 하다드(바알) 신의 가호로 이스라엘의 왕과 '다윗 집'(House of David)의 왕을 쳐서 승리했다"는 내용이 아람어로 기록되어 있었다. 학자들은 이들이 북 이스라엘의 여호람과 남 유다의 아하시야일 것으로 추측한다.[20]

앗시리아와 수도 니느웨

성경 비평가들은 앗시리아와 수도 니느웨의 역사성을 의심했다. 성경에는 앗시리아의 이름이 132번, 니느웨의 이름이 20번 등장하고 수백 년이 지나서 예수도 니느웨를 언급하였지만(마 12:41), 니느웨의 흔적은 아무 곳에도 없었기 때문이다. 그리스 학자 사모사타(AD 120-180)는 "니느웨는 사라졌고 흔적도 없다. 그것이 존재했다고 아무도 말할 수 없게 되었다"며 탄식했다.

그런데 완전한 폐허로 묻혀있던 니느웨가 1842년 티그리스 강 동쪽

---

20 "Tel Dan inscription references the 'House of David,'" http://www.biblicalarchaeology.org/daily/biblical-artifacts/artifacts-and-the-bible/the-tel-dan-inscription-the-first-historical-evidence-of-the-king-david-bible-story/

으로 약 800km 정도 떨어진 곳에서 거대한 잔해로 발견되었다. 그곳에는 거대한 궁전의 흔적과 앗시리아의 이야기를 담은 수천 개의 묘비가 있었다. 약 30m 높이의 성벽은 그 위로 네 대의 전차가 나란히 지나갈 수 있을 정도로 넓고 성벽 둘레에는 넓이 42m, 깊이 18m의 호수와 수백 개의 탑이 있었던 대도시였음을 확인할 수 있었다.

앗시리아는 니므롯이 건설한 초기 도시국가들 중의 하나로 등장하며(창 10:10-11), 니느웨는 앗시리아어로 니누아(Ninua) 또는 니나(Nina)라고도 불렸던 매우 중요한 도시로 BC 17세기의 함무라비 법전에도 등장한다. 앗시리아는 매우 호전적인 왕국으로 성장하며 산헤립 (BC 705-681 재위) 때에 전성기를 맞고 니느웨를 수도로 삼는다.

니느웨의 유적은 세계 역사가 부인했던 최강국의 존재를 알려 주었을 뿐만 아니라 성경의 정확한 사실성을 확인해 준 고고학상 가장 위대한 발견이라고 일컬어진다.

히스기야와 산헤립

앗시리아의 전성기에 이스라엘은 둘로 분열되어 있었다. 앗시리아의 사르곤 2세는 BC 722년경 북 이스라엘을 함락시키고, 그의 아들 산헤립은 여세를 몰아 BC 701년경 남 유다를 침공했다(대하 32:1-2). 그는 유다의 여러 도시들을 점령한 후 예루살렘을 포위하고 히스기야 왕과 백성들을 매우 거만하게 협박했다(사 36:1-10).

이 성경 기사가 우화가 아니라 역사라는 사실이 앗시리아의 유적을 통해서 밝혀졌다. 산헤립이 자신의 치적을 자랑하며 남긴 기록에는 "유다의 46개의 견고한 성읍들과 작은 성읍들을 포위 점령하며 나의 빛나는 지도력이 히스기야를 압도했다… 나는 히스기야를 새장 속의 새처럼 그의 왕궁이 있는 예루살렘의 죄수로 만들었다"는 내용이 있는데 이것은 성경 기

사와도 일치한다.[21]

성경은 이후의 이야기도 상세하게 기록한다. 산헤립이 예루살렘을 포위하고 위협하자 히스기야는 하나님께 기도하며 저항했고(사 37:14-20), 하나님은 천사를 보내어 앗시리아 군대를 물리쳐 주셨다. 산헤립은 예루살렘 정복에 실패하고 고국으로 돌아가서 아들에 의해서 죽임을 당했다(왕하 19장; 대하 32:21-23). 앗시리아의 기록에도 산헤립이 암살당하고 아들 에살핫돈이 왕위를 차지하고 이후 앗시리아는 멸망으로 기울기 시작했다는 동일한 내용이 있다.

앗시리아는 매우 잔인하고 강포한 민족으로 잘 알려져 있다. 수도 니느웨는 하나님의 선지자 요나의 경고를 받고 회개하면서 멸망으로부터 건짐을 받았지만, 이후 다시 악으로 치닫으며 약 100년이 지난 뒤 선지자 나훔과 스바냐로부터 다시 멸망의 예언을 받았다. '사자의 굴,' '피의 성'이라고 불릴만큼 강성하고 잔인한 니느웨가 하나님의 심판으로 멸망당할 때 그 멸망을 애곡하는 자가 없을 것이라는 예언이다(나 2:8-3:1; 습 2:13-15).

메소포타미아의 최고 최대 성읍이었던 니느웨는 BC 612년경 메대와 바벨론 연합군에게 점령당해 멸망하면서 예언이 성취되었다. 티그리스 강이 갑자기 흘러넘쳐 성벽의 일부가 무너지면서 이를 통해 적군이 도시로 쉽게 들어올 수 있었던 것이다.

앗시리아는 이스라엘의 우상숭배의 죄를 심판하시는 하나님의 도구로 사용받았지만(사 10:5-6), 자신도 하나님의 심판으로 멸망받았다(사 10:12). 그 찬란했던 앗시리아와 수도 니느웨는 바벨론에 의해서 멸망받은 후 역사 가운데 사라져 버렸다가 이천 년이 훨씬 지나 유적으로 발견되면서 성경의 정확성을 확인해 주었다.

---

21 Erika Bleibtreu, "Grisly Assyrian Record of Torture and Death," *Biblical Archaeology Review* (1991); Magnus Magnusson, *Archaeology and the Bible* (1977).

성경의 정확함을 증명해 준 것은 이것만이 아니다. 성경은 히스기야가 산헤립에 저항하기 위해 예루살렘의 성벽을 강화하고(대하 32:5), 수로를 만들어 물을 예루살렘의 성안으로 끌어들였다(대하 32:4; 왕하 20:20)고 기록한다. 1880년에 히스기야의 수로가 발견되었다. 히스기야가 성 밖 기혼 샘의 물을 성 안 실로암 연못까지 끌어들이기 위해 판 지하터널은 장장 535미터나 되었다. 실로암 석비에는 "…동굴이 뚫리던 날 인부들은 손에 도끼를 든 채 만나게 되었다. 그러자 샘물이 연못으로 1,200규빗이나 흘러 들어가게 되었다. 바위의 높이는 인부들 머리 위로 100규빗이나 되었다"라는 히스기야 터널 공사의 과정이 기록되어 있다. 실로암 석비는 현재 이스탄불박물관이 보관하고 있다.[22]

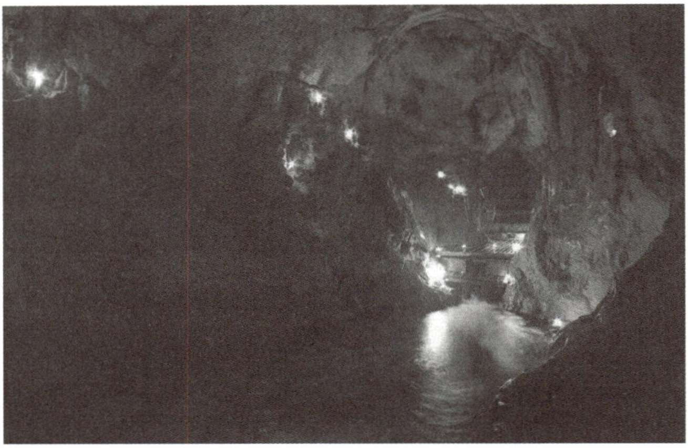

기혼샘에서 실로암까지 이어지는 히스기야 터널의 일부

살만에셀과 사르곤

성경은 이스라엘의 수도 사마리아가 앗시리아 왕 살만에셀(왕하 18:9),

---

22 "Gihon Springs," http://www.generationword.com/jerusalem101/18-gihon-springs.html.

사르곤(왕하 17:6), 산헤립(왕하 19:36)에게 공격받아 멸망당한 사실을 기록하고 있다. 또 사르곤이 아스돗을 쳐서 취한 사건도 기록한다(사 20:1).

1842년에 봇타는 이라크의 코르사바드에서 사르곤 2세의 궁전을 발굴했다. 궁전의 벽에는 사르곤 2세가 사마리아를 함락하고 또 아스돗을 점령했다는 사실이 성경과 동일하게 기록되어 있다. 살만에셀(살마네세르)은 다섯 명의 앗시리아 왕이 사용했던 이름인데 성경에 나오는 살만에셀은 그중 디글랏 빌레셀 3세의 아들인 살만에셀 5세인 것도 밝혀졌다.[23]

느부갓네살

BC 625년 나보폴라사르가 앗시리아를 패망시키며 강대한 신 바벨론 제국의 시대가 시작되었다. 그의 아들 네브카드네자르 2세(BC 604 – 562년 재위)는 당시 중동, 소아시아, 이집트, 지중해 일대에서 가장 세력이 강대했던 제국으로 현재 이라크를 중심으로 광대한 영토를 통치했다.

네브카드네자르(느부갓네살)에 대한 이야기는 성경에 자세하게 기록되어 있다. 그는 유다를 멸망시키고 성전을 파괴하고 유대인 수만 명을 포로로 잡아 수도 바벨론으로 끌고 갔는데(왕하 24:10, 13 – 14) 그때가 BC 586년경으로 추정된다. 그는 자신을 신으로 여겨서 거대한 금 신상을 만들어 숭배하게 했다(단 3:1 – 7).

역사 기록에 의하면 네브카드네자르는 전쟁포로들을 동원해 세계 7대 불가사의라고 불리는 공중 정원, 바벨탑, 성벽, 이슈타르 문 등을 축조했다. 그가 재건한 바벨탑에는 '에테메난키'라는 고유이름이 붙여졌는데 이것은 '하늘과 땅의 기초가 되는 집' 또는 '우주의 중심'이라는 뜻을 갖는다. 설형문자 유물에서 다음과 같은 기록이 발견되었는데 네브카드네자

23 "Sargon II Inscriptions," https://theosophical.wordpress.com/2011/08/15/biblical – archaeology – 16 – sargon – ii – inscriptions/

르가 탑을 완성하고 바친 헌시로 추정된다.

"영원한 집이자 탑을 내가 세우고 은과 금과 각종 금속과 돌과 벽돌 등으로 내가 장엄하게 완성했다 … 고대 왕이 그것을 세웠으나 완성을 보지 못했다. 고대에 사람들은 지시하는 그들의 말 표현이 없어서 완성을 포기해야 했다. 그때 이후로 지진과 천둥으로 태양에 말린 진흙이 다 분쇄되었다. 벽돌은 쪼개지고 내부 흙은 무더기로 흩어졌다. 위대한 신 마르둑은 내가 이 탑을 고친 것을 기뻐하셨다…."[24]

여기서 '고대 왕'은 니므롯(님로드)으로 볼 수 있다. 인류 최초의 영웅인 니므롯은 바벨탑을 세우려 했으나 하나님으로 인해 언어의 혼란이 일어나며 탑이 완성되지 못했다는 성경 기록(창 11:1－9)과 일치한다. 이후에도 재건의 시도가 있었으니 모두 실패하고 미완성의 층탑은 오랫동안 고대 세계의 수수께끼로 남아 있다가 1,600년쯤 지나서야 네브카드네자르에 의해서 다시 세워질 수 있었다. 구 바벨론의 초대왕 니므롯이 미완성한 것을, 신 바벨론의 네브카드네자르 왕이 완성한 것이다.

세계 최강의 신 바벨론 제국은 채 100년도 안되어서(BC 625－539년) 성경의 예언대로 페르시아에 의해 멸망당하지만, '현대의 네브카드네자르' 라고 자칭한 후세인이 관광 목적으로 지구라트들을 복원해서 오늘날에도 볼 수 있게 해 주었다. 높이 90m의 7층 탑에는 8천 5백만 개의 벽돌이 사용되었는데, 유적에서 발견된 벽돌 한 장 한 장에는 놀랍게도 그들이 섬기는 신 '마르둑'의 이름이 새겨져 있다. 기록에 의하면, 일반인은 1단까지만 접근이 허용되었고 맨 위의 신전에는 마르둑의 인간 애인인 여자 신관 한 사람만 밤 동안 머물 수 있었다.

---

24 "Etemenanki/Ziggurat of Marduk," http://www.globalsecurity.org/military/world/iraq/etemenanki.htm.

벨사살

성경에는 바벨론의 마지막 왕으로 벨사살 왕에 대한 이야기가 있다(단 5:30–31). 하지만 다른 근동의 문서에는 바벨론의 마지막 왕이 나보니더스로 나와 있어서 비평가들은 성경의 사실성을 의심해 왔다. 그러나 19세기 중엽에 발견된 토판에서 "벨사살 왕은 나보니더스 왕의 아들로서 그 당시에 나보니더스 왕과 바벨론을 공동으로 통치했다"는 기록이 발견되었다. 성경 기록이 틀리지 않았다는 것이 다시 증명된 것이다.[25]

고레스

성경은 우상숭배로 인해 수없이 경고를 받던 이스라엘이 결국 멸망당할 것을 예언했다. 북방은 BC 722년에 앗시리아에 의해, 남방은 BC 586년에 바벨론에 의해 멸망당해 포로로 끌려가며 예언은 성취되었다. 그러나 아주 멸망하는 것이 아니라 70년의 포로생활 뒤에 다시 회복되어 고토로 돌아올 것을 예언했다(렘 25:11, 29:10). 놀라운 것은 이 일을 행할 자로 바사(페르시아) 왕 고레스의 이름을 언급했다는 것이다. 고레스의 이름은 그가 태어나기 200년 전 선지자 이사야로부터 예언되었고(사 44:26–28), 예언대로 이스라엘의 회복이 이루어지고 나서는 학사 에스라에 의해 역사로 기록되었다(스 1:1–3,7).

1879년 실린더 모양의 점토판이 발견되었는데, 거기에는 페르시아 왕 키루스(고레스)의 치적이 바벨론 설형문자로 기록되어 있었다. 바벨론을 정복하고, 바벨론에 잡혀 와 있던 유대인을 해방시켜 예루살렘으로 귀환시키고, 유대인의 신성한 예루살렘 성전을 재건축하게 했다는 그의 치적은 성경과 정확하게 일치한다.[26]

---

25 "Belshazzar," https://en.wikipedia.org/wiki/Belshazzar.

26 "The Cyrus Cylinder," http://www.britishmuseum.org/research/collection_online/collec-

키루스(고레스)의 치적이 바벨론 설형문자로 기록된 점토판

키루스 대제는 이란인들에게 건국의 아버지로 알려져 있다. 그는 29년 동안 통치하면서 메디아, 신 바벨론, 리디아 등 당대의 제국들을 정복하고, 서남아시아와 중앙아시아의 대부분과 인도에 이르는 지역을 평정하며 대제국으로 성장시켰다. 이때부터 키루스 2세는 자신을 '바벨론의 왕, 수메르와 아카드의 왕, 세계 사면의 왕'으로 칭했다. 키루스 2세는 다른 민족에 대한 배려와 종교적 관용이 뛰어난 관대한 군주로 알려졌으며, 그의 특유의 관용정책은 뒤를 이은 다리우스 1세 등에게까지 전해져서 페르시아 제국의 문화와 문명을 형성해 내는 데 큰 역할을 했다.

기타 성경 인물들

위스콘신-매디슨대학교의 로렌스 마이키티욱(Lawrence Mykytiuk)은 「성경 고고학」 2014년 3/4월호에 "고고학이 밝혀준 성경 속의 50인물"이라는 제목의 기사를 실었다. 그는 이집트 왕 시삭(왕상 11:40), 이집트 왕 느고

tion_object_details.aspx?objectId=327188&partId=1.

(대하 35:20), 모압 왕 메사(왕하 3:4), 아람 왕 하사엘(왕상 19:15), 북이스라엘 왕 예후(왕상 19:16), 남유다 왕 아하스(왕하 15:38) 등의 성경 속 인물들이 역사상 실재했음을 고고학 자료와 함께 설명한다.[27] 작고 사소한 것까지 성경은 정확하게 역사를 기록해 주고 있음을 부인할 수 없게 되었다.

신약의 복음서

예수를 기록한 복음서도 실제 역사의 기록이라는 사실이 고고학에 의해서 증명되었다. 예를 들어서, 누가는 루사니아가 AD 27년경 아빌레네의 분봉 왕이었다고 언급한다(눅 3:1). 역사 기록에 의하면 루사니아는 찰시스(Chalcis)의 통치자였기 때문에 이것은 누가의 실수라고 생각하고 있었다. 그런데 티베리우스 통치 기간인 AD 27–37년 사이에 기록된 어떤 비문이 발견되었는데 그 비문에는 다메섹 근처에 있는 아빌레네의 분봉왕 이름이 루사니아라고 되어 있었다. 루사니아라는 이름을 가진 정부 관리가 2명 있었던 것이다.

또 누가는 읍장(Politarchs)이라는 명칭을 사용했는데(행 17:6), 이런 명칭은 고대 로마문서 어디에서도 발견되지 않았기 때문에 누가의 오류라고 생각했다. 그러나 1세기 한 지도자의 비문에서 '읍장의 시대'라는 기록을 발견했고 이후에 '읍장'을 언급하는 고고학적 비문을 35개나 발견할 수 있었다. 누가가 언급한 32개 나라, 54개 도시, 9개의 섬에 대해서 어느 뛰어난 고고학자가 면밀히 조사한 결과 모두 실재했던 곳이었음이 드러났다. 누가는 의사이자 또한 가장 사소한 세부 사항까지 신중하고 정확하게 기록한 역사가였음이 증명되었다.

요한은 예수가 병자들을 고치셨던 베데스다 연못에 다섯 행각(Colon-

27 "50 People in the Bible Confirmed Archaeologically," http://www.biblicalarchaeology.org/daily/people-cultures-in-the-bible/people-in-the-bible/50-people-in-the-bible-confirmed-archaeologically/

nades)이 있었다고 구체적으로 묘사한다(요한 5:2). 최근 베데스다 못이 발견되었는데 확실히 행각 다섯이 있었다. 그외에 실로암 못(요 9:7)이나 야곱의 우물(요 4:12) 등에 대해 기록한 것도 모두 역사적 사실이었음이 밝혀졌다.[28]

예수를 십자가에 못박히게 만든 핵심 인물인 로마 총독 본디오 빌라도와 유대의 대제사장 요셉 가야바에 대한 확실한 증거가 20세기 전까지 발견되지 않았다. 회의론자들은 이런 불충분한 증거야말로 예수신화론을 뒷받침하는 것이라고 주장했다. 하지만 1961년에 고고학자들은 "본디오 빌라도, 유대의 총독"이라는 이름이 새겨진 석회석 벽돌을 발견했다. 그리고 1990년에는 가야바의 이름이 새겨진 납골 상자도 발견했다. 이는 어떠한 의심도 할 수 없는 진품으로 확인되었다.[29]

또 예수의 고향인 나사렛이 그의 생전에 존재했었다는 증거를 찾기 전까지 회의론자들은 이것이 기독교의 치명적인 약점이라고 주장했다. 르네 삼은 2006년 그의 저서 『나자렛 신화』에서 "자유사상가들이여, 축복하라. 우리가 알고 있는 기독교가 드디어 종말을 고할 수도 있다!"고 선포했다. 하지만 2009년 12월 고고학자들은 나사렛에서 사용된 1세기의 점토 조각을 발견하고 이 작은 마을이 그리스도의 시대에 존재했었음을 확인했다고 발표했다.[30]

영국의 언론인 말콤 머거릿지는 예수를 허구의 인물로 믿고 있었다. 그러나 BBC의 업무차 이스라엘을 방문하는 동안 신약에 등장하는 예수의 이야기와 일치하는 수많은 장소와 유물들을 직접 목격한 이후 생각이 바

---

28 "고고학이 예수의 전기를 반박하는가 혹은 확증하는가?" http://m.blog.naver.com/ggoalla/220096982941

29 Jennifer Walsh, "Ancient bone box might point to biblical home of Caiaphas." MSNBC.com. August 31, 2011.

30 "The Nazareth Inscription," http://www.reformation.org/nazareth-inscription.html.

꿔었다. 그리고 자신의 저서 『예수 재발견』(*Jesus Rediscovered*)에서 "예수의 탄생, 사역, 십자가에 못박힘 등에 대한 확신이 나를 사로잡았다. 나는 예수라는 한 사람이 정말로 존재했다는 사실을 확인했다"고 고백했다.

고고학자들의 증언

"고고학에 의하면 구약전승의 대부분이 역사적 사실임을 인정하지 않을 수 없다. 18세기와 19세기의 중요한 역사학자들은 성경에 대한 과다한 의심을 품고 있었다. 그 의심들은 지금도 종종 제기되고 있는데, 그러한 의심들이 점차 근거가 없는 것들임이 밝혀지고 있다. 고고학적 발견들이 거듭되면 될수록 성경의 내용을 더욱 뒷받침하고 있어서 역사적 사실로서의 성경은 점점 더 확실해지고 있다." – 윌리암 올브라잇(William Foxwell Albright).

"구약성경 고고학은 모든 나라들을 다시 발견했으며 중요한 인물들을 다시 소생시켰다." – 메릴 엉거(Merrill Unger).

"지난 19세기 후반기를 휩쓸었던 성경 회의론자들의 비판에 관하여 고고학이 그 허구성을 증명함으로써 고고학은 그 권위를 확립했다." – 프레드릭 케년(Frederic Kenyon).

"고고학은 여러 사례를 통하여 근대 비평가들의 논리가 가상적이고 실제적이 아니며, 역사적 발전 단계를 인위적으로 적용했음을 증명했다." – 밀러 버로우스(Millar Burrows).

"내가 아는 한 지금까지의 어느 고고학적 발견이 성경과 상반된 적이 없었다. 성경은 이 세상이 소유한 어떤 역사책보다도 가장 정확한 역사적 기록이다." – 클리포드 윌슨(Clifford Wilson).

"성경과 모순되는 것처럼 보이는 고대 초기 이집트의 역사의 일부가 조작 변개되었음을 보여 주는 증거가 발견되고 있다." – 데이빗 롤(David

Rohl)의 『문명의 창세기』(*The Genesis of Civilization*), 피터 제임스(Peter James)의 『어둠의 세기』(*Centuries of Darkness*).

"성경의 기록을 부인한 고고학적 발견은 전혀 없었다고 분명하게 말할 수 있다. 수많은 고고학적 발견물들이 성경의 역사적 진술들을 개괄적으로, 혹은 세세하게 확증하고 있음은 명백하다… 증거를 탐사할 수 있는 곳은 어느 지역이든지 다 조사해도, 성경은 총체적으로 믿을 만한 것임을 분명히 해 준다. 사실상 어떤 고고학적인 발굴도 성경적 참고가 필요함을 부정할 수 없다. 고고학적 탐사를 할 때 성경에서 정확하고 자세하게 언급된 곳이나 명확한 한계를 지은 곳에서 하나씩 결실을 보았다. 게다가 성경 기록에 대한 적절한 이해를 따라 진행한 탐사는 자주 놀라운 발굴로 유도해 주었다. 이런 탐사는 거의 믿기 어려울 정도로 정확한 성경의 역사적 기록으로 구성된 방대한 모자이크를 한 칸씩 구성해 가는 형세였다." – 넬슨 글루엑(Nelson Glueck)의 『사막의 강들』(*Rivers in the Desert*).[31]

2. 언어와 민족의 기원

창세기는 모든 인류가 한 부모에게서 태어났다고 기록하는데 지난 장에서 살펴보았듯이 현대의 DNA 고고학이 그것이 사실임을 밝혀냈다. 또 첫 인류가 한 언어를 사용했다고 기록하는데 그것이 사실일까? 또 고대 도시와 민족들의 이름을 상세하게 기록하고 있는데 그것이 사실과 일치할까?

성경이 단순한 종교서적에 지나지 않는다면 그런 많은 이름들은 도대체 무슨 의미가 있는 것일까?

31 "Archaeologists of the Christian Faith," http://www.tektonics.org/archmony.htm.

언어의 단일 기원설

진화론자들은 언어의 기원을 조사하기 위해 동물들의 언어를 연구했다. 동물에서 사람으로 진화되었으니까 언어도 동물의 언어에서 인간의 언어로 발전되었을꺼라고 믿은 것이다. 그러나 모든 연구에도 불구하고 저들의 주장을 뒷받침할 과학적 근거는 없었다. 반면 성경을 근거로 연구를 시작한 언어학자들은 인류의 다양한 언어의 기원이 하나라는 사실을 밝혀내게 되었다.

성경은 노아 홍수 이후 바벨탑 사건으로 사람들이 곳곳으로 흩어지기 전까지 지구상의 모든 사람들은 하나의 언어를 사용했다고 기록한다. 하지만 우랄알타이어 계통의 언어와 영미 언어가 확연히 다른 것처럼 각 언어의 구조가 너무나 다르기 때문에 과거 언어가 하나였다는 성경의 주장에 대해 언어학자들은 몹시 회의적이었다.[32]

그러나 지구 전체의 수천 개 방언과 언어를 고대의 언어 기원에까지 거슬러 추적하면서 다양한 언어들이 하나의 언어에서 파생해 공통 어원을 갖는다는 사실을 발견하게 되었다. 헤롤드 스티거(Harold Stigers) 박사는 “어림잡아 3,000여 개의 무수한 언어와 방언들이 있음에도 불구하고, 이 모두가 모체 언어로부터 파생되었다는 것이 주요 언어 계보의 경계들에 대한 지속적인 연구를 통해 밝혀지고 있다. 이것은 공통의 조상 언어가 있었음에 틀림없음을 가리킨다”고 설명한다.[33]

옥스포드대학교의 비교종교학자이자 언어학자인 막스 뮐러(Friedrich Max Müller)는 고대의 언어들을 연구하여 그것들의 유사점과 상이점을 관찰한 후 그의 저서 『언어과학』에서 ”우리들은 언어가 취할 수 있는 모든

32 “언어와 인류의 기원,” http://www.creation.or.kr/library/itemview.asp?no=4119.

33 ”언어학: 공통 조상 언어가 있었음에 틀림없다,” http://www.kacr.or.kr/library/print.asp?no=4996.

가능한 형식들을 검사했다. 분명한 세 형식(어근, 어미, 어형변화)들을 인간 언어의 한 공통의 기원과 조화시킬 수 있는가라고 묻는다면 나는 확실히 '예'라고 답할 것이다"라고 밝혔다.

윌리암 존스(William Jones) 경은 인도의 고대 언어인 산스크리트어에 대한 깊은 연구를 하고 다음과 같이 발표했다.

"산스크리트어는 비록 오래 되었지만 놀라운 구조를 갖고 있다. 그 언어는 그리스어보다 더 완벽하고 라틴어보다 더 풍부하고 두 언어들보다 더 우아하고 세련되었다. 그럼에도 불구하고 둘 다 강한 유사성을 가졌고 둘 다 문법의 형식과 동사의 뿌리가 같다. 그래서 어떠한 언어학자도 지금은 존재하지 않는 어떤 공통의 어원으로부터 이 언어들이 발생했다는 믿음 없이 세 언어 모두를 조사할 수 없다."

창세기에 관한 연구 업적으로 존경받는 네덜란드의 구약학자 알더스(G. Aalders)는 이같이 말했다.

"한 유명한 아시리아어 학자는 중앙아메리카, 남아메리카, 그리고 여러 섬들에 사는 원주민들이 사용하는 언어들과 고대 수메르어(알려진 가장 오래된 언어)와 이집트어 사이에는 명백한 관련성이 있음을 발견했다. 이전에 창세기 11:1-9의 이야기를 하나의 신화로 여겼던 이 학자는, 결국 성경의 이야기가 생각했던 것보다 훨씬 신뢰할만한 이야기라는 결론을 내렸다."

최근 컴퓨터를 사용하여 언어들을 비교한 어떤 언어학자의 연구에 대한 토론이 있었는데, 드라이어(Matthew Dryer) 박사는 원시어(Proto-World Language)라 부르는 한 모체 언어가 정말 있었을 수도 있겠다며, "아마도 성경이 맞는 것 같다. 그리고 정말로 바벨탑이 있었던 것 같다. 저주를 받아 언어의 혼란이 있기 전 적어도 한때에는 사람들이 정말로 단일 언어를 사용

했었던 것 같다"고 말했다.[34]

언어학자들뿐만 아니라 역사학자들도 언어의 기원에 관한 창세기의 기록을 지지한다. BC 4세기 중반의 그리스 역사가 아비데누스(Abydenus)는 칼데아 역사가 베로소스의 기록을 인용해서 파괴된 바벨론의 거대한 탑에 대해 언급하며, "이 시기까지 모든 사람들은 한 언어를 사용하고 있었다. 그러나 이제 여러 많은 언어들의 혼돈 속으로 빠져들게 되었다"고 기록했다.

유대인 역사가 요세푸스도 베로소스를 인용해서 이렇게 기록했다.

"모든 인류가 한 언어를 사용하고 있을 때 그들 중 일부는 탑 하나를 건설했다. 마치 그들은 그것으로 하늘까지 오르려고 했던 것처럼 보인다. 그러나 신은 폭풍바람을 보내어 그 탑을 무너뜨렸다. 그리고 모두에게 각각의 특별한 언어를 주셨다. 이런 이유 때문에 그 도시는 바벨론이라 불려졌다."

플라톤도 모든 사람들이 같은 언어를 썼던 황금 시대에 대해 말하면서 "그러나 신의 행동은 그들 언어의 혼동을 야기했다"라고 기록한다.

언어를 갈라지게 했던 바벨탑에 대한 창세기의 기록과 세속 역사의 기록이 모두 일치한다. 런던대학교의 앗시리아학 전문가 도날드 와이즈만(Donald Wiseman)은 "창세기 11장의 기록은 신뢰할 수 있는 역사적 설명에 대한 모든 흔적들을 갖고 있다"고 자신있게 말한다.[35]

고대 지명과 민족명

성경에 의하면, 노아와 그의 가족이 방주로부터 나왔을 때 그들은 지구

---

34 "Was Proto-Human an SOV language?" http://www.languagesoftheworld.info/historical-linguistics/was-proto-human-an-sov-language.html.

35 "바벨탑은 전설인가 역사인가," http://www.kacr.or.kr/library/itemview.asp?no=2545.

상에 유일한 사람들이었다. 이후 지구는 노아의 세 아들(셈, 함, 야벳) 부부에게서 태어난 자녀들로 채워졌다. 창세기 10장에는 노아의 16명의 손자들의 이름이 기록되어 있다.

해롤드 헌트(Harold Hunt)와 럿셀 그릭(Russell Grig)은 노아의 16명의 손자들, 즉 야벳의 7아들, 함의 4아들, 셈의 5아들의 이름을 일일이 열거하면서 그들의 이름이 각 민족들과 나라들의 조상이나 신의 이름, 또는 거주하는 땅, 주요 도시, 강 등의 이름에 붙여져 지금까지 전해지고 있다고 주장한다. 그중에서 고멜(Gomer)에 대한 것을 짧게 요약해 본다. 고멜 이외에 다른 15명에 대한 기록은 지면상 생략하므로 직접 찾아보기 바란다.

"노아의 아들 셈과 함과 야벳의 후예는 이러하니라. 홍수 후에 그들이 아들들을 낳았으니 야벳의 아들은 고멜과 마곡과 마대와 야완과 두발과 메섹과 디라스요"(창 10:1－2).

현재의 터키는 신약 시대에 갈라디아라고 불리던 지방이다. 유대인 역사학자 요세푸스의 기록에 의하면, 갈라디아인 또는 갈리아인은 이전에 고멜(노아의 손자이자 야벳의 아들)의 자손을 뜻하는 고멜족(Gomerites)이라고 불렸다. 그들이 서쪽으로 이주해 현재 프랑스와 스페인에 정착하면서 프랑스에서는 수세기 동안 갈리아라고 불렸고 스페인에서는 북서쪽이 지금도 갈리시아(Galicia)로 불리고 있다.[36]

고멜의 자손들 중 몇몇은 더 멀리 현재 웨일즈라 불리는 곳까지 이주했다. 웨일즈의 역사학자인 데이비스의 기록에 의하면, 전통적인 웨일즈 사람들은 고멜의 자손들이 프랑스로부터 영국의 섬으로 와서 정착한 것이고, 그 시기는 대략 대홍수로부터 약 3백 년이 지난 후라고 믿는다고 한다. 또한 그의 기록에 의하면, 웨일즈의 언어도 그들의 조상인 고멜의

36 "노아의 16명의 손자들이 고대의 지명과 민족들의 이름 속에 남아있다." http://www.creation.or.kr/library/itemview.asp? no=512&series_id=A0001&orderby_1=editdate desc&page=1.

이름에서 비롯된 고메라엑(Gomeraeg)으로 불렸다고 한다. 그들 씨족의 다른 무리는 아르메니아에 속해 있는 땅에 정착했다.

고멜의 아들들은 아스그나스(Ashkenaz)와 리밧(Riphath)과 도갈마(Togarmah)였다(창10:3). 『브리태니커 백과사전』에 의하면, 아르메니아 사람들은 전통적으로 도갈마와 아스그나스의 자손들이었다. 고대 아르메니아는 터키에까지 그 지경이 닿아 있었다. 터키라는 지명도 도갈마로부터 파생되었을 것이라고 추정한다. 그들 중에 다른 이들은 독일로 이주하였다. 아스그나스는 독일의 히브리어 명칭이다.

고멜 족속이 역사적으로 존재했으며 바벨탑 사건 이후로 전 세계로 흩어져 다양한 고대 왕국들을 건설했다는 성경 기록이 사실임을 입증시켜 주시려고 하나님은 그들의 이름을 성경에 일일히 기록케 하셨나 보다. 이렇게 노아 후손들의 이름은 잃어버릴 수 없는 방법으로 보존되어져 왔으며, 인간의 모든 흔적들은 사라져 버릴 수 없게 되었다. 이런 증거들을 통해서도 성경은 신화나 전설이나 교훈들을 모아놓은 책이 아니고 하나님의 시각에서 고대역사를 기록한 책이라는 사실을 다시 확인할 수 있다.

6장

성경의 모순들과 이상한 명령?

성경에는 초자연적 기적 이야기가 아니더라도 서로 모순되는 내용들이 많아서 신뢰할 수 없다는 비난을 받는다. 사복음서들조차 서로의 내용이 일치하지 않는다는 것이다. 성경이 신앙과 영성을 고무하는 경건 문학으로서는 의미가 있을지 몰라도 역사적 진실을 기록한 책일 수는 없다는 주장이다. 저들이 성경의 모순된 진술이라고 주장하는 내용들을 살펴보며 답변한다.

1. 성경의 모순된 진술들?

- 노아의 방주에 들여보내라고 명하신 짐승의 숫자가 다르다. 한 곳에서는 모든 짐승이 암수 한쌍씩이라고 기록했고(창 6:19), 다른 곳에서는 부정한 짐승은 둘씩 정한 짐승은 일곱씩이라고(창 7:2–3) 기록했다.

'암수 한쌍씩'은 전체적이며 총론적인 명령이고, '부정한 짐승은 둘씩, 정결한 짐승은 일곱씩'은 세부적이며 각론적인 명령이라고 해석할 수 있다. 하나님께 드리는 제사를 위해 정결한 짐승은 더 필요했을 것이다.

- 하나님은 다윗의 아내인 미갈에게 아이를 낳지 못하게 하셨는데(삼하 6:23), 이후에는 미갈의 다섯 자녀에 대한 이야기(삼하 21:8)가 나온다.

함무라비 법전이나 야곱의 실례에서 볼 수 있듯이 당시 자녀가 없는 여주인은 여종을 통해서 아이를 낳고 그들을 자신의 자녀로 삼았다. 미갈에 대해서는 자세한 이야기가 없지만 그런 식으로 추정할 수도 있다. 수천 년 전의 이스라엘과 지금 우리의 문화가 다르다는 것을 이해하면 오류처럼 보이는 내용도 이해할 수 있다.

- 마태는 아기 예수가 이집트로 피신갔다고 하는데(마 2:14-23), 누가에는 그런 기록이 없다(눅 2:22-39).

마태복음에는 헤롯이 동방박사들에게 속은 것을 안 이후 아기들을 학살한다는 위급한 기록이 있지만, 누가복음에는 예수가 할례와 결례를 행하고 축복받는 평화스런 기록만 있어서 둘의 분위기가 사뭇 반대된다. 두 복음서를 연결해 보면, 요셉과 마리아는 호구조사에 응하기 위해 고향인 베들레헴에 체류하는 중에 예수를 낳고 성전에서 시므온과 안나의 축복을 받고 할례와 결례를 행하고 동방박사의 방문도 받으셨다. 이후 위험을 예고받고 이집트로 피신하신 동안 헤롯의 아기살해 사건이 발생했다.

- 예수의 사형이 유대교 율법에 근거한 것이라고 했다가(요 19:7), 유대법에는 그런 권한이 없다고 한다(요 18:31).

예수의 십자가 형 집행 당시 행정적으로는 로마 총독만이 사형을 시행할 수 있었지만 특별히 유대교 공회인 산헤드린에게는 사형의 결정권을 허용했던 것 같다. 그리고 로마 당국은 유대인이 자신의 율법대로 사형하는 일을 눈감아 주었던 것 같다. 그래서 간음한 여인을 잡아와서 돌로 쳐

죽여야 한다고 예수를 재촉했고, 또 하나님을 모욕했다는 불경죄로 스테반을 그 자리에서 사형에 처했던 사건도 있었다.

유대교 지도자들은 예수를 직접 죽일 수도 있었지만 그가 죄없다는 사실을 모든 사람들이 알고 있었기 때문에 일어날 수 있는 큰 난동과 책임을 모면하기 위해 자신들에게는 사형할 권한이 없다는 구실로 구태여 로마의 법정에 세웠던 것 같다.

- 부활한 예수를 만나기 위해 제자들에게 갈릴리로 가라고 했다가(마 28:10), 예루살렘에 머물러 있어야 한다고도 했다(눅 24:49).

예수는 부활 후에 방금 전까지 사셨던 갈릴리에 가서 제자들을 만나겠다고 약속하셨고 약속대로 그곳에 나타나서 많은 제자들을 만나셨다. 이후에 예루살렘에 가셨고 가까운 산에서 승천하시며 성령을 만나기 위해서 예루살렘에 머물라고 하셨다. 예루살렘에 머물러 마가의 다락방에서 기도하던 제자들은 예수가 보내신 성령을 직접 경험할 수 있었다.

- 예수는 비폭력 무저항을 가르치는가 하면(마 5:39; 26:52), 폭력적 저항을 준비하라고 가르치기도 했다(눅 22:36).

예수는 언제나 비폭력 무저항을 가르치셨다. 예수를 잡으려는 로마 관원에게 베드로가 칼로 저항하려 하자 금지하시며 칼을 가진 자들은 칼로 망할 것이라고 꾸짖으셨다. 그런 그가 왜 갑자기 전대, 배낭, 신발 그리고 검을 준비하라고 말씀하셨을까. 그것은 제자들에게 이제 곧 비상사태의 시기가 도래할 것을 예고하신 것이다. 전대나 배낭이나 여벌 신발 없이 다녀도 부족한 것이 없던 지난 때와는 달리 이제 곧 고난과 시련의 때가 닥칠 것이므로 핍박과 죽음의 위협 앞에서 믿음을 포기하지 않도록 준비시키려는 당부의 말씀이다. 예수가 말씀한 칼은 육신을 지키기 위해 싸우는 도구가 아니라 믿음과 영혼을 지키기 위한 영적 싸움의 도구를 말한 것이다. 실제로 제자들이 칼로써 핍박에 대항했다는 기록이 전혀 없다.

- 예수의 사명은 평화라고도 하고(눅 2:13-14), 평화가 아니라 오히려 분쟁과 갈등을 일으키는 것이라고도 한다(마 10:34-35).

예수의 사명은 평화다. 우리의 죄로 인해서 끊어졌던 하나님과의 관계가 예수로 인해 회복되면서 이후 완전한 평화를 가질 수 있게 된다. 그럼에도 예수를 믿을 때 엄청난 갈등과 전쟁을 겪게 된다. 먼저 가정에서 갈등과 미움을 경험하게 되는데 그것은 서로 다른 세계가 부딪히는 영적 갈등이다. 예수를 믿지 않으면 갖지 않았을 갈등이다. 그래서 예수는 자신이 칼을 주러 왔다고 말씀하신 것이다.

- 재산은 찬양받는가 하면(막 10:29-30), 저주받기도 한다(마 6:19-21, 19:24; 눅 6:20-24; 16:22).

재물은 하나님이 주신 복이므로 바르게 사용해야 한다. 재물은 좋은 것이지만 탐욕을 갖고 좇을 때 흔히 죄를 범하게 된다. 예수를 따라갈 때 재물을 포기해야 할 경우도 생기게 된다. 예수를 위해서 기꺼이 잃을 때 예수는 전토와 밭으로 갚아주신다고 했다. 그것은 세상에서 받을 보상이라기 보다는 천국에서 받을 칭찬과 상급을 의미하는 것으로 보인다.

- 예수는 선행을 드러내라고 가르치는가 하면(마 5:16), 선행을 드러내지 말라고도 가르친다(마 6:1).

우리의 착한 행실은 반드시 드러나게 되어있다. 그리스도인이라면 착한 행실이 드러나며 칭찬받는 삶을 살아야 한다. 그러나 남에게 보이고 칭찬받기 위해서 하는 착한 행실이 되어서는 안된다. 그것은 위선이고 죄악이다.

- 신에게 기도로 끈덕지게 간청하라고 가르치는가 하면(눅 18:5-7), 그러지 말라고도 한다(마 6:7-8).

우리가 기도하다가 낙심하고 포기하는 것은 믿음이 없기 때문이다. 예수는 우리가 포기하지 말고 믿음으로 기도할 것을 권면한다. 그러나 기도를 오래 하거나 많이 한다고 해서 응답되는 것은 아니다. 하나님의 마음에 맞는 기도를 해야 한다.

- 예수를 믿는 데에 별로 부담이 따르지 않는다고 하는가 하면(마 11:28-30), 상당한 부담이 따른다고도 한다(요 16:33).

이 세상을 살아가면서 많은 어려움을 당하지만 예수와 동행할 때 그 어려움은 감당할만한 것이 된다. 중동에서는 두 마리의 소가 밭을 갈 때 힘센 소의 목에만 멍에를 걸고 약한 소는 그 멍에 속에 목만 집어넣는다고 한다. 힘센 소가 무거운 멍에를 혼자 지고 밭을 갈 때 약한 소는 그냥 따라가기만 하면 되는 것이다. 약한 소가 쉽게 갈 수 있는 것은 힘센 소가 대신 지고 가기 때문이다. 이와 같이 우리도 예수와 동행하는 삶은 쉽고 가벼운 것이 된다. 그러나 또한 예수 때문에 당해야 하는 엄청난 환란도 있다. 예수를 믿지 않았다면 당할 필요가 없는 환란이다. 그것을 각오하고 준비해야 할 것을 말씀하신 것이다.

- 예수는 자신이 신과 같다고 하는가 하면(요 10:30) 신과 같지 않다고도 한다(요 14:28; 마 24:36).

예수는 자신이 하나님이라고 말씀하셨다. 그러나 자신보다 아버지 하나님이 크다고 하셨다. 삼위일체의 자리에서 아버지의 위격을 말씀하신 것이다. 그래서 자신의 마음대로 하지 않고 아버지가 명하시는대로 한다고 하셨다. 예수는 성부 하나님과 함께 하시는 성자 하나님이신 것이다.

- 자신이 전능하다고 하는가 하면(마 28:18; 요 3:35), 그렇지 않다고도 한다(막 6:5).

예수는 하나님이므로 완전히 전능하시지만 그 능력을 제한하셨다. 고향 사람들은 예수의 놀라운 가르침과 능력을 경험하고도 그를 하나님으로 믿지 않았으므로 믿지 않는 자들에게 능력을 행하시지 않았다. 또 호기심으로 기적 보기를 원하는 사람들에게도 능력을 행하시지 않았다.

- 유대교 율법이 예수의 가르침으로 대체되었으니 이제 예수를 믿으면 율법을 지킬 필요가 없는 것처럼 말하는가 하면(눅 16:16), 율법을 엄수해야 한다고도 말한다(마 5:17-19).

이스라엘 백성은 하나님으로부터 율법을 받았지만 그것을 지키는 데 실패했다. 이후 예수가 율법의 완성으로 오셔서 이제는 그를 믿고 따름으로써 구원을 받을 수 있게 되었다. 예수의 말씀은 율법보다 훨씬 더 차원높은 것이지만, 예수를 믿으면 성령이 함께 하시므로 성령의 능력으로 예수의 말씀을 순종할 수 있게 된다.

- 초자연적 기적이 사명을 위임받았다는 증거라고 말하는가 하면(마 11:2-5; 요 3:2), 그런 증거가 못 된다고도 한다(눅 11:19).

예수가 드러내신 초자연적인 기적은 그가 하나님이심을 증거한 것이다. 그러나 귀신들도 능력을 행할 수 있고 실제로 하나님을 모방해서 기적들을 보였다. 기적 자체만으로는 하나님으로부터 온 것인지 마귀로부터 온 것인지 구분할 수 없고 그의 삶이 증거해야 한다.

- 예수가 십자가에 달린 시각에 대해 마가(막 15:33)와 요한(요 19:14)의 기록 사이에 차이가 있다.

당시에는 아직 표준시각이 정해지지 않은 때로서 요한은 로마 시간을 사용했고 마가는 팔레스타인 시간을 사용했을 것으로 추정된다. 로마시간에 의하면 지금처럼 밤 12시에 하루가 시작되지만 팔레스타인 시간에 의하면 아침 동틀 무렵 즉 6시에 하루가 시작된다. 그렇게 계산할 경우 두 기록 사이에 오차가 없다.

회의론자들의 주장처럼 만약 복음서가 날조된 것이라면 제자들은 모든 내용들을 서로 대조해서 동일하게 기록했을 것이다. 그러나 제자들은 예수 그리스도의 사건에 대해서 강조하고 싶은 것들을 서로 독립적으로 기록했다. 기록의 다양성은 그것의 진실함에 더 깊은 신뢰를 준다.

2. 성경의 이상한 명령

성경에는 성에 대한 노골적 표현들이 있어서 성경(聖經)이냐 성경(性經)이냐는 비아냥을 듣기도 한다. 입에 담기도 민망한 명령들에는 이런 내용이 있다.

"네 어머니의 하체는 곧 네 아버지의 하체이니 너는 범하지 말라 그는 네 어머니인즉 너는 그의 하체를 범하지 말지니라 너는 네 아버지의 아내의 하체를 범하지 말라 이는 네 아버지의 하체니라 너는 네 자매 곧 네 아버지의 딸이나 네 어머니의 딸이나 집에서나 다른 곳에서 출생하였음을 막론하고 그들의 하체를 범하지 말지니라 네 손녀나 네 외손녀의 하체를 범하지 말라 이는 네 하체니라… 너는 네 고모의 하체를 범하지 말라 그는 네 아버지의 살붙이니라… 너는 네 며느리의 하체를 범하지 말라 그는 네 아들의 아내이니 그의 하체를 범하지 말지니라… 너는 짐승과 교합하여 자기를 더럽히지 말며 여자는 짐승 앞에 서서 그것과 교접하지 말라 이는 문란한 일이니라…"(레 18장).

소돔과 고모라의 심판

왜 이런 이상한 명령을 주셨을까? 앞서 "내가 너희를 인도할 가나안 땅의 풍속과 규례도 행하지 말고"라고 말씀한 것을 볼 때 가나안에서는 이런 가증스런 일들이 흔히 자행되고 있었음을 알 수 있다. 이제 이스라엘이 가나안으로 입성할 터인데 저들을 본받아 행하지 말라고 명령하시는 것이다. 이어지는 귀절들을 보자.

"너희는 이 모든 일로 스스로 더럽히지 말라 내가 너희 앞에서 쫓아내는 족속들이 이 모든 일로 말미암아 더러워졌고 그 땅도 더러워졌으므로 내가 그 악으로 말미암아 벌하고 그 땅도 스스로 그 주민을 토하여 내느니라 그러므로 너희 곧 너희의 동족이나 혹은 너희 중에 거류하는 거류민이나 내 규례와 내 법도를 지키고 이런 가증한 일의 하나라도 행하지 말라 너희 전에 있던 그 땅 주민이 이 모든 가증한 일을 행하였고 그 땅도 더러워졌느니라 너희도 더럽히면 그 땅이 너희가 있기 전 주민을 토함같이 너희를 토할까 하노라 이 가증한 모든 일을 행하는 자는 그 백성 중에서 끊어지리라 그러므로 너희는 내 명령을 지키고 너희가 들어가기 전에 행하던 가증한 풍속을 하나라도 따름으로 스스로 더럽히지 말라 나는 너희의 하나님 여호와이니라"(레 18:24–30).

하나님이 이스라엘을 통해서 가나안을 멸망시키려했던 이유가 극심한 성적 타락이었음을 알 수 있다. 가나안에게는 죄에 대한 심판, 이스라엘에게는 영토제공이라는 2개의 목적을 이루신 것이다.

그보다 수세기 전에 하나님은 성적으로 극도로 타락한 소돔과 고모라를 직접 심판하신 적이 있다. 타락한 도시의 대명사처럼 불리는 두 도시도 역시 가나안에 위치하고 있었다(창 10:19). 성경은 그곳에서 벌어졌던 한 사건을 에피소드로 소개한다.

"이 저녁에 네게 온 사람이 어디 있느냐 이끌어 내라 우리가 그들을 상관하리라"(창19:5)에서 '상관하다'는 성적 관계를 의미한다. 그곳에서 동성연애가 공공연하게 이루어지고 있었음을 알 수 있다. 하나님은 두 도시를 친히 멸망시키셨다.

"여호와께로부터 유황과 불을 소돔과 고모라에 비같이 내리사 그 성들과 온 들과 성에 거주하는 모든 백성과 땅에 난 것을 다 엎어 멸하셨더라"(창 19:23-25).

이 사건은 아브라함 시대에 일어났으므로 BC 2000년경 청동기 시대로 추정된다.

1924년 고고학자 윌리엄 올브라이트는 성경 기록에 근거해 소돔과 고모라 등의 도시를 찾기 위해 사해탐사를 단행했다. 탐사팀은 공동묘지가 내려다 보이는 밥 에드흐-드흐라의 언덕에서 소돔과 고모라로 추정되는 도시의 성벽의 흔적을 발견할 수 있었다. 성벽의 벽돌의 양으로 볼 때 규모가 꽤 큰 도시가 분명했다. 1965, 1967, 1973년에는 유골이 담긴 수천 개의 유골 단지와 귀금속 등이 담긴 7백여 개의 부장품 단지를 발견할 수 있었다. 이들 유적은 청동기 시대의 것으로 소돔의 시대와 일치하고 있었다. 큰 도시의 주민은 갑작스런 재앙으로 한꺼번에 몰살된 것으로 보였다.

성경 기록에서 소돔과 고모라가 "하늘에서 퍼붓는 불비"로 멸망했다고 하는데 이것은 화산 폭발을 연상시킨다. 실제로 사해 근방의 지하에는 유황 등의 천연가스와 석유가 상당량 매장되어 있다. 지진으로 인해 가스와 석유가 지표로 분출된다면 약간의 불씨만 닿아도 도시는 가스폭발로 곧 불바다가 될 수 있다. 소돔과 고모라는 문자 그대로 불비와 유황불에 의해 멸망당했던 것이다.

사해 근처에서 대량으로 발견되는 천연 아스팔트는 배를 만드는 데 필수적이고 미이라를 만들 때도 사용되었으므로 당시에도 수요가 대단했을 것이다. 지질학적으로 위험한 곳임에도 불구하고 그들은 그곳에 도시를 건설했던 것이다. 그들은 천연자원으로 엄청난 부를 축적하면서 성적으로 타락했고, 결국 하나님의 심판으로 멸망당해 역사에서 사라져 버렸다. 소돔과 고모라 곁에 있는 사해는 예전에는 물이 넉넉해 기름지며 여호와의 동산 같고 애굽 땅 같았지만(창 13:10) 지금은 온통 염분으로 가득한 죽은 물이 고여 있을 뿐이다.

폼페이의 심판

그로부터 이천 년이 지나서 유사한 사건이 고대 로마의 폼페이에서도 일어났다. 성경에는 기록되지 않았지만 폼페이도 소돔과 고모라와 같이 갑작스런 멸망을 당했다. AD 79년 8월 24일 베수비오 화산이 폭발한 것이다. 누구도 예상치 못한 폭발이었다. 순식간에 수백만 톤의 화산 폭발 잔해물이 도시 위로 쏟아졌고 사람과 도시가 한순간에 잿더미에 묻히고 말았다. 폭풍처럼 도시를 삼킨 것은 화쇄난류였다. 엄청나게 뜨거운 물질로 이루어진 화쇄난류는 시속 160킬로미터로 산중턱을 타고 내려오며 사방으로 흩어졌다. 이는 허리케인과 같은 속도였다. 비극은 이튿날인 8월 25일 아침에야 끝났다. 불과 하룻밤 사이에 폼페이는 4미터 높이로 쌓인 화산재에 묻혀버렸다. 사람도 도시도 완전히 사라졌다.

오랜 세월 동안 잊혀졌던 폼페이는 지하 4미터 화산재 아래 봉인되어 있다가 우물을 파던 한 농부에 의해 우연히 발견되고 모습을 드러내며, 1861년 고고학자 주세페 피오렐리 교수팀에 의해 유물과 유적이 발굴되었다. 아직까지도 80% 정도만 발굴이 완료되고 지금도 화산재에 묻혀 있는 도시의 발굴 작업이 계속되고 있다고 한다.

발굴 현장은 화산 폭발이 얼마나 갑작스러웠는지를 짐작케 했다. 활동하는 도중에 갑작스럽게 최후의 순간을 맞았던 사람들의 모습이 생생하게 드러났다. 반쯤 구워진 빵, 화덕에 막 넣으려고 했던 새끼돼지, 탁자 위에 놓인 동전, 두루마리 종이까지 옛 모습 그대로 굳어 있었다. 또한 아기를 끌어안은 여인, 보석을 꽉 움켜쥔 채 돌 더미에 깔려 있는 남자, 무엇인가를 붙잡기 위해 손을 내미는 사람, 한집안에 빙 둘러앉아 있는 사람들, 뜨거운 수증기와 유독가스로부터 얼굴을 보호하려는 듯 두 손으로 얼굴을 감싸고 있는 사람 등 그대로 굳어버린 폼페이 사람들의 모습은 충격적이었다.

도로, 하수도, 크고 작은 신전들, 원형경기장, 호화 저택 등 수준 높은 건축술과 섬세한 조각품, 다양한 양식의 벽화 등은 도시의 부유한 생활상과 화려한 문화와 예술 수준을 보여주었다. 뿐만 아니라 당시의 역사기록은 거의 훼손되어 문자로 볼 수는 없지만 벽화 등의 유물을 통해서 그곳이 성적으로 매우 자유분방하고 타락한 곳이었음을 알 수 있었다. 폼페이에서 발견된 각종 미술품은 물론 심지어 생활용품 등에서도 문란하고 퇴폐한 성적 행위들이 그려져 있었다. 학자들은 이곳에서 동성애를 위시한 여러 가지 변태성애가 성행했으며 매일 저녁마다 식도락과 성도락으로 점철되는 광란의 연회가 베풀어졌을 것으로 추정한다.

부유하고 활발하던 로마의 폼페이가 어느 날 베수비오의 화산 폭발로 갑자기 사라지게 된 것은 단순한 지질학상 이유였을까? 아니면 소돔과 고모라가 극심한 성적 타락으로 심판받은 것처럼 폼페이도 하나님의 심판을 받아 멸망한 것일까? 성경은 소돔과 고모라의 멸망이 후세에게 교훈이 되기를 바란다고 기록한다.

"소돔과 고모라 성을 멸망하기로 정하여 재가 되게 하사 후세에 경건치 아니할 자들에게 본을 삼으셨으며"(벧후 2:6).

"소돔과 고모라와 그 이웃 도시들도 저희와 같은 모양으로 간음을 행하며 다른 색을 따라 가다가 영원한 불의 형벌을 받음으로 거울이 되었느니라"(유 1:7).

그러나 성경이 하나님의 말씀임을 믿지 않는 후세 사람들은 하나님의 심판을 무시하고 여전히 동일한 범죄를 계속하고 있다.

3. 성 소수자의 권리

미국에서는 인권과 평등이라는 이름으로 동성애자의 권익을 보호하기 위한 법령들이 만들어지고 있다. 50개 주 가운데 36개 주가 동성애를 용인했고 동성애 지지 여론이 50%를 넘어섰다. 오바마는 대통령이던 시절 모든 연방 행정기관 종사자들과 군인들에게 성소수자 보호를 위해 다음과 같은 대통령 명령서를 보냈다.

"6월은 '성소수자의 달'이라는 사실을 잊어서는 안된다. 동성애에 반대하는 모든 행위는 편견이다. 보수적인 기독교인들은 미국 정부가 추구하는 성의 다양성을 훼손하는 적(enemy)이다. 우리 미국은 우리 사회의 일부분인 성소수자 개개인을 자랑스런 유산으로 여기며 축복한다. 미국의 완벽한 하나됨을 위해 싸워온 이들에게 존경을 보낸다. 미국은 있는 모습 그대로 사람들을 받아주는 곳이다. 우리는 모든 미국인들에게 여전히 존재하고 있는 편견을 없애고 미국의 다양성을 지켜갈 수 있기를 요청한다."

이에 맞서서 동성애 반대 여론도 강경하다. 특히 기독교인들은 하나님이 동성애를 죄악으로 보신다며 반대하고 있다. 전혀 예상하지 않았던 트럼프가 대통령으로 당선되었는데 그의 반 동성애 사상이 공감을 얻었다는 것도 한 가지 이유로 제시된다.

동성애가 왜 죄인가?

문화나 시대가 변함에 따라서 죄의 기준도 변해 왔다. 과거에는 죄였던 것이 지금은 죄가 아니게 되었다. 이전에는 결혼한 사람의 혼외 간음을 죄라고 규정했지만 지금은 죄가 아니게 되었다. 이전에는 동성애가 처벌받았지만 지금은 보호받게 되었다. 이런 것이 나쁘다고 말하는 자들이 오히려 법의 심판을 받게 되었다. 인간은 이렇게 시대에 따라서 죄의 기준을 바꾸어 왔지만 성경은 여전히 죄를 죄라고 단호하게 규정한다.

도킨스 같은 무신론자들은 왜 하나님이 인간에게 본능을 주고 그것을 죄라고 규정하며 본능을 제어하느냐고 항의한다. 그럼 하나님은 무엇을 기준으로 죄를 구분하시는 것일까?

하나님이 죄를 규정하시고 본능을 제어케 하시는 이유는 우리를 억압하기 위해서가 아니라 그것이 우리를 해치기 때문이다. 우리를 보호하시기 위해서 금지하시는 것이다. 우리는 교통법으로 통제받는 것을 싫어하고 마음대로 운전하고 싶어하지만 그럴 경우 우리 모두는 커다란 위험에 처해질 것이 분명하다. 그래서 당국은 우리를 통제하는 교통법을 만들었다. 마약복용자도 자신이 마음대로 행동할 수 있는 권리를 주장할 수 있겠지만 그것이 자신과 남을 해칠 것이기 때문에 나라는 마약을 금지하며 처벌하고 있다.

하나님이 인간에게 죄라고 규정하시고 금지하시는 것은 인간에게 해로운 것들이다. 하나님이 살인, 사기, 거짓말, 음란, 도적질, 시기, 미움 등을 죄라고 정하시고 금지하시는 이유는 그것들이 우리들을 상하게 만들기 때문이다. 하나님은 우리에게 해로운 것을 죄라고 정하셨다. 하나님이 동성애를 금지하시는 이유도 그것이 우리를 해치고 불행하게 하기 때문이다. 단순히 윤리적이고 도덕적이고 관습적인 이유 때문이 아니라 육체와 정신에 심각한 질환을 주기 때문에 하나님은 이것을 죄라고 규정하고 금지하시는 것이다.

우리나라 질병관리본부의 2014년 보고서에 의하면 에이즈 환자의 대부분이 동성애 남자들에게 집중되어 있다. 현재 동성애자 10명 중 한 명이 에이즈에 감염되었고 국내 15-25세 젊은 남성의 경우 14년 동안 에이즈 환자가 26배 증가했다. 동성애자가 에이즈에 걸릴 확률은 일반인들에 비해 183배 높고, 항문암의 경우는 40배가 높다. 알콜중독자가 될 확률은 2배, 자살률은 3배, 수명은 25-30년이 짧다고 한다. 미국의 경우는

13－24세의 에이즈 신규감염자의 95%가 동성애에 의한 것이다.[1] 이외에 중미, 서유럽, 인도, 파키스탄, 일본 등에서도 에이즈 발생의 유력 요인이 동성애라고 밝혔다.

동성애자의 성적 문란함은 굉장하다. 이성애자의 경우는 평생 성 파트너가 평균 8명이라고 하는데 동성애자의 경우는 평생 1000명 이상과 성관계를 한다고 한다. 동성애자는 부부처럼 정해진 상대가 없을 뿐만 아니라 극단적으로 쾌락을 추구하므로 성적으로 매우 문란하게 된다는 것이다. 흔히 동성애는 유전적인 요인이라고 주장한다. 그러나 동성애자들은 아기를 낳을 수 없으므로 유전일 수가 없다.[2] 동성애는 유전적인 원인이 아니라 대부분의 경우 극단적인 쾌락을 추구하려는 것 때문이라고 그들 스스로 고백한다.

기타 성소수자

통계에 의하면 동성애자의 73%가 19세 이하 미성년자와 관계를 갖는다고 한다. 동성애자에게는 대부분 소아성애가 있어서 "성인남성과 소년과의 사랑은 동성애의 기초다"는 문귀가 있을 정도라고 한다. 저들은 소아성애가 성도착이나 범죄가 아니고 소수성애일 뿐이라고 주장하며 자신의 법적 지위와 권리를 위한 운동을 벌리고 있다. 대표적인 단체로 IPCE와 그 지부인 NAMBLA(The North American Man/Boy Love Association) 등이 있다.[3]

최근 한국에서 30대 여교사가 중3 남학생과 관계를 맺은 사실이 알려져 논란이 있었지만 무혐의 처분이 내려졌다. 강제가 아니라 동의에 의한 것이기 때문이다. 우리나라 형법은 합의에 의한 성관계라면 13살부터는 처

---

1 "동성애의 보건적 문제점," https://www.youtube.com/watch?v=oWyE4UH05ns.

2 "동성애는 유전도 아니고 선천적이지도 않다," http://m.blog.naver.com/wp-gill/150167472137.

3 "Mutual relationships between children or adolescents and adults," https://www.ipce.info/

벌받지 않는다. 즉 13살부터는 '성적 자기결정권'을 인정받는 것이다. 술과 담배의 판매는 19살부터 허용되는데 자발적 성관계는 13세부터 허용된다니 뭔가 아주 이상하다. 그런데 소아성애 단체들은 오히려 유소년의 성교 동의 연령을 낮추자는 운동을 벌리고 있다고 한다. 앞으로 10세의 어린아이가 '자기 판단'에 의해 어른들과 합법적인 성관계를 가질 수 있게 될지도 모르겠다.

성소수자란 동성이나 소아뿐만 아니라 근친, 시체, 동물과의 성애자도 포함한다. 동성애가 합법화되면 근친애(Incest)도 합법화될 수 있다. 오늘날 유대인들은 미국의 법을 바꾸려고 애쓰며, 실제로 일부 주에서는 그들의 종교가 포용적이라는 이유로 근친애를 용납하고 있다. 살로 바론은 그의 저서 『유대인의 사회적 종교적 역사』에서 "탈무드 우생학"이라는 제목으로 다음과 같은 내용을 소개한다.

"이집트에서 프톨레미 지배자들은 대부분 자신의 자매들과 결혼했다. 파르티아－페르시아에서는 부모 자식 간의 결혼이 허용되었으며, 형제 자매 간의 결혼은 매우 관례적이었다. 배화교는 이런 결혼을 혈통의 순수성을 지키는 가장 좋은 방법으로 권장했다. 아르탁세륵세스 11세는 자신의 두 딸과 결혼했으며 미트리다테스 1세는 그의 어머니와 결혼했다. 아르디아 비라즈는 그의 일곱 누이들과 결혼한 것으로 알려졌다. 랍비 엘리에셀과 랍바 모두 조카들과 결혼한 것을 우리는 알고 있으며 갈릴리의 랍비 요세도 그러했다."

앞으로 권익과 자유와 평등과 용납이라는 이름으로 기이하고 엽기적인 모든 성행위들이 합법화된다면 세상은 소돔과 고모라처럼 혼란의 도가니로 들어갈 것이다. 그동안은 최소한의 법령과 규제가 있어서 그나마 사회가 유지되어 왔지만 앞으로는 상상도 못하는 기이한 일들이 당연시될 것이다. 성 문화가 개방되면서 인신매매, 어린이 거래, 아기공장, 마약, 포르노, 도박 등의 모든 범죄로 이어질 것이다. 힘센 사람들은 돈과 권력으로 횡포하고 약한 사람들은 성적 희생양이 되는 것이 마땅한 약육강식의 동물세계처럼 되어갈 것이다.

하나님은 그것이 죄라고 하시는데 사람들은 죄가 아니라고 한다. 성경은 인간의 죄성을 지적하며 하나님의 통제를 받아야 한다고 가르치지만, 세상은 인간 자신을 무한히 신뢰해서 스스로 선과 악을 판단할 능력과 이성이 있다고 주장한다. 그렇게 자신만만한 인간들이 끝 간 데 없이 부패하며 타락하고 있다. 결국 소돔과 고모라, 그리고 폼페이처럼 하나님에 의해 심판받고 멸망당하는 세상이 될 것이다. 성경은 세상의 멸망을 예언한다.

7장

성경은 신화의 표절?

각종 신화와 종교에서 천지창조, 에덴동산, 대홍수, 바벨탑, 구원주, 내세, 영혼, 영생, 심판, 부활 등 성경 기사와 흡사한 이야기들을 발견할 수 있다. 그래서 반기독교인들은 "기독교는 표절 종교"라고 주장하며 기독교의 종말을 선포한다. 이들의 주장이 타당한지 살펴보자.

다음 자료의 대부분은 최광민 박사의 블로그에서 가져온 것이다. 자연과학자인 그는 오래 전부터 종교사와 신화에 깊은 관심을 갖고 영어 번역본은 물론 라틴어나 그리스어의 고대 원전들을 찾아내어 번역 비교 정리하는 일을 해 왔다. 세상에 잘 알려지지 않은 희귀 자료들의 번역에 오류가 없기 위해서 원문도 함께 올려 놓았다. 번역된 고대 원전을 읽으면 시중에 퍼져있는 '예수신화'나 '성경 표절' 등의 시비가 얼마나 근거없는 것인지 발견하게 될 것이다.

1. 그리스 신화의 표절

프로메테오스가 진흙으로 인간을 빚어 칠일 동안 볕에 말리고 지혜의 여신 아테나가 그것의 콧 속으로 프시케(영혼)를 넣었다는 이야기가 그리스 신화에 있다. 이런 이야기는 BC 4세기경 플라톤의 시에 처음 등장하며 이후 그리스 신화로 발전했다.[1] 성경에도 하나님이 인간을 흙으로 지으시고 그 코에 생기를 불어 넣어 생령이 되었다는 기록이 있다(창 2:7). 이런 유사성은 창세기가 그리스 신화의 표절이라는 증거라고 주장하며 비난하는 사람들이 있다.

그런데 창세기는 모세가 살았던 BC 1500년경에 기록되었고, 한참 후에 기록된 고대 그리스(BC 1100－BC 146)의 신화는 굉장히 많은 설화들이 집결되어 후대에 만들어진 것으로 일관성도 없고 기원도 불분명하다. 성경이 그리스 신화를 표절했다는 주장은 성립될 수 없고, 오히려 그리스 신화나 심지어 소크라테스를 주인공으로 하는 플라톤의 작품에서도 셈계 종교가 그리스인의 종교적 사고에 미친 영향들의 흔적을 찾아 볼 수 있다.

2. 수메르 신화의 표절

BC 2000－3000년경으로 추정되는 수메르 시대의 점토판이 발견되고 거기에 기록된 길가메시 족장의 서사시가 해독되었다. BC 1500년경 성경에 기록된 노아의 홍수 이야기와 비슷한 내용을 볼 수 있다.

"아침에 비가 내리고 또 내렸다. 나는 밤에도 장대비가 내리는 것을 내 눈으로 보았다. 나는 머리를 들어 하늘을 바라보았는데, 그 두려움은 말할 수 없을 정도였다. 첫째 날에는 남풍이 무서운 속도로 불었다. 사람들은 전쟁이 시작된 것이 아닌가 하고 앞을 다투어 산 속으로 달아났다. 다른 사람을 구할 엄두도 못낸 채 정신없이 달아났다."

사실 이것이 발견되고 해독되기 오래 전부터 바벨론의 홍수 설화는 역

1 "비교신화/종교: 히브리 vs. 근동설화: 창세기는 수메르－아카드 창세설화를 차용/표절했을까?: 헤시오도스의 테오고니아," http://kwangmin.blogspot.com.

사가, 고전학자, 신학자들 사이에서 잘 알려져 왔다. 마르둑 신관이었던 베로소스는 BC 250년경 당시 잘 알려진 원 자료에 근거한 모든 역사적 사실과 전통을 재구성해서 『바빌로니아/칼데아 역사』를 저술했는데 거기에 바벨론의 홍수 설화에 대한 것이 있었다. 그의 글이 그리스 역사가들을 거쳐 요세푸스나 유세비우스에게까지 전수되어 인용되면서 후대 사람들에게 알려지게 되었다. 그동안 사본으로만 전해오던 바벨론 홍수 설화의 원 기록에 해당하는 유물이 발견되고 해독된 것이다.[2]

이 유물이 발견되고 해독되자 반기독교 진영에서는 "창세기의 표절을 입증하는 증거"라고 주장하며 기독교의 패망을 확신했다. 이것이 성경보다 앞서 기록되었기 때문에 성경이 표절한 것이라고 생각한 것이다. 한편 기독교도 이것이 "창세기의 진실성을 입증하는 증거"라고 확신하며 기뻐했다. 성경 이외의 자료가 성경의 사실성을 증명해 준 것이기 때문이다.

유대인들은 창세기를 근거해서 자신의 조상 아브라함의 출신지가 수메르 지역의 도시국가 우르라고 알고 있기 때문에 창세기의 진술과 수메르의 설화가 유사한 것은 "매우 당연하다"고 여기고 있었다. 그것에 대한 공개 강연이 있은 직후 「뉴욕 타임즈」 1872년 12월 22일 1면에는 "이 발견이 성경의 역사적 내용을 뒷받침해 준다는 생각으로 현재 정통 보수파 기독교도인들은 몹시 기뻐하고 있다"는 기사가 실렸다.

거의 모든 생명을 빼앗아갔던 대홍수의 전설은 메소포타미아의 수메르 신화뿐 아니라, 이집트의 경전, 인도 산스크리트어의 고서, 태평양 여러 민족의 민담, 우리나라 태고의 기록, 남북아메리카 원주민과 유럽의 토착민들의 전설에서도 찾아볼 수 있다. 영국의 인류학자 프레이저(James Frazer)는 아메리카의 130개 인디오족 중 대홍수를 주제로 한 신화를 갖고 있지 않는 종족은 하나도 없다고 했다. 84개 언어를 사용하는 254개 민족들의 신화 속

2 "비교신화/종교: 히브리 vs. 근동설화: 대홍수 설화," http://kwangmin.blogspot.com.

에도 대부분 홍수 이야기가 들어있다고 한다. 그들에게서 몇몇 공통점을 찾아볼 수 있다.

첫째, 선택받은 일정한 사람들에게 대홍수에 대한 경고가 있다. 하나님이 의인 노아에게 말씀하신 것처럼, 바벨론의 신 에아, 수메르의 신 엔키, 아즈텍의 신 테찰리포카(혹은 틧라카후안), 인도의 신 비쉬누도 다가올 홍수에 대해 그들의 택한 자들에게 경고한다.

둘째, 신의 경고를 받아들여 목숨을 건진 사람은 남자와 여자며 그들은 갖가지 동물을 데리고 살아남는다.

셋째, 신의 경고로 배가 건조되고 홍수가 끝나면 배는 산의 정상에 남는다.

넷째, 새와 무지개가 등장한다. 서인도 제도, 중미와 북미 인디오 속에 전해져 오는 홍수전설의 주인공들은 성경의 노아처럼 물이 빠지자 새를 날려보내고, 날려보낸 새가 부리로 나뭇가지를 물고 돌아온다. 수메르의 전설과 폴리네시아의 신화에서는 하늘에 걸린 무지개가 홍수가 끝났음을 알린다.

고대 문명마다 홍수 신화가 있고 그 신화들이 서로 유사성을 갖는다는 것은, 사건의 역사성과 문화의 이동설을 입증해 준다. 근원은 하나인데 다른 문화와 언어 속으로 이동되면서 조금씩 다른 모습으로 변모된 것이다. 성경은 이것을 잘 설명해 준다.

세계로 흩어짐

인간의 범죄에 대한 하나님의 심판으로 홍수가 나면서 지구상의 모든 인류가 죽고 오직 노아의 8가족만 살아남았다. 이후 인류는 한동안 수메르, 바벨론, 메소포타미아라고 불리는 한 곳에 모여살았는데 이곳이 인류 문명의 첫 발상지가 된다. 그러다가 인류가 흩어지게 된 사건이 발생했다.

8명에서 증가된 인구로 도시국가들이 생겨나면서 당대의 영웅 니므롯이 첫 통일국가의 군주가 되었다. 니므롯은 사람들이 흩어지는 것을 방지하기 위해서 바벨탑을 쌓고자 했다. 바벨탑 건설에는 하나님을 대항하고 스스로 하나님처럼 높아지려는 목적이 있었기 때문에 하나님은 언어를 혼잡케 하시고 사람들을 흩으셨다.

저들은 흩어져 살며 다른 민족이 되었지만 아담과 노아를 공통조상으로 두고 있다. 아담이나 노아는 하나님을 직접 대면하고 사건을 경험했던 사람들이다. 하나님을 너무나 분명하게 경험했던 그들은 자손들에게 창조와 홍수의 이야기를 했고 그 이야기는 대대로 전승되었을 것이 분명하다. 창조와 홍수라는 분명한 역사적 사실은 곳곳으로 흩어진 후손들을 통해 세상에 전파되었고 각 나라와 문화와 언어 속에서 신화가 되었다.

홍수와 방주 이야기는 오랜 세월 동안 각 민족들에게 구전되면서 조금씩 각색되고 윤색되어 원래의 홍수 사건과 상당히 동떨어진 전설로 변질되기도 했다. 각 지역과 시대에 살았던 영웅들과 전설이 엮어지며 인간이 신으로 변형되기도 했다. 그렇게 해서 수메르 신화, 바벨론 신화, 북구 신화, 에리두 창세기, 브라흐마 창조신, 앤키 창조신, 비라코차 창조신, 길가메시 홍수 신화, 우트나피쉬팀 홍수 신화, 카파르 홍수 신화, 아트라하시스 홍수 신화 등이 만들어졌다.

모세에게 계시

신화가 이런저런 이름과 모습으로 구전되고 변천되며 제각기 '만들어진 신'들이 하나님의 자리를 대신해서 우상으로 섬김받고 있을 때, BC 1500년경 하나님은 이스라엘의 모세에게 친히 나타나셔서 자신을 계시하셨다. 모세는 80일 동안 시내산(호렙산)에서 하나님과 독대하며 지냈다. 그동안 그는 창세와 홍수 이야기를 비롯한 많은 이야기를 하나님으로부터 친히 들었다. 그는 하나님으로부터 들은 이야기를 기록하고 후에 그것은 하나님의 말씀이라 불리는 성경이 되었다.

모세는 이집트의 왕자로서 최고의 학문을 공부하며 모든 신화에도 박식한 자였다. 그는 자신이 알고 있던 이집트의 모든 신화와 모든 지식을 다 지우고 하나님이 친히 말씀한 것만 기록했다. 그 기록은 지금까지 수천 년이 지나는 동안에 어떤 수정도 가감도 없었다. 왜냐면 하나님이 직접 주신 계시에 인간의 의견이나 생각이 한 점이라도 가미될 수 없기 때문이다. 반면에 신화들은 세월이 지나갈수록 다양하게 각색되고 첨가되고 수정되고 변천되며 많은 버전을 갖게 되었다.

홍수와 방주의 의미

홍수 이야기가 모든 민족에게 전래되어 남아 있는 이유가 무엇일까? 그것의 중요성은 무엇일까? 성경은 이것이 인간의 죄에 대한 하나님의 심판과 구원 계획이라고 설명한다. 인류에 대한 하나님의 완전한 공의와 완전한 사랑을 의미하는 것이다.

하나님은 모든 인류에게 성경뿐만 아니라 구전되어온 홍수 설화를 남겨 주셔서 앞으로 다시 있을 마지막 심판과 구원을 상기시켜 주고 계신다. 과거 하나님은 100년간 노아를 통해서 죄인된 모든 인류에게 다가올 홍수 심판을 경고하고 방주에 올라타라고 초청하셨지만 대부분은 비웃고 거절하고 멸망당했다. 지금도 교회는 2,000년 동안 인간의 죄에 대한 하나님의 심판과 방주되시는 예수 그리스도를 선포하고 있지만 세상 사람들은 비웃고 거절하면서 멸망을 향해 가고 있다.

3. 호루스 신화의 표절

예수가 이집트 호루스 신의 표절이라는 주장도 있다. 이것은 처음 제럴드 메이시에 의해 제기되고, 이후 톰 하퍼의 『이교도 그리스도』, 아차리아의 『예수 음모』와 『이집트의 그리스도』 등에 인용되면서 대중에게 퍼져나갔다. 최근에는 아차리아의 책을 바탕으로 "시대정신" 영상물이 만들어지며 큰 인기를 끌기도 했다.

이집트 신화에 나오는 호루스 신은 예수와 유사한 행적을 보인다고 주장되는데 이집트 신화가 BC 3000년경에 기록되었으므로 AD에 기록된 예수 이야기는 호루스의 표절이라는 것이다. 그들의 주장에 의하면, "호루스는 (예수처럼) 처녀에게서 탄생했고 (예수처럼) 12살때 신전에서 가르쳤고 (예수처럼) 12사도를 거느렸고 (예수처럼) 강에서 세례를 받았고 (예수처럼) 산에서 설교했고 (예수처럼) 병자들을 고쳤고 (예수처럼) 죽은 자를 살렸고 (예수처럼) 십자가에서 죽었고 (예수처럼) 죽은 후 3일 만에 부활했다."

처녀 잉태

"시대정신"에 의하면 처녀 이시스가 아들 호루스를 잉태했다는데 어느 기록을 근거로 그런 주장을 하는지는 밝히지 않는다. 사실 이시스가 언제 어떤 방식으로 호루스를 잉태했는가에 대한 구체적 진술은 고대 이집트의 어느 문서에도 없다. 문자의 경우는 주문(呪文) 형식이므로 구체적인 설명이 결여되었고, 그림의 경우는 상징적으로 해석하므로 애매모호하다.

이집트 종교에서 호루스는 하나가 아니다. 호루스란 이름의 신은 최소한 5개 이상의 다른 기원에서 출발하는데 이집트 역사에서 통일되지 않은 채 서로 다른 시대 혹은 서로 다른 도시를 기반으로 숭배되었다. 호루스는 겝과 누트의 아들로, 라의 아들로, 오시리스와 이시스의 아들로, 세트는 오시리스의 아들이나 또는 동생으로, 이시스와 오시리스는 부부로 또는 남매로… 등등 신화의 버전마다 인물과 가족관계가 다르고 호루스의 탄생 이야기도 각각 다르다.

알렉산더의 동방원정으로 이집트를 장악한 그리스인들은 이집트 신화의 오시리스와 그리스 신화의 하데스를 합쳐 새로운 신 세라피스를 만들어내는 등 그리스와 이집트의 신들을 동일화 시키거나 혹은 합성하며 새로운 신들을 창조해내는 데 적극적이었다. 예수가 태어난 무렵인 1세기를 전후해서 플루타르코스가 호루스 신화의 여러 버전들을 종합 정리했는데 이것이 그리스와 로마에 유입되기 시작했다.

플루타르코스 버전에서 호루스는 오시리스와 이시스의 아들로 등장한다. 오시리스는 동생 세트에 의해 관에 밀폐되어 죽었다가 아내 이시스에 의해 잠시 살아나고 이후 다시 죽자 이시스에 의해 장례가 치루어진다. 이후 세트가 형의 무덤을 파헤쳐 14조각으로 부관참시한 후 이집트 전역에 흩어 버리는데 이때 이시스는 호루스를 낳으러(혹은 돌보러) 페(그리스어로 부토, 후에 호루스 신앙의 중심지가 됨)를 방문 중이었다. 호루스의 탄생 이야기는 아예 없지만 탄생 시점은 오시리스의 시체가 세트에 의해 14조각으로 부관참시되기 전이라고 할 수 있다.

또는 그 이후에 출생했다고 보기도 한다. 이시스는 세트에 의해 부관참시된 오시리스의 시신을 수습하고 조각들을 연결해 붙여서 부활시킨다. 그러나 물고기가 성기를 먹어 없어져 버리자 대체물을 만들어 시체에 재봉합한다. 호루스는 이시스가 재생한 오시리스의 성기를 통해서 기적적으로 잉태된다.

또는 이시스는 부모인 겝과 누트에게서 태어나기도 전에 엄마인 누트의 자궁 속에서 오시리스와 육체관계를 갖고 호루스를 잉태한다. 또는 이집트 중왕국(BC 15–20세기)의 장례용 관에 새겨진 글(coffin texts)을 근거로 할 때, 이시스는 육체관계 없이 '신성한 빛'인 '번개'에 의해 호루스를 잉태한다. 또는 새의 모습을 한 이시스가 누워있는 오시리스의 성기 위로 날아와 앉는 그림을 근거로 할 때, 호루스는 초자연적으로 잉태된 것으로 해석한다.

묘비 비문과 파피루스 그림과 에드푸 유적 등을 토대로 이집트 학자들은 호루스의 잉태에 대해 다음의 몇 가지 방식으로 정리한다.

- 마법을 통해 이시스는 오시리스의 성기를 되살려내어 마침내 오시리스의 아이인 호루스를 출산했다. – 리차드 윌킨슨, 『고대 이집트의 완전한 신과 여신들』.
- 파피루스에 그려진 그림은 이시스가 오시리스 위를 연처럼 나는 모습으로 임신을 묘사했다. – 레오나르드 레스코, 『이집트의 위대한 여신들』.
- 이시스는 죽은 오시리스를 되살려 내어 새의 형태로 그와 성관계를 맺은 후 유복자인 호루스를 출산했다. – 프랑스와즈 두난드, 『이집트의 신들과 인간들』.
- 이시스는 장차 왕이 될 아이를 임신할 운명이란 것을 알고 있었고 그러기 위해 오시리스의 성적 기능을 부활시켜야 했다. – 제랄딘 핀치, 『이집트 신화 핸드북』.[3]

이집트 신화 전문가들은 호루스의 출생에 대해서 이처럼 여러 해석들을 내놓았는데, 과연 성경이 기록한 예수의 출생과는 단 한 점의 유사성도 보이지 않는다. 동영상 "시대정신"은 예수가 호루스의 표절이라는 전혀 근거 없는 주장을 하며 수많은 사람들을 오도했다.

여기서는 호루스의 '처녀 탄생'의 주장에 대한 것만 반박했는데 호루스의 '죽음과 부활'에 대한 주장은 그보다 더 황당하다. 지면상 설명을 생략하지만 관심있는 분들은 최광민 박사의 블로그를 참조하기 바란다.[4]

---

3 "비교신화/종교: 예수 vs 호루스: 이시스의 처녀수태?" kwangmin.blogspot.com.

4 "비교신화/종교: 예수 vs 호루스: 배신당한 호루스의 죽음과 부활," kwangmin.blogspot.com.

4. 조로아스터교의 표절

조로아스터교는 페르시아에서 시작된 종교로서 불을 숭배하므로 배화교라고도 불린다. 성경 비판자들은 선과 악, 신과 악마의 대립, 사후세계, 천사개념, 메시아 신앙 등의 유사성을 제시하면서 기독교와 유대교가 조로아스터교에 근원을 둔다고 주장한다. 유대인이 한때 페르시아의 치하에 있었던 적이 있는데 그때 유대인이 페르시아의 종교를 배우고 돌아와서 유대교를 만들었고 유대교에서 기독교가 나왔다는 주장이다. 과연 그럴까?

활동 연대

페르시아의 짜라투스트라(조로아스터)는 방랑생활을 하다가 서른 살에 이르러 천사장을 만나서 "아후라마즈다가 참된 신이고 너 짜라투스트라는 그의 예언자다"라는 계시를 받고 이때부터 계시를 전하기 시작했다고 한다. 아후라마즈다 신에 대한 언급이 바벨론이나 페르시아 왕의 비문에 나타나기 시작한 것이 BC 6-5세기경이므로 짜라투스트라가 이 무렵의 인물이라는 것이 일반적 견해다.

구약의 선지자 이사야는 짜라투스트라가 태어나기도 전인 BC 8세기에 이미 메시아의 처녀잉태(사 7:14)와 새 시대의 도래(사 9:6-7)에 대해서 예언했다. 이스라엘의 반복되는 우상숭배로 인한 멸망과 이후 구세주와 새 시대의 도래를 예언한 것이다. 예언대로 이스라엘은 멸망하며 바벨론에 포로로 잡혀가게 되었다. 바벨론은 곧 페르시아에게 패망하며 이스라엘은 페르시아의 포로로 살게 되었지만, 과거 이사야로부터 들었던 예언을 상기하며 언젠가 오실 구원주 메시아에 대한 기대로 충만해 있었다.

페르시아와 유대인 간에 접촉이 있었던 이때는 BC 605년경으로 짜라투스트라의 생애보다 약간 앞선다. 짜라투스트라와 연대가 중복된다 하더라도 이미 유대인들은 신앙 체계를 갖추고 전승을 암기하고 있을 때였고 짜라투스트라는 아직 구도자의 상태였을 것이다(유대교, 기독교, 이슬람교에서 짜라투스트라가 하나님의 예언자 예레미아의 지인인 바룩 혹은 그의 종이라는 주장도 있다).

혹시 유대인 포로 시기에 조로아스터교가 이미 형성되었다고 해도 대세가 아니었다. 짜라투스트라의 성직자들조차 가타스(짜라투스트라가 지었다는 17개 성가)를 제대로 해석하지 못하는 상태였으므로 타종교에 영향력을 미칠 단계가 아니었다. 조로아스터교는 사산왕조(250－650년)에 가서야 정식 종교로 인정받고 가타스의 본격적 번역과 연구가 시작되었다. 가타스에 주석을 붙인 아베스타 경전은 350년경 나온 것으로 추정된다. 현존하는 가장 오래된 아베스타 사본은 13세기의 것이다.

예수와의 유사성?

표절시비론의 주장처럼 짜라투스트라가 12월 25일 혹은 동지에 태어났다고 하는 내용은 역사적인 조로아스터교의 고대 문서 가운데 아무 데도 없다. 이런 주장은 근세의 창작물임이 분명하다. 역사적인 조로아스터교가 12월 25일 혹은 동지를 짜라투스트라의 생일로 기념한 것도 아니고, 혹은 현대 인도에 잔존하는 조로아스터교도들인 파르시들도 그날을 짜라투스트라의 생일로 여기지 않는다. 성경에도 예수가 그날 태어났다거나 그날을 기념하라는 말이 없다.

아베스타에는 짜라투스트라의 탄생에 대해서, 아후라마즈다가 만든 어떤 '제왕의 광채'가 짜라투스트라의 어머니의 몸 속에 15년간 머물렀다는 진술만 있다. 이 광채의 역할이 (예수의 탄생에서와 같이) 육체의 아버지를 배제한 성령의 잉태를 말하는 것인지, 아니면 짜라투스트라의 영혼이 이미 모친 속에 배태되어 있었다는 진술인지 분명하지 않다. 어쨌든 이 광채가 개인적인 영혼으로 해석될 수 없기 때문에 짜라투스트라가 예수처럼 '처녀수태'로 태어났다고 볼 수 없다.

또 짜라투스트라는 한 번도 신-인의 지위를 부여받은 적이 없다. 적어도 10세기 이전의 조로아스터교 측 기록에 이런 칭호가 짜라투스트라에게 붙여졌는지 확인할 방법이 없고 아무도 이런 주장의 근거를 대지 못한다. 그는 인간이며 아후라마즈다의 예언자일 뿐으로 태어나기 전이나 죽은 이후에도 신의 지위를 부여받은 바가 없다. 짜라투스트라의 지위는 예수가 아니라 오히려 이슬람교의 무함마드와 유사하다.

짜라투스트라가 서른 살에 포교를 시작했다는 말은 맞는 진술이다. 그러나 이 내용은 조로아스터교의 고대 문서군인 아베스타가 아니라 기독교가 출현하고 한참 지나서 9세기의 팔라비 문서군에 처음 기록되었다. 이 문서들은 정통 조로아스터교뿐 아니라 후대에 등장하는 조로아스터교의 이단 종파인 주르반교의 내용도 함께 포함하고 있다.

짜라투스트라가 병을 고치고 마법사들을 몰아내는 일을 했다는 기록은 10세기의 기록에야 등장한다. 기록에 의하면 그는 소경을 고칠 때 특수한 약초를 사용했다. 직접 귀신을 쫓아냈다는 사례를 담은 기록은 없고, 다만 데바(인도신화 체계에서 선신에 해당하지만 조로아스터교에서는 악마를 의미)가 그를 피했다는 기록만 있다. 그에게는 아후라마즈다가 창조한 '제왕의 광채'가 머물고 있었기 때문이라는 것이다.

짜라투스트라의 죽음에 대한 언급도 아베스타에는 등장하지 않는다. 이 이야기는 1000년경에 페르시아의 조로아스터교도 시인 페르도우시가 쓴 서사시 샤나메흐(Shahnameh) 5장 92절에 등장한다. 샤나메흐에 덧붙여진 조로아스터교 측 전설에 따르면, 새 종교를 창시한 지 47년 되는 해에 77세의 노인 짜라투스트라는 투란 사람(혹은 악마)에 의해 제단 근처에서 기도 중 살해당했다. 그의 죽음에 대해서는 더 이상의 의미를 부여하지 않는다. 부활이나 승천에 대한 언급은 전혀 없다.[5]

---

5 "비교신화/종교: 예수 vs. 짜라투스투라: 짜라투스트라에 대한 문헌적 증거," kwangmin.blogspot.com.

이상에서 보았듯이 가타스와 아베스타는 물론, 9세기의 팔레비 문서, 11세기의 샤나메흐 서사시, 17세기의 밍가나 문서 등 조로아스터교의 어떤 자료에서도 '유사 예수론'의 근거는 발견되지 않는다. 대체 성경이 조로아스터교를 표절했다는 주장은 무엇을 근거한 것인가?

5. 불교의 표절

성경은 예수의 13세 소년 시절부터 공생애가 시작되는 30세까지의 행적에 대해서 침묵한다. 그 17년 동안 예수가 티벳 또는 인도에서 불교를 배워와서 기독교를 세웠다고 주장하는 사람들이 있다. '예수의 불제자설'이 과연 사실인가 살펴보자.

이사 예수

러시아의 종군기자였던 니콜라스 노토비치는 인도와 티벳을 여행하다가 1887년 히미스 사원에서 '이사'에 관한 기록을 발견했다고 주장했다. 그는 이 자료를 근거로 1894년 『알려지지 않은 예수의 생애』를 출판하며 세계적인 주목을 받았다. 이사라고 이름하는 수도승이 불도를 닦다가 득도하여 팔레스타인에 가서 불법을 전파했다는 내용인데, 이 이사가 예수라는 것이다. 소년 예수가 삼촌을 따라 인도로 건너가서 이사라는 법명을 얻고 불자가 되었다고 한다.

옥스포드대학교 종교학 교수이자 '현대 종교학의 아버지'라고 불리는 막스 뮐러는 동방의 경전을 총집대성한 동방의 성서 시리즈의 편집책임자로서 노토비치의 이 '새 발견'에 관심을 갖고 조사하다가 여러 의혹을 발견했다. 이 정도 분량과 내용을 담은 문서가 티벳불교의 대장경인 칸주르

(Kanjur)와 탄주르(Tanjur)에 전혀 등장하지 않는다는 점과, 발견한 이사서의 사진자료를 잃어버렸다며 증거로 제시하지 못하는 점 등이 제기되었다. 뮐러는 동양의 고전어에도 능통하고 인도문명에 깊은 애정을 가진 자이므로 기독교를 방어하기 위해 편파적으로 조사했다고 볼 이유는 없다.

이후 아치발드 더글라스(Archibald Douglas) 교수는 노토비치의 진위를 밝히기 위해 히미스 사원을 방문했는데 그곳의 라마 승려들은 노토비치가 주장하는 내용을 담은 어떤 문서에 대해 들어본 적도 없다고 단언했다. 티벳에 있는 다른 사찰의 고위 승려들에게도 문의해 보았지만 어느 누구도 '이사'라는 사람에 관련된 책이나 사본을 알지 못하며 러시아 사람의 방문을 받은 적조차 없었다고 진술했다.[6]

뮐러와 더글라스의 조사를 통해 노토비치의 저서는 학계에서 위조 문서로 평가되어 퇴출당했다. 하지만 이후에도 '이사 예수'의 주장은 없어지지 않았다. 인도의 요기(요가 수행자) 요가난다는 동방박사들이 인도인이었으며, 이들이 아기 예수에게 '주님'을 뜻하는 '이사'라는 산스크리트어 이름을 부여했고, 예수는 13–30세 사이에 인도에 건너가 요가와 명상을 통해 구도했다고 주장했다. 그의 사후에는 제자들이 『그리스도의 재림』이라는 저서를 내기도 했는데 제목을 보면 기독교 서적이지만 실상은 괴이한 잡동사니다.

인도에서의 예수

19세기 말 서북 인도 출신의 미즈라 굴람 아흐마드는 예수가 십자가 처형 후에도 죽지 않고 기적적으로 소생해서 서북 인도 카쉬미르 지역에 왔고 거기서 살다 죽었다고 주장했다. 그는 서북 인도를 거점으로 이슬람 이

6 "비교신화/종교: 예수 vs. 붓다: 소위 '불교계통' 복음서들의 정체: 이사전," kwangmin.blogspot.com.

단인 '아마디야 이슬람'을 창교하고 스스로 메시아이자 '재림 마흐디'(시아파의 사라진 마지막 이맘)라고 주장하다가 1891년 이후부터는 이슬람교의 창교자 '무함마드의 재림'이라고 주장했다. 무슬림들로부터 큰 반감을 받자 이후에는 '재림 예수'라고 주장하고 또 이후에는 힌두교의 신 '크리슈나의 화신'이라고 선언하기도 했다. 같은 시기 '재림 엘리야'라고 자처하며 미국과 호주 등에서 부흥사로 활약했던 알렉산더 도위와 '재림 예수'를 자처했던 아흐마드는 서로 진짜라고 편지 대결이 있었는데 1907년엔 재림 엘리야인 도위가, 1908년엔 재림 예수인 아흐마드가 사망하며 시시하게 끝나버리고 말았다.

'다른 복음서'와 소설 속의 예수

자신이 누구인지 몰라서 재림 마흐디, 재림 무하마드, 재림 예수, 재림 크리슈나 사이를 오락가락하다가 죽어버린 아흐마드의 주장을 근거로 독일 작가 홀거 케르스텐은 1983년 『인도에서의 예수의 생애』를 저술하고 "예수가 십자가에서 죽지 않고 살아 인도 카쉬미르에서 여생을 마쳤다"는 주장을 펼쳤다.

미국 작가 수잔 올슨도 역시 그의 주장을 근거로 『카쉬미르의 예수 – 잃어버린 무덤』을 저술해서 예수가 십자가에서 죽지 않고 소생한 후 카쉬미르로 가서 그 지역 유대인 공동체의 왕이 되어 천수를 다하고 여생을 마쳤다고 주장했다. 올슨은 로렌스 가드너의 1996년도 책 『성배의 혈통』에 등장하는 '예수 가문의 가계도'에서 아이디어를 얻어, 2002년부터는 프랑스 메로빙거 왕조와 조상이 닿아 있는 자신이 예수와 막달라 마리아 사이의 59대 후손이란 주장을 펼치기도 했다. 최광민 박사는 이들의 주장이 어떻게 창조되고 다단계 진화 과정을 거쳐서 어떻게 발전했는지 원전을 해독하며 조목조목 반박한다.[7]

---

7 "비교신화/종교: 예수 vs. 붓다: 붓다는 어쩌다 예수가 되었을까?" http://kwangmin.blog-

미국의 신비 종교가 리바이 다울링은 '접신'을 통해 '신의 계시'를 받고 예수에 대한 '새로운 발견'을 하게 되었다고 주장했다. 그가 받은 계시에 의하면, 예수는 불교뿐만 아니라 유교, 마기교, 그리스 사상, 이집트 철학 등을 두루 섭렵한 인물이었다.

다울링이 1908년에 출간한 『보병궁 복음서』에 나타난 예수를 보면, 그는 네팔을 떠나고 티벳으로 가서 동방 출신의 성자 멘그스테(Mengste, 맹자)를 만나 티벳에 비장되어 있는 수많은 경전을 섭렵한다. 24세 때 수학을 마치고 고향으로 돌아오던 중 예수는 페르시아에 들러 자신이 태어날 때 찾아온 마기교 승려 홀, 룬, 메루 3인의 동방박사와 재회한다. 집에 돌아온 예수는 오래지 않아 다시 아테네로 건너가 아포로라고 하는 성자와 대화를 나누며 그리스의 정신세계에 깊은 관심을 갖는다. 25세가 된 예수는 이집트로 건너가 형제단이라는 성자들의 모임에 입회해 활동하며 최고의 칭호인 그리스도라고 하는 법명을 수여 받는다. 30세가 된 예수는 비로소 고향으로 돌아와 하나님의 복음을 전파하기에 이른다.[8]

성경에 기록되지 않은 예수의 17년간의 삶을 발굴했다고 주장하는 문서들은 이외에도 많다. 플레이아데스 성단에서 왔다는 외계인을 만나 우주여행과 시간여행을 했다고 주장하는 빌리 마이어가 1963년 정체불명의 친구 이사 라시드와 함께 예루살렘에서 발굴했다는 『탈무드 임마누엘』, 하늘의 여러 신들이 지구인들에게 계시하는 메시지를 기록했다는 『유란시아서』 등도 '20세기에 출현한 복음서'의 부류에 들어간다. 그외에도 역사소설이라고 자칭하는 니코스 카잔차키스의 『그리스도 최후의 유혹』, 댄 브라운의 『천사와 악마』, 마가렛 스타버드의 『성배와 잃어버린 장미』, 루이스 퍼튜의 『신의 딸』 등이 있다.

---

spot.com.

8 "비교신화/종교: 예수 vs. 붓다: 소위 '불교계통' 복음서들의 정체: 보병궁 복음서," kwangmin.blogspot.com.

많은 사람들이 성경이 기록한 예수는 부정하고 소설이 기록한 다양한 모습의 예수를 인정하며 '예수에 관한 진실'을 알게 되었다고 흥분한다. 이런 책들이 흥미진진해 보이기는 하지만 인간의 상상이거나 접신을 통한 귀신의 미혹일 뿐이므로 학계에서는 연구해 볼 일고의 가치도 없다며 외면한다. 그럼에도 불구하고 '역사적 문서'나 '신뢰할 만한 사료'로 간주하고 이들을 토대로 연구를 계속하는 사람들이 있다.

법화경과 예수

민희식 박사는 불문학자이자 비교종교학자이자 불교인으로서 불경과 성경을 비교 연구하고 『법화경과 신약성서』, 『법화경과 예수』, 『예수와 붓다』, 『기독교와 인도 사상』, 『성서의 뿌리』 등 다수의 저서를 출간했다. '알려지지 않은 예수의 청년기 삶'을 재구성했다는 그의 책들은 예수 불제자설과 성경 표절설을 주장한다.[9]

예수가 석가 이후의 인물이기 때문에 생겨난 오해였다. 두 분의 생존 연대를 살펴보면, 석가의 탄생 시기에 대해 불교 내부에서도 몇 가지 학설이 존재하지만 가장 유력한 연대는 BC 563–483년으로 공자가 활동하던 시대에 속한다. 예수는 석가보다 500년 이후에 탄생했으니 성경도 불경보다 늦게 기록되었다고 오해해서 표절설을 주장하는 것이다.

그런데 잘 알려진 사실이지만 예수, 석가모니, 소크라테스 등은 모두 글을 남기지 않았다. 그들의 생애와 활동이 오늘날까지 전해지고 있는 것은 그들을 섬겼던 제자들의 기록에 따른 것이다. 신약 27권은 예수의 죽음과 부활 직후부터 기록되어 60년 이전에 이미 다 완성되었지만, 불경은 석가 사후 600년 이상 경과되어서야 기록되었다. 불경의 편찬 시기를 BC 5세기 – BC 3세기라고 주장하는 사람들이 있지만 구전에 의한 것은 역사가

---

9 "비교신화/종교: 예수 vs. 붓다: 소위 '불교계통' 복음서들의 정체: 법화경과 신약성서," kwangmin.blogspot.com.

들에게 인정받지 못하고 『브리태니커 백과사전』은 석가의 죽음 이후 600년이 지나서 100년경에야 불경의 결집이 이루어졌다고 기록한다.

대승불교의 경전으로 알려진 법화경은 그보다 더 늦어서 200년 전후에 기록되었을 것으로 추정한다. 반면 예수는 30년경 공생애를 시작하셨고 누가는 70년경 예수의 행적에 대한 상세한 기록을 완성했으니 예수가 불경을 배웠다거나 제자들이 법화경을 표절했다는 설은 시간적으로 모순이 된다.

법화경이 기록되기 이전부터 내려온 구전 전승을 예수가 배웠을꺼라는 주장도 있는데, 그렇다면 그보다 훨씬 이전부터 있었던 예수에 대한 예언은 어떠한가? 민박사는 『예수와 붓다』에서 이렇게 기록한다.

"마리아는 요셉과 약혼만 하고 동침하지 않은 상태에서 성령으로 예수를 잉태했다고 기록하고 있습니다. 석가의 어머니 마야왕비는 여덟 가지 계행을 지키기 위해 남편과 동침하지 않은 채 잉태했다고 불경에 기록되어 있지요."

그런데 본서의 11장에서 설명하겠지만 예수에 대한 것은 그의 탄생 오래 전부터 예언자들에 의해 여러 차례 상세하게 예언되었고 구약에 기록되었다. 메시아가 처녀로부터 탄생할 것은 BC 8세기경 선지자 이사야에 의해 예언되었고(사 7:14), 탄생뿐만 아니라 일생과 죽음에 대한 것도 상세하게 예언되었다. 이 예언들은 예수의 33년 삶에서 그대로 성취되었다.

성경 표절설은 시간적으로도 모순이지만 내용적으로는 더욱 모순이 된다. 예수가 불교를 배워와서 완전히 상반된 가르침을 가르치셨다면 불교에게는 더 모욕적이지 않을까?

• 대승불교와 기독교의 유사성

석가의 가르침을 전하는 원시불교는 무신론이다. 여기에 신적 존재, 정토 사상, 상주(常主) 사상, 죄 사상, 미륵보살 사상 등의 유신론적 신앙이

들어오면서 원시불교를 변형시켰다. 석가는 자신이 전능하지도 전지하지도 않으며 나약한 구도자에 불과한 인간이라고 주장했지만, 불교는 그를 신격화해서 '구원 실현의 부처'라고 섬긴다. 그는 영원 전부터 부처였으나 많은 사람들을 구원으로 인도하기 위해서 이 세상에 태어났다는 것이다.

이후 대승불교는 "나무아미타불을 외우면 누구든지 정토에서 태어날 뿐 아니라 구원을 얻을 수 있다"고 주장하기 시작했다. 아미타불에 귀의한다는 의미의 나무아미타불 신앙은 기독교의 것과 흡사하다. 이외에 머리에 물을 뿌리는 용수의식 등도 기독교의 세례와 비슷해 보인다.[10] 그래서 조용기 목사와 같은 종교통합주의자들은 기독교나 불교가 서로 상통하는 종교라고 주장한다.

그런데 정통불교에서는 기독교와 유사한 점이 많은 대승불교가 석가의 가르침이 아니라는 대승비불론(大乘非佛論)을 주장한다. 불교사의 권위자인 알티는 "아미타불의 교리는 인도에서 만들어진 것이 아니라 당시 그 지방에 영향을 주었던 조로아스터교, 기독교, 또는 마니교에서 그 기원을 찾을 수 있다"고 제시한다. 인도의 종교학자 아만드 샤도 "대승불교는 그리스도의 복음에 대항하기 위해 석가를 성인에서 구세주로 승격시키며 만들어진 종교다"라고 비평한다.[11]

• 원시불교와 기독교의 상반성

기독교보다 한참 이후에 생겨났고 또한 정통불교에서 석가의 가르침으로 인정받지 못하는 대승불교는 기독교와의 유사점을 보이지만, 기독교 이전에 있었던 원시불교는 기독교와 완전히 상반된다. 둘의 사상이 얼마

---

10 "불교의 변질,"「지저스 타임즈」, 2012년 8월.

11 "대승비불설," http://libertyherald.co.kr/article/print.php?&bbs_id=libertyherald_news&page=&doc_num=1763.

나 다른가를 비교해 볼 때, 일부 학자들의 주장처럼 예수가 불교를 배워와서 기독교를 세웠다는 이론은 도무지 비논리적이다.

우선 기독교가 유일신 하나님을 믿는 반면에 불교는 무신론의 종교다. 불교는 신을 믿지 않고 인간이 깨달음을 통해서 부처(신과 비슷하거나 또는 신보다 높은 존재)가 될 수 있다고 주장하는 반면에, 기독교는 조물주 하나님과 피조물 인간 사이를 분명하게 구분하며 인간이 하나님처럼 되려고 하는 것을 가장 큰 죄악으로 여긴다.

불교와 기독교는 죽음 이후의 세상에 대해서도 명백한 차이를 보인다. 불교는 윤회설과 윤회전생을 믿으며 다음 세상에 다시 태어난다고 가르친다. 반면에 성경은 인간은 한 번 태어나 한 번 죽고 이후에는 천국과 지옥의 심판이 있다고 명백하게 가르친다. 윤회설을 믿는 불교에서는 살생을 금하고 고기를 먹지 않지만, 예수는 유월절에 잡은 양고기와 베드로가 잡은 생선으로 식사하셨다.

결론적으로 세계적인 종교학자 뮐러 교수는 "불교와 기독교 사이에 어떤 역사적인 연계성의 증거를 발견하지 못한다"고 단언했다. 인도의 네루도 『세계사 편력』에서 "그리스도에 대해 연구한 권위있는 학자들에 따르면 그리스도가 중앙아시아나 인도의 영향을 받았다는 객관적인 근거는 전혀 없다"며 예수불자설을 부인했다.

그럼 성경은 왜 예수의 17년간 삶에 대해서 침묵하는 걸까? 예수는 그 동안 무엇을 한 것일까? 그는 30세에 공생애를 시작하며 자신이 하나님의 아들 그리스도라는 것을 선언하시기 전까지 나자렛이라는 작은 마을에서 살며 다른 많은 예수들과 구별하기 위해서 '나자렛 예수'라고 불렸다. 그동안 기적을 행하며 자신을 조금씩 드러내시지 않았고 목수의 일을 하며 아들이나 형제로서의 평범한 삶을 사셨다. 우리가 그 동안의 삶을 알아야 할 필요가 없으므로 성경이 기록하지 않은 것 뿐이다.

6. 예수결혼설

하버드신학대학원의 캐런 킹(Karen King) 교수는 2012년 로마에서 열린 국제 콥트학회에서 '예수의 결혼설'을 언급했다. 7－8세기쯤에 제작된 것으로 보이는 파피루스 문서의 작은 파편이 그 근거였는데 거기에는 고대 이집트 남부 언어인 콥트어가 쓰여 있었다. 각 행은 문장의 일부분에 불과하고 글씨가 흐릿했지만 식별할 수 있는 5개 단어로 "예수께서 그들에게 말했다. 내 아내… 는 내 제자가 될 수 있다"는 내용을 겨우 해독할 수 있었다.

킹 교수는 '예수의 아내서'라고 이름 붙인 이 작은 문서를 토대로 예수에게 아내가 있었을 것이라고 제안하면서도 "예수 사후 수백 년이 지나 만들어진 문서다. 예수가 결혼했다는 사실을 역사적으로 증명하는 결정적 증거로는 볼 수 없다"고 조심스러워 했다. 당시의 문화를 연구한 이후에는, 이것이 "아내로 불리는 여인들도 내 제자가 될 수 있다"를 의미할 수도 있다며 해석을 번복하기도 했다. 당시 교회 안에는 처녀 찬미 사상이 퍼지고 있었기 때문에 예수의 제자들은 결혼한 여인도 자신의 제자가 될 수 있다고 말했던 예수의 가르침을 기억하며 기록했을꺼라는 의견이다.[12]

역사 소설 또는 환타지 소설

1982년의 소설 『성혈과 성배』는 '예수 결혼설'을 주장한다. 소설은 흥미있는 이야기들로 가득하다. 처녀 마리아는 로마병사 판델라에게 강간을 당해서 예수를 출산하고, 예수는 막달라 마리아와 결혼해서 자녀를 낳고, 십자가에 못박혀 죽은 것이 아니라 84세까지 살았고, 그의 후손들은 현재 유럽의 귀족들 중에 살아있다는 것이다.

12 "Gospel of Jesus' Wife," http://gospelofjesusswife.hds.harvard.edu/introduction.

『성혈과 성배』를 근거로 씌어진 『다빈치코드』가 2003년 출간되고 베스트셀러가 되면서 예수 결혼설이 유행되었다. 작가 댄 브라운은 자신의 주장을 강하게 뒷받침하기 위해 위경들을 사용했다. 소설 속 인물인 티빙은 180－250년경에 작성된 것으로 보이는 위경 '빌립보 복음서'가 "막달라 마리아가 예수의 배우자였다는 근거를 제시하는 좋은 출발점"이라고 단언한다. 티빙의 말처럼 실제로 위경에는 예수가 마리아에게 종종 '입맞춤'하셨다는 기록이나 마리아가 예수의 '짝'이었다는 기록이 있다. 이런 단어로 볼 때 마리아가 예수의 아내가 틀림없다는 주장이다.

그런데 당시의 문서에 의하면 '입맞춤'은 초기 기독교 내에서 무척 비중 있게 다뤄지던 종교적 행위였다. 초대 교회에서 참석자들은 성찬을 받기 전에 남녀나 지위고하를 막론하고 '입맞춤'의 의식을 가졌는데, 그리스 변증가 유스티노스와 아테나고라스, 라틴 변증가 테르툴리아누스의 기록이 그 사실을 설명해 준다.

또한 '짝'에 해당하는 그리스 단어는 '코이노스'인데 이 단어는 배우자뿐만 아니라 친밀한 우정과 친교를 나누는 동료나 동역자를 뜻할 때도 사용되었다. "시몬의 동업자인 야고보와 요한도 …"(눅 5:10)에서 사용된 단어가 그 한 예가 된다. 결국 '입맞춤'이나 '짝'이라는 단어가 예수가 마리아와 결혼했다는 증거가 되지는 못한다는 결론이다.

소설 속의 티빙은 예수 결혼설의 또 다른 근거로 당시의 문화를 제시한다. 혈통의식이 강했던 유대 사회에서 당시 결혼은 필수였다는 것이다. 그러나 자발적인 헌신으로 독신을 선택한 유대인과 랍비의 이야기는 알렉산드리아의 필론이 쓴 『유대인을 위한 변호』 등을 포함한 많은 기록물에서 발견된다. 성경에서도 독신으로 지냈던 사도 바울이나 요한의 이야기를 읽을 수 있다. 또 티빙은 초기 기독교인들이 예수의 결혼 사실을 은폐하며 성경 기록에서 삭제했다고 주장하는데, 설사 예수의 결혼이 사실이라고 해도 그것을 은폐할 이유는 전혀 없다. 당시 유대 사회는 결혼을 당연한 것으로 여겼고 성경도 예수의 형제들과 베드로와 다른 사도들의 결혼 사실을 자연스럽게 이야기한다(고전 9:5).

종교학자 바바라 티어링도 『예수와 사해 사본의 비밀: 비밀스런 예수의 삶의 수수께끼를 풀다』, 『계시록의 예수: 십자가형 이후의 예수의 삶』, 『예수가 쓴 책: 요한 복음서』 등의 저서에서 예수 결혼설과 재혼설을 주장한다. 그녀는 마리아가 예수의 발에 향유를 붓고 그 향기가 온 집에 가득했다(요 12:3)는 성경 귀절이 예수와 마리아의 결혼식이나 성적 결합을 의미한다고 해석한다. 구약의 아가서는 다윗 왕조의 결혼의식을 묘사한 의전시이고 신약의 이 장면은 다윗 왕조의 후손인 예수가 막달라 마리아를 아내로 맞이하면서 다윗 왕조의 결혼의식을 재현한 것이라는 주장이다.

티어링의 주장은 아주 구체적이다. 그녀에 의하면, 예수는 막달라 마리아와 30년 6월 6일에 약혼하고 9월 23일에 1단계 결혼한다. 사도행전 17:34에 등장하는 다말(Damaris)은 이 시점에 18살이 된 예수와 마리아의 큰 딸 이름이다. 예수의 장녀 다말은 54년 3월 27일에 바울과 결혼하고 바울은 예수의 사위가 된다. 이후 마리아는 예수가 진정한 종교적 이상에서 이탈했다며 판단하고 예수와 이혼한다. 예수는 리디아와 두 번째로 결혼한다. "주께서 그녀의 마음을 열어"(행 16:14)란 구절이 예수와 리디아가 사랑에 빠졌다는 의미다. 예수가 56세이던 50년 3월 17일 리디아와 결혼하고 다음해 3월 16일에 또 딸이 태어난다…

티어링의 주장은 흥미진진하지만 성경의 내용과는 전혀 다르다. 성경에 의하면 마리아가 전 재산에 해당하는 향유 옥합을 깨어서 예수의 발에 부었던 사건은, 간음죄로 인해서 당시의 율법에 따라 돌맞아 죽을 수밖에 없었을 때 예수를 통해 구원과 용서를 받고 이제 전심으로 예수를 따르겠다는 표식으로 한 행동이었다. 또 리디아는 바울이 전하는 복음에서 은혜를 받았는데 이 시점은 예수의 십자가형 이후가 되므로 시간적으로 예수와 리디아는 만나본 적도 없는 사이다.

성경 내용과 전혀 다른 티어링의 해석은 "2천 년만에 처음으로 재발견한" 것이라고 스스로 흥분하지만 학계에서는 터무니없는 판타지 소설로 간주한다. 옥스포드대학교의 사해 사본 권위자 버미스(Geza Vermes)는 티어링을 이렇게 혹평했다.

"예수가 결혼했고 이혼했고 재혼했고 네 자녀를 둔 '사악한 제사장'이라는 바바라 티어링 교수의 주장은 학계에 아무런 영향도 미치지 못했다. 사해 사본 학자들과 신약성경 전문가들은 티어링이 사용했다는 이른바 '페셔 기법'이 실체가 없는 것이라는데 모두 동의한다."[13]

예수의 마지막 오딧세이

목영일 박사도 그의 저서 『예수의 마지막 오딧세이』에서 예수 결혼설을 주장한다. 그 내용을 볼 때 노토비치의 『이사전』, 수잔 올슨의 『카쉬미르에서의 예수』, 바바라 티어링의 『예수 인간』, 민희식 박사의 여러 책들에서 자료와 아이디어를 가져온 것으로 보인다.

그런데 앞에서도 설명했듯이 노토비치의 저서는 명백한 위서로 이미 판명되었다. 올슨은 자칭 예수의 59대 자손이라고 주장하는 데 아무도 주목하지 않는다. 그녀에게 영감을 준 아흐마드는 자칭 재림 예수, 재림 무함마드, 재림 마흐디라고 주장하는 만능 종교꾼일 뿐이다. 티어링은 학계에서 외면당하는 종교학자다. 민희식 박사는 완전히 모순된 예수불제자설과 성경표절설을 주장하는 불교인 종교학자다. 타당한 역사성과 객관성의 부재로 전혀 신뢰받지 못하는 저자와 저서들은 모두 예수결혼설을 주장하지만 서로 다른 내용들을 기록한다. 목 박사는 그들 중에서 원하는 것을 취합해서 또 다른 스토리를 만들어 냈다.

---

13 "비교신화/종교: 과연 예수는 결혼, 재혼, 심지어 삼혼했을까?" http://kwangmin.blogspot.com.

올슨에 의하면 예수는 십자가형에서 살아남아 카쉬미르로 옮겨가서 그곳 처녀 마르얀(Marjan)을 만나 결혼하고 외아들 엘리킴을 낳는다. 티어링에 의하면 예수는 막달라 마리아와 결혼해서 세 자녀를 낳고 이혼 후 리디아와 재혼해서 한 자녀를 더 낳는다. 목 박사에 의하면 예수는 세 번 결혼하는데 아내들의 이름은 막달라 마리아, 리디아, 마리온(마르얀의 잘못된 표기)이다. 목 박사는 발굴된 유골을 토대로 복원한 그림으로 막달라 마리아를 소개하고, 인도의 대표적 불교 유적인 아잔타 석굴 벽화에 새겨진 인물로 리디아를 소개하고, 출처 미상의 초상화로 마리온을 소개한다.

그런데 리디아라고 소개하는 벽화 속 인물은 전문가들의 표준 설명에 의하면 동굴의 벽화작업을 지원하고 보시한 지역의 유력자였고, 마리온이라고 소개하는 초상화 속의 인물은 프랑스 화가 아돌프 부게로(William-Adolphe Bouguereau)의 1871년 작품 "물 긷는 이탈리아 소녀"였다. 1800년대를 살았던 이탈리아 소녀의 초상화가 예수의 세 번째 아내의 초상화로 둔갑되었지만 아무도 모르므로 아무도 반발하지 않았고 반기독교인들은 이 허수아비 논증을 인용해서 예수결혼설과 재혼설을 퍼트리고 있다.

올슨과 목영일 박사의 책에 소개된 예수의 아내(또는 3번째 아내), 마르얀 (마리온)

아돌프 부게로의 1871년 작품 "이탈리아 소녀"

저자는 자신을 원로 과학자이자 독실한 기독교 신자라고 밝히지만 성경이 아니라 성경과 상반된 세상 자료를 굳게 믿고 있었다. 또한 그의 책에 감격한 '그리스도인'들이 "성경보다 더 성경적인 소설"이라는 코미디 같은 찬사를 보내고 있다. 이처럼 교회 안에는 전혀 '다른 예수'를 믿는 전혀 '다른 그리스도인'들이 앉아 있다. 예수가 "사람들이 잘 때에 그 원수(사탄)가 와서 곡식 가운데 가라지를 덧뿌리고 갔더니"(마 13:25)라고 말하셨던 이유를 알 수 있다.

이단의 영지주의적 위경

1945년 이집트의 한 농부가 카이로 남부의 나그함마디 근처에서 밭에 묻혀 있는 항아리 하나를 찾아냈다. 항아리 안에는 상형문자와 희랍문자를 겸용한 곱트어로 쓰여진 파피루스 뭉치가 가득 들어 있었다. 도마복음, 유다복음, 빌립보복음, 하와복음, 막달라마리아복음, 베드로계시록 등을 포함한 52권의 이 문서들은 '나그함마디 문서'라고 불린다. 나그함마디 문서들은 대부분 '그노시스'에 의해 쓰인 것으로 보인다. 그리스어로 영지(靈知)를 뜻하는 그노시스는 지식의 습득을 통해 인간이 구원에 도달할 수 있다고 믿는 초기 기독교의 이단이다. 신학자들은 정경과 부합하지 않는 영지주의적 문서들을 외경(外經)이 아닌 위경(僞經)으로 분류하며 연구할 가치조차 없다고 배척했다.

영지주의적 위경들은 초기 교부들에 의해 이단으로 몰리면서 3세기경 역사의 뒤편으로 사라졌지만 '다른 기독교인'들은 여전히 위경들을 근거로 전혀 '다른 예수'를 만들고 전혀 '다른 복음'을 전파하고 있다.

현재 전 세계에 300여 개의 이단종파들이 있다고 하는데 그것들이 파생하면서 실제로는 훨씬 더 많은 이단들이 있을 것으로 추산한다. 기독교에 왜 이처럼 이단이 많은지 저들을 보면서 이해할 수 있게 된다. 사도 바울은 '다른 복음'을 따르고 전하는 자들에게 하나님의 저주가 있을 것을 예언했다(갈 1:6-9).

7. 신화와 실화의 구분

하나님을 교묘하게 왜곡시키는 종교와 신화와 이단들은 어떻게 생겨나게 되었을까? 그 뿌리가 되는 니므롯과 바벨론 종교에 대해서는 20장에서 언급하기로 하고 여기서는 실화(실제 역사)와 신화(인간이 만든 이야기)를 구분하는 기준에 대해서 살펴본다.

기록 시간

예수 이야기가 신화라고 주장하는 사람들이 직면하는 큰 난관이 있다. 그것은 예수의 이야기가 제자들의 입에서 입으로 증거되어 문자로 기록되기까지 그 과정이 매우 짧은 구전 전승 기간을 갖고 있다는 사실이다. 세상에 존재하는 고대 인물에 관한 기록들은 거의 모두가 다 입에서 입으로 전해지는 구전 전승기간을 거치게 된다. 그런데 모든 고대 인물에 관한 기록들 중에서 예수에 관한 구전 기간은 제일 짧다.

예수에 관한 신약성경은 예수의 죽음과 부활 이후 약 18년에서 60년 사이에 모두 다 완성되었다. 그것은 신화가 발생되기에는 너무나 짧은 시간이다. 신화나 전설을 연구하는 학자들에 의하면 하나의 역사적 사건이 신화로 발전되기 위해서는 최소한 두 세대의 시간이 걸린다고 한다. 그리스 로마 역사 연구에 명망있는 셔윈 화이트 박사는 "하나의 역사적 사건이 입으로 전해져서 역사적 진실을 뛰어 넘어 전설적인 경향성을 보이게 되는 데는 두 세대도 너무나 짧은 기간이다. 지금까지 역사 속에서 60년 이내에 어떤 사건이 전설이나 신화로 발달된 증거는 없었다. 복음서의 내용이 그토록 빠르게 완전히 왜곡되어 전설이나 신화로 발전했을 가능성은 전혀 없다"고 단언한다.[14]

독일의 신학자 율리우스 뮐러는 예수신화론자들을 향해, 만일 복음서의 기록이 신화화되었다면 "역사상 어딘가에 전설이 그렇게 빨리 발달한 단 한 가지 예만이라도 찾아보라"고 도전한다. 그러나 그의 도전에 응답한 학자는 없었다. 예수의 생애를 기록한 신약성경이 역사적 기록물이 아니라 신화나 전설이라는 주장은 어떤 측면에서도 근거를 찾을 수 없다.[15]

부활을 주장하는 신들은 여러 신화에 등장하지만 모든 부활 신화가 예수의 부활 사건 이후에 나온 것이다. 룬드대학교의 메팅거(T. N. D. Mettinger) 교수는 『부활의 수수께끼』(*The Riddle of Resurrection*)에서 "부활한 신들이 기독교보다 나중에 등장했다는 점에 거의 모든 현대 학자들이 공통적으로 동의하고 있다. 예수의 부활과 유사하게 부활한 신에 대한 이야기들은 예수의 부활이 알려진 후 최소 100년 후에 처음으로 알려졌다"고 기록한다.

역사학자 마이클 리코나(Michael Licona)도 기독교가 생겨난 1세기경까지 신의 죽음과 부활에 관한 신화가 아직 없었는데 기독교의 부활 신앙이 신화나 타종교의 표절이라는 주장은 말이 안된다고 반박한다.[16] 기본적으로 고대 지중해의 신화에서 신들은 종종 지상의 입구를 통해 저승을 '방문하고' 돌아온다고 하는데, 이걸 신들의 죽음과 부활이라고 상상 해석하며 예수의 부활과 연관시킨 것 같다.

---

14 "Myth Growth Rates and the Gospels," http://www.bibleinterp.com/articles/2013/kom378030.shtml.

15 Julius Muller, *The Theory of Myths, in Its Application to the Gospel History, Examined and Confuted*.

16 "Was the Resurrection of Jesus a Story Taken from Mythology?" https://www.biblegateway.com/blog/2013/04/bible – qa – was – jesus – resurrection – stolen – from – mythology/

수정과 변천

『그리스 신화의 변천사』 머릿말에는 이런 기록이 있다.

"그리스 신화는 처음부터 체계적인 스토리로 완성된 것이 아니었다. 처음에는 그리스 일대에 지역별로 개별 신화들이 존재했을 것이지만, 그리스인들 간의 교류와 외래문화 수용이 활발해지면서 지역 신화들이 뒤섞이고 정리되어 하나의 공통적인 신화가 형성되었다. 그것이 바로 호메로스와 헤시오도스에게서 확인되는, 제우스 중심의 범그리스적인 올림포스 신화다. 하지만 이들 이후에도 신화는 더욱 상술되고 보완되었다. 그 작업은 기원전 8세기에서 기원전 1세기 후반에 이르도록 장기간에 걸쳐 이루어졌고, 그리스 신화는 그 동안에 축적된 그리스인들의 역사적 산물이었다."

앞서 제시한 호루스 신화에서도, 알렉산드로스의 동방원정 후 이집트를 장악한 그리스인들은 그리스 신화의 하데스와 이집트 신화의 오시리스를 합쳐 새로운 신 세라피스를 만들어내는 등 그리스와 이집트의 신들을 동일화시키거나 혹은 합성해서 새로운 신들을 창조해내는 데 적극적이었다. 이처럼 신화는 계속 수정되고 첨가되고 종합되면서 여러 버전이 나오고 내용이 서로 다르고 상충된다. 그것의 역사적 사실성을 증명할 방법은 전혀 없고 상징적인 해석으로 의미를 부여할 뿐이다.

반면 성경은 40여 명의 사람들이 1,600년에 걸쳐 기록한 것을 종합한 책인데, 66권 중에서 서로 상충되는 내용이 없고 오히려 서로를 보완해 주고 증명해 준다. 그리고 처음 기록에서부터 수천 년이 지난 지금까지 수정이나 첨가가 전혀 없었고 사소해 보이는 내용에서도 역사와 과학에 어긋나는 것이 단 하나도 발견되지 않았다. 과학이 발달할수록 과거에 의심받았던 내용들이 정확한 사실이라는 것이 계속 밝혀지고 있다. 세월이 흐를수록 과거에 이해할 수 없었던 내용들이 무슨 의미였는지 이해되고 있다.

구약의 기자들이 하나님의 계시를 받아서 기록할 때 그것이 무엇을 의미하는지 잘 몰랐을지 모른다. 그런데 이후에 예수가 오시고 신약이 기록되고, 이 모든 것을 종합해서 볼 수 있는 후대의 우리 같은 사람들은 한치의 착오도 없는 성경의 정확성을 발견하게 된다.

고서검증법으로 검증

하지만 3,500년 전부터 기록된 구약성경과 2,000년 전부터 기록된 신약성경은 원본도 남아있지 않는데, 우리가 지금 보고 있는 성경과 동일하다는 것을 어떻게 판단할 수 있을까?

고고학에서는 고서의 진위를 판단하기 위해 사본들끼리 서로 비교해 보아 원본과의 정확성 정도를 알아보는 '고서검증법'을 사용한다. 이 방법에 의하면 사본의 수가 많을수록, 원본으로부터 사본이 만들어진 시간적 차이가 짧을수록, 사본과 사본 사이에 오류가 적을수록 원본과 가까운 사본으로 인정된다.

아리스토텔레스의 『시학』, 줄리어스 시저의 『갈리아 전쟁기』, 헤로도투스의 『역사』, 투키티데스의 『역사』, 플라톤의 『테아이테토스』, 호머의 『일리어드』를 고서검증법에 따라서 분석해 보면, 그중 『일리어드』가 모든 고대 문서들 중 신뢰도가 가장 높다. 그럼 『일리어드』와 신약성경을 비교해 보자.

우선 신약은 24,000이라는 엄청나게 많은 숫자의 부분 또는 전체 필사본을 갖고 있다. 신약성경은 『일리어드』에 비해 사본의 수에서 40여 배, 시간적인 차이에서 20배, 오류의 정도에서 10배 정도 신뢰도가 높다. 신약이 『일리어드』보다 무려 약 8,000배 이상 신뢰도가 높다는 말이다. 사본간 오류는 인쇄술이 발명되기 이전에 사람의 손으로 일일이 책을 베껴쓰는 과정에서 필연적으로 발생할 수밖에 없는 실수인데, 성경에서 발견된 몇 개의 오류는 단순히 철자상의 실수나 관사/정관사의 오기같이 본질적인 내용에 전혀 영향을 끼치지 않는 사소한 것들 뿐이다.[17] 그럼 구약성경은 어떨까? 구약의 정확도에 대해서 얼마 전까지만 해도 많은 사람들로부터 의심을 받아왔다. 구약의 마지막 기록은 BC 400년경인데, 가장 오래된 번역 사본인 맛소라 사본은 900년경에 기록된 것이므로 무려 1,300년이라는 긴 시간적인 차이가 나기 때문이다. 그래서 조작 가능성을 의심하며 사본의 정확성을 신뢰하지 않았다.

그런데 1947년 베두인 목동에 의해 우연히 발견된 두루마리 성경으로 인해서 구약성경의 정확성에 대한 의심이 완전히 해결되었다. 금세기 최고의 발견으로 일컬어지며 세계의 관심을 모았던 이 사해 사본은, 발굴을 계속한 결과 에스더서의 일부를 제외한 구약성경 전체를 갖출 수 있게 되었다.

사해 사본은 BC 250년에서 BC 150년경에 필사된 것으로 추정되므로 BC 400년경에 기록된 원본과의 차이를 150－250년으로 좁혀 놓았다. 더구나 1,000년 이상의 간격을 두고 필사된 사해 사본과 맛소라 사본을 비교해 보았더니 이 둘은 거의 완벽하게 일치했다. 이로써 구약성경의 원본이 완벽하게 보존되어서 우리가 지금 읽고 있는 성경과 일치하고 있음을 확인할 수 있었다.[18]

---

17 "Should We Trust the Bible?" http://creation.com/trust－the－bible.

18 "The Dead Sea Scrolls－What are they and why do they matter?" https://compelling-truth.org/Dead－Sea－Scrolls.html.

제3부

예수 변증

8장

예수를 부정하는 신학

예수를 보는 관점은 무신론이나 타종교에게는 물론이요 기독교 안에서도 사뭇 다르다. 기독교의 신앙은 크게 정통주의와 자유주의로 분류할 수 있다. 예수에 대해서 성경이 기록한 것을 그대로 믿는 것을 정통적 기독교라고 말한다면, 예수의 삶을 상징이나 비유로 이해하는 것은 자유주의적 기독교라고 말할 수 있다. 이들은 모두 기독교라는 명칭을 갖지만 완전히 상반된 신앙으로서 후자는 실상 무신론이다.

교회에서 만화 같은 성경 이야기만 가르치지 않는다면 교회에 가겠다고 말하는 사람들이 많다.[1] 자유주의 신학자들은 이들의 기대에 부응해서 성경을 타협하며 인본주의적 이성적 안목에서 재해석해 주었다. 성경의 초자연적 사건 기사에 반발하는 세상으로부터 비판을 피하고 인정을 받기 위해서 타협하고 절충하는 성경 해석법을 고안해낸 것이다. 저들은 성경을 연구하고 가르치고 설교도 하지만 예수를 뺀 철학과 심리학과 윤리를

---

1 "Is miraculous birth keeping doubters away from church?" http://www.wnd.com/2015/12/christian-preacher-nativity-story-just-fairy-tale/

말한다. 모든 종교에서 발견할 수 있고 모두가 동의할 수 있고 아무도 거스리지 않을 안전하고 보편적인 교훈들을 성경에서 발췌해서 가르친다. 언뜻 진리 같기도 하고 기독교 같기도 하지만 근본적인 것에 관해서는 전혀 비기독교적이고 반기독교적이다.

성경을 학문의 대상으로 연구하며 만들어낸 자유주의 인본주의 계몽주의 신학들은 많은 그리스도인들을 만들어내는 데 성공했지만 모두 가짜 그리스도인들을 만들어냈다. 그리스도인들을 무신론자로 변질시키고 반기독교인들에게는 좋은 명분을 주어왔다.

1. 신화적 예수

예수신화론은 예수가 역사적 인물이 아니라 다양한 고대 신화의 구성을 차용한 허구적 인물이라고 말한다. 예수는 BC 1–2세기에 존재했던 종교 지도자의 생애에 대한 전승이 각색되어 창조된 혼합적 인격이라는 관점이다. 저들은 예수의 실존에 대한 역사적 증거가 빈약하고 복음서에 기록된 예수가 로마 시대의 미트라교 등에 나오는 신들과 삶–죽음–부활 구성의 뚜렷한 유사점을 가진다고 주장하며 예수신화론의 근거로 제시한다.

예수신화론은 18세기 말 프랑스의 계몽주의 철학자들에 의해 제안되었고, 19세기 독일의 철학자 브루노 바우어와 아더 드류스 등에 의해 발전되었다. 바우어의 신학은 마르크스, 엥겔스, 레닌 등의 공산주의자들에게 지지를 받았다.

예수의 실존이 부정되면서 1789년 프랑스 대혁명, 1848년 독일 혁명, 1905년 제1차 러시아 혁명, 제1차 세계대전, 1917년 10월 러시아 혁명, 1918–20년 중서부 유럽 혁명, 1930년대 대불황과 스페인 혁명, 프랑스 공장 점거 운동 등이 일어나며 유럽은 폭력과 격변에 휩싸였다.

독일의 루돌프 불트만과 그의 학파는 복음서에 있는 역사적 예수에 대한 기록들은 모두 초대교회가 '종교사의 신화나 전설' 같은 것을 가져다가 치장한 것이라고 간주했다. 그리고 메시아, 하나님의 아들, 구주 등 신성을 나타내는 칭호는 예수가 친히 사용한 것이 아니라 초대교회가 신앙고백으로 붙인 것이라고 추정했다. 그리고 1926년 출판한 그의 저서 『예수』에서 예수의 삶과 인물에 대해 알 수 있는 것은 거의 없다고 주장했다. 복음서에는 예수의 삶과 말씀이 명백하게 기록되었는 데 성경을 사실이라고 믿지 않은 것이다.

최근 앨버트 웰스, 얼 도허티, 로버트 프라이스 등에 의해 예수신화론이 다시 부상하고 있다. 웰스는 최초 기독교의 예수에 대한 관점이 어떤 역사적 인물에 기반한 것이 아니라 유대인들의 '지혜 문학'에서 그려져왔던 인격화된 '지혜' 전승의 영향을 받은 것이라고 간주한다. 불트만의 신학에 영향을 받은 도허티는 성경의 서신서 저자들이 예수가 땅 위에 존재했다는 것을 전혀 믿지 않았고 그들이 역사적 예수에 대해 언급한 것으로 보이는 구절들이 실제로는 우의적 은유라고 주장한다.

도허티가 『예수 퍼즐』을, 토마스 프리크와 피터 갠디가 『예수는 신화다』를, 로버트 프라이스가 『예수신화』를, 그리고 2003년 댄 브라운이 『다빈치 코드』 등을 출간하고 베스트셀러가 되면서 예수신화론이 퍼지고 있다. 이 시대의 대표적 진화론자이자 무신론자인 옥스포드대학교의 도킨스는 "아마도 하나님은 없다. 이제 걱정을 멈추고 당신의 인생을 즐겨라"라는 표어를 내걸었다. 다시 말하면 하나님은 없으니까 심판하실 하나님을 염려할 필요없이 마음대로 죄지어도 된다는 의미다. 물론 세상이 환영하는 메세지다.

2. 역사적 예수

역사적 예수론은 신화적 예수론과는 달리 예수가 1세기 팔레스타인에서 역사적 인물로 실재했다는 사실을 인정하고 복음서를 비평적으로 분석하며 예수의 생애를 연구한다. 그럼 역사적 예수는 누구인가?

신학자나 철학자뿐만 아니라 누구든지 성경을 자신의 관점으로 이해하고 예수를 재해석하며 각자의 예수상을 만들어냈다. 비폭력 평화주의자는 예수를 비폭력 평화주의자로, 사회개혁주의자는 예수를 사회개혁가로, 사회주의자나 혁명가는 예수를 사회주의자나 혁명가로 채색했다. 최근 인기를 끌고 있는 '예수 세미나'에서 예수는 재산 권력 명예 건강에 대한 욕망을 거부하고 자연과 부합하는 반인습적 삶을 살았던 금욕적 인간이다고 한다.

어떤 신학자들에게 예수는 카리스마적 지도자다. 예수에게는 설명하기 어려운 영향력이 발휘되어 추종자들을 매료시키고 적대자들을 당황하게 했다. 어떤 신학자들에게 예수는 예언자다. 제사장, 환전상, 가축 상인들이 결탁하여 민중들을 착취하며 구조적인 악이 행해지던 강도의 소굴 같았던 예루살렘 성전에서 예수는 예언자적인 분노로 상인들을 쫓아내었다. 어떤 이에게 예수는 연약하고 보잘 것 없는 사람들에게 하나님의 사랑과 은혜을 전하는 휴머니스트고, 또 어떤 이에게 예수는 윤리규범을 가르치고 실행하는 훌륭한 선생이다.

그럼 예수가 행했던 기적들은 어떻게 해석할까? 예수가 병자를 고치고 귀신을 쫓아내는 기적을 행했다는 사실은 성경 뿐만 아니라 많은 옛 전승에서 확인되기 때문에 쉽게 무시할 수 없는데 그렇다고 설명하기도 힘들다. 그래서 이성주의와 인본주의의 신학자들은 이것을 심리적으로 해석한다. 예를 들어 조엘 오스틴은 최고의 베스트셀러가 된 『긍정의 힘』에서 베데스다의 기적 사건을 예수가 38년된 환자에게 "넌 할 수 있어"라고 자신감을 심어주었기 때문에 병이 나은 것이라고 풀이한다. 실제로 지금도 많은 '성령의 은사자'(?)들이 이렇게 심리적이고 최면적인 방법으로 병고침을 행하고 있다.

그럼 예수의 죽음은 어떻게 해석할까? 그는 로마 권력의 물리적 폭력에 의해 정치범으로 처형당한 것이라고 한다. 당시 로마 제국의 십자가 처형 대상은 정치적 반란자와 반항적인 노예였으며, 예수가 두 명의 강도와 함께 십자가 처형을 당했다는 사실은 로마인의 눈에 그가 위험한 인물로 보였다는 것이다. 의사이기 이전에 신학자였던 알베르트 슈바이처는 그의 저서 『예수의 생애 연구사』에서 예수를 실패한 지도자로 설명한다. 예수는 세상 종말이 그의 사역 가운데 올 것이라고 희망했는데 그것이 이루어지지 않자 실망하며 타의적 살해를 통해 신의 개입을 유도했다는 것이다. 마침내 예수는 하나님의 버리심에 대한 절망으로 십자가에서 소리치며 죽었다는 것이 슈바이처가 결론지은 역사적 예수의 모습이다.

그럼 예수의 부활은 어떻게 설명할까? 예수가 로마 제국의 압제에서 유대인을 구원할 정치적 메시아를 자처했지만 로마 당국에 처형당해 참담하게 실패하자, 그의 제자들은 이를 은폐하기 위해서 그의 시신을 빼돌려 감추고 그가 부활했다고 거짓말을 퍼뜨리면서 기독교에 거짓된 부활 신앙이 생기게 되었다고 한다.

이처럼 역사적 예수론은 인간 예수의 한계를 넘지 않는다. 훌륭하고 도덕적이고 희생적이고 카리스마가 넘치는 자였지만 여전히 인간일 뿐이었다. 지금 누구라도 예수의 역할을 대신할 수도 있다.

이런 거짓 신학이 그리스도인들을 속일 수 있는 것은 현란하고 세련된 논리뿐만 아니라 예수에 대한 극진한 사랑을 주장하기 때문이다. 저들은 예수를 극진히 사랑하(는 것으로 생각하)므로 "예수가 자신을 인간 이상의 존재로 주장했다"는 식의 정통 기독교의 교리적 진술 자체를 예수에 대한 '오해'이자 또한 '모욕'으로 간주하며 분개한다.

그들은 사랑하는 예수가 가령 "나는 신의 아들이다," "나 이외에는 신을 진정 알거나 본 자가 없다." "나는 이 세상이 있기 전부터 있었다," "(내게 저지르지도 않은) 너의 죄를 내가 사면한다," "나는 죽었다가 사흘 만에 육체적으로 부활할 것이다"란 따위의 '비이성적'이고 심지어 '미신적'인 주장을 한 '유치한' 분일 리가 절대로 없다고 주장한다.

그래서 저들 신학의 주요 관심사는 십자가에서 처형된 후부터 2천 년간 오해받고, 심지어 그의 제자들에 의해서 조차 오해받는 예수를 그 오해들로부터 '구출'해 내기 위해 '변호'하는 작업이다. 혹은 '20세기의 성자'로 불리는 슈바이처의 주장처럼 "예수가 스스로 본인 자신을 오해한 것"이라고 말할 수도 있으니, 저들의 작업은 심지어 '예수 본인의 망상'으로부터 예수를 구출해 내고자 하는 것일지도 모른다.[2]

자유주의 신학의 목적

20세기 최고의 자유주의 신학자라고 불리는 불트만의 최대 관심은 신약성경의 내용을 오늘날 과학의 세계에 살고 있는 현대인들에게 어떻게 의미 있고 이해 가능한 방식으로 전달할 수 있는가에 있었다. 그래서 예수가 하나님임을 증거하는 모든 기적의 사건들을 상징으로 바꾸어 버렸다.

예를 들어서, 예수가 처녀로부터 잉태되었다는 기록에서 '처녀'는 생물학적인 처녀가 아니라 상징적으로 해석했다. '예수가 보통 인간과는 다른 신성한 인간이다'는 신앙의 진실을 '처녀'라는 단어로 표현했다는 것이다. 또 예수가 하나님이라는 고백은 존재론적인 것이 아니라 감정적이고 실존적인 감탄의 언어라고 했다. 그리스도를 하나님이라고 부르는 것은 그 분의 존재나 본성을 객관화시키는 진술이 아니라, 그분에 대한 신자의 주관적 진술로 이해해야 한다는 것이다. 예수의 십자가 죽음과 부활은 역사적

---

2 최광민, "자유주의 신학 유감," kwangmin.blogspot.com.

사건이 아니라 신화일 뿐이라고 했다. 십자가의 메시지는 역사적 사건도 아니고 세상에 대한 하나님의 심판도 아니고 지금 여기 '나'에 대한 심판이라는 것이다. 이런 선포를 통하여 나로 하여금 그 십자가의 고난에 동참케 한다는 것이다. 이는 우리의 결단의 의지와 참여를 요구한다는 것이다(무슨 말인지 도무지 모르겠다).

심지어는 예수가 동정녀에서 태어났든 아니든, 십자가에서 죽었든 아니든, 부활했든 아니든 기독교 신앙에 하등의 상관이 없다고도 말한다. 예수가 하나님이든 아니든 상관이 없다는 것이다. 하나님이란 개념도 어차피 실제가 아니라 형이상학적이고 교훈적인 개념일 뿐이며 오직 나의 신앙을 요구하는 것이라는 주장이다(멋지기는 한데 이것도 무슨 말인지 도무지 모르겠다).

그레삼 메이천은 자유주의 신학의 의도를 이렇게 표현한다.

"현대 자유주의가 해결하고자 시도하는 것이 바로 이 문제다. 기독교의 특수한 점들, 즉 그리스도의 인격에 대한 기독교 교리들과 그의 죽음과 부활을 통한 구속(救贖)의 교리들에 대해 과학적 반론들이 일어날 것이라고 생각하면서, 자유주의 신학자는 이 특수한 점들을 단지 종교의 어떤 일반 원리들의 시대적 상징들로 생각하며, 그 일반 원리들을 건지려고 하고, 또한 그것들을 '기독교의 본질'을 구성하는 것으로 간주한다."[3]

목창균 교수는 자유주의 신학을 이렇게 정리한다.

"자유주의 신학은 현대 정신을 신학에 반영하여 현대인이 이해할 수 있는 방식으로 기독교를 재해석한 것이다. 그러나 이러한 과제를 인간의 종교적 의식이나 경험에 근거하여 수행함으로써 인간 중심적인 신학이 되었다. 뿐만 아니라 이성과 과학을 진리의 척도로 간주하여 복음의 본질적

---

3 김효성, "자유주의 신학의 이단성," http://www.oldfaith.net/03modern/01%EC%9E%90%EC%9C%A0%EC%A3%BC%EC%9D%98%EC%8B%A0%ED%95%99.htm.

인 부분을 거부하거나 왜곡하게 되었다. 그리스도의 선재성, 동정녀 탄생, 부활, 승천, 성경의 무오성 부정이 그것이다."

결국 자유주의 신학은 세상 모든 사람들로부터 인정을 받기 위해서 복음의 핵심을 상실한 채 계시종교에서 윤리종교로, 하나님 중심에서 인간 중심의 합리적 종교로 개조되었다. 자연스럽게 저들은 종교다원주의를 주장하게 되었다. 어떤 길을 통해서도 하나님께로 갈 수 있고 모든 종교가 동일하다는 주장이다. 이런 자유주의 기독교가 정통 기독교와 얼마나 다른지 혹자는 이렇게 말한다.

"근본주의에 의한 기독교는 하나의 종교요, 현대주의에 의한 기독교는 다른 한 종교다. 근본주의자의 하나님은 한 하나님이요, 현대주의자의 하나님은 다른 한 하나님이다. 근본주의자의 그리스도는 한 그리스도요, 현대주의자의 그리스도는 다른 한 그리스도이다. 근본주의의 성경은 한 성경이요, 현대주의의 성경은 다른 한 성경이다. 교회, 하나님의 나라, 만물의 종말… 이것들이 근본주의자들에게와 현대주의자들에게 의미하는 바가 각각 다르다. 어느 것이 참된 기독교인가, 어느 하나님이 기독교의 하나님인가, 어느 그리스도가 기독교의 그리스도인가, 어느 성경이 기독교의 성경인가, 어느 교회, 어느 하나님의 나라, 어느 구원, 어느 종말이 기독교의 교회, 기독교의 하나님의 나라, 기독교의 구원, 기독교의 종말인가?"

자유주의 신학의 결과

스트라우스나 벨하우젠 같은 신학자들이 자연과학에 근거해 성경에 칼질을 하면서 자유주의 신학이 생겨나며 그 영향으로 19세기의 유럽 교회는 거의 죽어버리고 사교장에 불과하게 되었다.[4] 공산주의 혁명가 엥겔스

4 황상하, "교리와 신학의 역사," http://www.usaamen.net/news/board.php?board=write4&page=7&shwhere=subject&body_only=y&button_view=n&command=body&no=52.

는 처음에 경건하고 독실한 그리스도인이었으나 바우어의 신학을 배우고 스트라우스의 『예수의 생애』를 읽으며 무신론자가 되었다. 신학자가 쓴 신학 서적을 읽고 그리스도인이 무신론자가 된 것이다.

미국 교회의 목사들이 자유주의 신학에 얼마나 크게 영향받았는지는 설문조사의 결과에서 잘 드러난다. 제프리 해든이 미국의 성직자 10,000명을 대상으로 실시한 설문조사에 응답한 7,441명의 응답 결과가 다음과 같이 보도되었다. 50년 전의 조사이니 지금이라면 훨씬 더 부정적인 결과가 나올 것이다.

1. '귀하는 예수의 처녀 탄생을 믿습니까?'라는 질문에 대하여, 감리교회 성직자들의 60%, 감독교회 성직자들의 44%, 연합 장로교회 성직자들의 49%, 침례교회 성직자들의 34%, 루터교회 성직자들의 19%, 미주리 대회 루터파 성직자들의 5%가 '아니오'라고 대답했다.
2. '귀하는 예수의 육체적 부활을 사실로 받아들입니까?'라는 질문에 대하여, 감리교회 성직자들의 51%, 감독교회 성직자들의 30%, 연합 장로교회 성직자들의 35%, 미국 침례교회 성직자들의 33%, 미국 루터교회 성직자들의 13%, 미주리 대회 루터파 성직자들의 7%가 '아니오'라고 대답했다.
3. '귀하는 오늘 세계에 악한 귀신들이 존재한다고 믿습니까?'라는 질문에 대하여, 감리교회 성직자들의 62%, 감독교회 성직자들의 37%, 연합 장로교회 성직자들의 47%, 침례교회 성직자들의 33%, 루터교회 성직자들의 14%, 미주리 대회 루터파 성직자들의 7%가 '아니오'라고 대답했다.
4. '귀하는 성경이 신앙과 역사와 세속 문제들에 있어서 하나님의 영감으로된 무오한 말씀임을 믿습니까?'라는 질문에 대하여, 감리교회 성직자들의 87%, 감독교회 성직자들의 95%, 연합 장로교회 성직자들

의 82%, 미국 침례교회 성직자들의 67%, 미국 루터교회 성직자들의 77%, 미주리 루터파 성직자들의 24%가 '아니오'라고 대답했다.

맨스필드 케이스맨 목사는 예수 그리스도의 신성, 무죄성, 대리적 속죄, 육체 부활을 부정했지만, 미 연합장로교회 총회재판국은 이것이 '용납할 만한 해석의 범위 안에' 있다고 판결하고 1981년 그의 목사직을 허용했다. 미 연합장로교회에게 그의 비성경적 견해는 이단이 아니었다.

1995년 11월 워싱턴 디씨에 있는 한 감리교회에서 열린 공개 토론회에서 연사들은 사도 바울이 동성결혼을 칭찬했고, 또 다윗 왕은 양성애자였으며, 또 예수 그리스도도 동성애자였을지 모른다고 주장했다. 대회 후에는 동성애를 상징하는 무지개의 깃발을 앞세운 '성직자 행렬'이 있었다.

이런 교회들은 세상의 요구대로 비성경적 교리를 가르치면서 교인들이 많아지고 교회가 성장하고 목회가 성공(?)하겠지만, '다른 복음'을 전하는 '다른 교회'에서 '다른 그리스도인'들을 만들어 내는 것이다.

3. 신비적 예수

3년의 공생애 기간 동안 예수가 행하셨던 기적을 강조해서 지금 우리도 예수의 이름으로 기적을 행할 수 있다고 주장하는 자들이 있다. 치유자로 유명한 케더린 쿨만과 베니 힌 등은 하나님이 주신 '성령의 은사'라고 주장하며 많은 능력을 행사했다. 저들은 기적을 통해서 많은 추종자들을 거느리고 큰 재물을 모으며 수상하고 비도덕적인 행동도 보였지만, 그래도 하나님의 종이라고 믿은 것은 저들이 예수의 이름을 부르며 사역하기 때문이다.

병고침과 함께 자주 행해지는 능력이 예언이다. 성경은 과거에 주신 말씀이고 또 모든 자들에게 주시는 말씀이지만 하나님은 지금 바로 나에게 뭐라고 말씀하시는지를 알고 싶어서 예언은 언제나 인기 있다. 신디 제이콥스, 밥 존스, 김옥경 목사, 이지애 선교사 이외에도 많은 은사자들이 '지상과 천상의 세계를 넘나들며' 하나님의 음성을 듣고 예언할 때 무수한 사람들이 모여든다.

이런 능력의 자리에는 몸이 진동하거나 무아지경으로 입신하거나 금이빨로 변하거나 머리에 금가루가 떨어지거나 손에서 기름이 생겨나는 기적도 나타난다. 하나님의 만져주심과 안아주심을 경험하기도 하고 꽃향기를 맡거나 노래소리를 듣거나 자신도 모르는 채 춤추는 사람들도 있다. 사람들은 이 모든 것들이 성령의 역사라고 믿는다. 왜냐면 저들은 예수의 이름을 부르는 자들이고 예수를 사랑하는 자들이기 때문이다.

저들은 이런 능력을 거저 받는 것이 아니라 매우 열심히 기도함으로 받는다. 나라와 민족을 위해서 그리고 하나님과의 깊고 개인적인 교제를 위해서 3–4시간 또는 7–8시간 동안 방언으로 중보기도도 하고 침묵으로 묵상기도도 한다. 24시간 릴레이로 중보기도하는 아이합과 같은 단체도 있다. 그럴 때 하나님은 세미한 음성으로 말씀하시고 위로하시고 앞날을 가르쳐 주시고 놀라운 통찰력을 주신다고 한다. 많이 기도하는 자들이고 하나님과 교제를 갖는 자들이므로 저들의 현상은 당연히 하나님으로부터 온 것이라고 믿을 수밖에 없었다.

나는 이런 기적의 역사가 많이 나타나는 신사도 운동(New Apostolic Movement)의 집회를 4년 정도 따라다녔다. 하나님의 능력이 가시적으로 드러나는 것이 전도에 효과적이라고 생각하며 직접 경험하고 배우고 싶었던 것이다. 신비 현상과 능력을 체험하는 사람들은 '하나님과 친밀한' 사람으로 보였기 때문에 모두에게 부러움의 대상이 되었고, 수년 동안 목석같이 아무 것도 느끼지 못하는 나 같은 사람들은 영적 무능함과 열등감을 느껴야 했다.

그런데 오랜동안 사모하고 추종하던 저들이 이단적이라는 것을 알고 돌아서게 된 것은 로마 가톨릭과 예수회의 정체를 알면서였다. 개인적 종교체험을 매우 중시하는 예수회는 기절할만큼 극심한 고행, 성찰, 명상(기도) 등의 엄격한 영성훈련을 하는 것으로 유명한데, 훈련자들은 정말 놀랍게도 신비한 체험을 한다! 영성훈련뿐만 아니라 금욕과 청빈, 이웃봉사와 빈민구제 등의 사회활동을 중시하기 때문에 세상으로부터 칭찬도 받는다.

하지만 저들의 겉모습에 속지 않고 역사적으로 연구해 온 많은 사람들은 예수회가 사탄에게 가장 잘 사용받아온 집단이라고 평가한다. 도스토예프스키의 『까라마조프 형제들』에서 알료샤가 형 이반의 극단적인 주장을 듣고 "그런 건 예수회나 할 법한 사악한 생각이다"고 외쳤던 것처럼 지식인들은 문학작품을 통해 예수회를 고발하기도 했다. 예수회를 탈퇴한 고위급 내부자들은 그런 정보들이 사실이라고 폭로하다가 죽임을 당하기도 했다. 다만 이런 역사를 모르는 교회들 안에서 반기독교적 예수회의 인사들은 여전히 큰 인기를 끌고 있다.

이 시대 최고의 영성가로 불리는 헨리 나우웬은 예수회 회원이다. 심리학자이자 동성애자이자 만민구원론자인 그는 명석한 사고와 탁월한 표현으로 영성에 관한 많은 책을 저술했는데 대부분이 베스트셀러가 되고 수많은 기독교인들로부터 큰 공감과 사랑을 받고 있다.

이 시대 최고의 예언자로 불리는 릭 조이너도 예수회 소속이다. 그는 911 테러 일주일 전에 이 사건을 미리 알고 예언했다고 한다. 그도 많은 책을 저술한 다작 작가인데 개인의 생각이 아니라 천상에서 하나님을 직접 만나고 메시지를 전달받아 쓴 것이라고 주장한다. 과연 그의 통찰력은 매우 놀라워서 많은 기독교인 추종자들을 끌어들이고 있다.

기독교인들에게 큰 사랑을 받는 이런 능력자들을 어떻게 반기독교적이라고 평가할 수 있을까? 나는 저들이 어떤 뛰어난 글을 쓰던지, 어떤 놀라운 능력을 보이던지, 어떤 착한 행실을 하던지 상관없이 저들이 어디에 소속되었는지를 먼저 본다. 사이비 기독교도 불교도 이슬람교도 로마 가톨릭도 심지어 사탄교조차 일부 진리로 시작하고 일부 진리를 말하며 기적도 행한다. 그러나 결국에는 거짓과 파멸과 사망으로 인도한다.

하나님은 과거에 기적을 행하셨고 지금도 행하시는 분이다. 그러나 하나님의 필요에 의해서 기적을 행하시는 것이지, 우리가 그것을 사모하므로 또는 정성을 드리므로 또는 일정한 경건의식을 치루므로 행하시는 것이 아니다. 그것은 마치 무당들이 정성을 다 바칠 때 일하는 귀신을 대하는 태도와 같다.

예수의 공생애 이전의 삶은 성경에 거의 기록되지 않아서 알 수 없지만 아마도 전혀 기적을 베푸시지 않았을 것이다. 30세에 공생애를 시작하고도 기적을 남발하시지 않았다. 만나는 모든 사람들의 병을 치료해 주며 앞날을 예언해 주며 문제를 해결해 주실 능력이 분명히 있었지만 그러시지 않았다. 기적은 귀신도 얼마든지 흉내내고 사람들은 기적만 보면 그 주체자가 하나님이든 귀신이든 따라가기 때문이다.

예수는 자기 이름을 빙자해서 기적을 행하는 자들에게 분명히 경고하셨다. "나더러 주여 주여 하는 자마다 다 천국에 들어갈 것이 아니요 다만 하늘에 계신 내 아버지의 뜻대로 행하는 자라야 들어가리라. 그날에 많은 사람이 나더러 주여 주여 우리가 주의 이름으로 선지자 노릇 하며 주의 이름으로 귀신을 쫓아내며 주의 이름으로 많은 권능을 행하지 아니하였나이까 하리니 그때에 내가 그들에게 밝히 말하되 내가 너희를 도무지 알지 못하니 불법을 행하는 자들아 내게서 떠나가라 하리라"(마7:21-23).

신비주의 이단

기독교의 하나님은 분명히 신비한 존재이지만 그러나 신비주의가 기독교의 특성은 절대 아니다. 그것은 이방 종교를 흉내내는 기독교 이단들이 추구하는 것으로서 하나님이 단연코 금지하신 선악과다!

신비주의는 대부분의 종교가 갖는 특성이고 그 특성 때문에 사람들이 모여든다. 그래서 영세교 교주 최태민, 통일교 교주 문선명, 신천지 교주 이만희 등의 무수한 이단들이 정통 기독교가 보이지 않는 신비성을 드러내며 다수의 추종자들을 거느리고 왔다.

거짓 기독교에 악한 열매가 드러난다는 것은 매우 감사한 일이다. 예수회는 워낙 강력하고 비밀스런 권력 집단으로서 왜곡과 은폐를 일삼기 때문에 정체가 드러나는 데 오랜 세월이 걸렸지만, 다른 이단들의 경우는 대부분 자기 시대에 그 열매가 열려서 모두에게 드러난다.

아직도 왕성한 이단들 중에서 신천지를 예로 들자면, 자의적이고 억지적으로 성경을 해석하는 교리적 문제는 접어두고라도, 반인륜적이고 반사회적인 가르침은 누구라도 분별이 가능하다. 부모를 배척하고 직장과 학업을 떠나서 종교에 올인하도록 미혹하는 교주 이만희 본인은 많은 여자들과 염문을 뿌리고 있다. 뿐만 아니라 구원주이자 보혜사(삼위일체의 성령하나님)라고 자칭하며 자신은 몸이 죽지 않는다고 황당한 주장을 한다!

이런 황당한 주장을 믿고 추종하는 사람들이 모두 무지한 사람들만은 아니다. 서울대에서 자연과학을 전공한 엘리트 지인은 처음에 좋은 그리스도인처럼 보였는데 지금은 신천지에서 매우 열성적인 전도자가 되었다. 그녀가 신천지에 빠지게 된 것은 사실 영적인 오만함 때문이라고 나는 생각한다. 신천지가 이단이라고 경고했지만, 자신은 성경을 잘 알고 이성과 지성을 갖고 있으므로 사이비 여부를 분별할 수 있을 것으로 자신한 것이다. 그리고 그들로부터 교육을 받으며 서서히 설득되었다. 사탄의 미혹은 우리의 이성과 지성을 훨씬 능가한다. 사탄은 매우 그럴듯한 거짓말을 하는 자이므로 그의 소리에 귀를 기울이면 서서히 설득될 수밖에 없다.

이단들의 특징의 하나는 하나님을 사랑한다고 하고 열심이 특심인 자들이다. 그런 자들이 어떻게 사탄에서 사용받는 저주스런 존재가 되었을까?

하나님의 이름을 망령되이 부르기 때문이라고 나는 생각한다. 저들은 자신의 생각을 말하면서 이것이 하나님의 생각이라고 주장한다. 그것은 스스로 하나님처럼 되려했던 사탄을 그대로 닮았기 때문에 사탄이 가장 잘 이용하는 것이리라.

4. 사기꾼과 조폭

"예수를 거절하는 것과 왜곡하는 것 중에서 어느 것이 더 나쁜가?"라는 질문을 받았다. 나는 이런 질문을 받으며 "사기꾼과 조폭 중에서 누가 더 나쁜가?"라고 반문했다.

조폭은 행동이나 언어나 복장에서 자신의 정체를 분명히 드러내므로 그들에게 속을 사람은 없다. 대부분은 그들을 경계하고 멀리한다. 하지만 사기꾼은 세련되고 상냥한 언어와 착한 행동을 하므로 사람들은 쉽게 속아 넘어가고 종국에는 패가망신하는 손실을 당하게 된다.

마찬가지로 예수를 거절하는 사람들은 비기독교인으로서의 자신의 정체를 분명하게 드러내므로 그들에게 속을 사람은 없다. 반면 예수를 왜곡하는 이단들은 자신이 예수를 아주 잘 알고 있다는 듯이 현란한 논리로 말하므로 세상 사람들도 속고 기독교인들도 속는다. 다른 사람들을 속일 뿐만 아니라 자신도 스스로 속는다. 자신이 그리스도인이라고 오해하기 때문에 성경 속의 예수를 믿을 기회를 영영 잃어버릴 수도 있다. 그러므로 예수를 왜곡하는 이단(그중의 대표는 자유주의 신학)들은 예수를 거절하는 불신앙보다 훨씬 더 악하고 불행하다.

9장

예수의 실존 증명

미국 무신론자 모임의 회장인 엘렌 존슨은 "예수 그리스도가 존재했음을 알리는 현실적인 증거는 단 한가지도 없다"며 예수신화론을 주장한다. 사실 그 시대에 존재했던 인물과 관련된 증거는 대부분 찾아볼 수 없다. 대부분의 고대 문서들이 전쟁, 화재, 약탈 또는 단순 풍화 등으로 인해 1세기 중에 파괴되었기 때문이다. 특히 기독교 초기에 로마가 예루살렘과 이스라엘 지역의 대부분을 침략하고 파괴했기 때문에 예수에 관한 자료의 대다수가 사라졌다.

그럼에도 불구하고 아직도 상당수의 자료를 발견할 수 있다. 초기 로마 역사학자들은 황제에게 중요한 사건과 인물들에 대한 기록만 남겼는데, 정치적으로나 군사적으로나 중요 인물도 아니고 겨우 3년 남짓 활동했을 뿐인 예수에 대해서 많은 기록이 남아 있다는 것은 매우 놀라운 일이다. 신약학자 다렐 복(Darrel Bock)은 "우리가 가진 자료들에 예수가 등장한다는 사실 자체가 놀라우면서 중요하다"고 말한다.

게리 하버마스(Gary Habermas) 박사는 예수의 생애를 기록한 고대 문서가 45개 있는데 그중 17개는 비기독교인이 기록한 것이라고 밝힌다. 45개의 문서에는 예수의 생애, 인격, 가르침, 죽음, 부활, 제자들의 초기 메시지 등 예수와 관련해서 129개의 기록이 있다고 한다. 예수와 동시대에 살았던 디베료 황제에 대한 기록이 9개에 불과한 것을 볼 때 놀랍게 많은 숫자다. 하버마스는 그의 저서 『역사적 예수』(*The Historical Jesus*)에서 이렇게 기록한다.

"예수는 단순히 자신에 대한 역사적 자료들을 많이 가졌을 뿐만 아니라 상당히 많은 분량의 질적인 자료들을 가진 역사 인물 중 한 사람이다. 그 분에 대한 자료는 고대에서 가장 공식적으로 언급된 것이며 가장 입증된 삶을 보여주는 자료들 중의 하나다."

1. 역사 기록들

타키투스는 초기 로마 역사학자 중 가장 위대한 인물로 평가받고 있다. 그는 115－117년에 저술한 『연대기』에서 네로의 전기를 기록하면서 64년에 일어난 로마의 대화재와 함께 그리스도 예수를 언급한다.

"크리스티아니(Christiani: 그리스도의 그리스어 표기)라는 명칭은 티베리우스 황제 치하의 행정관 본디오 빌라도에 의해 처형당한 예수에게서 나온 것이다. 이 부패한 미신은 잠깐 동안 억눌려 있었지만 나중에 다시 그 모습을 드러냈으니, 그 신앙이 처음 발생한 유대 지역뿐만 아니라 전 세계의 혐오스러운 것과 흉악한 것들이 밀려들어와 횡행하고 있는 로마에도 세력을 뻗쳤다… 그래서 유죄를 인정한 모든 사람들에 대해 최초로 체포가 행해졌다. 그때 그들의 정보를 바탕으로 엄청난 사람들이 유죄 판결을 받았는데 도시 방화죄 때문이 아니라 인류에 대한 증오 때문이었다"(『연대기』 13－16장.)

수에토니우스는 117년에서 122년 사이에 초대 황제 아우구스투스부터 도미티아누스에 이르는 로마 제국의 초창기 11명의 황제를 다룬 『황제 열전』을 저술했다. 그중 클라우디우스 황제에 대해 기록하면서 '크레스투스'(메시아를 의미하는 크리스투스의 오기로 추측됨)라는 선동자를 묘사하는데 대부분 학자는 이것이 예수라는데 동의한다.

"그 황제는 크레스투스에 의해 미혹되어 끊임없이 소요를 일으키는 유대인들을 로마에서 추방했다. 네로도 새롭고 유해한 사교를 믿는 그리스도인들에게 처벌을 내렸다."

트라얀이 황제이던 112년경 소아시아 지역 비티니아의 총독을 지냈던 플리니는 그리스도인들을 박해하고 죽이는 데 앞장섰던 인물로 유명하다. 그는 그리스도인들이 신으로 숭배하는 그리스도를 포기하게 하려는 시도와 관련하여 트라얀 황제에게 장문의 글을 올렸다. 예수를 믿는다고 고백하는 사람들을 모두 죽일지 일부만 죽일지, 순교자의 수가 너무 많아지는 것을 고민한다는 내용의 편지인데, 그럼에도 그들이 도덕적이라는 것은 인정하고 있다.

"그들은 새벽 일정한 시간에 모이는 습관이 있고, 그리스도를 신으로 여겨 반복되는 찬양을 부르고, 사기나 도둑질, 간음, 거짓 증거 등의 어떤 악한 행동을 금하기로 서로 간에 약속하며, 자신의 믿음을 부인하지 않기를 엄숙한 선서로 다짐한다."

로마총독 관저 백부장의 아들이었던 터툴리안은 본디오 빌라도가 티베리우스 황제에게 보낸 '빌라도 보고서'에 관해 이렇게 언급한다.

"그리스도인이라는 이름이 세상에 일컬어질 즈음에 티베리우스는 그리스도의 신성에 대한 정보를 보고받고 그리스도에 대해 긍정적인 결정을 한 후 이 문제를 상원회의에 올렸다. 상원은 그 의제를 승인하지 않고 기각했다. 그러나 황제는 그의 견해를 지켜 그리스도인들에 대한 모든 비방자들을 벌할 것이라고 겁주었다."

그리스 작가 플래곤은 202회 올리피아드 4년째 해, 즉 33년(일부 학자들에 의하면 29년)에 "가장 큰 일식 현상"이 발생했다고 기록하고 있다. 지금 시각으로 정오 경에 밤이 되어서 심지어 하늘에 별이 나타날 정도로 어두워졌다고 기록한다. 동부 지중해 지역의 역사가 탈루스도 30년 4월에 발생했던 신비한 일식 현상에 대해서 기록하고 있다. 학자들은 이것이 예수의 십자가 죽음 당시 3시간 가량 발생했던 이상한 어두움에 대한 성경 기록(마 27:45)과 동일한 것이라고 추측한다.

시리아의 스토아 철학자 사라피온은 73년경 로마 감옥에서 아들에게 남겨주고 싶은 많은 권고와 경고들을 담아 편지를 썼는데, 역사가들은 여기서 언급한 '현명한 왕'이 예수를 가리키는 것이라고 인정한다.

"아테네 사람들이 소크라테스를 죽여서 무슨 이익을 보았느냐? 그들이 무슨 일을 했길래 기아와 역병으로 되갚음을 당했느냐? 사모스 섬 사람들이 피타고라스를 불태워 온 나라가 한 순간에 모래로 뒤덮이게 되었으니 그들에게 무슨 득이 있겠느냐? 유대인들이 '현명한 왕'을 처형하고 그때부터 그 나라를 빼앗겼으니 그들에게 무슨 유익이 있겠느냐? 신께서는 그 세 현자들을 위하여 똑같이 복수를 행하셨다. 아테네 사람들은 굶주려 죽었고, 사모스 섬은 바닷물로 뒤덮혔으며, 유대인들은 살육당하고 자기네 나라에서 쫓겨나 여기저기 흩어져 살게 되었다."

요세푸스는 로마 시대의 유대인 정치가 겸 역사가로서 1세기 유대 역사에 대한 중요한 기록을 남긴 인물이다. 그는 93년 그의 저서 『유대 고대사』에서 예수에 대해 2회 언급한다.

"이 즈음에, 굳이 그를 사람으로 부른다면, 예수라고 하는 현자 한 사람이 살았다. 예수는 놀라운 일을 행하였으며, 그의 진리를 기쁘게 받아들이는 사람들의 선생이 되었다. 그는 많은 유대인들 헬라인 사이에 명성이 높았다. 그는 바로 그리스도였다. 빌라도는 우리 유대인 중 고위층 사람들이 예수를 비난하는 소리를 듣고 그를 십자가에 처형하도록 명령했으나, 처음부터 그를 따르던 사람들은 예수에 대한 애정을 버리지 않았다. 예수가 죽은지 사흘째 되는 날 그는 다시 살아나 그들 앞에 나타났다. 이것은 하나님의 예언자들이 이미 예언했던 바, 예수에 대한 많은 불가사의한 일들 중의 하나였다. 오늘날에도 그를 따라 이름을 붙인 족속, 즉 그리스도인이라는 족속이 사라지지 않고 여전히 남아 있다."

62년 대제사장 아나누스가 이끄는 산헤드린이 그리스도 예수의 형제 야고보를 돌로 쳐죽인 사건이 발생했다. 요세푸스는 『유대 고대사』에 이 사건뿐만 아니라 야고보를 부당하게 죽인 아나누스가 결국 대제사장직을 박탈당하는 사건도 기록했다.[1]

이외에도 속(續)사도들이 기록한 클레멘트 서신, 이그나티우스 서신, 폴리갑 서신, 바나바 서신 등도 예수에 대해서 증언한다.

예수에 관한 성경 외의 기록은 양적으로도 많을 뿐만 아니라 내용으로도 서로 일치하고 있다.

첫째, 예수는 유대인 선생이다.

둘째, 그는 많은 사람들에게 치유를 행하고 귀신을 쫓아내 주었다.

셋째, 어떤 사람들은 그를 메시아라고 믿었다.

넷째, 그는 유대인 지도자들에 의해 배척받았다.

다섯째, 디베랴 지방에서 본디오 빌라도의 통치하에서 십자가에 못박혀 죽음을 당했다.

여섯째, 이 수치스러운 죽음에도 불구하고 그가 여전히 살아있다고 믿은 추종자들은 팔레스타인 지방을 넘어 빠른 속도로 확산되어 64년경에 로마에서도 많은 사람들이 그의 제자가 되었다.

일곱째, 도시와 시골의 모든 부류의 남자, 여자, 노예, 자유자들이 그를 하나님으로 경배했다.

---

1 "Is There Any Evidence for Jesus Outside the Bible?" http://coldcasechristianity.com/2014/is-there-any-evidence-for-jesus-outside-the-bible/

2. 탈무드

지금도 다른 메시아를 기다리는 유대인들에게는 자신을 메시아라고 계시하신 예수가 가장 혐오스런 인물이다. 2세기 이후에 형성되었을 것으로 추정되는 탈무드에는 예수에 대한 기록이 많이 있다. 예수는 많은 기적을 행했고 또 스스로를 메시아라고 했기 때문에 유대인들은 그를 마술사나 사탄과 같이 여겼다. 탈무드는 예수의 죽음에 대해서 이렇게 기록한다.

"유월절 축제 전날 밤 사람들은 예수를 매달았다. 사십 일 전 전령이 이렇게 외쳤다. '그 사람은 마술을 행하고 이스라엘을 그릇된 길로 인도하여 불충한 자들로 만들었으니 끌려가서 돌팔매질을 당할 것이다. 그를 변호할 자는 나와서 말해 보라.' 그러나 아무도 그를 변호하는 말을 하지 않았기 때문에 사람들은 그를 유월절 축제 전날 밤 매달았다."

엘리자베스 딜링(Elizabeth Dilling)은 그의 저서 『유대교: 현대에 미친 영향』에서 유대인들의 경전인 탈무드를 해석하며 그들이 예수를 어떻게 보고 있는지를 상세하게 증언한다. 피터 셰퍼(Peter Schafer)도 『탈무드가 말하는 예수』에서 유대인의 관점에서 본 예수의 가정사, 예수의 사역, 예수의 제자들, 예수의 처형, 예수의 지옥에서 받는 심판 등에 대해 기록한다.

유대인들은 자신의 조상인 예수에 대해서 매우 부정적인 비평을 하지만 그것은 예수가 결코 허구 인물일 수 없다는 증거들 중의 하나가 된다.

3. 성경

예수에 대한 가장 정확한 기록은 물론 성경에서 발견된다. 성경은 역사의 기록으로서 믿을 수 없는 책이라고 주장하는 사람들이 있지만 고서검증법에 의하면 성경은 고대 문서 중에서도 가장 믿을만한 책으로 인정받는다. 비기독교 역사학자들도 신약 필사본을 예수의 존재에 대한 확실한 증거로 간주한다. 케임브리지의 역사학자이자 무신론자인 미카엘 그랜트는, 다른 고대 역사에 대한 증거와 신약을 동일하게 간주해야 한다고 주장한다. 역사적 자료가 담긴 고대 기록과 동일한 기준을 신약에 적용한다면, 우리가 알렉산더 대왕의 역사적 존재를 부정할 수 없는 것처럼 아무도 예수의 존재를 부정할 수 없게 된다.

고대의 역사적 인물과 그의 가르침은 일정 기간 동안 구전으로 전승되다가 후대 어느 시점에 문서로 기록된다. 생존 당시에는 굳이 그에 관해 기록할 필요가 없고, 그가 역사적으로 평가받는 데에는 어느 정도 시간이 필요하며, 지금처럼 자료의 기록이 쉽지 않았기 때문이다. 따라서 입으로 전승된 기간이 짧을수록 그 내용이 사실에 가깝다고 판단할 수 있다.

단군 신화는 BC 2333년에 나라를 세웠다는 단군의 이야기가 구전되어 AD 1281년에 승려 일연의 『삼국유사』에 기록되기까지 최소한 3,000년 이상의 구전 전승 기간을 거쳤다. 석가는 BC 6세기의 인물인데 그에 관한 기록은 1세기 이후에 되었다. 600년 넘게 제자들 가운데 구전되다가 문자화된 것이다. 마호멧은 632년까지 생존했는데 그의 전기는 767년에 쓰였다. 사후 135년이 지나서야 문서화되었다. 공자의 생애에 관한 유일한 책은 사마천의 『공자세가』인데 그것은 공자가 죽은 지 약 400년 후에야 기록되었다. BC 6세기경의 인물로 추정되는 짜라투스트라는 그의 가르침이 3세기 이후에야 기록되었고 그에 대한 전기는 1278년에 기록되었다. 시간 간격이 거의 1,000년이나 된다. 알렉산더 대왕의 생애는 그의 사후 약 400년에 아리안과 플루타르크에 의해서 쓰여졌다. 티베리우스 황제는 사후 약 80년에 타키투스와 수에토니우스에 의해 기록되었다.

그럼 예수에 관해서는 언제 기록되었을까? 고고학자 올브라이트에 의하면 50년에서 75년 사이, 사학자 존 로빈슨에 의하면 40년에서 65년 사이에 이루어졌다. 그러니까 예수의 죽음과 부활이 있은지 10년에서 20

년 사이에 예수를 직접 목격하고 경험한 사람들이 아직 살아있을 때 기록하기 시작한 것이다. 예수에 관한 기록이 가장 짧은 구전 전승 기간을 거쳤다는 것은, 우리가 아는 고대 인물들 중에서 가장 확실한 역사적 신뢰성을 갖는다는 의미가 된다. 따라서 만일 누군가가 예수의 역사성을 부인하고 싶다면 모든 다른 고대 인물들에 대한 역사성도 부인해야만 한다.

신약성경은 특별히 예수의 행적을 기록한 역사 책인데 만일 누군가 조작할 의도가 있었다면 다음과 같은 문제가 발생한다.

첫째, 사건을 목격한 최초 기록자가 거짓으로 기록했다면 당시에 진실을 알고 있는 수많은 사람들에게 외면당할 것이므로 그 문서가 많이 유포되거나 전승될 가능성이 낮다.

둘째, 사건 발생 당시의 목격자의 반대를 피하기 위해 사건 발생 후 오랜 세월이 지나서 조작하려 했다면 사건과 기록 간에 큰 시간 간격이 있었을 것이다.

셋째, 조작이 되었다면 원본과 사본들 간 많은 불일치가 발견되었을 것이다.

그런데 신약은 예수 사건이 발생하면서 곧 바로 기록이 시작되었고, 이후 24,000개 이상이라는 압도적인 숫자의 필사본이 만들어졌고, 필사본들 간에 오류가 거의 발견되지 않는다는 점에서 모든 테스트를 완벽하게 통과했다. 예수를 선전하기 위해 성경을 조작하고 역사를 왜곡했을 가능성이, 문서학적인 관점에서 볼 때 거의 없다는 것이 증명된 것이다.[2]

---

2 "성경의 사실성," http://gospel79.tistory.com/5.

10장

예수의 부활 증명

예수의 실존은 인정하지만 그의 신성은 부인하는 학자들이 있다. 비평가들은 예수의 죽음 이후 수세기가 지나고 기독교가 안정기에 접어 들면서 예수에 대한 신성이 과장되어 교리로 정해졌다고 주장한다.

그러나 예수에 대한 기록은 그의 부활 사건이 있고 얼마 지나지 않아서 시작되었으며 처음부터 그가 하나님의 아들이자 하나님 자신이라고 증거한다. 예수와 함께 생활했던 제자들은 물론이요, 예수 생전에는 만나지 못했던 바울도 예수의 신성을 분명하게 언급한다. 그들은 예수가 구약에서 예언된 대로 다윗의 자손이며, 메시아며, 배신을 당했고, 재판을 받았으며, 우리 죄를 위하여 십자가에 못박혔고, 땅에 묻혔다가 삼일 만에 다시 살아나서 많은 사람들에게 보여졌다고 기록한다. 그들의 기록은 그리스도의 신성에 대한 매우 결정적 증거를 갖는다. 성경의 기록자 모두가 처음부터 예수를 하나님으로 인정했다.

예수의 신성을 언급할 때 가장 중요한 사건은 부활 사건이다. 부활은 기독교에서 매우 중요한 의미를 갖는다. 만약 부활이 사실이 아니라면 기독교는 존재 의미가 없어지고 만다. 바울은 예수의 부활이 없으면 그리스도인은 가장 불쌍한 자가 된다고 말했다.

"그리스도께서 만일 다시 살아나지 못하셨으면 우리가 전파하는 것도 헛것이요 또 너희 믿음도 헛것이며 또 우리가 하나님의 거짓 증인으로 발견되리니… 만일 그리스도 안에서 우리가 바라는 것이 다만 이 세상의 삶뿐이면 모든 사람 가운데 우리가 더욱 불쌍한 자이리라"(고전 15:13–15).

예수의 부활은 인류 역사에서 처음으로 일어난 전대미문의 사건이었기 때문에 도저히 믿을 수 없었다. 학자들은 예수의 부활이 거짓임을 증명해 보여서 기독교를 부정하려고 했다. 그들은 기독교가 믿는 예수부활 사건이, 수천 년 동안 무수한 인류를 상대로 저지른 가장 비열하고 사악한 희대의 사기 사건이라고 생각하며 조사를 시작했다. 그러나 그들이 발견한 것은 기대와는 전혀 반대의 것이었다.

1. 정말 죽었었나?

예수가 받았던 십자가 사형법이 당시 시행되었음이 고고학 자료에 의해 드러났다. 그같이 잔인한 처형은 4세기경까지 계속되었다고 한다. 그런데 예수는 십자가에서 정말 죽었던 것일까? 혹자는 예수가 십자가에 못박혔지만 죽지 않고 있다가 무덤 속의 차갑고 습한 공기 덕분에 살아난 것이라며 소위 '기절 이론'을 제시한다. 그러나 역사학자 루시안(AD 120–180), 요세푸스(AD 37–100), 타키투스(AD 56–120) 등의 비기독교인들도 예수의 죽음을 역사적 사실로 기록한다.

부활을 인정하지 않는 회의론자들조차 예수가 죽었었다는 데에는 동의한다. 유명한 회의론자인 제임스 테이버는 "예수가 로마 정부의 십자가형으로 처형당했음을 고려한다면 예수의 사망에 대해 의심할 필요는 없다고 생각한다"고 말했다. 회의론으로 악명 높은 '예수 세미나'의 공동 설립자

존 도미닉 크로상도 "예수가 십자가형을 받았다는 점은 역사학자들의 말과 같이 확실하다"고 말했다. 대부분의 학자들이 역사적 및 의학적 증거의 관점에서 볼 때 예수는 분명히 죽은 것이며 이에 대해서는 의심의 여지가 없다고 동의한다.

그의 죽음은 제자들의 태도를 보아도 알 수 있다. 제자들은 예수가 하나님의 아들이자 메시아로 알고 있었기 때문에 하나님이 메시아가 목숨을 잃도록 허락하시지 않을 것이라고 확신했다. 그런데 예수의 충격적인 죽음을 목격하자 제자들은 이제 모든 것이 끝났다고 생각하며 어깨를 늘어뜨리고 이전의 본업으로 돌아갔다. 베드로는 어부로, 다른 제자들은 엠마오로 돌아가면서 뿔뿔히 흩어졌다. 예수를 죽였던 로마와 유대의 지도자들은 모든 것이 승리로 끝났다고 생각했다. 적어도 3일 동안은 그랬다.

2. 시체가 도적질 당했나?

성경은 시체를 묻은 무덤이 산헤드린 공의회의 아리마대 요셉의 무덤이었다고 기록한다. 당시 이스라엘에서 공의회 의원은 매우 높은 직책으로 요셉도 잘 알려진 인물이었을 것이다. 이 무덤은 놀랍게도 3일 만에 빈 무덤으로 발견되었다. 예수는 생전에 자신의 부활을 예언했으므로 그의 부활을 부인하거나 감추고 싶었던 유대인 지도자들은 무덤이 비어진 이유를 설명하기 위해서 제자들이 시체를 훔쳐갔다고 꾸몄다.

"(부활하신 후) 그들이 장로들과 함께 모여 의논하고 군병들에게 돈을 많이 주며 가로되 너희는 말하기를 그의 제자들이 밤에 와서 우리가 잘 때에 그 (예수의 시체)를 도적질하여 갔다 하라… 이 말이 오늘날까지 유대인 가운데 두루 퍼지니라"(마 28:12 – 15).

성경의 증언대로 예수의 시체가 제자들에 의해 도적질 당했다는 주장이 퍼져나갔지만 그것은 매우 불합리한 일이다. 당시의 법규에 의하면 4명에서 16명의 매우 잘 훈련된 로마 병사들이 24시간 무덤을 지키고 있었으며 실수에 대해서는 사형으로 처벌받을 만큼 엄격했기 때문이다.

조쉬 맥도웰(Josh McDowell)은 "경비병들이 잠들거나 근무지를 이탈하거나 어떤 식으로든 임무를 수행하지 못했을 수도 있는데, 실제로 그랬음을 나타내는 역사적 근거가 다수 있다. 이 병사들은 옷이 벗겨졌으며, 옷을 태운 불에 산 채로 화형당하거나 십자가에 거꾸로 매달려 못박혔다. 이 경비병들은 훈련이 잘 되어 있었으며 어떤 원인으로든 실패를 두려워했다"고 말한다.[1]

이처럼 철통 같은 경비병들 몰래 제자들이 2톤이나 되는 무덤의 돌을 옮기고 시체를 가져가는 것은 불가능했을 것이다. 하지만 돌은 치워졌고 시체는 사라졌다. 예수의 시체는 어디로 갔을까? 누군가 훔쳐갔다면 어디서든 발견되었을 것이고 그랬다면 적들은 예수의 부활이 거짓이라고 즉시 공격했을 것이다. 캘리포니아 법정변호사협회에서 회장을 역임한 톰 앤더슨(Thomas Anderson)은 다음과 같이 요약하며 부활의 사실을 확신한다.

"너무나 잘 알려진 사건이니만큼 역사학자나 증인 또는 반대주의자들 중에서 단 한 명이라도 그리스도의 몸을 보았다는 기록이 있어야 하는 게 합당하다고 생각하지 않는가? 그런데 그것과 관련해서 역사는 너무나 조용하게 침묵하고 있다."[2]

---

1 "The Resurrection Factor," http://www.bethinking.org/bible-jesus/intermediate/the-resurrection-factor-part-3.htm.

2 "Verdict, Jesus Christ is who he said he was: a trial lawyer examines the evidence and makes a startling discovery." http://www.goodreads.com/book/show/8239183-verdict.

3. 왜 태도가 변화되었나?

역사학자 폴 존슨(Paul Johnson)은 예수의 부활을 증명하는 가장 중요한 사항은 제자들의 극적인 태도 변화라고 말한다. 메시아라고 믿었던 스승의 죽음을 목격하고 낙심해서 돌아갔던 제자들은 갑자기 놀랍게 변해버렸다. 무슨 일이 벌어진 것일까? 그들은 정말로 죽은 예수의 부활을 목격한 것이다. 예수가 처형된 후 혼란스러워하고 낙심하고 두려워했던 추종자들은 이제 담대하게 사람들 앞에 나서서 예수의 부활과 그의 가르침을 선포하기 시작했다. 베드로는 이렇게 선포했다.

"우리는 유대인의 땅과 예루살렘에서 그가 행하신 모든 일에 증인이라 그를 그들이 나무에 달아 죽였으나 하나님이 사흘 만에 다시 살리사 나타내시되 모든 백성에게 하신 것이 아니요 오직 미리 택하신 증인 곧 죽은 자 가운데서 부활하신 후 그를 모시고 음식을 먹은 우리에게 하신 것이라"(행 10:39－41).

한두 명이 아니라 많은 사람들이 모욕과 고문과 순교를 당하면서까지 자신들이 보고 믿는 바를 선포했다. 유대 지도자들의 주장처럼 제자들이 정말 예수의 시체를 훔쳐갔다면, 예수의 부활이 거짓말이라는 것을 알면서도 제자들이 거짓말을 위해서 몸 바쳐 그런 희생을 감수했을 리는 없다. 스스로 거짓말을 하고 그 거짓말을 위해 순교한다는 것은 상식적으로 있을 수 없는 일이다. 제자들이 혹시 돈이나 명예를 위해 모두 거짓말을 하기로 공모했다고 하더라도 수십 년 동안 드러내지 않았다는 것은 불가능한 일이다. 닉슨 대통령 재직 시 워터게이트 스캔들에 연루되었던 척 콜슨은 여러 사람이 오랫동안 거짓말을 유지하기가 어렵다는 점을 지적했다.

"저는 부활이 사실임을 알고 있습니다. 이는 워터게이트를 통해 배운 사실입니다. 어떻게 깨달았냐고요? 12명의 사람들이 예수가 죽었다가 부활한 모습을 보았다고 증언했고, 이 주장을 40년 동안 단 한 번도 부인하지 않고 그대로 유지했습니다. 그들 모두 그 때문에 매를 맞고 고문 당했으며 돌에 맞았고 감옥에도 갔습니다. 사실이 아니었다면 견디지 못했을 겁니다. 워터게이트는 세계에서 가장 강력한 12명의 사람들이 연루된 사건이었지만, 이들은 단 3주도 거짓말을 지키지 못했습니다. 12 제자가 40년 동안 거짓말을 계속할 수 있었겠습니까? 절대 불가능합니다."

제자들은 부활한 예수를 각기 다른 상황에서 10번 이상 보며 그의 손과 발을 만져도 보고 함께 식사도 했다. 500명이 넘는 추종자들 앞에 나타나기도 하셨다. 더구나 부활하신 예수를 가장 먼저 본 사람은 여자였다. 『누가 돌을 옮겼는가』의 저자 프랭크 모리슨(Frank Morison)은 예수의 부활이 음모라면 음모의 중심에 여성을 두는 것이 합리적이지 않다고 주장한다. 1세기 당시 여성은 권리나 개성 등은 생각할 수도 없는 열악한 지위를 갖고 있었기 때문이다. 이 음모가 성공하려면 공모자들은 여성이 아닌 남성이 예수를 먼저 보았다고 꾸며야 했다. 하지만 성경은 여자가 먼저 예수의 빈 무덤을 발견했고 대화를 나눴고 만졌다고 기록한다(요 20장).

4. 증거로 사실 입증

무신론 철학자 앤토니 플루와 신학자 하버마스 사이에서 "예수가 과연 부활했는가?"라는 주제로 1985년 토론이 있었다. 유수한 대학의 철학자 5명이 토론을 지켜보고 투표로 판정했는데 결과는 어땠을까? 4명이 하버마스에 표를 던지고 1명이 기권하고 플루에게는 아무도 표를 던지지 않았다. 예수의 부활이 신화의 미신이라고 생각했던 찰스 하트셔은 "분명한 증거들을 무시해 버릴 수도, 플루에게 무조건 찬동할 수도 없었다"며 과거 자신에게 편견이 있었음을 인정했다.

평생 동안 진화론과 무신론을 주장하던 플루 자신도 81세의 나이에 예수께로 회심했다. 금세기 최고의 철학자이자 무신론자로서 반기독교의 아이콘이었던 그의 회심은 세계적인 이슈가 되어 많은 사람들을 분노케 하고 무신론자의 교주인 리차드 도킨스를 크게 낙심시켰다.

그는 자신이 회심한 이유를 아주 단순하게 설명한다. "나는 증거가 이끄는 대로 따라가라던 소크라테스의 법칙에 충실하게 살아왔다(My whole life has been guided by the principle of Plato's Socrates: Follow the evidence, wherever it leads)." 이제 더 분명하고 확실한 예수의 증거를 발견했으니 이전의 신념을 바꿀 수 있게 된 것이다.[3]

증거를 따라서 판단하는 법학자들이라면 모두 예수의 기사를 사실이라고 증언한다. 그들이 관련 자료들을 정직하고 성실하게 조사 연구한다면 말이다. 법학자 존 몽고메리(John Warwick Montgomery)는 "초기 기독교인들이 예수의 시체에 대해서 거짓말을 지어내 퍼뜨렸다는 것은 불가능한 일이다. 그랬다면 간단하게 반박할 수 있었을 것이다"라고 설명한다. 영국의 법조인 에드워드 클라크(Edward Clark)는 "법률가로서 나는 오랫동안 부활의 사건들에 대한 증거를 연구해 왔다. 고등법원의 많은 재판에서도 이처럼 강력한 증거는 찾아보지 못했다"고 고백한다.

옥스퍼드대학교의 역사학자 토마스 아놀드(Thomas Arnold)는 역사적 사실을 연구하는 일에 능숙한 석학이다. 그도 예수의 부활을 강력하게 지지하며 이렇게 말했다. "본인은 여러 시대의 역사를 연구하고 이에 관해 글을 남긴 사람들이 제시한 증거의 신빙성을 가늠하는 일에 다년간 몸담아 왔다. 그런데 하나님께서 우리에게 주신 위대한 표적, 즉 예수 그리스도가 죽었다가 죽은 자로부터 다시 살아났다는 사실보다 더 탁월하고 완벽한 증거로 입증되는 사실을 나는 인류 역사상 단 하나도 알지 못한다."

영국의 재무장관을 지냈던 리틀톤(Littleton) 경과 그의 친구이자 법률가인 길버트 웨스트(Gilbert West)는 기독교 신앙은 말도 안되는 허구의 신화

---

3 "A Change of Mind for Antony Flew," http://www.bethinking.org/does-god-exist/a-change-of-mind-for-antony-flew

라고 믿고 반박하기로 결심했다. 그들은 증거들을 신중하고 합리적으로 조사하다 보면 기독교를 쉽게 무너뜨릴 수 있다고 생각했다. 그러나 합심해서 증거를 조사한 후 그들도 정반대의 결론에 도달했다. 예수의 부활은 역사상 가장 확고부동한 사실이라고 결론을 내린 후 함께 『예수 그리스도의 부활의 역사와 증거에 대한 고찰』이라는 저서를 남겼다.

영국의 재판장이었던 달링(Darling) 경도 부활의 증거들을 조사해 본 후 이렇게 증언했다. "(예수에 대해) 긍정적이든 부정적이든, 본질적이든 부수적이든, 부활의 증거는 압도적으로 넘쳐나고 있다. 최소한의 지성을 갖춘 곳이라면 세상의 어느 법정이라도 예수의 부활 이야기가 진실이라는 판결을 내리지 않을 수 없을 것이다."

세계 최고의 법학자로 불리는 사이몬 그린리프(Simon Greenleaf)는 하버드 법대를 키워낸 인물이다. 그는 하버드 재직 시절에 학생들에게 예수의 부활은 단순한 전설에 불과하다고 말했다. 무신론자인 그는 기적이 불가능하다고 생각했던 것이다. 학생들 중 3명이 그의 '증거의 규칙'을 부활 사건에 적용해 보라고 도전했다. 수없이 재촉을 받은 후에야 그린리프는 학생들의 도전을 받아들이고 그것이 허구임을 증명하기 위해서 조사를 시작했다.

하지만 그는 역사 기록을 깊이 파고 들어갈수록 예수가 무덤에서 살아나갔음을 뒷받침하는 증거들이 너무나 분명하다는 것을 발견했다. 예수가 죽은 후 얼마 되지 않아 벌어졌던 일련의 극적인 변화들, 그중에서도 제자들의 극적인 변화는 무엇으로도 설명할 수 없었다. 또 한두 명도 아니고 수많은 제자들이 일관되게 예수의 부활을 주장했다. 자신이 만든 '증거의 규칙'을 이 사건에 적용한 그린리프는 결국 예수의 부활이 사실이라는 결론을 내리게 되었다. 그는 무신론자에서 기독교인으로 회심하고 『전도자의 증언』(*The Testimony of the Evangelists*)이라는 저서를 내었다. 이 책에서 그는 부활에 대한 진실을 찾는 자들이 편견없고 공정한 자세로 증거를 검토할 때 자신과 같은 결론을 내리게 될 것이라고 확신했다.

수없이 많은 지식인 회의론자들이 예수의 부활에 대한 증거를 조사하다가 인류 역사에 실제로 일어났던 가장 놀라운 사실을 발견하게 되었다. 예수의 존재조차 의심했던 사람들도 예수의 부활을 인정할 수밖에 없었다. 케임브리지대학교에서 철학을 가르쳤던 무신론자 루이스(C.S. Lewis)는 기독교인으로 변화되고 "우주 역사상 완벽하게 새로운 일이 일어났다. 그리스도는 죽음을 이겨냈다. 항상 잠겨있던 문이 정말 처음으로 강제로 열린 것이다"라고 선포했다.

5. 부활의 의미

그런데 예수가 죽었다가 부활했다는 사실이 왜 중요한가? 죽었다가 살아난 사람들의 이야기는 희귀하지만 가끔씩 듣고 있다. 성경도 죽었다가 살아난 사람들의 이야기를 종종 소개한다. 사르밧 과부의 아들(왕상 17:17－24)은 엘리야의 기적으로, 수넴 여인의 아들(왕하 4:17－37)은 엘리사의 기적으로 살아났다. 회당장 야이로의 딸(막 5:21－24, 35－43)과 나인성 과부의 아들(눅 7:11－17)과 베다니의 나사로(요 11:1－44)는 예수의 기적으로 살아났고, 도르가(행 9:36－43)는 베드로에 의해, 유두고(행 20:7－12)는 바울을 통해서 살아났다. 하지만 이들은 어느 때인가 다시 죽었다. 예수는 죽음을 이기시고 다시는 죽지 않았다.

예수는 자신이 하나님께서 보내신 자요 하나님의 아들이시라는 것을 증명할 수 있는 표적을 보여주기를 요청하는 유대인들을 향하여 이렇게 대답했다.

"악하고 음란한 세대가 표적을 구하나 선지자 요나의 표적밖에는 보일 표적이 없느니라 요나가 밤낮 사흘을 큰 물고기 뱃속에 있었던 것같이 인자도 밤낮 사흘을 땅 속에 있으리라"(마 12:39－40).

또 자신의 몸을 성전에 비유해서 죽음과 부활을 말씀하시기도 했다.

"예수께서 대답하여 가라사대 너희가 이 성전을 헐라 내가 사흘 동안에 일으키리라"(요 2:19).

비록 제자들이 아직 이해하지 못할지라도 예수는 자신의 죽음과 부활에 대한 것을 여러 차례에 걸쳐 예언하셨다.

"이때로부터 예수 그리스도께서 자기가 예루살렘에 올라가 장로들과 대제사장들과 서기관들에게 많은 고난을 받고 죽임을 당하고 제 삼 일에 살아나야 할 것을 제자들에게 비로소 가르치시니"(마 16:21).

"죽임을 당하고 제삼일에 살아나리라 하시니 제자들이 심히 근심하더라"(마 17:23).

"이방인들에게 넘겨주어 그를 능욕하며 채찍질하며 십자가에 못 박게 하리니 제삼일에 살아나리라"(마 20:19).

예수는 부활하고 나서 갈릴리에서 다시 만나자고도 말씀하셨다.

"내가 살아난 후에 너희보다 먼저 갈릴리로 가리라"(마 26:32; 막 14:28).

"가서 그의 제자들과 베드로에게 이르기를 예수께서 너희보다 먼저 갈릴리로 가시나니 전에 너희에게 말씀하신 대로 너희가 거기서 뵈오리라 하라 하는지라"(막 16:7).

예수가 죽으신 후 삼일 후에 살아나실 것은 제자들만 알고 있던 일이 아니었다. 백성들도, 예수를 대적하던 제사장들도, 백성의 장로들도 익히 알고 있던 일이었다.

"저 유혹하던 자가 살았을 때에 말하되 내가 사흘 후에 다시 살아나리라 한 것을 우리가 기억하노니"(마 27:63).

그래서 그들은 혹시 속임수를 당할까봐 철저하게 대책을 세웠다. 예수의 무덤을 인봉하고 파수꾼들을 보내어 무덤을 지키게 했다. 혹시 예수의 제자들이 시체를 훔쳐가고 다시 살아났다고 헛소문을 내면 큰일이기 때문이었다.

"그러므로 분부하여 그 무덤을 사흘까지 굳게 지키게 하소서 그의 제자들이 와서 시체를 도적질하여 가고 백성에게 말하되 그가 죽은 자 가운데서 살아났다 하면 후의 유혹이 전보다 더 될까 하나이다 하니 빌라도가 이르되 너희에게 경비병이 있으니 가서 힘대로 굳게 지키라 하거늘 그들이 경비병과 함께 가서 돌을 인봉하고 무덤을 굳게 지키니라"(마 27:64－66).

이처럼 예수는 자신의 죽음과 부활을 여러 사람들에게 여러 차례 예언하셨고, 정말로 죽으시고 부활하셨다. 그것은 스스로 인간이자 하나님이심을 확인해 주는 증거이며, 생명과 죽음의 주인이 되신다는 증거이며, 또한 그를 믿는 모든 자에게 구원이 되신다는 약속이 사실임을 보여주신 증거가 된다.

"네가 만일 네 입으로 예수를 주로 시인하며 또 하나님께서 그를 죽은 자 가운데서 살리신 것을 네 마음에 믿으면 구원을 받으리라"(롬 10:9)

예수의 죽음은 인간의 죄과를 씻기 위한 대속의 행위며, 부활은 인간의 죄와 그 결과인 죽음을 이겼다는 승리의 증거가 된다. 예수만 부활하신 것이 아니라 예수 안에서 의를 입은 모든 사람이 부활할 수 있게 된 것이다. 그리스도 안에서 그리스도와 연합을 이루고 있기 때문에 그리스도의 부활은 곧 그리스도인의 부활이 되는 것이다.

"하나님이 그 많으신 긍휼대로 예수 그리스도의 죽은 자 가운데서 부활하심으로 말미암아 우리를 거듭나게 하사 산 소망이 있게 하시며"(벧전 1:3).

"그러나 이제 그리스도께서 죽은 자 가운데서 다시 살아 잠자는 자들의 첫 열매가 되셨도다"(고전 15:20).

"그러나 각각 자기 차례대로 되리니 먼저는 첫 열매인 그리스도요 다음에는 그리스도 강림하실 때에 그에게 붙은 자요"(고전 15:23).

6. 가장 큰 영향력

신화 속에서 미트라는 바위에서 태어났다고 한다. 호루스는 매의 머리를 가졌다고 한다. 헤라클레스는 12난행을 달성해 불사의 육체를 얻었다고 한다. 오시리스는 죽었다가 시신 조각들이 모아져 부활되었다고 한다. 단군은 곰이 쑥과 마늘을 먹고 환생했다고 한다…

이렇게 신화 속의 주인공들은 영웅적이고 신기한 삶을 살았다고 하지만 지금 우리에게 아무런 영향을 주지 못하고 있다. 미트라의 교훈을 배우겠다거나 오시리스의 삶을 본받겠다거나 헤라클레스를 위해 순교하겠다는 사람은 없다. 신화는 개인에게도 역사에도 영향을 미치지 못했다. 국가의 기반이나 유산을 신화적 인물이나 신으로 내세우는 국가나 정권은 존재하지 않았다. 그들은 실존 인물이 아니고 신화 속의 가상 인물이기 때문이다.

그러나 이천 년 역사에서 예수는 인류에게 무한한 영향을 미쳤다. 역사학자 웰스(H. G. Wells)는 역사상 가장 큰 유산을 남긴 인물로서 주저함없이 예수를 꼽았다. 예일대학교의 역사학자 펠리칸(Jaroslav Pelikan)도 "예수에 대해 누가 개인적으로 어떤 생각을 하든 어떤 믿음을 갖든 상관없이 20세기 동안 서양 문화권을 지배해 온 인물이었음을 부인할 수 없다"고 말했다.

예수는 왕이 된 적도 없고, 군대를 지휘한 적도 없고, 책을 쓰거나 법을 바꾼 적도 없고, 겨우 3년 남짓 공생애를 살았을 뿐이고, 더구나 가장 비참하고 실패한 것 같은 죽음을 죽었지만, 그는 인류 역사에서 가장 큰 영향을 미쳤던 인물임을 아무도 부인하지 않는다. 수많은 사람들이 그의 삶을 따라가려 하고 그를 통해서 변화받고 그를 위해서 인생을 바치고 심지어 순교까지 했다.

인류 역사에서 가장 큰 영향을 미친 예수는 자신이 하나님의 아들이자 메시아라고 주장했다. 그것은 무슨 의미일까? 그는 정신병자나 사기꾼이나 거짓말장이거나, 아니면 그의 주장과 사건이 보여주듯이 정말 하나님인 것이다. 그렇다면 우리는 그가 성인이라거나 종교지도자라는 거짓된 답변이 아니라, 정직하게 둘 중 하나의 답변을 선택할 수밖에 없다.

11장

예수에 대한 예언과 성취

구약은 오실 그리스도에 대한 예언과 예표의 말씀이고, 신약은 오신 예수가 바로 예언된 그리스도라고 가리킨다. 성경 전체가 예수 그리스도에 대한 소개이자 증거의 책이다. 구약에서 예언된 그리스도가 바로 자신이라고 예수도 스스로 말씀하셨고 목격자도 그렇게 증언했다.

"모세와 및 모든 선지자의 글로 시작하여 모든 성경에 쓴 바 자기에 관한 것을 자세히 설명하시니라"(눅 24:27).

"너희가 성경에서 영생을 얻는 줄 생각하고 성경을 상고하거니와 이 성경이 곧 내게 대하여 증거하는 것이로다"(요 5:39).

"모세를 믿었더면 또 나를 믿었으리니 이는 그가 내게 대하여 기록하였음이라 그러나 그의 글도 믿지 아니하거든 어찌 내 말을 믿겠느냐 하시니라"(요 5:46 – 47).

"빌립이 나다나엘을 찾아 이르되 모세가 율법에 기록하였고 여러 선지자가 기록한 그이를 우리가 만났으니 요셉의 아들 나사렛 예수니라"(요 1:45).

다음에 제시하는 구약과 신약의 귀절들을 보면서, 구약에서 예언된 그리스도가 신약에서 소개된 예수임을 확인할 수 있을 것이다.

(1) 여자의 후손으로 태어남(인간으로 오심)

내가 너(사탄)로 여자와 원수가 되게 하고 너의 후손도 여자의 후손과 원수가 되게 하리니 여자의 후손은 네 머리를 상하게 할 것이요 너는 그의 발꿈치를 상하게 할 것이니라 하시고(창 3:15).
때가 차매 하나님이 그 아들을 보내사 여자에게서 나게 하시고 율법 아래 나게 하신 것은(갈 4:4).

(2) 처녀에게서 태어남

그러므로 주께서 친히 징조로 너희에게 주실 것이라 보라 처녀가 잉태하여 아들을 낳을 것이요 그 이름을 임마누엘이라 하리라(사 7:14).
예수 그리스도의 나심은 이러하니라 그 모친 마리아가 요셉과 정혼하고 동거하기 전에 성령으로 잉태된 것이 나타났더니(눅 1:35; 마 1:18 참조).

이사야는 히브리어로 베툴라(숫처녀)가 아니라 알마(젊은 여성)라는 단어를 사용했기 때문에 '처녀'라는 번역은 틀렸다는 주장이 있다. 그러나 예수가 태어나기 200년 전에 그 히브리어 단어는 그리스어의 파르테노스(숫처녀)로 번역되었다. 따라서 후대의 기독교가 번역을 잘못하거나 오용한 것이라고 볼 수 없다.

(3) 임마누엘

그러므로 주께서 친히 징조로 너희에게 주실 것이라 보라 처녀가 잉태하여 아들을 낳을 것이요 그 이름을 임마누엘이라 하리라(사 7:14).

보라 처녀가 잉태하여 아들을 낳을 것이요 그 이름은 임마누엘이라 하리라 하셨으니 이를 번역한즉 하나님이 우리와 함께 계시다 함이라(마 1:23).

(4) 선재성

그의 근본은 상고에, 태초에니라(미 5:2).
또한 그가 만물보다 먼저 계시고 만물이 그 안에 함께 섰느니라(골 1:17; 요 17:5, 24; 계 1:1–2, 17; 2:8; 8:58; 22:13).

(5) 하나님의 아들

내가 영을 전하노라 여호와께서 내게 이르시되 너는 내 아들이라 오늘날 내가 너를 낳았도다(시 2:7).
하늘로서 소리가 있어 말씀하시되 이는 내 사랑하는 아들이요 내 기뻐하는 자라 하시니라(마 3:17; 16:16; 막 9:7; 눅 9:35; 행 13:30–35).

(6) 아브라함의 씨

또 네(아브라함) 씨로 말미암아 천하 만민이 복을 얻으리니(창 22:18).
이 약속들은 아브라함과 그 자손에게 말씀하신 것인데 여럿을 가리켜 그 자손들이라 하지 아니하시고 오직 하나를 가리켜 네 자손이라 하셨으니 곧 그리스도라(갈 3:16).

(7) 이삭의 아들

이삭에게서 나는 자라야 네 씨라 칭할 것임이니라(창 21:12).
예수 … 그 이상은 이삭이요(눅 3:23–34; 마 1:2).

(8) 야곱의 아들

한 별이 야곱에게서 나오며 … (민 24:17).

예수께서 … 야곱의 아들이니(눅 3:23, 34; 마 1:2; 눅 1:33).

(9) 유다 족속

홀이 유다를 떠나지 아니하며 치리자의 지팡이가 그 발 사이에서 떠나지 아니하시기를(창 49:10).

예수 … 유다의 자손(눅 3:23, 33; 마 1:2; 히 7:14).

(10) 이새의 가계

이새의 줄기에서 한 싹이 나며 그 뿌리에서 한 가지가 나서 결실할 것이요(사 11:1).

예수 … 이새의 아들(눅 3:32; 마 1:6).

(11) 다윗의 집

때가 이르리니 내가 다윗에게 한 의로운 가지를 일으킬 것이라(렘 23:5).

예수 … 다윗의 아들(마 1:1; 9:27; 15:22; 20:30; 막 9:10; 10:47; 눅 3:31; 18:38; 행 13:22; 계 22:16).

(12) 베들레헴에서 탄생

베들레헴 에브라다야 너는 유다 족속 중에 작을지라도 이스라엘을 다스릴 자가 네게서 내게로 나올 것이라 그의 근본은 상고에, 태초에니라(미 5:2).

헤롯 왕 때에 예수께서 유대 베들레헴에서 나시매 동방으로부터 박사들이 예루살렘에 이르러 말하되(마 2:1).

(13) 헤롯의 어린아이 학살

라마에서 슬퍼하며 통곡하는 소리가 들리니 라헬이 그 자식을 위하여 애곡하는 것이라 그가 자식이 없으므로 위로 받기를 거절하는도다(렘 31:15).

이에 헤롯이 박사들에게 속은 줄을 알고 심히 노하여 사람을 보내어 베들레헴과 그 모든 지경 안에 있는 사내아이를 박사들에게 자세히 알아본 그 때를 표준하여 두 살부터 그 아래로 다 죽이니(마 2:16).

(14) 주라고 불리심

여호와께서 내 주에게 말씀하시기를 내가 네 원수로 네 발등상 되게 하기까지 너는 내 우편에 앉으라 하셨도다(시 110:1).

가라사대 그러면 다윗이 성령에 감동하여 어찌 그리스도를 주라 칭하여 말하되 주께서 내 주께 이르시되 내가 네 원수를 네 발 아래 둘 때까지 내 우편에 앉았으라 하셨도다 하였느냐 다윗이 그리스도를 주라 칭하였은즉 어찌 그의 자손이 되겠느냐 하시니 한 말도 능히 대답하는 자가 없고 그 날부터 감히 그에게 묻는 자도 없더라(마 22:43–46).

(15) 선지자

내가 그들의 형제 중에 너와 같은 선지자 하나를 그들을 위하여 일으키고 내 말을 그 입에 두리니 내가 그에게 명하는 것을 그가 무리에게 다 고하리라 (신 18:18).

무리가 가로되 갈릴리 나사렛에서 나온 선지자 예수라 하니라(마 21:11).

(16) 제사장

여호와는 맹세하고 변치 아니하시리라 이르시기를 너는 멜기세덱의 반차를 좇아 영원한 제사장이라 하셨도다(시 110:4).

또한 이와 같이 그리스도께서 대제사장 되심도 스스로 영광을 취하심이 아니요, 오직 말씀하신 이가 저더러 이르시되 너는 내 아들이니 내가 오늘날 너를 낳았다 하셨고 또한 이와 같이 다른데 말씀하시되 네가 영원히 멜기세덱의 반차를 좇는 제사장이라 하셨으니(히 5:5－6).

(17) 하나님의 심판자

대저 여호와는 우리 재판장이시요 여호와는 우리에게 율법을 세우신 자시요 여호와는 우리의 왕이시니 우리를 구원하실 것임이니라(사 33:22).

내가 아무 것도 스스로 할 수 없노라 듣는 대로 심판하노니 나는 나의 원대로 하려하지 않고 나를 보내신 이의 원대로 하려는 고로 내 심판은 의로우니라(요 5:30).

(18) 왕

내가 나의 왕을 내 거룩한 산 시온에 세웠다 하시리로다(시 2:6).

빌라도가 가로되 그러면 네가 왕이 아니냐 예수께서 대답하시되 네 말과 같이 내가 왕이니라(요 18:3).

(19) 성령 강림

여호와의 신 곧 지혜와 총명의 신이요 모략과 재능의 신이요 지식과 여호와를 경외하는 신이 그 위에 강림하시리니(사 11:2).

예수께서 세례를 받으시고 곧 물에서 올라 오실새 하늘이 열리고 하나님의 성령이 비둘기 같이 내려 자기 위에 임하심을 보시더니 (마 3:16－17; 12:17－21; 막 1:10－11; 눅 4:15－21).

(20) 성전을 향한 열심

주의 집을 위하는 열성이 나를 삼키고 주를 훼방하는 훼방이 내게 미쳤나이다(시 69:9).

노끈으로 채찍을 만드사 양이나 소를 다 성전에서 내어 쫓으시고 돈 바꾸는 사람들의 돈을 쏟으시며 상을 엎으시고 비둘기 파는 사람들에게 이르시되 이것을 여기서 가져가라 내 아버지의 집으로 장사하는 집을 만들지 말라 하시니 제자들이 성경 말씀에 주의 전을 사모하는 열심이 나를 삼키리라 한 것을 기억하더라 (요 2:15－17).

(21) 전령이 길을 예비함

외치는 자의 소리여 가로되 너희는 광야에서 여호와의 길을 예비하라 사막에서 우리 하나님의 대로를 평탄케 하라(사 40:3).

그때에 세례 요한이 이르러 유대 광야에서 전파하여 가로되 회개하라 천국이 가까왔느니라 하였으니(마 3:1–2).

(22) 갈릴리 사역

전에 고통하던 자에게는 흑암이 없으리로다 옛적에는 여호와께서 스불론 땅과 납달리 땅으로 멸시를 당케 하셨더니 후에는 해변길과 요단 저편 이방의 갈릴리를 영화롭게 하셨느니라(사 9:1).

예수께서 요한의 잡힘을 들으시고 갈릴리로 물러 가셨다가 나사렛을 떠나 스불론과 납달리 지경 해변에 있는 가버나움에 가서 사시니(마 4:12–13).

(23) 기적의 사역

그때에 소경의 눈이 밝을 것이며 귀머거리의 귀가 열릴 것이며 그 때에 저는 자는 사슴 같이 뛸 것이며 벙어리의 혀는 노래하리니 이는 광야에서 물이 솟겠고 사막에서 시내가 흐를 것임이라(사 35:5–6).

예수께서 대답하여 가라사대 너희가 가서 듣고 보는 것을 요한에게 고하되 소경이 보며 앉은뱅이가 걸으며 문둥이가 깨끗함을 받으며 귀머거리가 들으며 죽은 자가 살아나며 가난한 자에게 복음이 전파된다 하라(마 9:32-35; 11:4-5; 막 7:33-35; 요 5:5-9).

(24) 비유의 선생

내가 입을 열고 비유를 베풀어서 옛 비밀한 말을 발표하리니(시 78:2).

예수께서 이 모든 것을 무리에게 비유로 말씀하시고 비유가 아니면 아무 것도 말씀하지 아니하셨으니 이는 선지자로 말씀하신 바 내가 입을 열어 비유로 말하고 창세부터 감추인 것들을 드러내리라 함을 이루려 하심이니라(마 13:34-35).

(25) 나귀 타고 예루살렘 입성

보라 네 왕이 네게 임하나니 그는 공의로우며 구원을 베풀며 겸손하여서 나귀를 타나니 나귀의 작은 것 곧 나귀 새끼니라(슥 9:9).

제자들이 가서 예수의 명하신 대로 하여 나귀와 나귀 새끼를 끌고 와서 자기들의 겉옷을 그 위에 얹으매 예수께서 그 위에 타시니(마 21:6-7).

(26) 버린 돌과 머릿돌

건축자의 버린 돌이 집 모퉁이의 머릿돌이 되었나니(시 118:22).

믿는 너희에게는 보배이나 믿지 아니하는 자에게는 건축자들의 버린 그 돌이 모퉁이의 머릿돌이 되고(벧전 2:7).

(27) 이방의 빛

열방은 네 빛으로, 열왕은 비취는 네 광명으로 나아오리라(사 60:3).
주께서 이같이 우리를 명하시되 내가 너를 이방의 빛을 삼아 너로 땅 끝까지 구원하게 하리라 하셨느니라 하니(행 13:47).

(28) 무고히 미움 받음

무고히 나를 미워하는 자가 내 머리털보다 많고 부당하게 내 원수가 되어 나를 끊으려 하는 자가 강하였으니 내가 취치 아니한 것도 물어 주게 되었나이다(시 69:4).
내가 아무도 못한 일을 저희 중에서 하지 아니하였더면 저희가 죄 없었으려니와 지금은 저희가 나와 및 내 아버지를 보았고 또 미워하였도다. 그러나 이는 저희 율법에 기록된바 저희가 연고 없이 나를 미워하였다 한 말을 응하게 하려함이니라(요 15:24-25).

(29) 거절당함

그는 멸시를 받아서 사람에게 싫어 버린바 되었으며 간고를 많이 겪었으며 질고를 아는 자라 마치 사람들에게 얼굴을 가리우고 보지 않음을 받는 자 같아서 멸시를 당하였고 우리도 그를 귀히 여기지 아니하였도다(사 53:3).
이 모든 것이 어디서 났느냐 하고 예수를 배척한지라 (마 13:56-57).
그 형제들이라도 예수를 믿지 아니함이러라(요 7:5).

(30) 배반당함

나의 신뢰하는바 내 떡을 먹던 나의 가까운 친구도 나를 대적하여 그 발꿈치를 들었나이다 (시 41:9).
예수께서 이 말씀을 하시고 심령에 민망하여 증거하여 가라사대 내가 진실로 진실로 너희에게 이르노니 너희 중 하나가 나를 팔리라 하시니 (요 13:21).

(31) 은 30세겔에 팔림

내가 그들에게 이르되 너희가 좋게 여기거든 내 고가를 내게 주고 그렇지 아니하거든 말라 그들이 곧 은 삼십을 달아서 내 고가를 삼은지라 (슥 11:12).

내가 예수를 너희에게 넘겨주리니 얼마나 주려느냐 하니 그들이 은 삼십을 달아 주거늘(마 26:15).

(32) 토기장이의 밭 구매

여호와께서 내게 이르시되 그들이 나를 헤아린바 그 준가를 토기장이에게 던지라 하시기로 내가 곧 그 은 삼십을 여호와의 전에서 토기장이에게 던지고(슥 11:13).

유다가 은을 성소에 던져 넣고 물러가서 스스로 목매어 죽은지라… 의논한 후 이것으로 토기장이의 밭을 사서 나그네의 묘지를 삼았으니 (마 27:5, 7).

(33) 흩어지는 제자들

만군의 여호와가 말하노라 칼아 깨어서 내 목자, 내 짝된 자를 치라 목자를 치면 양이 흩어지려니와 작은 자들 위에는 내가 내 손을 드리우리라(슥 13:7).

이에 제자들이 다 예수를 버리고 도망하니라(마 26:56).

(34) 거짓 증인들에게 고소됨

불의한 증인이 일어나서 내가 알지 못하는 일로 내게 힐문하며 내게 선을 악으로 갚아 나의 영혼을 외롭게 하나 (시 35:11-12).
대제사장들과 온 공회가 예수를 죽이려고 그를 칠 거짓 증거를 찾으매 거짓 증인이 많이 왔으나 얻지 못하더니(마 26:59-60).

(35) 고소하는 자들 앞에서 침묵

그가 곤욕을 당하여 괴로울 때에도 그 입을 열지 아니하였음이여 마치 도수장으로 끌려가는 어린 양과 털 깎는 자 앞에 잠잠한 양같이 그 입을 열지 아니하였도다(사 53:7).
대제사장들과 장로들에게 고소를 당하되 아무 대답도 아니하시는지라 (마 27:12).

(36) 상함과 찔림

그가 찔림은 우리의 허물을 인함이요 그가 상함은 우리의 죄악을 인함이라 그가 징계를 받음으로 우리가 평화를 누리고 그가 채찍에 맞음으로 우리가 나음을 입었도다(사 53:5).
이에 바라바는 저희에게 놓아주고 예수는 채찍질하고 십자가에 못박히게 넘겨주니라(마 27:26).

(37) 매맞고 침뱉음 당함

나를 때리는 자들에게 내 등을 맡기며 나의 수염을 뽑는 자들에게 나의 뺨을 맡기며 수욕과 침 뱉음을 피하려고 내 얼굴을 가리우지 아니하였느니라 (사 50:6).
이에 예수의 얼굴에 침 뱉으며 주먹으로 치고 혹은 손바닥으로 때리며 (마 26:67).

(38) 조롱당함, 머리를 흔듦

나를 보는 자는 다 비웃으며 입술을 비쭉이고 머리를 흔들며 말하되 저가 여호와께 의탁하니 구원하실 걸, 저를 기뻐하시니 건지실 걸 하나이다(시 22:7-8).

나는 또 저희의 훼방거리라 저희가 나를 본즉 머리를 흔드나이다(시 109:25)

지나가는 자들은 자기 머리를 흔들며 예수를 모욕하여 가로되 성전을 헐고 사흘에 짓는 자여 네가 만일 하나님의 아들이어든 자기를 구원하고 십자가에서 내려 오라 하며 그와 같이 대제사장들도 서기관들과 장로들과 함께 희롱하여(마 27:39-41).

(39) 손과 발 찔림

악한 무리가 나를 둘러 내 수족을 찔렀나이다(시 22:16).

다른 제자들이 그에게 이르되 우리가 주를 보았노라 하니 도마가 이르되 내가 그의 손의 못 자국을 보며 내 손가락을 그 못 자국에 넣으며 내 손을 그 옆구리에 넣어 보지 않고는 믿지 아니하겠노라 하니라(요 20:25).

(40) 도둑과 함께 십자가에 못박힘

그가 자기 영혼을 버려 사망에 이르게 하며 범죄자 중 하나로 헤아림을 입었음이라(사 53:12).

이때에 예수와 함께 강도 둘이 십자가에 못박히니 하나는 우편에, 하나는 좌편에 있더라(마 27:38).

(41) 핍박하는 자를 위하여 기도함

그가 자기 영혼을 버려 사망에 이르게 하며 범죄자 중 하나로 헤아림을 입었음이라 그러나 실상은 그가 많은 사람의 죄를 지며 범죄자를 위하여 기도하였느니라 하시니라(사 53:12).
이에 예수께서 가라사대 아버지여 저희를 사하여 주옵소서 자기의 하는 것을 알지 못함이니이다 하시더라(눅 23:34).

(42) 멀찍이 떨어져 서있던 친구들

나의 사랑하는 자와 나의 친구들이 나의 상처를 멀리하고 나의 친척들도 멀리 섰나이다 (시 38:11).
예수의 아는 자들과 및 갈릴리로부터 따라온 여자들도 다 멀리 서서 이 일을 보니라(눅 23:49).

(43) 제비뽑아 나눈 옷

내 겉옷을 나누며 속옷을 제비 뽑나이다(시 22:18).
군병들이 예수를 십자가에 못박고 그의 옷을 취하여 네 깃에 나눠 각각 한 깃씩 얻고 속옷도 취하니 이 속옷은 호지 아니하고 위에서부터 통으로 짠 것이라. 군병들이 서로 말하되 이것을 찢지 말고 누가 얻나 제비 뽑자 하니(요 19:23-24).

(44) 목마름, 쓸개즙과 초

저희가 쓸개를 나의 식물로 주며 갈할 때에 초로 마시웠사오니 (시 69:21).
가라사대 내가 목마르다 하시니 (요 19:28)
쓸개 탄 포도주를 예수께 주어 마시게 하려 하였더니 예수께서 맛보시고 마시고자 아니 하시더라(마 27:34).

(45) 버림받음에 대한 부르짖음

내 하나님이여 내 하나님이여 어찌 나를 버리셨나이까(시 22:1).

제 구시 즈음에 예수께서 크게 소리질러 가라사대 엘리 엘리 라마 사박다니 하시니 이는 곧 나의 하나님, 나의 하나님, 어찌하여 나를 버리셨나이까 하는 뜻이라(마 27:46).

(46) 자신을 하나님께 의탁함

내가 나의 영을 주의 손에 부탁하나이다 진리의 하나님 여호와여 나를 구속하셨나이다(시 31:5).

예수께서 큰 소리로 불러 가라사대 아버지여 내 영혼을 아버지 손에 부탁하나이다 하고 이 말씀을 하신 후 운명하시다(눅 23:46).

(47) 부러지지 않은 뼈들

그 모든 뼈를 보호하심이여 그 중에 하나도 꺾이지 아니하도다(시 34:20).

예수께 이르러는 이미 죽은 것을 보고 다리를 꺾지 아니하고(요 19:33).

(48) 땅 위에 임한 어둠

주 여호와께서 가라사대 그 날에 내가 해로 대낮에 지게 하여 백주에 땅을 캄캄케 하며(암 8:9).

제 육시로부터 온 땅에 어두움이 임하여 제 구시까지 계속하더니(마 27:45).

(49) 부자의 묘에 묻힘

그 묘실이 부자와 함께 되었도다(사 53:9).

저물었을 때에 아리마대 부자 요셉이라 하는 사람이 왔으니 그도 예수의 제자라 빌라도에게 가서 예수의 시체를 달라 하니 이에 빌라도가 내어 주라 분부하거늘 요셉이 시체를 가져다가 정한 세마포로 싸서 바위 속에 판 자기 새 무덤에 넣어 두고 큰 돌을 굴려 무덤 문에 놓고 가니(마 27:57-60).

(50) 부활

이는 내 영혼을 음부에 버리지 아니하시며 주의 거룩한 자로 썩지 않게 하실 것임이니이다 (시 16:10).
미리 보는 고로 그리스도의 부활하심을 말하되 저가 음부에 버림이 되지 않고 육신이 썩음을 당하지 아니하시리라 하더니 이 예수를 하나님이 살리신지라 우리가 다 이 일에 증인이로다(행 2:31).

(51) 승천

주께서 높은 곳으로 오르시며 사로잡은 자를 끌고 선물을 인간에게서, 또는 패역자 중에서 받으시니 여호와 하나님이 저희와 함께 거하려하심이로다 (시 68:18).
이 말씀을 마치시고 저희 보는데서 올리워 가시니 구름이 저를 가리워 보이지 않게 하더라(행 1:9).

(52) 하나님의 우편

여호와께서 내 주에게 말씀하시기를 내가 네 원수로 네 발등상 되게 하기까지 너는 내 우편에 앉으라 하셨도다(시 110:1).
이는 하나님의 영광의 광채시요 그 본체의 형상이시라 그의 능력의 말씀으로 만물을 붙드시며 죄를 정결케 하는 일을 하시고 높은 곳에 계신 위엄의 우편에 앉으셨느니라(히 1:3; 막 16:19; 행 2:35).

12장

예수를 보는 상반된 관점

유대교, 이슬람교, 로마 가톨릭교, 기독교는 창조주 유일신을 믿지만 예수를 보는 관점이 다르기 때문에 구원관도 다르다. 하나님, 하느님, 알라, 야훼라고 각각 호칭되는 유일신은 이름만 다른 것이 아니라 실상도 전혀 다른 신이다. 성경을 전부 믿거나 또는 일부를 선택해 믿기 때문에 생긴 차이점이다. 기독교에서는 성경이 유일한 진리가 되지만, 이슬람교에는 꾸란, 유대교에는 토라와 탈무드, 로마 가톨릭에는 사도전승과 공의회 문헌 등이 있다. 문제는 이들의 내용이 성경과 배치된다는 것이다.

기독교는 예수를 유일한 구원주 하나님으로 믿기 때문에 유대교, 이슬람교, 로마 가톨릭교에게 최고의 원수가 된다. 그래서 이슬람교는 기독교인을 공개적으로 죽이고, 유대교는 기독교를 은밀하게 유대화하고, 로마 가톨릭교는 이방 사상과 혼합시켜서 기독교를 허물려 한다. 이들에 대해서는 다음의 '종교의 자유' 장에서 설명하기로 하고 여기서는 예수를 보는 관점의 차이에 대해서만 언급한다.

1. 유대교의 예수

구약 시대 이스라엘의 흥망성쇠는 그들이 하나님과의 언약을 얼마만큼 성실하게 지켰는가로 드러났다. 왕과 백성이 언약을 저버릴 때마다 전쟁이나 전염병 등이 일어났고 예언자들이 나타나서 예언으로 경고했다. 오랜 불순종으로 결국은 바벨론에 포로로 끌려가기까지 하였다. 바벨론 유수 기간 중, 하나님의 백성인 우리가 왜 이 엄청난 어려움에 처하게 되었는가를 회고하면서 그들은 자신이 하나님과의 언약을 성실하게 지키지 못했다는 결론을 내렸다. 그 결론을 근거로 회개 운동과 회복 운동이 일어났다. 열심히 회개하고 바르게 언약을 지키면 하나님이 약속하신 메시아가 와서 이스라엘을 회복시켜 주실 것이라는 믿음이었다.

약 500년이 지나고 이스라엘이 로마의 지배 하에 있을 때 청년 예수가 나타났다. 그는 사역과 가르침에서 자신이 바로 하나님이 약속하신 메시아임을 드러냈지만 이스라엘이 기대했던 메시아는 아니었다. 하나님은 온 인류를 죄에서 구원해 줄 영적인 구원주 메시아를 보내 주셨는데, 유대인은 이스라엘을 로마에서 구원해 줄 정치적 메시아를 기대했던 것이다. 예수는 그런 문제에 대해서는 아예 관심도 없었고 오히려 유대인과 로마에 의해 십자가 처형을 당했다. 유대인에게 그런 예수는 결코 메시아일 수가 없었다.

유대교의 경전인 탈무드에는 내용이 서로 판이한 바빌로니아 탈무드와 팔레스타인 탈무드가 있는데 현대에 사용되는 것은 바빌로니아 탈무드다. 이것에 의거해서 피터 셰퍼(Peter Schafer)가 저술한 『탈무드가 말하는 예수』를 보면, 유대인들에게 예수는 머리만지는 여자 또는 창녀와 내연남 사이에 태어난 사생아로서 다윗의 자손도 아니고 하나님의 아들도 아니다. 유대인들은 예수를 죽인 책임은 인정하지만 하나님을 모독하고 우상을 숭배한 자를 처단한 데 대해 부끄러워해야 할 이유가 없다고 변론한다. 예수가 부활했다는 기록은 거짓이며 그는 지금 영원한 지옥에서 심판을 받고 있다고 확신한다. 이 '사기꾼'을 믿는 추종자들(그리스도인들) 역시 그를 따라서 영원한 지옥에 가게 될 꺼라고 주장한다.[1]

이렇게 기독교의 메시아를 부정하는 유대인들은 지금도 이스라엘의 영광을 되찾게 해 줄 제2의 다윗 왕이나 제2의 출애굽을 이끌 모세 같은 정치적, 영웅적 메시아를 간절히 기다리고 있다. 그들이 기다리는 메시아가 오면 무슨 일을 할까? 우선 온 세계에 흩어져 있는 유대인들을 이스라엘로 돌아오게 하고 예루살렘을 회복시키며 정치적 구원을 가져다 줄 것이라고 믿는다. 그리고 이스라엘에 한 정부를 세울 것인데 이것은 유대인과 이방인 모두를 위한 세계정부의 중심이 될 것이라고 기대한다. 그는 성전을 재건하고 성전예배를 다시 세우고 이스라엘의 종교법정 체계를 회복시키고 나라 법으로서 유대법을 세울 것이라고 기대한다.[2] 그의 도래를 위해서 벌써부터 예루살렘에서는 제3성전의 건립을 위해서 한창 준비 중이다.[3]

성경은 마지막 시대에 올 적그리스도를 예언하는 데 그가 바로 유대인들이 기다리는 '그리스도'일 것이다. 그러니까 기독교의 예수 그리스도가 유대교에게는 적그리스도가 되고, 유대교에서 기다리고 있는 그리스도는 기독교에서 적그리스도로 이해된다. 성경은 자칭 유대인이라는 일단의 사람들에 대해서 '사탄의 회'라고 지적하며 경고한다. "자칭 유대인이라고 말하는 그들의 모독을 아노니 그들은 유대인이 아니요 오히려 사탄의 회당이니라"(계 2:9).

'자칭 유대인'이란 7세기경 유대인의 대열에 들어온 카자르족을 의미할

---

1 "Jesus in the Talmud," https://en.wikipedia.org/wiki/Jesus_in_the_Talmud.

2 "유대주의의 메시아 사상," http://www.jewfaq.org/mashiach.htm ; http://kccs.pe.kr/with_home/bbs/board.php?bo_table=research_new&wr_id=52.

3 "예루살렘의 제3성전 건립," http://www.bradtv.co.kr/pro_05/148941.

것이다. 그들은 '제13지파' 유대인, 시오니스트 유대인, 아슈케나지 유대인이라고 불리는 백인종으로, 아브라함의 후손인 세파르딤 유대인과 구분된다. 세파르딤도 유대인의 순수 혈통을 갖는 것은 아니지만, 세계를 지배하며 기독교에 적대적인 프리메이슨들이 백인 유대인이라는 점에서 둘을 구분한다.

2. 이슬람교의 예수

이슬람교는 예수에 대해 호의적이며 마리아의 처녀잉태도 인정하지만 하나님의 아들이나 구세주는 절대 아니라는 주장에 있어서 일체 양보가 없다. 예수가 하나님의 독생자이자 그리스도라는 기독교의 주장은 무슬림에게 터무니 없는 신성모독이고 우상숭배다. 기독교에서 예수를 하나님의 아들이라고 믿을 때 그것은 예수도 역시 하나님이시라는 의미가 되는데, 이슬람교에서는 하나님이 아내와 육체적 관계를 갖고 예수를 낳았다는 뜻으로 오해하고 분노한다. 그래서 하나님은 절대로 자식을 가질 수 없다고 경전에서 못박는다. 여기서 하나님은 그들의 알라를 말한다.

"하나님은 낳지도 않고 태어나지도 아니했나니"(꾸란 112:3).

예수의 십자가 사건은 이슬람교와 기독교 사이의 가장 큰 이해 상충점이다. 알라는 지상에 보내 자신의 사역을 충성되게 감당한 극히 선하신 예언자 예수가 수치스러운 십자가상의 죽음을 당하도록 내버려 두시지 않으며 예수가 십자가에 못 박히기 전에 그러한 끔찍한 죽음으로부터 구해 내셨다고 주장한다. 전능하시고 정의로우신 알라가 예언자를 위험에서 구해내지 못한다는 것은 말도 안되며 예수가 아무런 도움도 없이 적의 수중에 내버려져 있을 수 없다고 주장한다. 그리고 예언자 예수가 사람들의 죄를 대속키 위해 죽어야만 할 필요성도 없다고 믿는다. 그래서 인류의 속죄를 위한 예수의 십자가 사건은 불가능한 일이고 오히려 하나님의 신성과 주권을 모독하는 행위라고 분개한다.

"그들이 예수를 죽이지도 십자가에 못박지도 않았으나 그들에게는 그렇게 보였을 뿐이다"(꾸란 4:158).

꾸란은 예수가 십자가상에서 죽지 않았다고 기록하는데 어떻게 십자가를 피했는가는 설명하지 않는다. 이슬람 전통에서는 예수가 아니라 그의 제자가 대신 죽었다고 전해진다. 예수가 "너희들 중에 누가 나 대신 죽어 오늘 천국에 가겠느냐?"라고 물으니 제자들 중 한 명이 나와 "내가 예수요"라고 외쳤고 유대인들은 그를 사로잡아 십자가에 못박아 죽이니 예수를 죽인 줄 알더라는 이야기가 전해지고 있다.[4]

저들은 예수는 위대한 기적들을 행했고 지금은 하늘에서 살고 있으며 이 땅에 다시 올 것이라고 믿는다. 그러나 단지 선지자일 뿐이고 선지자들 중에서는 마호멧의 권위가 예수의 권위를 능가한다고 믿는다. 마호멧은 하나님이 보내신 마지막 선지자가 되므로 예수보다 우위에 있는 최종 권위라는 것이다.

꾸란에 의하면 예언자들은 자신의 사명이 끝나면 다음에 출현할 예언자의 도래를 예고하고 이 세상을 떠난다고 하는데, 예수도 "내가 아버지께 구하겠으니 그가 또 다른 '보혜사'를 너희에게 주사"(요 14:16)라는 말씀을 통해 바로 자기 다음에 올 예언자 마호멧의 도래를 알렸다고 주장한다. 여기서 '보혜사'는 그리스어로 '파라클레토스'가 된다.

781년 동방 시리아교회의 총주교 티모테오스 1세는 '파라클레토스'가 바로 마호멧이라고 주장하는 압바스 칼리프국의 칼리프 마흐디에게 이렇게 설명하며 그의 주장을 깨트렸다.

---

4 권형기, "무슬림은 예수를 어떻게 보는가?" http://jmiuubf.kimc.net/muslim/j_muslim.htm.

“파라클레토스는 신의 영이므로 보이지 않는 존재입니다. 무함마드가 파라클레토스라면 그도 역시 인간의 신체가 없는 영적인 존재여야 합니다. 육체를 갖지 않는 그분이 썩지 않는 것처럼 무함마드도 썩지 않을 몸을 가졌어야 합니다. 진실로 영은 육체를 갖고 있지 않으며 따라서 볼 수 있는 몸을 갖지 않습니다. 볼 수 없기에 정의할 수도 없습니다. 정의될 수 있는 존재는 따라서 신의 영이 아니며, 신의 영이 아닌 자는 또한 파라클레토스일 수 없습니다. 이로부터 무함마드가 파라클레토스가 아니라는 답이 따라 나오게 됩니다. 파라클레토스는 하늘에서 오며 성부와 같은 본성을 가진 자입니다. 무함마드는 땅에서 왔고 아담의 본성을 가집니다. 하늘과 땅은 엄연히 다르기에, 또한 성부와 아담이 다르기에, 파라클레토스도 무함마드와 다른 존재가 됩니다.”[5]

기독교가 하늘에 계신 성부와, 인간의 몸으로 오셨던 성자 예수와, 믿는 자 가운데 상주하시는 성령 파라클레토스를 삼위일체의 하나님이라고 믿는 것은 성경에 의한 것이다. 그러나 이슬람교는 기독교인들은 왜곡된 성경을 갖고 있으며, 이후에 마호멧이 가브리엘 천사를 통해 최종 계시를 받고 성경을 바르게 고쳐서 꾸란이 나오게 되었다고 주장한다. 그것은 알라가 하늘에서 계시한 것이기 때문에 불변하는 진리라고 믿는다.

3. 로마 가톨릭의 예수

바벨론과 이집트에서 유래되어 로마에서 인기를 끌던 여러 고대종교들이 기독교와 혼합되어 로마 가톨릭이 탄생하면서 성경과 어긋나는 이방적인 교리들을 많이 갖게 되었다. 가톨릭은 성경 이외에 『가톨릭교회 교리

5 최광민, “비교종교/신화: 예수는 무함마드의 도래를 예언했을까?” kwangmin.blogspot.com.

서』나 『제2차 바티칸공의회 문헌』 등의 교본을 갖고 있는데, 문제는 많은 부분이 성경과 상반된다는 것이다.

교황 요한 23세가 1962년 소집한 제2차 바티칸공의회는 현대 로마 가톨릭교회의 교리를 확정지었다. 여기서 제정된 공의회 문헌에는 4개의 헌장, 9개의 교령, 3개의 선언이 담겨 있는데 가톨릭에게 가장 권위있는 1차 자료가 된다. 이 문헌은 교황이 지배하는 로마 가톨릭교회를 '구원의 조건'으로 제시한다. 로마 가톨릭교회 신자라야 구원받을 수 있다는 것이다. 이어서 로마 가톨릭이라고 하는 '구원의 조건'을 갖추지 못한 타종교의 추종자들이라도 하나님의 은총을 받을 수 있다는 만인보편구원주의의 '비그리스도교 선언'을 한다.[6]

가톨릭의 만인보편구원주의 신학에 지대한 영향을 미친 인물로서 예수회의 신학자 칼 라너(Karl Rahner)가 있다. 그가 주장하는 '익명의 그리스도론'(Anonymous Christology)에 의하면, 예수는 그리스도이지만 예수만이 그리스도는 아니며 이 땅에 예수 외에도 많은 그리스도가 존재한다고 한다. 타종교인들은 '익명의 그리스도'를 따르는 '익명의 그리스도인들'이며 모든 인류는 '익명의 그리스도'를 통해서 각자 자기 나름대로 구원을 받는다고 한다.[7] 그는 그리스도인이 되고 싶어 하지 않으며 그리스도에 적대적인 사람들까지 강제적으로 '익명의 그리스도인'으로 만들어 버렸다. 라너는 '하나님은 온 인류가 구원받기를 원한다'는 말로써, 예수를 배척하는 반기독교인들조차 자신의 자유의지나 선택과 상관없이 구원시켜버렸다.

사제 라이문도 파니카(Raimundo Panikkar)도 라너와 동일하게 보편적 그리스도론을 펼쳤다. 로마 가톨릭교 어머니와 힌두교 아버지 사이에서 자라난 그는 "예수는 그리스도이지만 그 밖에도 많은 그리스도가 있다"고 주

6 "제2차 바티칸공의회 문헌," http://info.catholic.or.kr/concil/

7 "The Anonymous Christian," https://en.wikipedia.org/wiki/Anonymous_Christian

장했다. 파니카가 말하는 '보편적 그리스도'는 다양한 인물들로 존재한다. 예수뿐만 아니라 라마, 크리슈나, 석가, 마호멧, 공자 등이 역사적으로 나타난 그리스도들이다. 이들 안에 내재한 그리스도의 정신을 따른다면 하나님의 나라에 갈 수 있다는 주장이다.[8]

그러나 한스 큉(Hans Kung) 등의 신학자는 비록 로마 가톨릭에 소속되었으면서도 라너의 '익명의 그리스도론'이나 파니카의 '보편적 그리스도론'을 '신학적 기만'이라고 단정한다. 그들의 이론에서 기독교의 역사성은 전부 어디로 갔느냐고 비판한다.

로마 가톨릭교회는 2000년에 또 다시 예수 그리스도와 로마 가톨릭교회가 구원의 유일한 길이라는 내용의 교서를 발표했다. 로마 가톨릭은 예수가 유일한 구원의 길이라는 주장과 예수를 믿지 않아도 구원이 있다는 상반된 주장을 하면서 야누스의 두 얼굴을 하고 있다. 기독교와 비기독교 모두에게 용납되기를 바라는 것이다.

4. 기독교의 예수

로마 가톨릭의 만민구원주의 사상은 기독교 이단인 세계교회협의회(WCC)의 종교다원주의 사상과 일치한다. WCC는 기독교 교단들 간의 화합이 목적인 것처럼 출발했지면 궁극적으로 모든 종교들 간의 통합을 향해 가고 있다. 그들은 하나님의 구원하는 은총과 능력에 제한을 두지 않아야 한다고 주장한다.

로마 가톨릭이나 WCC의 주장처럼 기독인과 비기독인을 막론하고 모

8 Panikkar, *The Unknown Christ of Hinduism*. http://raimon-panikkar.org/spagnolo/X-2-Il-Cristo.html

든 인간이 종국에는 구원에 이르게 된다면, 예수를 믿을 필요가 없다. 예수의 고난과 죽음이 없이도 구원받을 수 있다면 예수를 인간 세상에 보내신 하나님은 헛된 일을 하신 것이다. 십자가에서 고난받고 죽으신 예수의 속죄 행위는 쓸모없는 짓이었다. 지금도 선교하다가 고난과 박해를 받으며 순교까지 당하는 그리스도인들의 행동은 가장 어리석은 것이 된다. 그런 선교를 명령했던 예수는 거짓말쟁이가 된다. 여기 최덕성 박사의 글을 소개한다.[9]

만인보편구원주의는 기독교 자체를 무너뜨리는 자유주의 신학자들의 뒤틀린 신학 이론이다. 역사적 기독교 신앙의 본류에서 벗어난 신념이다. 신의 보편적 부성인 사랑을 강조하여 모든 영혼이 조건 없이 구원을 받는다는 신학은, 역사적 기독교의 고백과 성경적 진리에 반하는 이단 교설이다. 만인보편구원주의와 종교다원주의는 하나님의 은총과 사랑의 개념을 확대 해석하여 예수를 그리스도로 믿고 고백하는 신앙의 필요성을 상대화하는 결정적인 함정에 빠트린다. 성경은 이렇게 말한다.

"네가 만일 네 입으로 예수를 주로 시인하며 또 하나님께서 그를 죽은 자 가운데서 살리신 것을 네 마음에 믿으면 구원을 얻으리라"(롬 10:9).

"하나님은 한 분이시요 또 하나님과 사람 사이에 중보자도 한 분이시니 곧 사람이신 그리스도 예수라"(딤전 2:4-5).

"내게 주신 하나님의 은혜를 따라 내가 지혜로운 건축자와 같이 터를 닦아 둔 것 외에는 능히 다른 터를 닦아 둘 자가 없으니 이 터는 곧 예수 그리스도라"(고전 2:10-11).

바울의 이같은 언명에는 '익명의 그리스도,' '알려지지 않은 그리스도,'

---

9 "종교다원주의 실체-길은 많아도 '생명의 길'은 하나," http://blog.daum.net/dschoiword/6146018.

'보편적 그리스도,' '숨겨진 그리스도'가 들어설 여지가 없다.

복음 전도는 거짓 신들을 버리고 참 하나님인 여호와께 돌아오라는 초청이다. 하나님과 화해하는 길은 성육신 한 하나님이신 그리스도 예수뿐이라고 호소하는 활동이다. 성경은 하나님의 일반은총이 모든 인간들에게 주어졌지만 모든 인간이 자력으로, 양심이나 바른 삶이나 미지의 신을 추구하는 행위로 구원을 얻을 가능성을 말하지 않는다.

구원의 길은 인간으로 강생한 하나님의 로고스인 예수 그리스도의 대속사역뿐이다. 그리스도의 죽음과 부활에서 보여준 계시는 모든 인간적 · 종교적 · 사변적 노력을 허물어뜨리는 하나님의 심판이다. 그리스도만이 구원의 길이라는 선언은 독단이 아니라 하나님의 말씀이며(행 4:12), 하나님이 특별한 방법으로 계시한 진리이다.

초기 기독교 공동체는 만인보편구원주의 사상을 배격했다. 종교의 다원적 존재를 거부했다. 타종교에 대항하고 싸웠다. 타종교와 우상숭배를 동일한 것으로 보았다(엡 4:4 – 6; 롬 1:20 – 22; 고전 8:4).

"비록 하늘에나 땅에나 신이라 불리는 자가 있어 많은 신과 많은 주가 있으나 그러나 우리에게는 한 하나님 곧 아버지가 계시니 만물이 그에게서 났고, 우리도 그를 위하여 있고, 또한 한 주 예수 그리스도께서 계시니 만물이 그로 말미암고 우리도 그로 말미암아 있느니라" (고전 8:5 – 6).

바울은 아레오바고에서 아테네 사람들에게 "내가 두루 다니며 너희가 위하는 것들을 보다가 '알지 못하는 신에게(To Unknown God)'라고 새긴 단도 보았으니 그런즉 너희가 알지 못하고 위하는 그것을 내가 너희에게 알게 하리라"(행 17:23)고 했다.

만약 예수 그리스도를 믿지 않아도 구원을 받는다면, 왜 바울 사도는 "주 예수를 믿으라 그리하면 구원을 얻으리라"고 외쳤겠는가? 어떤 종교든지 결국 같은 신을 섬기고 그 종교들이 구원의 길이라면, 왜 그는 '우주

만물의 창조주,' '천지의 주재,' '만민에게 생명과 호흡을 주시는 이'를 소개하며 그 신을 믿지 않는 자들에게 "회개하라"(행 17:30)고 외쳤겠는가? 바울이 믿었던 신은 왜 이미 신들을 믿고 있는 아테네 사람들에게 바울을 보내어 무자비하게도 생명의 위협을 무릅쓴 고난을 감수하도록 허락했겠는가?

신약성경은 예수 그리스도 구원의 유일성을 명확하게 말한다. 예수 그리스도의 십자가와 부활의 복음 안에서만 하나님의 구원이 있음을 선포한다.

"다른 이로서는 구원을 얻을 수 없나니 천하 인간에 구원을 얻을 만한 다른 이름을 우리에게 주신 일이 없음이니라"(행 4:12).

"내가 곧 길이요 진리요 생명이니 나로 말미암지 않고는 아버지께로 올 자가 없느니라"(요 14:6).

'예수 그리스도'라는 이름이 매우 중요하다. 그 이름, 곧 예수 그리스도를 믿는 자들에게는 하나님의 자녀가 되는 권세를 주셨다(요 1:12). 그리스도라는 이름은 여러 사람에게 붙일 수 있는 보통명사가 아니다. 이천 년 전 이 땅에 인간으로 강림하신 하나님의 아들 예수 그리스도의 고유명사이다. 하나님의 아들 예수에게만 붙은 독보적 이름이다. 옛날 임금 다윗 성의 낮은 마구에서 태어나고, 나사렛이라는 시골 동네에 살고, 서른 세 살의 나이에 골고다 언덕에서 인류의 죄 문제 해결을 위해 화목제물로 십자가에 못 박혀 처형되고, 죽고 부활한 예수, 그분이 유일무이의 구원의 길이다. 그는 하나님과 인간을 중재하는 유일한 구원자 그리스도다.

제4부

기독교 변증

13장

기독교 폭력의 역사?

역사에는 언제나 종교 전쟁이 그치지 않았고 지금도 종교 전쟁이 계속되고 있다. 종교라는 것이 없었다면 세상은 훨씬 더 평화로웠을 것이라고 주장하는 사람들이 많다. 볼테르 같은 반기독교 지식인들은 종교(특히 기독교)는 악의 뿌리이자 인류의 대적자라고 선동해서 또 다른 폭력인 프랑스 대혁명을 성공시키기도 했다. 이처럼 많은 사람들이 종교와 종교 전쟁에 진절머리를 내며 무신론으로 돌아섰다.

세상이 종교 전쟁과 침략과 학살을 제시하며 기독교를 고발하자 조찬선 목사는 『기독교 죄악사』를 통해 기독교를 대표해서(?) 참회하고 사과하며 세상으로부터 칭찬을 들었다. 그러나 그의 참회는 기독교와 로마 가톨릭을 혼동한 무지에서 비롯된 것이었다.

세상은 기독교가 로마 가톨릭과 유사한 종교거나 적어도 로마 가톨릭에 뿌리를 두고 있다고 오해한다. 하지만 그것은 무늬는 기독교지만 실상은 반기독교다. 이집트와 바벨론에서 유래된 고대종교들의 우상숭배로 가득 차 있던 로마 제국에 콘스탄티누스가 기독교를 허용해 이들이 혼합되면서 로마 가톨릭이라는 혼합교가 만들어진 것이다.

1. 로마 가톨릭

로마 가톨릭이 어떻게 로마교와 기독교를 혼합하며 생겨났는지, 예수회는 어떻게 탄생해서 가톨릭의 핵심세력이 되었는지, 어떤 목적을 갖고 어떤 방법으로 세계 최고의 권력 집단이 되었는지 등에 관해서는 21장에서 설명하고, 여기서는 가톨릭이 기독교의 이름으로 저질렀던 종교 폭력에 대해서 언급한다. 십자군 전쟁, 마녀사냥, 30년 전쟁, 위그노 전쟁, 중남미의 원주민 침략과 학살, 유대인 핍박과 학살, 나치와의 협력, 결국 세계대전까지 발전시킨 주범은 바로 로마 가톨릭이었다.

십자군 전쟁

역사가들은 중세 시대를 유럽의 암흑기라고 부르지만, 교황에게는 위세가 하늘을 찌르던 황금 시기였다. 교황은 유럽의 왕과 황제 위에 군림하는 실질적인 지배자였다. 그의 절대적 권력은 1076년의 '카노사의 굴욕' 사건에서도 잘 드러난다. 교황들은 계속해서 자신의 우월함을 주장하면서 세상에 자신의 힘을 증명해 보이고 싶어했다. 그 무렵 대세로 등장한 셀주크 투르크가 이슬람을 이끌고 예루살렘을 점령했다. 교황은 이슬람이 성지를 더럽히고 기독교에 대해 잔학 행위를 한다고 주장하며 성지 탈환을 호소했다. 교황의 호소에 청중들은 흥분하며 십자가의 서약을 했다. 이렇게 시작된 십자군 전쟁은 200년 넘는 동안 8차례 이상 계속되면서 무슬림과 유대인의 엄청난 인명을 살상했다. 거짓 계시와 거짓 복음과 이권 약속의 유혹이 있어서 십자군 모집과 출전이 가능했다.

흔히 '은자 피에르'라고 불리는 수도사는 어느 날 환상을 보고 "그리스도가 성묘교회에 나타나셔서 거룩한 성에서 불신자(무슬림)를 제거하라고 명령하셨다"고 주장했다. 그의 환상이 정말 그리스도로부터 왔다고 믿은 민중들은 '민중 십자군'을 형성해서 성전(holy war)을 위해 행군했다. 무지한 민중들은 피에르의 선동으로 전쟁에 따라나섰지만 싸울 상대가 누구인지조차 모르고 닥치는대로 칼을 휘두르며 하루 4,000명 이상 학살하기도 했다.[1] 그들은 이것이 그리스도를 위한 사역이라고 생각했다.

독일의 에미히 백작은 어느 날 아침 자신의 몸에 십자가의 '성흔'이 찍혀 있는 것을 발견했다. 이 싸인은 이교도들을 공격하라는 하나님의 뜻이라고 그가 주장하자 많은 사람들이 십자군에 자원했다. 그와 일행은 보름스에서 라인강으로 남하하며 닥치는 대로 유대인들을 학살했다. 그들은 이것이 하나님이 기뻐하시는 일이라고 생각했다.

크루아라는 마을에서는 스테판이라는 12세 소년이 양을 돌보고 있을 때 환상으로 예수가 나타나서 한 통의 편지를 건네주었다. 소년은 자신이 전투에 나가면 바다는 바싹 말라 육지가 되고 신의 가호를 받은 전사들은 사라센 군대를 타도할 것이라는 계시를 받았다. 그후 12세 이하의 남녀 어린이 3만 명이 모여 '어린이 십자군'을 결성하고 행군했지만, 신의 계시대로 바닷물이 바싹 마르거나 적군이 물러나는 기적은 없었다. 아이들은 대부분 노예로 팔리고 말았다.[2]

사람들이 거짓 환상으로 고무되고, 심지어는 어린아이들까지 거짓 하나님으로부터 거짓 계시를 받아 십자군에 출전한 것은 교황의 거짓 복음 때문이었다. 1095년 우르바노 2세는 십자군 모집을 위해서 하나님의 이름을 팔아 연설했다.

"내가 아니라 주님께서 여러분에게 호소하십니다 … 더 늦기 전에 기독교의 땅에서 악한 종자들(무슬림)을 축출해야 합니다. 그리스도의 명령입니다 … 여러분이 육지와 바다를 건너 불신자들을 향한 투쟁에 참여하여

---

1 "민중 십자군," https://namu.wiki/w/%EB%AF%BC%EC%A4%91%20%EC%8B%AD%EC%9E%90%EA%B5%B0.

2 "Children's Crusade," https://en.wikipedia.org/wiki/Children%27s_Crusade.

목숨을 잃으면 면죄를 받습니다 … 이제는 그리스도의 군사가 되시오. 몇 잎 은전을 위하여 일하는 여러분, 이제는 영원한 보상을 위해 일하시오."

로버트 갓프리는 우르바노 2세의 연설을 이렇게 평가한다.

"그는 영적 의무와 영적 보상을 위해서 칼을 들어 그리스도의 원수들을 죽이자고 호소했다. 이 설교는 아마 교회사에 있어서 그리스도 교회 일을 위한 수단으로 전쟁을 선포한 첫 번째의 예가 될 것이다. 우르바노는 십자군 전투에서 전사한 사람들만 완전히 죄사함을 받는다고 주장했지만, 이후 교황들은 전쟁에 참가만 해도 모든 죄를 용서받는다고 가르쳤다. 이제 기독교는 완전히 다른 방향으로 물질주의 교회가 되어버렸다."

민중들은 이교도를 죽이는 것이 그리스도의 뜻이며 자신들이 천국에 가는 확실한 길이라고 믿었다. 성경을 전혀 알지 못했으므로 교황의 거짓말에 속을 수 있었던 것이다. 성모 마리아의 가슴에서 직접 젖을 먹었다는 베르나르 수도사도 십자군 출정을 종용하며 이런 설교를 했다.

"그리스도의 병사로서 이교도들과 싸우는 것은 주님을 위해서다. 그러므로 안심하고 싸우기 바란다. 악인을 처형하는 것은 살인이 아니고 악을 죽이는 것이다. 그것은 악한 일을 하는 자들에 대해 주님의 한을 풀어드리는 것이다."

교황은 십자군 동원을 위해서 일반인에게는 천국의 보장을, 노예에게는 신분의 자유를, 가난한 자들에게는 부채의 탕감을, 또 상인과 영주들에게는 재물과 땅을 약속했다. 동방으로 진출할 수 있는 활로만 열린다면 지중해 근방의 상인들은 커다란 이윤을 보장받을 수 있었고, 영주들은 전쟁을 통해서 동방의 재물과 미녀와 땅을 차지할 수 있었다. 또 예루살렘의 성인들 무덤에 성배와 같은 보물이 묻혀 있다는 소문이 나돌면서 '성배를 찾아서' 십자군에 참여한 모험가들도 있었다. 이처럼 각자마다 다양한 목적과 이유를 갖고 십자군에 참여했다. 천국에 갈 수 있다는 순진한 착각도 있었겠지만 대부분의 경우 각자의 이해를 따라서 사람들을 죽인 것이다.

십자군은 예루살렘을 향해 행군하면서 유대인이건 무슬림이건 닥치는 대로 무자비하게 살육했다. 십자군이 예루살렘에 도착하자 유대인들은 회당으로 몰려가 문을 잠그고 저항했고, 무슬림들은 성전산으로 도피했다. 십자군은 "그리스도여 당신을 찬양합니다!"라고 노래부르며 회당에 불을 질렀다. 안에 있던 유대인들은 산 채로 불에 타 죽었고 밖으로 뛰쳐 나오는 유대인들은 칼로 살육을 당했다. 십자군은 이어 성전산으로 가서 그곳에 피신했던 무슬림들도 전멸시켰다. 십자군 전쟁에 나갔던 한 성직자의 수기에는 이런 기록이 있다.

"예루살렘의 큰 거리나 광장 등에는 사람의 머리나 팔, 다리가 산더미처럼 쌓여 있었다. 십자군 병사와 기사들은 시체를 아랑곳하지 않고 전진했다. 성전이나 회랑은 물론이요, 말 탄 기사가 잡은 고삐까지 피로 물들었다. 이제까지 오랫동안 '모독하기를 즐기는 사람들'(무슬림)에 의해 더럽혀졌던 이 장소가 그들의 피로 씻겨져야 한다는 신의 심판은 정당한 것일 뿐만 아니라 찬양할 만하다."

역사가 살로몬 라이나흐는 그의 저서 『오르페우스, 종교의 역사』에서 "일주일 동안에만 7만 명이 죽임을 당한 것으로 알려지고 있다. 이것이 바로 기독교의 도덕률의 우위성을 증명하는 행위라는 것이었다"고 기록한다. 십자군의 학살은 잔인했다. 산채로 화형에 처하거나 이교도의 어린 사내아이들을 꼬챙이로 꿰어 죽이기도 했다. 그들은 이 모든 일이 하느님의 뜻을 따르는 것이라고 믿었다.[3]

예루살렘에 거주하던 무슬림들이 십자군에게 학살당했다는 소식은 곧 넓은 아랍 이슬람 세계로 퍼져나갔다. 이 소식을 전해들은 무슬림들의 가슴에 기독교에 대한 영원한 혐오가 심어졌다. 그들은 예루살렘 성을 다시 탈환할 때까지는 휴식을 취하지 않겠다고 결심했다.

---

3 "십자군전쟁과 왜곡된 진실." http://blog.koreadaily.com/rotex/414518

이후로 이슬람교는 매우 폭력적인 종교가 되었지만 이전에는 타종교나 타민족에 대해서 비교적 관대한 종교였다. 십자군 당시만 해도 예루살렘 성 안에서 유대인들과 무슬림들은 큰 마찰이나 갈등 없이 각자의 삶을 살고 있었다. 그러나 십자군 전쟁 이후로 무슬림들은 기독교에 대해 적대감과 복수심을 갖게 되었고 오늘날까지 이런 감정은 극단적인 아랍인들 사이에 이어져 내려오고 있다. 대부분의 무슬림들이 기독교인에 대한 잔인한 학살과 미국을 포함한 서방 세계의 구석구석에서 발생하고 있는 테러 활동의 정당성의 상당한 부분을 십자군 전쟁에서 찾고 있다. 과거 로마 가톨릭이 저지른 학살인데 지금 기독교가 복수를 당하고 있는 것이다.

교황권 강화를 위해 시작한 십자군 전쟁은 200년 넘게 8차례 이상 치뤄지면서 무수한 인명이 살상되고 교황권의 참패로 끝나고 말았다. 흔히 십자군 전쟁의 실패를 말할 때 처음의 순수한 열정과는 달리 점차 정치적 경제적 이권에 따라 움직이면서 순수함이 무너졌기 때문이라고 세상은 평가한다. 그러나 이것은 처음부터 거짓 복음으로 속이고 이권으로 유혹시켜 벌인 가장 사악한 전쟁이었다.

종교재판과 마녀사냥

십자군 전쟁이 실패하면서 전쟁을 주도했던 교황권은 큰 손상을 입게 되었다. 이어지는 가뭄과 전염병, 과다한 세금 등으로 백성들의 불만과 불신이 고조되고 혼란과 분열이 팽배해진 유럽 사회에서 교황청은 그 책임을 서민들에게 돌리려 하면서 다시 범죄했다. 교황청은 종교재판소를 세워서 '악마의 영혼으로 우박을 내리게 하고 가뭄을 몰고 오는 마녀'들을 색출했다. 잔인한 고문으로 '마녀'들을 죽이면서 가톨릭은 실추된 종교권력의 지위를 다시 공고히 하려 했다. 종교재판소는 교황이 자기 뜻대로 세상을 지배하기 위해 만들어낸 범죄 기구였다.

종교재판소를 최초로 창설한 교황은 인노첸시오 3세다. 당시 프랑스의 알비파가 교세를 확장하며 가톨릭에 위협을 가하자 이들을 박멸하기 위한 자구책으로 고안한 것이었다. 1233년 그레고리오 9세는 비공식적으로 이루어지던 종교재판을 공식화하여 도미니크 수도회의 수도사를 이단심문관으로 임명했다. 1252년 인노첸시오 4세는 "박멸에 관하여"라는 교서를 내려 자백을 받아내기 위한 고문 사용을 허락했다.

역사적으로 중세의 종교재판만큼 가혹하고 황당한 재판도 없었다. 원시시대부터 내려오던 신명(神明)재판이 가톨릭교회 안에서 성직자들에 의해서 행해진 것이다. 예를 들어, 물이 끓는 솥에서 반지를 끼거나 뜨거운 쇠를 맨손으로 들고 일정한 거리를 걷게하여 유무죄를 가렸다. 또는 양손을 묶고 물 속에 넣어서 가라앉는지 여부로, 살인용의자를 관 옆에 세워두고 관에서 피가 나오는지 여부로 유무죄를 판정했다. 또는 원고와 피고를 십자가 앞에서 양팔을 수평으로 들고 있게 해서 팔을 먼저 내리는 자가 죄를 지은 것으로 판정하기도 했다.

마녀로 고발당하면 여지없이 기소되어 이단심문소로 연행됐다. 심문관들은 다양하고 잔인한 고문을 통해 용의자에게 자백을 강요하거나 증거를 날조하는 일도 서슴지 않았다. 마녀 용의자는 어떻게 마녀가 되었는가, 얼마 동안 마녀 짓을 했는가, 사람들에게 어떤 피해를 입혔는가, 어느 악령을 섬기는가, 마법 집회의 참석자와 공범자는 누구인가, 어떻게 공중을 날 수 있는가, 악령과 결합하여 몸에 어떤 표시가 남았는가 등을 자백하라고 강요받았다. 답변하지 못하면 가혹한 고문이 가해졌다. 악마의 흔적을 찾아내기 위해 완전 나체로 벗겨 머리카락과 체모를 모조리 깎아 고문대에 묶어놓고 바늘로 가슴, 혓바닥, 항문, 음부 속까지 찔러댔다. 당연히 극심한 고통 때문에 얼굴을 찡그리면 마녀로 확정받고 화형 또는 교수형을 당했다.

심문관들은 "이 모든 일은 하느님을 위해 행하는 것이므로 만약 죄가 없다면 하느님이 구해 줄 것이다"고 했다. 용의자들의 손발을 묶고 강이나 늪, 호수 등에 던졌는데 이때 만약 가라앉아 죽으면 결백한 사람이기에 하나님이 그를 받아들인 것으로 간주하고, 물위에 떠오르면 "악마는 자기를 경배하는 사람을 죽게 내버려두지 않으니 마녀가 확실하다"며 즉시 처형했다. 마녀로 인정되든 아니든 결국 죽을 수밖에 없었다.

역사가들은 종교재판, 이단심판이라는 미명 하에 자행된 마녀사냥은 상업적인 목적을 띠고 있었다고 말한다. 마녀 혐의를 가진 사람들은 자신을 죽음으로 몰아넣는 일체의 비용을 직접 지불해야 했다. 판사 인건비, 고문도구 대여료, 고문 기술자 급여 등 체포부터 재판에 소요되는 모든 비용을 용의자가 지불하도록 규정했고, 마녀로 확정 판결을 받을 경우는 사형을 집행하는 데 드는 비용, 관값뿐 아니라 '마녀세'라 이름한 세금을 교황에게 내야 했다. 심지어 사형과 함께 모든 재산을 몰수당하기도 했다. 결국 그들을 죽음으로 몰아간 교황과 고문관들이 상속인이 되어 부를 축적하였다. 돈 많은 민간인 과부들이 주로 마녀로 몰렸던 것은 바로 이런 이유 때문이었다.

특히 스페인 종교재판소가 가진 권력은 막강했다. 그 세도가 얼마나 당돌한지 심지어 스페인의 왕까지도 종교재판소의 권력을 두려워해야 할 정도였다. 그들이 너무나 잔인했기 때문에 가톨릭교와 약간의 견해 차이가 있는 사람들일지라도 두려움에 사로잡혀 극히 조심했다. 그중에도 도미니쿠스 수도사들과 프란체스코 수도사들이 가장 잔인했고 가장 열렬히 교황에게 충성했다. 그래서 교황은 특히 그들에게만 여러 종교재판소를 관할할 수 있는 예외적인 권리를 부여했다.[4]

19세기 이탈리아와 스페인이 마지막으로 종교재판을 폐지하기까지 얼마나 많은 인명이 살해되었을까? 가톨릭 측에서는 5십만 명이라고 주장

---

4 "마녀사냥," https://namu.wiki/w/%EB%A7%88%EB%85%80%EC%82%AC%EB%83%A5.

하지만 실제는 훨씬 더 많은 것 같다. 하바드대학교의 석좌교수인 존 도울링은 『로마니즘의 역사』에서 "606년 교황제도가 생긴 이래 지금까지 5천만 명 이상이 살해되었다"고 기록하고, 윌리엄 브라운리는 『로마 가톨릭, 시민자유와 종교자유의 적』에서 "로마 가톨릭이 종교적 지배라는 근거없는 요구를 실현하기 위해 6천 8백만 명을 살육했다"고 기록한다. 테일러 번치는 『다니엘서』에서 심지어 "5천만에서 1억 명가량이 살해되었다"고 기록하고, 역사가이자 정치이론가인 윌리엄 렉키는 "인류 역사에서 어떤 집단보다도 가장 많은 무고한 인명을 죽인 집단이다"고 고발한다.[5] 정확한 인원은 알 수 없지만 세계대전에서보다 더 많은 인명이 '하느님의 뜻'을 따라서 살해되었다. 결국 무수한 사람들이 무신론자로 돌아서게 되었다.

2003년 3월 5일, 요한 바오로 2세의 지시에 따라 교황청은 "기억과 화해: 교회와 과거의 잘못"이라는 제목의 문건을 발표해 과거 교회가 하느님의 뜻이라는 핑계로 인류에게 저지른 각종 잘못을 최초로 공식 인정했다. 이때 마녀사냥에 대한 잘못도 인정하며 전 세계적으로 가톨릭의 이름으로 사죄했다. 세상은 기독교가 멋대로 범죄하고 회개 한마디만 하면 모두 용서받는 편리한 종교라고 비웃는다.

위그노 전쟁 (1562)

1562년 바르톨로메오 성인의 축일, 이후 프랑스 국왕 앙리 4세가 될 나바르 국왕과 프랑스 공주의 결혼을 축복하기 위해 대거 파리에 모였던 위그노(프랑스의 개신교인)들이 삽시간에 덮친 가톨릭에 의해서 대부분 살해되는 사건이 벌어졌다. 독실한 가톨릭 신자이자 어린 왕 샤를 9세의 섭정 태후였던 카트리나는 강력해져가는 위그노를 제거하기 위해, 그들을 한 곳에 모아놓고 남녀노소 신분 여하를 막론하고 모든 위그노를 죽이라고 명

---

5 http://www.cs.unc.edu/~plaisted/estimates.html.

령을 내린 것이다. 일주일 동안 파리 시내에서만 8천여 명이 죽고 2달 동안 전국적으로 8만 명 이상이 죽었다는 가공할 역사기록이 남아있다. 위그노의 살육 소식을 들은 로마 교황청과 스페인 황실은 이를 열광적으로 환영하며 축제를 벌였고, 교황청은 이를 축하하는 기념 메달을 발행하기도 했다.[6] 한편 가톨릭 사전은 이 전쟁이 위그노 개신교들이 벌인 역사상 가장 무서운 학살이었다고 기록한다.

30년 전쟁 (1618–1648)

1618년 독일 합스부르크 왕가가 개신교를 탄압하며 가톨릭 절대 신앙을 강요하자 영국, 덴마크, 스웨덴 등 개신교 나라들이 반(反) 합스부르크 동맹의 깃발을 들고 대항하며 전쟁이 벌어졌다. 1630년대에 이르러는 여러 강대국의 이권 분쟁으로 변하면서 종교 전쟁 중 최대 규모로 전개되다가 1648년 베스트팔렌 조약으로 30년 전쟁의 종지부가 찍혔다. 이로써 독일 제국 내에서 가톨릭파와 개신교파가 동등한 지위를 확보하게 되었지만 30년 전쟁이 끝나자 독일인의 2/3가 죽어나갔다는 말이 나올 정도로 엄청난 파괴가 있었다.[7] 쿠싱 하셀은 30년 동안 7백만에서 1천 2백만 명이 사망했다고 『하나님 교회의 역사』에서 기록한다.

잉글랜드 내전 (1642–1651)

이것은 잉글랜드 왕국의 왕당파와 의회파 간에 있었던 내전이다. 이질화한 로마 가톨릭교회의 전통을 수용한 잉글랜드국교회에 반대하고 종교개혁의 순수한 복음주의를 주장했던 청교도들이 의회파의 주요 구성원이었기 때문에 청교도 혁명이라고도 부른다. 개신교를 포용하고 가톨릭 억

---

6 J. A. Wylie, 『교황권의 한낮은 세계의 한 밤중이었다』.

7 "30년전쟁," http://blog.daum.net/gilssang/2536583.

압정책을 폈던 엘리자베스 여왕을 제거하려던 예수회는 1585년 영국에서 추방당하기도 했는데 이후로도 계속 영국을 가톨릭 국가로 만들기 위해 왕당파와 손잡고 많은 내란과 반란을 기도했다. 『교황연대기』의 저자 존 줄리어스 노리치는 잉글랜드 내전이 정확하게 예수회의 음모가 빚어낸 결실이라고 규정한다. 프랑스의 앙리 3세와 앙리 4세, 영국의 엘리자베스 1세와 제임스 1세의 암살기도의 배후에도 예수회가 있었다고 그는 주장한다.[8]

원주민 침략과 정복

로마 가톨릭은 현재 세계 최대의 종교가 되었다.

어떻게 이렇게 위대한 성과를 거둘 수 있었을까? 중남미 나라들의 대부분이 가톨릭 국가가 되었는데 그들을 개종시키는데는 성경적인 복음이 아니라 침략과 거짓과 폭력과 학살이 사용되었다.

대항해 시대를 주도했던 스페인은 막대한 은을 가져오기 위해 중남미 대륙을 침략하고 원주민을 가톨릭으로 개종시키는 작업에 들어갔다. 멕시코 원주민들은 아즈텍의 모성신인 토난친을 의지하며 독자적인 종교와 신화를 갖고 있었기 때문에 개종이 쉽지 않았다. 그때 과달루페 도시에서 발생했다는 성모발현을 통해서 원주민들을 쉽게 가톨릭 교인으로 만들 수 있었다. 대지의 여신 토난친이 성모로 현현했다고 주장한 것이다. 과달루페 성모는 로마 가톨릭의 종교혼합주의의 정체를 그대로 드러낸다.

대항해 시대가 끝난 뒤 유럽 각국은 전 세계를 자국의 식민지로 삼는 식민지 경쟁을 벌이면서 가혹한 정책을 펼쳤다. 1500년도 초기에 유럽이 옮긴 전염병과 학살로 남미 페루에서는 인구의 90% 이상에 달하는 1천

---

8 "잉글랜드 내전," https://ko.wikipedia.org/wiki/%EC%9E%89%EA%B8%80%EB%9E%9C%EB%93%9C_%EB%82%B4%EC%A0%84.

만 명의 원주민이, 중남미 전체로는 6천만에서 8천만 명의 원주민이 사망했다.

정복자들은 원주민의 약탈에 앞서 유럽 언어로 '레케리미엔토(Requerimiento) 선언문'을 낭독하곤 했다. 원주민들이 두려움으로 도망가고 난 빈 오두막 앞에서도 선언문이 낭독되었다. 그들이 이해하던 못하던 일단 낭독문이 선언되면 이후로는 약탈과 살인도 합법적이었다. 1550년 칠레에서 정복자 페드로 데 발디비아는 원주민 아라우칸족에게 선언문을 낭독한 후 2천여 명을 살해하고 2백여 명을 상해한 후 국왕에게 "폐하께서 말씀하신 대로 여러 차례 사람을 보내서 선언문을 전해 주었는데도 그들이 불복해서 200명의 손과 코를 잘랐습니다"고 보고했다.[9]

저들은 기독교 선교라는 명분으로 약 350년 동안에 유럽의 네 배가 넘는 광대한 땅과 자원을 빼앗고 엄청난 숫자의 원주민들을 무차별 학살하며 중남미 대륙의 정복과 가톨릭화에 성공했다. 원주민들에 대해 압제, 고문, 약탈, 강간, 방화, 살인 등을 자행하고 거짓과 폭력으로 가톨릭으로 개종시키면서 그것이 하느님의 뜻이요, 선교요, 복음화요, 하느님의 영광을 드러내는 일이라고 주장했다.

프란치스코 교황은 최근 남미국들을 순방하며 과거 식민 시대에 가톨릭교회가 저지른 잘못에 대해 사죄했다. 볼리비아를 방문한 자리에서는 "식민 시대에 로마 가톨릭교회가 저지른 죄, 그리고 소위 '아메리카 정복'의 이름으로 원주민에게 행해진 모든 죄에 대한 겸허한 용서를 구한다"고 말했다.

---

9 "코르테스의 멕시코 제국 정복기," http://translatin.snu.ac.kr/translatin/0907/pdf/Trans09070809.pdf.

유대인 박해

가톨릭이 종교권력을 휘두르는 동안 유대인에 대한 박해는 내내 계속되었다. 예수를 죽인 유대 민족을 복수하겠다는 빗나간 충성심은 엄청난 폭력을 초래했다. 유대인들은 겉옷에 노란 배지를 단 채 분리된 구역에 살면서 각종 차별과 불이익을 강요받았다. 유대인 신분을 나타내는 표시의 강제 착용에 대한 법령은 교회의 후원 하에 영국(1218년), 프랑스(1219년), 헝가리(1279년) 등에서 공포되었다. 뿐만 아니라 1235년 독일에서 발생한 화재 사건이 유대인의 소행이라는 혐의로 32명의 유대인이 처형되었고, 1243년에는 성체를 훔쳐 악한 목적으로 사용했다는 혐의로, 1298년에는 성찬식에 쓰이는 떡을 더럽혔다는 혐의로 같은 도시에 거주하던 유대인 전부가 화형당했다. 저들은 탈무드의 내용이 악마적이라고 해서 소각하며 종교를 모독하거나 가톨릭으로의 강제 개종을 명령하거나 강제 추방하기도 했다.

가톨릭교회와 가톨릭 언론을 중심으로 급속히 퍼져나갔던 반유대주의가 사회 문제로 표출된 것은 프랑스의 드레퓌스(Dreyfus) 사건 때였다. 19세기 후반 드레퓌스는 유대인이라는 이유만으로 아무 근거없이 간첩으로 몰려 무기징역에 처해져 외딴 섬에 갇혀야만 했다. 이에 에밀 졸라가 "나는 고발한다"는 제목으로 드레퓌스의 무죄와 가톨릭의 횡포를 폭로하는 글을 기고하면서 많은 지식인들의 격렬한 항의가 있었다. 드레퓌스를 죄인으로 조작했던 앙리 중령이 자살하자 가톨릭의 예수회는 그가 유대인에 의해 순교당했다는 거짓말을 만들어 유포하기도 했다.[10]

유럽에 만연했던 반유대주의의 폭력성은 결국 시오니즘을 탄생시켰다. 테오도르 헤르츨을 중심으로 일어난 시오니즘은 하나님이 약속하셨다는 '약속의 땅' 팔레스타인에 이스라엘을 건국하겠다는 비성경적 운동으로, 근대 역사에 또 다른 폭력과 비극을 만들고 있다.

10 "나는 고발한다," http://ppss.kr/archives/70791.

홀로코스트

세계대전 중에 있었던 인류 최대의 비극 홀로코스트의 책임은, 히틀러보다는 교황과 가톨릭에 먼저 물어야 한다는 주장들이 있다. 히틀러가 하나님이 보내신 사람이라는 거짓말에 속아서 히틀러를 지지했던 독일 개신교단도 다수 있었지만 가톨릭의 행동은 보다 정략적이었다.

당시 유럽은 거대 자본과 언론계 상당수를 손에 쥔 유대인에 대해 큰 반감을 갖고 있었고, 히틀러는 제1차 세계대전 이후 찾아 든 빈곤과 사회적 불안에 대한 책임을 유대인에게 지우려 했다. 로마 가톨릭의 입장에서도 혐오스러운 유대인을 없애고 약화된 가톨릭 세력의 확장을 꾀함에 있어서 가톨릭 신자인 히틀러는 더 없이 좋은 파트너였다. 결국 히틀러는 교황과 바티칸의 전폭적 지지를 받고 날개를 달게 되었다.

1933년 히틀러가 독일 총리로 정권을 잡게 되자 교황 피오 12세는 로마 가톨릭 수뇌부에 나치 정권에 적극 협조하라는 밀명을 내렸다. 1933년 7월 독일 주교들은 나치 정부에 충성을 맹약하는 협정을 맺고 플다회합을 통해 히틀러 선언문을 받아 들였다. 교황청은 나치에 대한 지원을 아끼지 않았고 히틀러는 중대 사안들에 있어 교황청과 상의하거나 인가를 받았다. 교황청은 독일의 무력을 이용해서 눈엣가시며 방해가 되는 비가톨릭 교도들을 제거하며 세력을 넓혀갔다.

히틀러에게 반가톨릭 종파를 척결하도록 먼저 건의했던 사람도 교황청 외무대신 파셀리 추기경이었다. 그후 세계를 경악시킨 집단수용소가 설치 운용되었다. 교황의 절친이자 개인고문이기도 했던 프란츠 폰 파펜은 히틀러 정권 아래 독일 부총리 직에까지 올라 히틀러의 독재체제와 독오합병에 깊이 개입했다. 독일과 오스트리아의 병합 시 비엔나 대주교 이니찌 추기경은 선언문을 통해 "하느님의 섭리를 따르고 있는 히틀러 총통의 독일 제국을 반겨야 한다"며 환영했고, 독일과 병합된 체코의 가톨릭 사제

일부는 교황청의 허가로 의원 공직을 겸하게 되어 그들 사제들 중 일부는 독일 최고 영예인 철십자 훈장을 받기도 했다.

1941년 히틀러와 무솔리니는 유고슬라비아를 침공해서 크로아티아 독립국을 만들어 루이바소를 수상으로 앉혔다. 그는 보답으로 약 30만 명의 세르비아인과 유대인을 추방하고, 더불어 50만 명을 학살하고, 고문과 협박으로 24만 정교회 신자를 로마 가톨릭으로 개종시켰다.[11]

물론 모든 일을 주도한 경찰총장 등의 주요 공직은 로마 가톨릭 사제들이 차지하고 있었으며, 가장 끔찍한 수용소 중 하나였던 자세노바크 수용소의 소장인 필리포비치(Miroslav Filipovitch)도 로마 가톨릭 사제 출신이었다. 교황의 절친이자 개인고문이었던 프란츠 폰 파펜은 나치와 교황청의 연결고리였다. 또한 나치 친위대의 첩보기관을 만든 폰 레도코브스키 백작은 예수회의 총재였으며, 자신이 만든 나치 친위대 첩보기관의 주요 요직을 예수회 출신의 가톨릭 성직자들로 채웠다. 교황청과 히틀러는 서로에게 꼭 필요한 존재였다.

히틀러, 괴벨스, 히믈러 등도 모두 로마 가톨릭의 중심 세력인 예수회를 통해 서로 연결되어 있었다. 나치 정권의 선전장관 조셉 괴벨스는 예수회 대학에서 신학을 교육받은 사람이었다. 대학살의 주범 중 하나이자 나치 2인자였던 히믈러 또한 가톨릭 신자로, 그의 부친은 가톨릭 학교 교장, 형은 수도사, 삼촌은 예수회 회원이었다. 히믈러가 조직한 SS 독일 친위대는 가톨릭 예수회의 규칙을 익히고 영성훈련을 받아야 했다. 히틀러는 가톨릭교회의 성직자 제도를 차용해서 나치 조직을 결성하고 운용했으며, 수많은 젊은이들을 선동해서 세력을 확장해 갔다. "나는 가톨릭교회의 성직

11 "바티칸의 기획학살과 은폐음모," https://ko.wikipedia.org/wiki/%EC%A0%9C2%EC%B0%A8_%EC%84%B8%EA%B3%84_%EB%8C%80%EC%A0%84_%EA%B8%B0%EA%B0%84%EC%9D%98_%EC%84%B8%EB%A5%B4%EB%B9%84%EC%95%84%EC%9D%B8_%ED%95%99%EC%82%B4.

자 제도보다 더 위대한 것을 보지 못했다. 나는 가톨릭교회의 예수회를 통해 많은 것을 배웠다"는 히틀러의 고백은 잘 알려졌다.[12]

1934년 1월 15일 「머꾸레 드 프랑스」지는 "히틀러를 만든 자는 교황 피오 12세였다"고 보도했는데 당시 누구도 그 내용을 부인하지 않았다고 한다. 가톨릭은 히틀러를 만들었지만 그러나 역사는 모든 범죄를 히틀러에게만 물었고, 교황과 교황청은 언제나 그래왔듯이 그저 과오가 있었다 회개한다 반성한다는 말로 책임을 면할 수 있었다.

가톨릭은 히틀러의 파트너였던 피오 12세를 전범의 책임으로부터 빼돌렸을 뿐만 아니라 성인으로 추대하는 시성식까지 가졌다. 그가 교황무오권을 발동해 마리아 몽소승천설을 교리화시켰다는 공로가 시성의 가장 큰 이유였다고 한다. 피오 12세의 정체가 널리 알려지게 되자 2008년 교황 베네딕토는 "피오 12세는 매우 용기있는 사람인 동시에 유대 민족을 살리기 위해 평화적인 헌신을 단행했다. 단지 당시 매우 어렵고 민감한 정세로 인해 그의 노력은 아주 조용히 진행되어야만 했었다"며 두둔 변호했다.

한편 피해자인 유대인들은 가해자인 로마 가톨릭을 향해서 책임을 묻기 어려웠다. 전 세계에 걸쳐 형성된 로마 가톨릭의 세력은 유대인도 함부로 건드릴 수 없는 거대한 것이 되었기 때문이다. 뿐만 아니라 NWO 세계정부를 세우기 위해 유대인 프리메이슨과 로마 가톨릭의 예수회는 한몸으로 엮어질 수밖에 없었다.

---

12 에드몽 파리, 『예수회의 비밀역사』, http://pre.bookcube.com/epub.php?book_num=130702216.

2. 프리메이슨

아메리카 원주민의 학살과 정복에 로마 가톨릭만 아니라 청교도의 개신교인도 함께 했다고 주장하는 사람들이 있다. 아메리카 신대륙을 발견하고 미국을 세운 건국의 아버지들이 세계정부주의자 프리메이슨이었다는 것은 이미 잘 알려진 사실인데도, 아직도 신앙의 자유를 찾아온 영국의 청교도들이 미국을 건국했다고 오해하는 사람들이 있는 것이다.

예수회의 고위 간부였던 알베르토 리베라 박사는 기독교를 파멸시키는 가장 확실하고 효과적인 방법으로 기독교 안에 프리메이슨을 심는 것이라고 폭로했다. 기독교와 프리메이슨은 동과 서처럼 양립할 수 없는 상반된 집단임에도 불구하고 역사 가운데서 둘이 마구 뒤섞여져 혼동되었던 것을 보면 저들의 음모가 어느 정도 성공했다고 말할 수 있겠다.

기독교 순교자들의 무덤이 있는 양화진에 가 보면 프리메이슨의 상징인 직각자와 컴파스가 새겨진 비석들을 많이 볼 수 있다. 프리메이슨이 자신의 정체성을 모른 채 스스로 기독교라고 오해했을지도 모른다. 오랜 세월이 지나서 저들의 정체가 구체적으로 드러나면서 그동안 혼란스러웠던 것들이 밝혀지게 되었다.

아틀란티스의 신세계를 세우겠다는 오랜 염원을 품어왔던 유럽의 비밀 엘리트 집단이 신대륙을 발견하고 이주하고 영국으로부터의 독립전쟁을 일으키며 미국이 세워졌다. 신대륙을 발견한 콜럼버스는 로마 가톨릭이자 또한 프리메이슨으로, 콜럼버스의 이름을 따서 프리메이슨에 콜럼버스파가 만들어지기도 했다. 미국과 남미 국가들은 그의 신대륙 발견을 치하하며 10월의 두 번째 월요일을 콜럼버스의 날로 공휴일로 기념한다.

콜럼버스가 상륙하던 1492년 당시 원주민은 1억 명이었는데 이후 스페인과 포르투갈, 영국 침략자들이 주민을 엄청나게 살육하면서 불과 150년 만에 300만 명으로 절멸되었다. 이는 역사상 기록된 최대 규모의 대학살이라고 한다. 최근 우고 차베스 베네수엘라 대통령은 콜럼버스의 날을 '원주민 저항의 날'로 바꾸라는 대통령령을 발동했다. 콜럼버스 원정대가 미대륙에 상륙한 후 150년 동안 에르난 코르테스와 프란시스코 피사로 등 '히틀러보다 더 나쁜' 외국 정복자들에 의해 원주민의 대학살이 있었기 때문에 "우리 베네수엘라인들과 중남미인들은 이 날을 기념할 이유가 없다"는 것이다.[13]

바티칸은 학살자 콜럼버스에 대해서 성자의 칭호를 주자고 청원했지만 그의 정체가 널리 드러나면서 청원이 받아들여지지 않았다. 그러나 스페인에서 그는 성인으로 추대되어 그의 시체는 세비야 대성당의 보물로 보존되어 있다. 성인들의 시체는 영험한 능력이 있다고 믿어져 시체를 모신 성당들의 자부심은 대단하다. 1992년은 미대륙 발견 500주년이 되는 해로서 스페인에 있는 콜럼버스 동상과 뉴욕에 있는 자유의 여신상 동상이 결혼식을 가졌다.

'캘리포니아의 콜럼버스'라고 불리는 후니페로 세라 신부는 가톨릭의 교화에 공헌한 공로로 프란치스코 교황에 의해서 성인으로 올라섰다. 그는 가톨릭에게는 성인이지만 매우 잔인한 학살을 겪었던 아메리카 원주민들에게는 악마로 불린다. 원주민들은 항의의 표시로 오래 길러온 머리를 깎고 서명하면서 그의 성인 추대를 반대했지만 프란치스코 교황은 그를 성인으로 올리는데 성공했다.[14]

세상에게는 악마지만 가톨릭에게는 성인이 되는 모순된 인물들을 얼마든지 제시할 수 있다. 한 예로서 가톨릭의 예수회를 설립한 이그나티우스 로욜라를 들 수 있다. 그는 그레오리 15세에 의해 성자로 추대되고 비오 11세에 의해 수호성인으로 지정되었지만, 예수회 수사였다가 탈퇴한 말

---

13 "대학살 부른 콜럼버스의 날 기념말라," http://legacy.www.hani.co.kr/section-007000000/2003/10/007000000200310132118178.html.

14 "성자가 되는 세라," http://nammicj.net/n_news/news/view.html?no=6107.

라키 마틴은 그가 "가룟 유다에 이어 사탄을 위해 최대로 헌신한 자"라고 고발한다. 역사가들도 예수회가 이름은 가장 거룩하지만 실상은 가장 거룩하지 않은 악마적 집단이라고 비난한다.

3. 기독교의 칼빈

로마 가톨릭만 아니라 기독교도 종교재판을 통해 폭력을 행사했다는 주장이 있다. 중세 시대의 기독교 신학자 칼빈이 반대자들을 살해했다는 것이다. 그 주장을 들어보자.

"칼빈이 종교법원에서 막강한 권세를 과시하던 4년 동안 그는 76명을 추방하거나 투옥하고 54명을 처형했다. 그중에 10명은 참수형이었고, 35명은 마녀사냥처럼 처참한 화형이었다. 춤췄다고 투옥하고, 설교를 들을 때 웃었다고 투옥하고, 부모를 구타했다고 목잘라 처형하고, 귀신 쫓는 마법사라고 사형시켰다… 그중 스페인의 학자 세르베투스의 사건은 유명하다. 그는 니케아 회의에서 결정된 '삼위일체' 교리에 반대하고 칼빈의 저서 『기독교 강요』를 비판했다는 이유로 칼빈에 의해 제네바 근교에서 불태워 죽임을 당했다. 칼빈은 세르베투스가 산 채로 참혹하게 불타 죽기까지 다섯 시간 정도를 바라보고 있었다."[15]

기독교 일부에서는 칼빈의 대학살설을 인정하고 사과하지만 역사 기록들을 조사한 결과 그것은 사실이 아님이 밝혀졌다. 이에 대해서 권현익 목사의 글을 짧게 요약해 보았다.[16]

---

15 "기독교 죄악사와 칼빈의 잔학," http://freeview.org/bbs/board.php?bo_table=g003&wr_id=327.

16 http://once4all.org/2005/02/22/%EC%B9%BC%EB%B9%88%EA%B3%BC-%EC%84%B8%EB%A5%B4%EB%B2%A0%ED%88%AC%EC%8A%A4-servetus/

세르베투스의 이단성

1530년 세르베는 그의 저서 『삼위일체의 오류에 대하여』에서 삼위일체 교리가 "머리 셋 달린 동물이며 어거스틴의 망상이고 마귀의 착상이다"고 주장했다. 이런 신앙은 로마 가톨릭이나 개신교 모두에게 이단이었다. 세르베투스가 개신교의 대표격인 칼빈에게 편지를 보내면서 2년 동안 두 사람 사이에 편지가 오가게 되었다. 칼빈은 그에게 "나는 당신을 미워하지도 경멸하지도 않으며 또 징계받게 하고 싶지도 않습니다. 그러나 당신이 바른 교리를 그토록 후안 무치하게 모욕하는 것 앞에서 나는 강철과 같이 굳세게 맞설 수밖에 없습니다"라고 답장했다.

칼빈과 사이에서 주고받았던 서신이 증거가 되어 세르베투스는 비엔나에서 체포되었다. 그는 비굴하게도 자신의 이단적 주장을 부인하고 가톨릭 교인으로 살다 죽겠다고 외치다가 탈출하는 데 성공했다. 하지만 그가 없는 상태에서 그의 초상을 놓고 재판이 진행되었고 결국 "산채로 천천히 그의 몸이 숯으로 변할 때까지 불사른다"는 사형 선고가 내려졌다. 그리고 그날 그의 책들은 불살라졌다. 중세 로마교회는 이단자들에 대해서 긍휼이 없었으므로 칼빈도 생명을 걸고 복음을 전하던 시대였다.

몇 개월 후 세르베투스는 칼빈이 있는 제네바로 왔다. 비엔나의 로마교회는 이단자들에 대해 무자비했으므로 세르베투스는 자기의 사상을 숨기며 비굴하게 목숨을 구하려 했지만, 제네바 시의회는 자유당 사람들이 다수를 차지하고 있었고 칼빈에 대해서도 적대적이었으므로 승산이 있다고 생각했을 것이다. 비엔나에서 이미 사형언도를 받은 세베르투스에 대해서 제네바 시의회는 다시 재판을 열었다. 세르베투스는 자신의 이단성을 증명할 증언자로 선 칼빈을 향해 "마술사 시몬 같은 자, 범법자, 살인자, 자신이 이해하지 못하는 것을 판단하는 불쌍한 자, 거짓말쟁이에 사악한 말다툼꾼, 웃기는 난쟁이… 너의 개짖음으로 재판장들의 귀를 막을 수 있으리라 생각하느냐?"고 공격했다. 그만큼 자신의 신앙에 자신하고 있었던 것이다.

사람들은 칼빈이 "교만하고 악마적인 세르베투스를 무너뜨릴 망치"가 되어줄 것을 기대하고 있었다. 이런 상황에서 칼빈은 세르베투스의 주장이 비성경적이고 이단적이라는 것을 철저히 논박하고 증명해야 할 필요가 있었다. 재판부는 다른 지역의 교회들에게도 신학적 자문을 구하며 두 달이 넘도록 신중하게 진행했다. 최후의 단계에서 삼 일에 걸친 논의 끝에 세르베투스는 결국 이단으로 확정되어 다시 한 번 사형언도를 받고 다음 날 화형이 집행됐다.

이때 칼빈은 세르베투스가 적어도 고통 없이 죽을 수 있는 형으로 바꿔 달라고 구했지만 시의원들은 듣지 않았다. 칼빈이 1553년 10월 26일 파렐에게 보낸 편지에는 이런 기록이 있다.

"내일 세르베투스는 사형을 당할 것입니다. 우리는 그의 사형 방식을 바꾸려는 모든 노력을 다 하였으나 소용이 없었습니다. 다음에 만나면 왜 우리가 실패했는지 말씀드리겠습니다."

프랑스인 칼빈은 스위스의 제네바에 거주하는 이방인으로서 시민권도 투표권도 없어서 공무원도 될 수 없었다. 다만 교사나 목사의 직책은 가능했으므로 칼빈은 거기서 목회를 하고 있었다. 칼빈은 다른 사람들을 마구 사형시킬 권한도 의향도 없는 사람이었다. 세르베투스를 죽인 것은 그 시대의 사형이라는 형법제도였다. 오늘날 우리 사회가 일부 죄에 대해 사형을 집행하는 것처럼 당시는 신성모독에 대해 사형을 시행하던 시대였다.

결국 세르베투스는 칼빈 생전에 제네바에서 신성모독으로 사형당한 유일한 사람이 되었다. 로마 가톨릭에 의해서 수백 년간 벌어졌던 수십만 건의 학살 사건들과는 달리 이것은 매우 특이한 사건이었다. 여지껏은 가톨릭에 의해서 개신교가 이단으로 몰려서 죽임을 당했는데, 이번에는 가톨릭과 개신교가 동의한 유례없는 사건이었다.

반칼빈주의자 카스텔리옹은 그의 저서 『이단자에 관하여』에서 칼빈이 저질렀다는 끔찍한 학살 사건들에 관해 기록했고, 400년 후 슈테판 츠바이크는 『다른 의견을 가질 권리』에서 카스텔리옹의 글을 그대로 인용했다. 『가톨릭 백과사전』에도 같은 내용이 기록되었다.

그러나 칼빈의 대학살설이 조작된 거짓말이라는 것은 다른 유명인들의 저서를 통해서도 확인할 수 있다. 리셸리유 추기경은 위그노(프랑스 개신교인)들을 완전히 말살하기 위해 수단과 방법을 가리지 않고 박해를 가했던 인물이었다. 위그노들은 칼빈을 신뢰하고 있었기 때문에 추기경은 칼빈에게 치명타를 가할 수 있는 꼬투리를 잡아내기 위해 모든 노력을 다했다. 그러나 칼빈에 관한 모든 기록들을 조사했지만 혐의는 발견하지 못했다.

추기경이 죽은 후 그의 이름으로 출판된 저서 『세르베투스 신학』에서 칼빈에 대해 언급하는데, 세르베투스 사건 이외에 "칼빈이 동성 연애자였다"는 볼섹의 유언비어를 인용해서 짧게 언급했을 뿐이다. 칼빈이 동성 연애자일 수 없다는 증거는 다른 자료에서 충분히 발견된다. 추기경도 반칼빈주의자였음에도 불구하고 카스텔리옹의 글을 인용해서 칼빈의 대학살설을 주장하지 않은 것은 그것이 사실이 아니었기 때문이었을 것이다.

철학자 볼테르가 1766년 저술한 『범죄와 형벌에 대한 해설』도 증거가 된다. 볼테르는 종교라는 이름으로 자행된 수많은 학살을 고발하기 위해 그동안 교회가 저질렀던 박해들에 대해 기록했다. 그것이 로마 가톨릭이든 개신교든 모든 자료들을 추적 수집하여 게재했다. 이 책은 우리에게 잘 알려지지 않은 많은 학살들에 대해 자세하게 서술하며 당연히 칼빈에 관해서도 언급하지만 "칼빈은 세르베투스를 화형시키는 데 힘을 보탰다"고만 기록했을 뿐이다. 그것은 당시 상황에서 일종의 정당한 사법/치안행위로 간주된다. 볼테르도 무신론자이자 반칼빈주의자였지만 카스텔리옹처럼 칼빈이 수십 명을 살해했다고는 기록하지 않았다. 제네바에서 자행되었던 잔학한 학살 사건들에 대해서 많은 역사가들이 자세한 기록을 남겼지만 칼빈의 대학살설을 주장하지는 않는다.

4. 현대 근본주의자

기독교가 물리적인 폭력행사는 하지 않는다고 해도 정신적인 폭력을 행사한다고 주장하는 사람들이 있다. 특히 기독교 근본주의는 그 자체가 악이라고까지 주장한다. 기독교 근본주의자라면 성경무오, 예수의 동정녀 탄생, 예수의 대속 죽음과 부활, 예수의 재림과 심판 등 성경을 문자적으로 받아들이는 사람을 말한다. 그렇게 믿는 것을 왜 악이라고 비난할까? 그런 신앙이 때때로 잘못된 행동을 가져온다는 것이다. 비판의 내용을 들어보자.

"첫째, 혼자서야 믿던 말던 상관없는데 근본주의자들은 자신의 신앙과 생각을 끊임없이 남에게 강요하며 싫다고 거절해도 끈질기게 전도한다. 극소수이기는 하지만 절에 들어가서 불상을 부수거나 땅밟기를 하며 무너지라고 외치거나 회개하라고 확성기로 전도하는 열성분자들도 있다. 기독교를 금지하는 나라에까지 가서 자기 생명은 물론 저들 생명까지 걸고 선교하는 선교사들도 있고, 이라크를 복음화시키기 위해 이라크전을 지지한다는 목사들도 있다. 본인들끼리는 이런 행위가 좋은 믿음의 증거라고 자랑도 하고 칭찬도 하지만 세상에게는 공격적이고 엽기적이고 폭력적으로까지 보인다. 거기에 지옥을 언급하면 심각한 협박이 되기도 한다. 때로는 저돌적이고 성급한 행동으로 논쟁이나 싸움이 벌어지기도 한다."

방법이 과격적일 때 문제가 되기도 하지만 미움과 배척과 불이익을 받을 줄 알면서도 복음을 전하는 것은 함께 구원받고 함께 천국에 가자는 사랑의 행위다. 물론 불상을 부수거나 전쟁을 통해 선교하겠다는 행동은 매우 잘못된 것이다. 그런 행동을 통해서 사람들이 예수를 믿게 되는 것도 아니고 성경을 잘못 이해한 과잉충성의 행동을 하나님이 기뻐하실 리도 만무하다.

구약 시대에 이스라엘은 이웃한 가나안 주민을 본받아 높은 언덕 위와 우거진 나무 아래에 바알의 석상과 아세라 목상을 세워서 섬기곤 했다. 하나님은 자기 백성의 우상숭배에 진노하시며 그것을 깨어버리고 찍어버리라고 명령하셨다. 그러나 그것은 그때 자기 백성인 이스라엘에 대해서 말씀하신 것이지 지금 불교인에 대해 말씀하시는 것이 아니다. 불교의 스님은 하나님의 백성이 아니므로 그들의 우상숭배를 저지할 수 없다. 기독교가 할 수 있는 것은 단지 성경대로 복음을 전해서 저들이 바로 알고 바르게 선택하도록 돕는 것뿐이다. 전도는 이슬람이 하는 것처럼 폭력으로 강요할 수 없고 또 이단들처럼 유학이나 직장제공 등으로 유혹할 수도 없는 것이다. 강제나 유혹에 의해 복음을 받아들이고 기독교인이 되었다면 그것은 가짜 기독교인을 만들어낸 것 뿐이다.

"둘째, 근본주의자들은 하나님의 백성이라는 선민의식에 사로잡혀서 스스로 하나님인 것처럼 행동한다. 하나님의 뜻을 알고 있다는 듯이 모든 일들을 자의적으로 해석한다. 건물이 무너진 것은 우상숭배에 대한 하나님의 심판이며, 대통령 선출은 우리 기도에 대한 하나님의 응답이며, 전염병의 창궐은 선교사 살해에 대한 하나님의 진노라고 해석한다. 하나님을 앞세워 모든 악과 불평등, 부조리를 정당화시키고 자신이 하나님인 것처럼 멋대로 심판하고 판단한다. 내가 성공한 것은 하나님이 나를 기쁘게 받으신 때문이며 내가 실패한 것은 사탄이 방해한 때문이라고 주장한다. 기독교인이 잘되는 것은 마땅한 일이고 비기독교인이 잘되는 것은 언젠가 무너질 것이라고 기대한다."

이런 생각도 일부는 맞고 일부는 틀렸다. 하나님은 비록 매우 슬퍼하시기는 하지만 불신자도 사랑하시므로 좋은 것도 주신다. 그리고 믿는자들에게 채찍질도 하시고 기다리게도 하시고 거절도 하시며 고난도 허락하신다. 하나님은 믿는 자들을 잘되게 하시고 불신자들을 망하게 하신다는 생각은 기복주의자들이 흔히 갖는 오해다. 복받기 위해서 예수를 믿는 기복주의자들은 하나님의 역사를 많이 오해해서 해석한다. 하나님은 분명히 믿는 자들에게 복을 주시지만 그것은 우리가 생각하는 것과 다른 모습일 때가 많다. 생각치 않은 고난을 받기도 하지만 선하신 하나님을 의뢰하고 묵묵히 나아가며 승리하는 것이다.

"셋째, 근본주의 기독교는 권력과 재물을 많이 갖는 것이 마땅하다고 생각한다. 기독교가 하나님의 방법으로 세상을 통치하고 효과적으로 전도하기 위해서는 권력과 재물이 필요하기 때문이라는 것이다. 실제로 많은 부흥사들이 그런 식으로 설교하고 그런 식으로 축복하곤 한다. 심지어는 부정직한 돈을 취하면서도 하나님의 일을 하기 위한 것이라는 명분을 삼기도 한다. 권력과 돈은 반드시 여자문제로 이어지기 마련이고 이런 사건들이 신문에 오르내리기도 한다."

물론 이것은 매우 잘못된 것이다. 하나님의 일을 하기 위해서 필요하다면 하나님이 친히 공급해 주실 것이므로 우리가 추구할 필요는 없다. 하나님의 이름을 이용해서 자기의 원하는 것을 채우려는 것이라면 명백한 죄악이다. 기독교는 종교를 통해서 돈을 벌고 권력이나 인기를 얻고 세상에 우뚝 서는 '넓은 길'의 종교가 아니다. 그런 길을 추구할 때 이미 '다른 기독교'가 되어 멸망으로 내달리게 된다. 역사에서 그리고 지금 현실에서 얼마든지 목격하는 불행한 모습들이다. 기독교는 복음대로 살고 복음을 전하다가 세상에서 미움받고 조롱받고 심지어는 죽임도 당하는 종교다. 그래서 찾는 이가 적은 '좁은 길'의 종교다.

14장

성경의 폭력성?

신약성경에서 하나님은 우리를 극진히 사랑하사 독생자 예수 그리스도를 보내 주시고 그분의 십자가 죽으심과 부활로 말미암아 세상 모든 사람들에게 구원의 길을 열어주신 사랑으로 드러나신다. 한편 여호수아서나 사사기 등의 구약성경에서 하나님은 이스라엘에게 약속의 땅 가나안을 정복할 것을 명하시고 가나안 땅의 일곱 족속들을 멸하되 한 사람도 빠지지 않고 심지어 아이들과 부녀들까지도 다 죽이라고 명령하시는 심판의 하나님으로 드러나신다. 그래서 흔히 신약과 구약의 하나님이 다르다고 생각한다.

하지만 하나님의 사랑과 공의의 속성은 창세기에서부터 분명하게 드러난다. 하나님이 아담과 하와를 지으시고 그들로 하여금 하나님의 나라를 이루라고 복을 주신 것은 하나님의 사랑과 은혜였다. 동시에 하나님 나라의 질서를 자유와 순종의 원리로 확립하셨다. 하나님의 사랑이 원칙 없이 방종한 것이 아니라 하나님의 거룩한 성품에 기초된 것임을 뜻한다. 하나님은 인간에게 의와 거룩을 원하시지만 강제하시지 않고 자유의지를 주셔서 자발적인 결정을 통해 하나님을 사랑하고 순종하기를 원하신다.

하나님은 아담과 하와를 만드시고 사랑하사 모든 것을 복으로 주셨지만 그들이 죄를 범했을 때 당신의 의로움을 따라 죄를 심판하셨다. 하나님이 죄를 미워하시고 규정하시는 이유는 그것이 인간을 해치기 때문이며 죄를 금지하시는 이유는 인간을 죄로부터 보호하시기 위함이다. 하나님은 사랑하는 인간을 보호하기 위해서 죄를 규정하시고 반드시 심판하신다. 하나님은 의와 거룩이 결핍된 사랑만의 하나님도 아니고, 사랑과 자비가 결핍된 의와 거룩만의 하나님도 아니다. 하나님은 완전한 사랑이시자 또한 완전한 의로움이시다.

1. 가나안 멸절

"오직 네 하나님 여호와께서 네게 기업으로 주시는 이 민족들의 성읍에 서는 호흡 있는 자를 하나도 살리지 말지니 곧 헷 족속과 아모리 족속과 가나안 족속과 브리스 족속과 히위 족속과 여부스 족속을 네가 진멸하되 네 하나님 여호와께서 네게 명하신대로 하라" (신 20:16 – 17).

하나님이 진멸을 명하신 가나안 민족들의 죄악은 근친상간(레 18:6 – 18, 24 – 30), 간음(레 18:20), 우상숭배(레 18:21), 동성연애(레 18:22; 20:13), 수간(레 18:23; 22:19) 등의 온갖 성적 영적 타락들이다. 당시 가나안 사람들은 바알신과 아스다롯 여신이 땅과 비를 주관한다고 믿었다. 그들은 땅과 비를 창조하신 하나님을 버리고 우상숭배하면서 매우 음란한 종교 의식을 행했다. 바알과 아스다롯이 성생활을 많이 하면 비가 많이 오고 풍년이 든다고 생각하고 제사장들은 높은 산당에 올라가 제사를 드리고 여사제들과 음행했다. 그렇게 함으로써 바알과 아스다롯을 자극한다고 믿은 것이다. 당시 바알숭배는 물질적 풍요과 육체적 쾌락을 추구하는 종교로서 사람들 간에 매우 인기가 있었다.

뿐만 아니라 아기를 불태워 바치는 것을 신에 대한 최고의 헌신으로 여겼다. 제사장이 신에게 드리는 제사로서 어린 처녀를 대중 앞에서 공개적으로 강간한 뒤 일년 후에 거기서 태어난 3개월된 신생아를 몰렉신을 조각한 신상의 손에 얹어 놓고 불에 태웠다. 사람들은 아기가 태워져 재가 되는 모습을 구경했는데 이런 종교 의식이 신에게 정기적으로 드려졌다. 그럴 때 몰렉신이 기뻐하며 풍요와 다산과 안녕 등의 복을 준다고 믿었다.[1]

또 제사장들은 칼과 창으로 자신의 몸을 자해하는 끔찍한 종교 의식을 행하곤 했다. "이에 저희가 큰 소리로 부르고 그 규례를 따라 피가 흐르기까지 칼과 창으로 그 몸을 상하게 하더라"(왕상 18:28).

가나안의 문란함은 하나님의 오래 참으심의 정도를 넘었고 드디어 심판하셔야 했는데 그 도구로 이스라엘을 사용하셨다. 가나안의 죄악이 멸망으로 심판하실 정도에 도달하기까지 하나님은 이스라엘로 하여금 이집트에서 400년 동안 기다리게 하셨다. "네 자손은 사대만에 이 땅으로 돌아 오리니 이는 아모리 족속의 죄악이 아직 관영치 아니함이니라 하시더니"(창 15:16).

가나안을 진멸하신 것은 저들이 이방 민족이라서가 아니었다. 가나안 주변에 있는 에돔, 모압, 암몬과는 전쟁하지 말라고 하셨다(신 2:5,9,19). 또 여리고성의 기생 라합과 그의 가족을 살리셨고(수 3장), 회개하고 돌아온 히위 족속 기브온 거민도 살리셨다(수 9장). 후에 사울 왕이 기브온 거민을 죽이자 하나님은 진노하시며 이스라엘 땅에 3년간 기근을 내리셨다(삼하 21장). 또 이스라엘 가운데 거하는 외국인들을 불쌍히 여기고 도울 것을 명

---

1 "Moloch, the ancient pagan God of child sacrifice," https://carm.org/christianity/miscellaneous-topics/moloch-ancient-pagan-god-child-sacrifice.

하셨다(삼하 24:4-5, 19-22). 하나님의 진멸 명령은 특히 가나안의 일곱 족속에게만 해당하는 것이었다.

하나님의 명령대로 가나안을 진멸하지 않은 이스라엘은 그들을 본받아 음란한 종교 의식을 행하면서 급기야 하나님의 성전에 아세라상이 서고 남창의 집까지 생겨나게 되었다. 아하스 시대부터는 예루살렘의 힌놈의 골짜기에서 어린아이를 불태워 몰렉에게 제물로 드리는 일도 있었다(겔16:20-21, 20:31; 렘 32:35; 왕하 16:3; 17:17; 21:6; 23:10). 하나님은 몰렉 신에게 아이를 바치는 사람은 처형될 것이라고 분명하게 말씀하셨지만(레 18:21; 20:1-5) 그들은 멈추지 않았다. 이스라엘은 하나님의 심판을 피할 수 없게 되었다(대하 28:5-6; 왕하 21:11-15).

죄에 대한 하나님의 심판은 이방 민족에게만 해당하는 것이 아니라 자기 백성에게도 해당되었다. 이스라엘이 가나안을 본받아 부패하게 될 때 가나안 땅이 그 거민을 토해 낸다고 경고하셨고, 결국 경고대로 이스라엘은 가나안 땅에서 토해 냄을 받게 되었다. 이전에 이스라엘은 범죄한 가나안을 심판하는 데 도구로 사용되었지만, 이제는 자신의 범죄에 바벨론이 심판의 도구로 사용되었다.

모든 민족은 예외없이 자국민의 우월을 과시하며 그들의 역사를 과대 포장하고 미화하여 후손에게 전수한다. 그러나 성경은 이스라엘의 역사를 미화하기 위해 첨가하거나 삭제하지 않고 저들의 범죄와 멸망을 적나라하게 기록하고 있다.

잘못 해석

현대 이스라엘은 팔레스타인에서 아랍을 내어쫓고 진멸하는 것을 가나안 정복전쟁의 연장이라고 오해하고 있다. 로마 가톨릭도 이 귀절을 잘못 해석해서 '정복신학'을 만들어내고 십자군 전쟁 등을 일으키며 역사에서 엄청난 유혈사태를 일으켰다. 가나안 진멸은 우리의 죄에 대한 하나님의 심판을 말하는 것인데, 성경을 잘못 이해하고 해석하는 종교들이 종교적 탐욕을 채우는 데 하나님의 이름을 사용하며 전쟁을 합리화하고 있다.

그리스도 안에서는 어떤 민족도 정복 대상이 될 수 없다. 예수는 우리에게 칼과 무력으로 다른 민족을 정복하며 진멸하라고 명하시지 않는다. 우리가 진멸해야 할 가나안 족속들은 우리 속에 있는 죄의 세력이다. 이스라엘의 가나안 진멸 명령은 역사적 사실이지만 그 사건이 지금 그리스도인에게 주는 교훈은 내 속에 있는 죄와 싸우라는 것이다. 가나안 진멸 전쟁은 성령의 도우심을 받아 죄와 싸우는 영적 전쟁이다. 가나안 일곱 족속은 내 속에 있는 죄의 세력이다.

2. 우상숭배 심판

"너를 꾀어 이르기를 네 열조가 알지 못하던 다른 신들 민족의 신들을 우리가 가서 섬기자 할지라도 너는 그를 좇지 말며 듣지 말며 긍휼히 보지 말며 애석히 여기지 말며 덮어 숨기지 말고 너는 용서 없이 그를 죽이되… 네 신 여호와에게서 너를 꾀어 떠나게 하려한 자니 너는 돌로 쳐 죽이라"(신 13:6–11).

하나님이 가장 미워하시는 죄 중의 하나는 우상숭배하는 것이다. 십계명의 첫 명령도 다른 신을 섬기지 말라는 것이다. 우상이란 '없는 신'이나 '헛된 신'을 의미한다. 하나님이 우상숭배를 가장 미워하시는 이유는, 하나님 아닌 신이 하나님을 대신하는 자리에 앉아서 인간의 숭배를 받으며 멸망으로 인도하기 때문이다.

이스라엘을 대표한 모세는 시내산에서 오직 하나님 한 분만을 섬기기로 약속했고 백성들도 그렇게 하겠다고 맹세했다. 이스라엘이 하나님과 맺은 언약은 마치 혼인식처럼 순결하고 지엄한 것이었다. 하나님이 우상숭배를 간음이라고 말씀하신 것도 남편을 두고 다른 남자를 좇는 영적인 간음이 되기 때문이다. 하나님은 그들에게 약속을 잘 지키면 복을 받고 지키지 않으면 화를 당하고 멸망할 것이라고 하셨다. 백성들은 모두 동의했다. 그러나 이스라엘은 하나님과의 언약을 깨고 간음하는 여인처럼 우상을 숭배했고 무수한 경고에도 불구하고 그것을 중단하지 않았다. 하나님은 우상숭배하고 간음하는 자기 백성을 언약대로 심판하셔야 했다. 특히 우상숭배를 조장하고 유혹하는 자들에 대해서는 더욱 엄격한 심판으로 죽이라고까지 하셨다. 사랑의 하나님이 어떻게 자기 백성을 벌주시고 죽이라고 하실 수 있을까? 죄는 전염성이 강하므로 그것에 대한 처벌은 단호하고 엄격해야 했다. 처벌로 심지어 죽이기까지 하신 것은 사랑하는 백성들을 보호하기 위함이셨다. 육체의 멸망보다 더 두려운 것은 영적인 멸망이다. 많은 경고에도 불구하고 범죄를 중단하지 않고 영적으로 멸망해 갈 때 그것을 막기 위해서는 육적으로 처벌하실 수밖에 없었다.

잘못된 해석

이것은 구약 시대에 이스라엘을 향해서 주신 명령이지 신약 시대에 기독교인에게 주시는 명령이 아니다. 신약의 어디에도 타종교인을 죽이라는 명령은 없다. 오히려 복음을 전하며 핍박받고 미움받아도 모든 사람들이 구원에 이르도록 오래 참고 기다려야 한다고 명령하신다. 신앙은 강제하거나 유혹해서 가질 수 없다. 예수가 그리스도임을 믿는 것은 외부적인 힘에 의해서가 아니라 자원해야만 가능한 일이다.

그러나 이슬람은 구약성경의 일부만 취하고 잘못 해석해서 타종교인을 위협하고 심지어는 죽이기까지 한다. 로마 가톨릭도 과거 이교도들을 엄청나게 학살했는데 이런 귀절들이 범죄의 명분으로 잘못 인용되었다.

3. 거룩을 명령

“나답과 아비후가 하나님께 올리는 불을 잘못 올리자 산채로 태워 죽이고”(레 10:1-3)라는 귀절에서도 하나님의 무서운 심판을 볼 수 있다. 상세한 설명이 없어서 하나님이 왜 그러셨는지 분명히 알 수 없지만 하나님의 명령대로 행하지 않았다는 것은 확실히 추측할 수 있다. 두 사람이 회막 안에서 하나님이 혐오하시는 일을 저질렀음에 의심의 여지가 없다.

하나님은 자신과 언약관계를 맺은 이스라엘이 거룩한 제사장 나라가 되어서 세계 복음화를 실현하는 도구로 사용되기 원하셨다. 거룩하다는 것은 세상과 구별되었다. 다르다는 것을 의미한다. 하나님은 이스라엘에게 율법을 주시며 구별되어 거룩한 삶을 살기를 원하셨다. 이스라엘이 주변 민족의 관습을 따라서 하는 것이 아니라 하나님의 율법을 지키며 살기 원하신 것이다. 특별히 하나님의 제사장이 율법을 어기고 자기 마음대로 행했다는 것은 하나님을 부정하거나 업신여긴 것이 되므로 심각한 죄악이 된다. 그의 백성이 하나님을 경외하는지 아닌지는 말씀을 순종하는지 아닌지로 분별할 수 있다.

4. 제사장과 제물의 완전함

“누구든지 흠이 있는 자는 가까이 하지 못할지니 곧 맹인이나 다리저는 자나 코가 불완전한 자나 지체가 더한 자나 발 부러진 자나 손 부러진 자나 … 제사장 아론의 자손 중에 흠이 있는 자는 나아와 여호와의 화제를 드리지 못할찌니”(레 21:18-21).

이것은 하나님이 불구자들을 싫어하여 가까이 오지 못하도록 하신다는 의미가 아니다. 하나님은 인간을 외모로 판단치 않고 중심을 보시는 분이

시다(신 10:17; 삼상 16:7). 그럼 이것은 무엇을 의미하는 것인가? 구약 시대 아론의 자손에서 나온 제사장들은 죄된 백성들의 속죄를 위해서 대리하여 하나님께 제사를 드렸다. 육체적 결함이 있는 제사장들도 하나님께 바쳐졌던 제사 음식은 먹을 수 있었지만 제사를 집례하거나 성소 안에 들어가지 못했다. 구약 시대의 제사장은 이후 오실 그리스도 예수의 예표가 된다. 우리의 죄를 구속하시는 예수가 완전한 분인 것처럼 예수를 예표하는 제사장도 흠과 티가 없는 자라야 했던 것이다.

예수는 인류를 위한 제사장뿐만 아니라 제물의 예표가 되신다. 예수가 완전한 제물이 되신 것처럼 하나님께 바쳐진 제물인 어린 양도 완전한 것이어야 했다. 그래서 하나님은 "너희 어린 양은 흠 없고 일 년된 수컷으로"(출 12:5) 하라고 하셨다. 즉 하나님이 불구자의 예배를 거절하신다는 뜻도 아니고, 작고 초라한 헌물은 받지 않으시겠다는 뜻도 아니고, 제사장과 제물이 되어 주신 예수가 흠없고 완전한 분이라는 의미다.

5. 강퍅케 하심

하나님은 모세와 아론을 통해 하나님의 주권과 능력을 나타내셨지만 이미 예언하신 대로 이집트의 왕 "바로(파라오)의 마음이 강퍅하여 그들을 듣지 아니하였다"(출 7:13). 이어지는 재앙들에서도 바로는 "그 마음을 완강케 하여 그들을 듣지 아니하였다"(출 8:8, 15, 19, 32; 9:7). 그러나 여섯 번째 독종 재앙에서는 "여호와께서 바로의 마음을 강퍅케 하셨다"(출 9:12). 바로의 신하들 중에 하나님의 말씀을 믿은 자들은 그들의 생명을 구했으나(출 9:20) 바로는 여전히 하나님을 두려워하지 않았다(출 9:30). 재앙이 그친 후 바로는 "다시 범죄하여 마음을 완강케 하였다"(출 9:34).

하나님이 바로를 강퍅케(성격이 까다롭고 고집이 세게) 하셨으니까 바로의 죄에 대한 책임이 면해지는 것일까? 아니다. 그것은 그가 의도적으로 계속 고집을 부렸던 결과였다. 하나님은 아론과 모세를 통해서 여러번 반복하여 진리를 보여 주셨고, 부인할 수 없는 기적을 통하여 그 마음에 호소하셨다. 이스라엘 백성을 해방시키고자 하시는 하나님의 뜻에 협력하도록 계속 빛을 주시며 바로의 마음을 부드럽게 하고 굴복시키고자 하셨다. 그러나 하나님의 뜻과 거룩한 능력이 반복하여 나타날수록 그는 더욱 단호하게 자신이 원하는 길을 가기로 결심했다. 진리는 너무나 분명했지만 그가 받아들이기를 계속 거절하자 양심이 무감각해졌고 그 결과 하나님께로부터 오는 빛은 거두어졌다.

여기서 우리는 두려운 사실을 깨닫게 된다. 복음과 은혜와 기적으로 하나님이 자신을 증거하실 때 처음에는 우리가 자유의지를 갖고 거절하지만, 하나님을 대적하고 비웃고 거절하는 것이 거듭 계속될 때 나중에는 하나님 자신이 그를 강팍하게 만드신다는 것이다. 그때는 이성적으로 복음을 깨닫게 될지라도 하나님이 우리를 강팍하게 만들어 버리시면 다시는 돌이킬 기회를 잃어버리게 되는 것이다.

스스로 신이라고 믿었던 바로는 다른 신을 인정하고 싶지 않았고 끝까지 하나님의 하나님이심을 받아들이기를 거절했다. 바로의 심중에 있는 교만함을 아셨던 하나님은 그를 강퍅케 하심으로 그의 죄악됨이 겉으로 드러나게 하셨다. 그리고 재앙으로 심판하셨다. 하나님이 바로에게 재앙을 내리시고자 죄짓도록 만드신 것이 아니라, 바로 안의 죄성을 아시고 겉으로 드러나게 하신 것이다.

하나님은 우리 모두의 구원을 소원하신다. "주 여호와의 말씀에 나의 삶을 두고 맹세하노니 나는 악인의 죽는 것을 기뻐하지 아니하고 악인이 그 길에서 돌이켜 떠나서 사는 것을 기뻐하노라. 이스라엘 족속아 돌이키고 돌이키라. 너희 악한 길에서 떠나라. 어찌 죽고자 하느냐"(겔 33:11).

그러나 하나님은 강제하지 않고 우리의 선택을 기다리신다.

하나님은 이런저런 모양으로 자신을 드러내시지만 그것을 대하는 사람의 마음상태는 각각 다르다. 마태복음의 비유처럼 자갈 밭도 있고 가시덤불 밭도 있고 옥토도 있다. 하나님의 은혜와 계시는 동일하지만 마음 밭이 어떠냐에 따라서 구원이 결정된다. 가난하고 애통하는 심령을 가진 사람은 하나님의 성령이 그의 마음을 회심과 구원으로 인도하실 때 그것을 감사와 겸비로 받아들이지만, 완고한 고집과 이기심에 사로 잡혀 있는 사람은 그것에 저항하여 싸움으로써 그의 마음을 점점 더 강퍅하게 만든다.

6. 칼과의 전쟁

예수는 "평안을 너희에게 끼치노니 곧 나의 평안을 너희에게 주노라"(요 14:6)고 말씀하신 것처럼 우리에게 화평을 주시는 분이다. 죄로 인해서 가로막혔던 하나님과의 관계를 해결해 주심으로써 우리는 비로소 평안을 가질 수 있게 되었다. 그러나 한편으로는 "내가 세상에 화평을 주러 온 줄로 생각지 말라. 화평이 아니요 검을 주러 왔노라"(마 10:34)고 하시며 검을 들고 영적 전쟁을 싸우라고 명하신다.

복음이 가정에 들어오면 당장에 칼의 역사가 나타난다. 이전에는 겪지 않았던 갈등과 전쟁을 예수로 인해 경험하게 된다. 예수의 말씀처럼 아비와 딸이, 어미와 며느리가 불화하여 집안 식구들이 원수가 된다(마 10:35-36). 이것은 인간적인 마찰이 아니라 하나님에 대항하는 사탄의 영적 참소다.

영적 대결은 우리 마음속에서도 일어난다. 이전에는 갈등하지 않았던 죄와의 싸움이 우리 안에서 격렬하게 벌어진다. 이전에는 죄라고 생각하지도 않아서 갈등조차 없었지만, 예수를 믿고나서는 죄에 대한 갈등이 생기는 것이다. "우리의 씨름은 혈과 육을 상대하는 것이 아니요 통치자들과 권세들과 이 어둠의 세상 주관자들과 하늘에 있는 악의 영들을 상대함이라"(엡 6:12).

이 말씀처럼, 그리스도인의 싸움은 사람을 대상으로 하는 싸움이 아니다. 나와 식구들의 싸움이 아니라 빛과 어두움의 영적 전쟁이다. 그리스도인의 치열한 영적 전쟁은 피할 수 없는 것이며 이것을 싸울 때만 비로소 승리할 수 있게 된다.

7. 가족과 재산 포기?

"내 이름을 위하여 집이나 형제나 자매나 부모나 자식이나 전토를 버린 자마다 여러 배를 받고 또 영생을 상속하리라"(마 19:29).

간혹 이 말씀을 오해해서 신앙을 선택하기 위해 가정을 등한시하거나 떠나버리는 사람들이 있고, 또 그와는 반대로 가족이 극구 반대하므로 예수를 떠나버리는 사람들이 있다. 물론 둘 다 하나님의 뜻이 아니며 하나님은 우리가 신앙과 가족 모두 잘 지키기를 원하신다. 가족이 반대함에도 예수를 선택하면 마치 가족을 버리는 것처럼 보이기도 하지만 실상은 모두를 얻게 된다. 가족들로부터 배척받고 미움받으면서도 묵묵히 하나님을 따르면 결국 본인의 구원은 물론 하나님을 배척했던 모든 가족들이 하나님 앞으로 오게 된다. 하나님 안에 머물러 있으면 모두가 승리하는 것이다.

"내가 무엇을 하여야 영생을 얻으리이까… 예수께서 그를 보시고 사랑하사 가라사대 네게 오히려 한 가지 부족한 것이 있으니 가서 있는 것을 다 팔아 가난한 자들을 주라. 그리하면 하늘에서 보화가 네게 있으리라. 그리고 와서 나를 좇으라 하시니"(막 10:17, 21).

이 말씀을 오해해서 재산을 소유할 때 영생을 얻지 못한다고 생각하는 사람들도 있다. 과연 예수는 그리스도인에게 모든 재산을 버리라고 말씀하시는가? 물론 아니다. 이것은 선행을 영생의 조건으로 오해하고 있었던 한 부자청년에게 예수가 하신 말씀이었다. 의로운 부자 청년은 자신의 의로움으로 영생에 대한 확인을 받고 싶어했지만 예수는 그의 의로움이 완전하지 않다는 것을 알고 계셨다. 예수는 청년의 의로움이 불완전하다는 것을 알게 하시려고 모든 재산을 팔아서 가난한 사람들에게 나눠주라고 하셨다. 청년은 그것조차 순종할 수 없었다. 예수는 어떤 인간도 하나님의 율법을 다 지킬 수 없는 연약한 자라는 것을 알려 주시려 했다. 겉으로는 완전한 것같이 보여도 마음속에서는 여전히 욕심과 교만과 위선과 자랑이 많은 죄인이라는 것을 깨닫게 해 주고 싶으셨다. 우리가 율법을 지킴으로 영생을 얻는 것이 아니라, 율법의 완성자되시는 예수를 통해서만 구원받을 수 있다는 것을 알려 주시려 한 것이다.

8. 노예제도 인정?

성경은 노예를 어떻게 다루어야 할 지를 가르친다(신 15:12-15; 엡 6:9; 골 4:1). 그래서 하나님이 노예제도를 인정한다고 비판받기도 한다. 과연 하나님은 인간을 계급으로 차별하시는 걸까? 당시 이스라엘에서 노예가 어떻게 생겨났는지, 또 하나님은 모세를 통해 노예에 대한 어떤 율법을 주셨는지 알 때 이것은 오히려 가난하고 핍박받는 자들을 위한 사랑의 제도였다는 것을 발견하게 된다.

이스라엘에는 가난을 막는 모든 제도들이 있음에도 불구하고 재산을 잘못 관리하는 등의 이유로 빚을 지는 사람들이 있었고 그럴 경우 자신을 종으로 팔 수 있었다. 또 절도죄를 저지른 사람이 율법이 정하는 대로 모두 배상할 능력이 없을 경우 빚을 갚기 위해 자신을 종으로 팔 수도 있었다(출

22:3). 열심히 일해서 빚을 갚고 나면 자유를 얻을 수 있었다(레 25:47-52). 이스라엘 사람이 종으로 일하는 기간은 최대 6년을 넘길 수 없었고(출 21:2), 종이 된 지 7년째 되는 해에는 자유의 몸이 되었다. 율법에서는 50년마다 나라 전역에 있는 모든 이스라엘 종들을 일한 기간에 관계없이 풀어 주어야 한다고 규정한다(레 25:40-41).

이스라엘의 노예 제도는 다른 나라들에서 흔히 자행되어온 압제적인 제도와 달랐다. 하나님은 율법에서 종을 잔인하게 대하거나 학대하는 것을 금했고 인격적으로 대할 것을 명했다(레 25:39-40). 인신매매의 행위는 사형에 해당하는 죄였다(출 21:16). 주인은 종을 징계할 수 있었지만 가혹 행위는 금지되었고, 종을 죽인 주인은 처벌받았다(출 21:20). 또 주인 때문에 눈이나 이가 상해 불구가 될 경우 종은 주인에게서 풀려났다(출 21:26-27). 종을 자유의 몸으로 풀어 줄 때는 관대한 태도를 보여서 쓸 것을 마련해 주어야 했다(신 15:13-14).

노예 제도는 로마 제국 내에서 보편화된 관행으로 자리 잡았다. 당시 기독교가 퍼져 나가면서 복음을 접하고 그리스도인이 된 사람 가운데는 종들도 있었고 종을 거느린 주인들도 있었다. 그러나 예수와 사도들은 마치 기성 제도를 개혁하려는 사람들처럼 복음을 통해 사회를 변화시켜야 한다고 전파하지 않았다. 오히려 종과 주인 모두에게 영적 형제로서 서로 사랑할 것을 권했다(골 4:1; 딤전 6:2).

최근까지도 미국에서 흑인들은 열등한 민족이라고 차별되었고 오랫동안 노예로 취급되었다. 기독교의 노예 제도는 저들의 잔인하고 가혹한 제도와는 전혀 달랐다. 하나님은 인간이 인간을 차별하고 학대하는 것을 혐오하신다. 성경은 모든 인간이 하나님의 형상으로 지어졌으므로 가장 소중하고 평등하다고 말씀한다.

15장

진리로 미움받음

교회들이 범죄함으로 기독교가 미움을 받고 있다. 목사와 장로들의 싸움, 헌금 횡령, 성폭행, 타종교 신상 파괴, 이단 교리, 가정 파괴 등의 소식이 들릴 때마다 비난의 소리가 요란하다.

성경은 삯꾼 목사나 가라지(독보리) 교인들이 있을 것을 분명히 경고했다. 기독교 초기부터 성경을 왜곡해석하는 이단들도 많이 있었다. 실제는 '다른 예수'와 '다른 하나님'을 믿고 있으면서도 알곡과 가라지가 한 밭에서 함께 자라나며 자칭 그리스도인이라고 오해하고 있다. 알곡과 가라지는 겉모습이 똑같기 때문에 저들이 스스로를 그리스도인이나 목사나 교회라고 주장해도 진위를 금새 분별하기도 어렵고 제재하거나 금지할 법도 없다. 기독교가 가라지에 의해 비난받고 미움받아도 어쩔 수 없다.

여기서 말하고자 하는 것은 가라지 교인들의 범죄 때문에 받는 미움이 아니라 진정한 신앙 때문에 받는 미움이다. 성경이 예언했던 것처럼 기독교는 탄생부터 지금까지 진리 때문에 미움받고 있다.

1. 죄를 지적하므로

하나님이 세상에 대해서 악하다고 증언하기 때문에 기독교와 예수는 세상으로부터 미움받는다.

"세상이 너희를 미워하면 너희보다 먼저 나를 미워한 줄을 알라"(요 15:18).

"세상이 너희를 미워하여도 이상히 여기지 말라"(요일 3:13).

"세상이 너희를 미워하지 아니하되 나를 미워하나니 이는 내가 세상의 일들을 악하다고 증언함이라"(요 7:7).

종교의 목적은 위로와 평안을 받기 위함인데 기독교는 죄를 지적하고 있으니 죄를 드러내고 죄책감을 주는 기독교가 싫다는 것이다. 모두들 마음 깊숙한 곳에서 죄의 상처로 고통받고 있으면서도 죄의 문제를 숨기며 죄인이 아니라고 부정하고 싶은데 기독교는 자꾸 죄인이라고 지적하니 기분 나쁘고 화가 나는 것이다.

그러나 하나님이 우리에게 죄인이라고 말씀하시는 것은 우리에게 죄책감을 주기 위함이 아니라 죄의 문제를 해결해 주시기 위함이다. 깊이 감추고 절대로 인정하려하지 않았던 죄와 죄책감을 하나님이 비로소 드러내시고 해결하시려는 것이다. 의사에게 수술받기 위해서는 우리의 병들고 연약하고 흉칙한 모든 곳을 드러내야 하는 것처럼, 하나님이 우리의 병든 영혼을 고치시도록 죄되고 상처받고 고름생긴 모든 곳을 인정하고 드러내는 것이다. 그럴 때 하나님은 내가 전혀 죄라고 생각하지 못했던 문제들을 드러내신다.

하나님이 우리의 생각치도 못했던 죄를 지적하실 때 처음은 아픔이지만 곧 이어 치유와 자유함을 받는다. 하나님은 우리를 부끄럽고 아프게 하고 정죄하기 위해서 죄를 드러내시는 것이 아니라 치유하고 변화시키기 위해서 드러내시는 것이다. 그것이 정말 죄라는 것을 깨닫게 되면서 우리의 인생은 조금씩 변하게 된다. 이전에는 아무렇지도 않게 행했던 행위들이 스스로 역겨워지고 싫어지게 된다. 하나님이 명령하시니까 습관되었던 죄를 억지로 금지하려하고 실패하며 낙심하는 것이 아니라 이제는 그것이 싫어지게 되는 것이다. 이전에는 시기하고 질투하는 것이 자연스러웠지만 이제는 싫어지게 된다. 이전에는 미워하고 복수하는 것이 합당했지만 이제는 싫어지게 된다. 이전에는 욕심이 당연했지만 이제는 만족하고 감사하게 된다.

예수를 믿고 질병이 치유되는 경우들을 자주 본다. 그것은 하나님이 행하신 초자연적인 기적이 아니라 죄의 문제가 해결되면서 생기게 된 매우 자연스런 현상이다. 우리 모두가 알듯이 대부분의 질병은 마음속에서 온다. 상한 심령은 저항력도 약해져서 질병에 지게 되고 모든 알 수 없는 질병들을 초래한다. 심리학에서 정신세계를 설명할 때 나도 모르고 남도 모르는 무의식 세계가 의식 세계보다 훨씬 더 크다고 말한다. 무의식의 저장 창고에는 죄로 인한 무거움과 상처 등 기억하고 싶지 않은 아픈 것들이 감추어져 있다.

탁월한 정신의학자 폴 투르니에는 육체의 치료를 정신의 치료에서 이끌어내는 전인 치유자로 유명하다. 온갖 어려움을 안고 찾아오는 사람들이 "내겐 해결해야 할 문제가 너무나 많습니다"라고 하소연할 때 그는 "문제는 없고 다만 죄가 있을 뿐입니다"라고 답변한다.

그가 말했듯이 대부분의 문제는 죄로 인한 것이다. 그런데 예수를 믿게 되면 하나님으로부터 내 죄를 용서받고 남의 죄를 용서할 수 있게 된다. 그럴 때 자신도 모르던 무의식 깊은 곳의 죄책감, 상처, 두려움, 증오, 원망, 억울함, 슬픔 등이 차츰 사라지면서 자연스럽게 병든 육체와 상한 마음이 해결받고 인생의 문제들이 풀리기 시작한다.

이것은 뉴에이지의 가르침인 '긍정'이나 불교의 가르침인 '무념무상'과는 근본적으로 다르다. 그것은 암덩어리에 반창고를 붙이며 현실을 보지 않겠다는 회피이자 속임수고 거짓말이다. 근본적인 방법은 하나님이 죄를 수술해서 해결하시도록 하는 것인데 그 첫 단계는 우리가 죄인임을 인정하고 우리 죄를 대신 지신 예수를 영접하는 것이다.

예수를 믿을 때 가장 먼저 경험하는 것은 평강이라고 말하는데, 그것은 죄로 인해서 단절되었던 하나님과의 관계가 회복된 때문이며, 또 죄의 상처로 인해서 깊숙히 감추어졌던 문제들이 해결받았기 때문이다. 그래서 여전히 문제 중에 있으면서도 기쁘고 안심이 되고 즐거운 것이다. 이것은 심리요법도 아니고 최면술도 아니고 긍정의 힘도 아니고 해탈도 아니고 하나님 안에서 진정으로 죄의 문제가 해결받았기 때문이다.

반기독교인들은 오원춘을 예로 들면서 함부로 용서한다는 하나님을 비난한다. 어떻게 오원춘 같은 인간이 예수를 믿을 때 죄가 용서되고 천국에 가느냐고 항의하며 그런 '불의한' 하나님에 대해서 분노한다. 하나님이 보시기에는 모두가 도토리 키재기 같은 죄인일 뿐인데, 그들은 자신이 오원춘과 다른 사람이라고 착각하는 것이다.

하지만 하나님께 중요한 것은, 누구의 죄가 더 크고 작냐가 절대로 아니다. 그것은 하나님의 관심사가 아니다. 왜냐면 하나님께는 용서할 수 없고 해결할 수 없는 죄와 문제의 크기가 전혀 없기 때문이다. 물론 사회에서는 심판을 받겠지만, 그가 진심으로 죄를 인정하고 하나님께 나아오기만 하면 오원춘이고 김대두고 모두 완벽하게 용서해 주신다. 그래서 사람들은 감옥에서도 감사하고 평안할 수 있는 것이다.

그런데 전능의 하나님이 아주 무기력해지실 수도 있다. 자신이 죄인이 아니라고 생각하는 사람들에게 하나님은 아무것도 하실 수가 없다. 하나님이 보시기에는 분명히 죄인인데 본인은 아니라고 우길 때 하나님은 무기력하게 아무 것도 하시지 못한다. 하나님은 절대로 강제하지 않으시고 자신이 죄임임을 깨달을 때까지 오래 참고 기다리신다. 어쩌면 스스로 죄인임을 고백할 수 있도록 속에 감추어진 죄를 겉으로 드러내실지도 모른다.

왜 하나님은 어떤 죄인이라도 그가 인정하고 고백하기만 하면 다 용서하실까? 죄의 유혹자가 사탄이기 때문이다. 인간은 사탄에게 속아서 죄지은 가해자인 동시에 피해자이기 때문이다. 그것은 구약 시대에 있었던 도피성 제도로 설명할 수 있다.

누구라도 올 수 있는 도피성

구약 시대의 이스라엘에는 이에는 이 눈에는 눈이라는 보복제도가 있어서 피해를 당한 자는 당한 피해만큼 가해할 수 있었다. 피해자가 죽었을 때는 죽은 자의 가족이 가해자를 죽일 수 있었다. 살벌한 보복의 율법 체제에서 하나님은 도피성을 만들게 해서 부지중에 살인한 자들이 구원받도록 하셨다. 가해자가 이스라엘의 6개 도시에 퍼져있는 도피성으로 도망만 하면 보복을 피할 수 있었다. 도피성으로 도피하는 것만이 살아남을 수 있는 유일한 길이었다.

하지만 도피성은 부지중에, 즉 실수로 범죄한 자에게만 열려 있었다. 고살자, 즉 고의로 살해한 자는 도피성으로 도피해도 그를 잡아다가 보수자의 손에 넘겨 죽게 했다. "그러나 만일 사람이 그 이웃을 미워하여… 죽게하고 이 한 성읍으로 도피하거든… 그를 거기서 잡아다가 보수자의 손에 넘겨 죽이게 할 것이라 네 눈이 그를 긍휼히 보지 말고… 제하라"(신 19:11－13).

구약성경의 모든 것이 예수를 예표하듯이 도피성도 물론 예수의 구원을 예표한다. 하나님은 죄인이 예수께 도피할 때 구원하시겠다고 약속하신다. 그리고 예수가 유일한 구원의 길이라고 말씀하신다.

그런데 도피성이 오직 부지중에 살해한 자에게만 열려있듯이, 예수 그리스도도 오직 부지중에 범죄한 자들에게만 열려 있다. 부지중에 범죄한 자들은 누구라도 예수께 도피하면 살 수 있지만 고의적으로 범죄한 자들은 예수께 도피할 수가 없다.

그렇다면 고의적으로 범죄한 우리들은 예수께 도피할 수 없는 것일까? 예수는 과실상해나 과실치사만 용서하시고 의도적인 범죄는 용서하시지 않는 것일까?

아니다. 하나님은 모든 인간의 모든 범죄를 부지중에 범한 죄라고 여기신다. 그래서 아무리 흉악한 죄인이라도 예수는 그를 위한 도피성이 되어 주신다.

그럼 예수께 도피할 수 없는 고살자는 누구일까? 바로 사탄이다. 사탄은 모든 것을 알면서도 의도적으로 하나님을 반역하고 인간들로 하여금 그들도 하나님을 반역하여 죄짓게 만들었다. 그는 인간들을 멸망시키고 죽이기 위해서 처음부터 계획적으로 속였다. 사탄은 예수께 도피할 수 없는 유일한 고살자다.

하나님은 믿는 자들에게 용서를 약속하시면서 동시에 서로 용서하라고 명하신다. 하나님이 용서못하실 죄인이 없는 것처럼 우리도 용서못할 죄인이 없어야 한다. 사람들이 죄를 지으면 가해자가 되는 동시에 스스로 피해자가 되기도 한다. 죄는 그렇게 파괴적이므로 하나님이 증오하시지만 죄인들은 한없이 불쌍히 여겨 구원하기 원하신다. 하나님이 죄인들을 불쌍히 여기시는 것은 그들이 사탄에게 미혹되어 죄짓기 때문이다.

하나님은 사탄에게 미혹되어 죄짓는 인간은 누구라도 회개하면 용서하시지만, 인간들을 죄짓도록 미혹하는 사탄은 절대로 용서하시지 않는다. 사탄은 절대로 회개할 수 없고 용서받을 수 없기 때문에 그의 정해진 운명은 지옥이다.

하나님은 이스라엘 백성이 가나안에 들어가기도 전에, 가나안에 들어가면 제일 먼저 도피성을 구별해 길을 닦으라고 모세에게 명하셨다. 하나님은 또한 우리가 태어나기도 전에 구원의 모든 길을 다 마련해 놓으시고 이제 도피성되신 예수 안에 들어 오라고 말씀하신다. 예수는 온 우주에 있는 모든 죄인들을 구원하실 수 있는 도피성이 되지만, 그 도피성에 피하지 않는 자들은 구원하실 수 없다. 오직 그 안에 들어온 자들만 구원하신다.

예수는 형제에게 노하거나 미련한 놈이라고 욕해도 지옥 불에 들어간다고 말씀하셨다. 그것은 지극히 작은 죄라도 지옥불에 들어갈 정도로 큰 위력이 있다는 의미다. 그러나 아무리 무서운 죄라도 예수가 피흘려주신 능력 앞에는 전혀 위력을 나타낼 수 없다. 예수의 보혈은 모든 죄인들에게 완전한 구원의 능력이 되신다. 그리고 예수로 구원받은 죄인들만이 다른 죄인들을 온전히 용서할 수 있는 능력을 갖는다. 그것이 완전한 은혜다.

2. 사탄이 대적하므로

기독교가 세상의 미움을 받는 또 다른 이유는 주인이 서로 다르기 때문이다. 그리스도인의 주인은 하나님 예수지만, 세상 사람들의 주인은 공중의 권세 잡은 자 즉 마귀 사탄이라고 성경은 기록한다. "그때에 너희는 그 가운데서 행하여 이 세상 풍조를 따르고 공중의 권세 잡은 자를 따랐으니 곧 지금 불순종의 아들들 가운데서 역사하는 영이라"(엡 2:2).

인간이 하나님의 통치를 거절할 때 자신은 전혀 의도하지 않았어도 사탄의 통치 아래로 들어가게 된다. 빛이 없으면 따로 선택하지 않아도 그곳에 어둠이 임하는 것처럼, 빛되신 하나님이 없을 때 그곳에는 사탄의 지배가 있게 된다. 사탄이 하나님을 대적하듯이 사탄의 통치를 받는 사람들은 예수의 통치를 받는 사람들을 미워하고 대적한다.

그리스도인은 자기 십자가를 지고 예수를 따르는 사람들이다. 자기 십자가란 그리스도를 위해 받는 고난이다. 우리가 만약 이 십자가를 벗어버리려고 한다면 그리스도 안에서 설 자리가 없어진다. 세상을 바라보고 자신의 육신적 생명을 생각하는 사람은 그 생명을 잃어버릴 것이다. 그래서 예수는 "누구든지 제 목숨을 구원하고자 하면 잃을 것이요 누구든지 나를 위하여 제 목숨을 잃으면 찾으리라"(마 16:25)고 하셨다. 그리스도인은 복음 때문에 받는 미움과 고난을 각오해야 한다. 그리스도와 함께 고난을 받는 사람만이 그의 영광에 동참하는 권리가 주어진다.

3. 미래의 핍박

참된 기독교는 탄생부터 지금까지 핍박과 미움을 받아왔다. 초대교회 시절에는 유대인들에 의해서, 로마 시대에는 로마황제에 의해서, 중세 시대에는 로마 가톨릭에 의해서 십자가에서 죽고 사자의 밥이 되고 화형당해 죽었다. 기독교는 역사 내내 사탄이 주인된 세상에서 세상의 죄를 지적하며 미움과 핍박을 받아왔다.

그럼 지금은 종교의 자유가 있는 시대에서 평안과 존중을 누리고 있을까?

우리는 지금 NWO의 세계정부가 세워지려는 시대에 살고 있다. 세계정부를 위해서는 물론 단일 종교로 통합되어야 한다. 인류 마지막 시대에 세계정부가 들어설 때 모든 종교는 서로에게 흡수되면서 자신만의 것을 주장할 수 없게 될 것이다. 그럴 때 가장 저항하는 세력이 '유일한 진리'임을 주장하는 기독교가 될 것이다. 오직 예수에게만 구원이 있다고 외치는 기독교는 세계평화를 저해하기 때문에 잠재적 테러리스트 그룹으로 분류되어 당국의 감시 대상이 될 것이다. 유엔의 부사무총장을 지낸 로버트 뮬러(Robert Muller)은 근본주의 기독교를 겨냥해서 이렇게 말했다.

"그러한 근본주의자들은 '완고한 믿음의 체계'에 집착하고 '전 세계에 갈등의 불을 붙이는' 자들이다. 오직 이 유성의 건강과 지구의 숭고함에만 충성을 다짐하는 종교연합기구를 통해서 기독교 근본주의자들을 무력화시키지 않는 한 세계평화는 불가능할 것이다."[1]

1991년 1월 31일 미국은 교육법의 일환으로 "우상숭배하지 말라"는 조문을 포함한 '노아의 법'(Noahide Law)을 통과시켰다. 법령은 유대인 법학자들이 해석하는데, 유대교의 탈무드에 의하면 예수를 섬기는 기독교는 우상숭배자가 되고 우상숭배자는 목베임을 당해야 한다.[2] 미 하원의원 대니메이어(Bill Dannemeyer)는 이제 미국이 그리스도인을 범죄인으로 규정하고 법적으로 죽일 수 있게 되었다고 비난한다.[3] 중세의 암흑 시대에 기독교인들이 로마 가톨릭에 의해 이단으로 몰려서 무수하게 살해되었듯이, 말세에도 예수 신앙 때문에 살해당하려는가 보다. 성경도 마지막 때에 그리스도인이 목베임을 당할꺼라고 예언했다.

"예수를 증언함과 하나님의 말씀 때문에 목 베임을 당한 자들의 영혼들과 또 짐승과 그의 우상에게 경배하지 아니하고 그들의 이마와 손에 그의 표를 받지 아니한 자들이 살아서"(계 20:4-5).

그리스도인이 예수로 인해서 목베임을 당할 때 살아남기 위해서는 '오직 예수'를 주장하지 않고 모든 종교가 동일하다는 종교다원주의를 받아들이면 된다. 기독교가 미움이나 핍박이나 살해를 받지 않고 환영받고 부흥하고 싶다면 기독교의 진리를 타협하고 버리면 된다. 지난 8장에서 소개한 '예수를 부정하는 신학'을 바탕으로, 예수를 통하지 않아도 구원받을 수 있다고 주장하는 종교통합 운동에 동조하면 된다.

기독교의 종교통합 운동은 1948년 결성되어 유엔 안에 연락사무실을 두고 있는 세계교회협의회(WCC)에 의해 시작되었다. 존 모트, 브롬리 옥스남, 지오프리 피셔 등 WCC의 초대 총장들이 모두 프리메이슨이었다.

---

1 "One World Religion," http://www.ukapologetics.net/08/oneworldchurch.htm.

2 "Noachide Laws," https://guapotg.wordpress.com/2012/04/12/noachide-laws/

3 "Now The Government Can Legally Kill Christians," http://www.takebackourrights.org/docs/Christians-full%20page.html.

피셔에 대해서는 프리메이슨의 공식 간행물 「프리메이슨리 투데이」(*Freemasonry Today*)에서 자세히 소개되었다.

"1945년에 피셔는 켄터베리 대주교로 임명되었다. 그리고 1953년 영국 여왕 퀸 엘리자베드 2세에 의하여 계관되었다. 그는 개혁 이후 로마의 교황을 공식 방문한 영국 성공회의 수장이다. 그는 열정적인 프리메이슨이며 그랜드 랏지의 단원으로서 크래프트의 가르침을 형성하려고 노력했고 1946년부터 1954년까지 WCC의 총장으로서 그의 역량을 최대한 발휘했다."[4]

반기독교적인 예수회/일루미나티/프리메이슨 사상이 기독교 안으로 슬그머니 들어와서 종교혼합 사상을 주입시키고 있다. 『목적이 이끄는 삶』을 출간하면서 기독교뿐만 아니라 세계적으로 유명인사가 된 릭 웨렌 목사는 이미 잘 알려진 것처럼 일루미나티의 CFR에 소속되었다.[5] 세계종교계와 유엔 등과 함께 P.E.A.C.E. 프로젝트를 추진하며 세계의 주목을 받고 있는 그는 근본주의 기독교를 21세기의 큰 적(enemy)으로 간주한다고 발표했다.[6] 성경의 무오성, 예수의 신성, 예수의 동정녀 탄생, 예수의 대속적 죽음, 예수의 재림과 심판 등이 기독교 근본주의자들이 믿는 신앙의 근본 교리다. 그러니까 그리스도인이 이런 근본적인 신앙을 갖게 되면 인류의 원수가 된다는 것이다.

이제 기독교는 좁은 문을 지나서 핍박받고 혹은 순교까지 하는 길을 갈지, 아니면 넓은 길을 따라 환영받고 인기얻고 부흥하는 길을 갈지 선택해야 한다. 여기 김흥수 목사의 글을 소개한다.

---

4 "Archbishop Fisher: A Godly man and a Brother," http://www.mqmagazine.co.uk/issue-18/p-07.php.

5 "Rick Warren-Illuminati Deceiver," http://www.jesus-is-savior.com/Wolves/rick_warren2.htm.

6 "Rick Warren Says Christian Fundamentalism Will Be One Of The Great Enemies Of The 21st Century," http://www.wayoflife.org/database/enemiesofcentury.html.

좁은 길

요한복음 7장 7절을 보면 “세상이 너희를 미워하지 못하되 나를 미워하나니 이는 내가 세상의 행사를 악하다 증거함이라”라고 기록하고 있음을 볼 수 있습니다. 예수께서 자신이 세상으로부터 미움을 받으시는 이유는 세상의 행사를 악하다 증거하였기 때문이라고 말씀하셨습니다.

주님의 말씀은 당시 바리새인들과 서기관들과 모든 유대주의 종교 지도자들에게 비수와 같은 말씀이 아닐 수 없었습니다. 주께서는 그들의 율법주의적인 위선과 가식에 대해서 거침없이 비판하시며 그들의 죄상을 적나라하게 지적하시고 그들을 호통하셨습니다. 자신들의 죄를 드러내시고 책망하시는 이 같은 그리스도의 모습은 마침내 더 이상 참을 수 없는 세상의 미움과 공분을 불러 왔고 세상은 그를 십자가에 못 박아 영원히 그의 흔적을 지우려 했던 것을 볼 수 있습니다.

“이는 내가 세상을 악하다 증거함이라”

인간은 전적으로 타락하고 부패한 죄인임을 밝히고 이 사실을 증거하는 것은 어느 시대를 막론하고 교회와 신자의 부정할 수 없는 사명일 것입니다. 신자는 결코 세상에서 희망을 보는 자들이 아닙니다. 그리스도를 알지 못하는 세상의 아름다움을 찬양하며 그들과의 연합과 평화를 도모하는 자들일 수 없습니다.

세상은 멸망을 향하여 치닫고 있습니다. 하나님을, 예수 그리스도를 알지 못하는 모든 영혼들은 지옥을 향해서 달려가고 있을 따름입니다. 따라서 신자와 교회는 오늘도 심판을 향해 달려가고 있는 자들의 죄를 밝히 말하지 않으면 안 되는 비장한 의무와 책임이 있다는 것을 잊지 말아야 합니다. 그들의 비참한 최후가 무엇인지를 명약관화하게 설명하고 그 죄로부터 돌이킬 것을 촉구하는 자들이 되어야 합니다.

그로 인해 세상에서 미움을 받게 된다면 미움을 받아야 할 것이고 배척을 당하고 멸시를 받으며 비난을 받아야 한다면 성도는 기꺼이 이를 감당해야 할 것입니다. 그것이 바로 그리스도의 뒤를 좇는 그리스도의 사람들이며 그 믿음을 지켜 이 땅에 피를 뿌린 순교자들의 그 신앙을 계승하는 자들임을 드러내는 증거가 될 것이기 때문입니다.

신자는 모든 사람들을 기쁘게 하고 그들을 즐겁게 하는 자들이 결코 아닙니다. 신자는 듣기에 좋은 얘기들을, 사람들의 감성을 자극하거나 기분을 상하지 않는 부드럽고 감동적인 주제들만을 다루기 위해 존재하는 자들이 아닙니다. 그들의 죄를, 그 저주받을 죄악상을 지적하고 그 죄로부터 속히 돌이키기를 촉구해야 하는 구별된 사명을 가진 자들입니다.

참된 복음을 말하지 않는 사람, 무엇이 진정한 진리인지 명확하게 선을 긋지 않으려는 비겁한 평화주의자들을 세상은 결코 미워하지 않을 것입니다. 주께서 내가 세상의 미움을 받는 표적이 될 수밖에 없다고 말씀하신 이유는 누구도 건드리기 싫어하는 죄의 문제를 드러내고 지적하셨기 때문이라고 밝히셨습니다.

사랑하는 사람들의 죄의 문제를 건드리지 않으려는 사람, 이 세상이 자행하고 있는 온갖 악한 죄의 뇌관을 터뜨리지 않으려는 자는 결코 그리스도를 좇는 자일 수 없습니다. 세상과 갈등하려 하지 않으며 세상과 충돌하지 않으려는 자는 결코 그리스도의 사람이 될 수 없을 것입니다. 세상과의 평화와 소통을 도모하는 길만이 신자가 가야 할 길은 결코 아니라는 사실을 성도는 잊지 말아야 합니다.

이 시대의 정신이라고 하는 것이 심히 사악하고 부패했음을 소리 높여 외치는 길은 반드시 세상으로부터의 미움을 사는 길이며 공공의 적이 되는 길입니다. 동성연애는 명백한 죄이며, 가톨릭은 명백한 이단이고, 구원은 반드시 성화의 삶을 수반하고 있음을, 성경은 결코 현세기복주의나 거짓된 성령 운동이나 신사도주의나 이머징 교회 운동 같은 거짓되고 변질된 기형적 복음을 말하고 있지 않음을 밝히며, 올바른 신앙과 참된 복음의 시비를 가리는 일은 많은 사람들에게 거부감과 이 시대의 미움을 사는 길이며 올바른 진리를 추종하지 않으려는 다수의 분노와 증오를 촉발하는 길입니다.

오늘도 많은 사람들이 교회 안에서 주님을 따르겠다고 목소리 높여 열정적으로 찬양을 부르고 있습니다. 그러나 그렇게 열렬하게 찬양을 부르는 자들에게 이러한 명백한 진리의 요구를 전할 때 그들 가운데 얼마나 많은 자들이 이 진리 앞에 순종하며 세상의 죄를 들추는, 죄를 죄라 명백히 말하는 그리스도께서 감당하셨던 이 준엄한 사명을 계승하려 할지 궁금하지 않을 수 없습니다.

누구든 교회로 나아올 수는 있습니다. 기독교라는 종교에 대한 호기심으로, 왠지 교회에 가면 좋은 말씀을 들을 수 있을 것 같고 내 영혼과 마음의 수양에 도움이 될 수 있고 자녀들이 들어도 나쁜 말씀이 아니니 교회에 가는 것은 여러 모로 도움이 될 것 같아서 교회를 출입할 수는 있습니다.

그렇지만 누구나가 신자가 될 수는 없다는 사실을 기억해야 할 것입니다. 신앙의 좁은 길은 그렇게 한가롭게 들판에 팔베게를 하고 뿔피리를 불며 흘러가는 뭉게구름을 올려다보며 한가롭게 시간을 보내면서 좇아 갈 수 있는 길이 결코 아닙니다. 이는 결코 그리스도를 좇아 가는 성도의 삶의 모습이 아닐 것입니다.

치열하게 내 안에 있는 죄와 직면하고, 사랑하는 가족들의 죄와 공동체 안에 기생하는 모든 은밀한 죄와 그리고, 주의 재림이 박두해 있는 이 세상에 더욱더 창궐해 가고 있는 모든 죄악들에 대해서 거룩한 사자후를 발할 수 있는 자들만이 그리스도를 추종하는 참된 신자일 수 있음을, 그것이 진정으로 그리스도를 좇는 하나님의 사람들의 본분임을 우리는 결코 잊지 말아야 할 것입니다.

그리스도처럼 오늘 우리는 이 세상으로부터 진정으로 미움 받기를 자처한 그리스도인입니까?

제5부

신학 변증

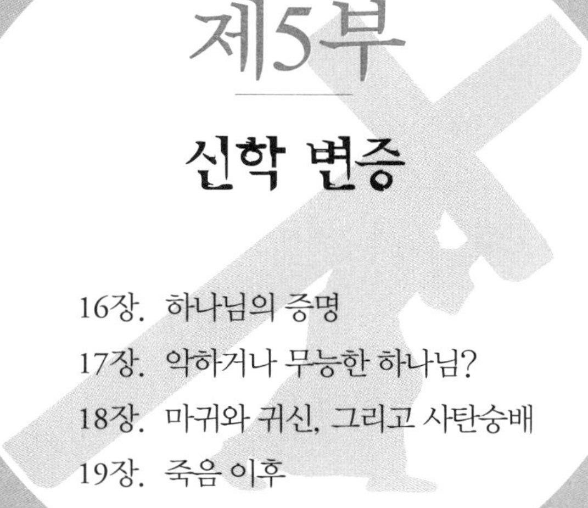

16장

하나님의 증명

세상은 하나님이 있으면 증명해 보라고 요구한다. 하나님은 형상있는 존재가 아니므로 직접적으로 증거할 수는 없지만 간접적으로는 여러 가지 방법으로 증명할 수 있다. 우선 앞에서 설명했던 것을 종합해 본다.

1. 자연과 예수와 성경을 통해

첫째, 과학은 무엇이든지 다 사실을 밝혀줄 것처럼 자랑한다. 그러나 가장 기본적이고 분명한 생명의 기원조차 밝히지 못하고 있다. 오랜 세월 동안 수정과 변천을 거듭하면서도 진화론의 모든 가설과 이론들은 부정되었다. 과학이 벽에 부딪혀서 답변하지 못하는 것에 대해서 성경은 분명하고 확실하게 말해 준다. 천지가 있는 이유는 하나님이 창조하셨기 때문이다. 하나님이 천지를 창조하셨다는 증거를 대라고 요구하지만 기적은 이론으로 설명할 수 없는 것이고 다만 보고 경험하는 것이다.

하나님은 자연을 통해서 자신을 계시하신다. 우주만물이 자연계 안에서 아무렇게나 임의로 움직이는 것이 아니라 완전하고 완벽한 법칙을 따라서 움직이고 있다는 것을 앞 장에서 증명해 보였다. 그것을 통제하시는 신적 존재가 분명히 있을 수밖에 없다는 것이다. 모든 만물의 질서와 아름다움은 그 배후에 어떤 설계자가 있음을 암시한다. 우주만물의 오묘한 질서와 정교한 법칙과 아름다움과 조화는 진화론자나 다른 종교인들이 주장하듯 우연의 산물이 아니라 어떤 설계자가 구체적인 목적을 가지고 고안한 때문이다. 세상의 만물이 다 원인을 가지고 있듯이 그 최초에도 원인이 있어야 한다. 그 원인이 바로 하나님이라는 우주론적 논증을 제시할 수 있다.

과학자의 입장이 아니라 평범한 우리가 자연을 보면서도 하나님의 존재를 알 수 있게 된다. 생명은 얼마나 신비로운가? 다 죽은 것같이 생각된 딱딱한 씨앗을 봄에 밭에 심으면 비가 오고 태양을 쪼이면서 새싹이 나고 자라서 마침내 가을에는 풍성한 열매를 맺어 추수하게 된다. 아무렇게나 자란 길가의 잡풀 같은 것이 인간에게 얼마나 유익한 약품이 되어서 질병을 치료해 주며 채소와 과일들이 얼마나 좋은 식품이 되어서 영양을 채워 주는가. 하나님이 모든 사람에게 주시는 일반은총이다. 이런 은총은 모든 세상 사람들에게 똑같이 주어졌기 때문에 '일반계시'라고도 부른다. 하나님은 우주와 삼라 만상을 지으시고 운행하시는 분이므로 정직하고 진지하게 우주를 바라보면 하나님과 하나님의 뜻을 발견할 수 있게 된다.

둘째, 예수는 하나님을 증거하는 특별계시다. 예수가 역사상 인물이며 십자가에서 죽고 부활했다는 것은 법학자들이 법적 논리로 증명했다. 그들은 그것이 과거에 발생했던 어떤 역사적 사실보다도 더 분명한 것이라고 결론지었다. 예수의 부활이 사실이라면 하나님도 부정할 수 없는 사실이 된다. 하나님은 목적을 갖고 그리스도를 보내시기로 약속하셨고 약속대로 그리스도 예수가 와서 죽고 부활하셨다.

구약은 오실 그리스도를 약속하고 신약은 오신 예수가 그리스도라고 증언한다. 예언된 그리스도와 성취된 예수에 대한 두 증언은 완전하게 일치하고 있다. 예수는 자신이 증언한 것처럼 하나님 자신이다. 그렇지 않다면 그는 사기꾼이거나 거짓말쟁이가 분명하다. 그런데 예수는 인류 역사에서 가장 큰 영향을 준 인물로 증명된다. 무수한 사람들이 예수로 인해서 삶이 변화되었고 예수를 위해서 목숨을 바쳤다. 잠시는 속을 수 있지만 수천 년 동안 사기꾼으로 인해서 인생이 바뀔 수는 없다.

셋째, 하나님을 증거하는 특별계시로 또한 성경이 있다. 성경은 과거에 있었던 일들을 기록하고 미래에 있을 일들을 예언했는데 모두 사실과 일치하고 있다. 과학자, 고고학자, 역사학자, 언어학자들은 성경에 기록된 사건과 인물과 지명들이 사실임을 증거해 준다. 또한 1,600년 동안 40여 명의 기자들에 의해서 작성된 기록들이 전혀 모순없이 일치하고 있다는 사실은 하나님의 영감에 의해서 쓰여졌다는 사실을 확인해 준다.

성경의 오류를 지적하는 사람들이 있지만 그것에 대해서는 지난 6장에서 설명했다. 성경 기자들이 미리 입을 맞추거나 이전의 것을 카피한 것이라면 겉으로 오류처럼 보이는 것들이 아예 없었을 것이다. 그러나 성경 기자들은 이후에 문제될 수 있는 이런 내용들을 아무 염려없이 그대로 기록했고 이후에도 수정하지 않았다. 뿐만 아니라 하나님의 백성인 이스라엘이 저지른 범죄와 하나님의 심판에 대해서 전혀 미화하거나 숨기지 않고 그대로 기록했다. 성경이 진실이라는 것이 더욱 분명히 입증되는 부분이다.

2. 하나님의 형상으로 창조된 인간을 통해

넷째, 인간은 하나님의 형상으로 창조되었기 때문에 본질적으로 하나님 혹은 절대자에 대한 갈망을 갖는다. 오직 하나님만이 채우실 수 있는 어떤 열망이 사람 속에 자리하고 있다는 것이다. 하나님을 믿는 사람들은 하나님으로부터 그 갈망을 채움 받고 만족하지만 하나님을 알지 못하는 사람들은 하나님만이 채울 수 있는 부분을 다른 대체물로 채우려고 한다. 그래서 돈이나 쾌락이나 명예, 인기나 권력 같이 매우 위험할 수 있는 것들이 하나님의 자리를 대신하게 된다.

다섯째, 사람은 누구나 자신의 한계와 죽음에 대한 의식 또 죽음에 대한 본능적인 두려움을 갖고 있다. 그리고 죽음을 이기고 영원히 살고 싶다는 갈망도 있다. 사람들은 자신에게 닥쳐올 죽음이라는 한계상황을 초월하고자 열망하지만 그렇게 하지 못하는 자신의 무능력과 한계에 도리어 절망하게 된다. 죽음이라는 한계상황을 직시함으로써 내가 나의 인생의 주인일 수 없다는 사실을 깨닫게 되고 그 다음에는 영원히 살고 싶다는 열망 자체가 바로 우리가 하나님의 형상을 따라 영원히 살 수 있는 존재로 창조되었기 때문이라는 것을 암시한다. 성경은 하나님이 사람에게 영원을 사모하는 마음을 주셨고 하나님만이 우리에게 영원한 삶을 회복시켜 주실 수 있다는 사실을 말해 준다.

여섯째, 사람들에게는 윤리와 도덕에 대한 보편적인 의식이 있다. 비록 문화 차이 때문에 도덕적인 규범이 조금씩 다르긴 해도 사람들은 옳고 그름, 선과 악, 의와 불의를 규정하는 규범에 관한 의식을 가지고 있으며 그 규범이 깨어지면 그것에 대한 분노나 상실감이나 죄의식을 느끼게 된다. 하나님은 당신의 형상으로 인간을 지으실 때 그 마음에 당신의 법을 심으시고 양심을 주셨다. 이러한 도덕적 보편성 자체가 하나님으로부터 온 것이다. 비록 죄로 인하여 무뎌진 것은 사실이지만 여전히 양심은 선악이 무엇인지 가르쳐 주고 있다. 아무리 숨기려해도 무의식 속에 자리잡고 있는 죄책감은 인생 길에서 무겁고 힘겨운 것이 되고 또 사탄에게 올무가 된다. 하나님이 유일한 속죄의 길로 정하신 예수를 만나게 될 때 우리는 비로소 모든 무거운 짐으로부터 자유함을 받고 하나님과 화평을 누리게 되는 것이다.

일곱째, 하나님을 만난 사람들이 갖는 변화된 삶을 통해서도 하나님이 증거된다. 누구라도 변화시킬 수 있는 하나님으로 인해서 그리스도인의 삶에는 간증이 있다. 그것은 병이 치유되고 사업이 일어섰다는 기적보다는, 내 안에서 일어나는 심령의 변화를 말한다. 하나님을 만난 사람들은 반드시 삶이 변화된다.

과학은 인간의 삶을 편리하게 해 주는 데 공헌했지만 두려움과 죄책감과 불안함과 우울함과 슬픔과 아픔과 근심과 허무함 등 인간의 근원적인 문제는 전혀 해결해 주지 못했다. 인간은 아무리 편리한 삶을 살아도 행복하지 않고 여전히 고통받고 있는데, 과학은 인간에게 고통과 불행을 주고 있는 죄에 대해서 속수무책이다. 그런데 예수가 오셔서 죄의 문제를 해결해 주셨다. 이제 더 이상은 죄의 노예가 되거나 죄의 심판을 받을 필요가 없게 되었다.

이런 예수는 그리스도인에게 모든 것의 모든 것이 되시지만 세상 사람들에게는 터무니 없는 것이 된다.

"십자가의 도가 멸망하는 자들에게는 미련한 것이요 구원을 얻는 우리에게는 하나님의 능력이라"(고전 1:18).

하나님의 존재하심과 전지하심과 역사하심과 심판하심을 믿지 않는 세상 사람들은 하나님에 대한 경외함이 없기 때문에 계속해서 죄를 짓는다.

"악한 일에 징벌이 속히 실행되지 않으므로 인생들이 악을 행하기에 마음이 담대하도다"(전 8:11).

노골적으로 죄짓지 않는 이유는 법과 비난이 무섭기 때문이며 드러나지만 않는다면 얼마든지 사람을 죽일 수도 있다. 그러나 하나님으로부터 죄의 용서함을 받은 자들은 다른 사람들의 눈이 없어도 죄짓기를 두려워하고 싫어한다. 하나님을 사랑하기 때문에 그가 싫어하는 짓을 하고 싶지 않은 것이다.

법은 사람을 변화시키지 못하지만 사랑은 사람을 변화시킨다. 사람의 사랑도 그럴진대 하물며 하나님의 사랑이랴.

3. 보물찾기

모든 종교는 인간이 신을 찾아 구도하다가 깨닫게 된 인간의 지혜로 만들어졌다. 반면 기독교는 하나님이 만물 가운데 자신을 계시하시고 인간이 발견해서 알게된 진리다. 하나님은 모든 환경 가운데서 자신에 대한 암시를 남겨놓으시고 인간들이 하나님 찾기를 간절히 기다리신다. 하나님은 숨어 계시지만 우리가 찾으면 발견될만한 곳에 계신다. 그리고 보물찾기에서 성공한 사람들에게 상을 주신다고 약속하신다.

"하나님께 나아가는 자는 반드시 그가 계신 것과 또한 그가 자기를 찾는 자들에게 상주시는 이심을 믿어야 할지니라"(히 11:6).

하나님은 인간에게 발견되기를 간절히 원하면서도 모두에게 입증할 수 있도록 자신을 드러내시지 않는다. 그래서 하나님 나라와 복음을 '비밀'이라고 표현한다.

"하나님 나라의 비밀을 아는 것이 너희에게는 허락되었으나"(눅 8:10).

"그 뜻의 비밀을 우리에게 알리신 것이요"(엡 1:9).

"나로 입을 열어 복음의 비밀을 담대히 알리게 하옵소서"(엡 6:19).

비밀은 다 드러난 것이 아니므로 모두에게 알려진 것은 아니다. 또한 모두에게 닫혀져서 아무도 모르는 것도 아니다. 보물찾기처럼 일부에게만 드러나고 발견된다. 그런데 하나님의 존재에 대한 많은 증거를 보지 않고도 하나님을 믿는 사람들이 있는가 하면, 하나님에 대한 부인할 수 없는 구체적인 증거를 갖고도 여전히 배척하는 사람들이 있다. 사람들이 하나님께로 돌아오는 것은 성령의 은혜가 아니면 불가능하다.

"성령으로 아니하고는 누구든지 예수를 주(Lord)시라 할 수 없느니라"(고전 12:3).

하나님이 내 눈 앞에 나타난다면 믿겠다는 사람들이 있다. 혹은 어떤 기적을 지금 일으켜 주시면 믿겠다는 사람들도 있다. 그러나 하나님은 사람들의 이런 거짓말과 착각에 속지 않으신다. 아담과 이브는 하나님을 직접 대면하며 살았지만 곧 하나님을 배반하고 사탄을 따라갔다. 구약 시대의 이스라엘도 하나님의 역사를 직접 경험한 자들이었지만 곧 하나님을 배반하고 우상을 숭배했다. 지금도 하나님의 놀라운 기적을 경험하고 기뻐하며 간증하지만 곧 배반하고 세상으로 나가는 사람들이 얼마든지 있다.

예수 시대에도 사람들은 눈에 보이는 기적을 요구했지만 예수는 이제 곧 있을 부활만 언급하시며 기적보이기를 거절하셨다.

"악하고 음란한 세대가 표적을 구하나 선지자 요나의 표적 밖에는 보일 표적이 없느니라"(마 12:39).

그리고 기적을 보지 않고도 믿는 신앙을 요구하셨다.

"예수께서 가라사대 너는 나를 본 고로 믿느냐 보지 못하고 믿는 자들은 복되도다 하시니라"(요 20:29).

우리가 눈으로 보고 느끼고 경험한다고 해서 하나님을 믿고 따르는 것이 아니다. 자칭 하나님이라, 하나님의 예언자라, 재림예수라고 주장하며 나타나서 많은 기적을 보이고 무수한 추종자들을 거느렸던 역사상의 종교 지도자들은 모두 사탄에게 속임당한 자들이었다. 그중에는 의도적으로 속인 자들도 있었겠지만 대부분은 자신도 속고 있었던 것이다.

하나님은 인간이 원하는 기적을 베풀 능력이 없거나 원치 않아서 안하시는 것이 아니다. 기적 자체를 바라는 인간들은 기적을 베풀기만 하면 그 주체가 하나님이든 사탄이든 상관하지 않고 기적만을 좇아가기 때문이다. 그렇게 기적만을 좇다가 멸망당한 인생들이 너무나 많다. 하나님은 우리가 기적 때문이 아니라 성경에 계시된 예수 때문에 믿고 따르기를 원하신다. 신부가 자신의 돈이 아니라 인격을 보고 택하고 따르기를 원하는 신랑처럼 말이다.

하나님은 분명히 존재하시고 모든 사람들은 깊은 심중에 그 사실을 알고 있다. 사실 하나님의 존재를 반증하려는 시도 자체가 하나님의 존재를 말하는 것이기도 하다. 그러나 사람들은 자신의 편리와 이익을 따라서 하나님이 없다고 주장한다. 하나님이 비과학적이고 증거가 없기 때문이라고 변명한다. 하나님의 존재를 인정하고 나면 하나님 앞에 떳떳하지 못한 일들이 드러나고 용서를 필요로 하게 되기 때문에 그런 불편함을 피하려는 변명이다.

하나님이 존재한다면 우리는 행동에 대하여 책임져야 한다. 하나님이 존재하지 않는다면 그가 어떻게 판단하실지 걱정할 필요 없이 원하는 것은 무엇이든지 할 수 있다. 그래서 무수한 반증에도 불구하고 많은 사람들이 진화론을 찬성하고 무신론을 주장한다. 어차피 사람들은 진리가 아니라 믿고 싶은 것을 믿는다. 스스로 손으로 눈을 가리고 하늘은 없다고 주장한다.

17장

악하거나 무능한 하나님?

세상의 악과 고통을 보면서 하나님이 없다고 생각하는 사람들이 있다. 철학자 데이빗 흄은 하나님이 악을 처리할 수 없다면 그는 무능한 존재이고 혹은 일부러 악을 제거하지 않는다면 선하지 않은 존재라고 주장한다. 전능하고 선한 하나님이 존재한다면 세상에는 악과 고통이 없어야 한다는 것이다. 세상에 악과 고통이 있다는 것과 하나님이 존재한다는 것은 모순이라는 것이다. 또는 하나님이 모든 것의 창조주라고 주장한다면, 악도 하나님이 창조하신 것이므로 세상이 고통받는 것은 하나님의 책임이라고 주장하기도 한다.

그리스도인들도 역시 세상에서 일어나는 악과 고통을 목격하거나 경험하면서 무신론자들과 똑같은 질문을 한다. 왜 하나님은 이것을 허락하실까? 왜 하나님은 무심하게 침묵하실까 하면서 말이다. 우리가 알지 못하는 어떤 이유와 목적 때문에 하나님은 악과 고통을 세상에 허락하신다고 믿으면서도 마음에 의문이 남는 것은 어떨 수 없다.

신정론(神正論)의 문제는 세상 속 악마의 경험 속에서 하나님의 계심에 대한 깊은 회의를 반영하는 질문이다. 많은 신학자들이 이것에 대해서 답변해 왔지만 여전히 우리 모두에게는 가장 이해할 수 없는 질문으로 남아 있다. 오늘도 다시 한 번 고통의 문제를 생각해 보려 한다.

1. 세상의 주인은 사탄

하나님이 창조하신 모든 것이 선하고 좋았다. 인간은 하나님의 임재 아래 완벽한 곳에서 살았다. 하나님의 자리를 차지하고 싶었던 사탄이 인간에게 다가와서 하나님의 명령에 거절하도록 유혹하기 전까지는 그랬다. 인간은 사탄의 유혹을 듣고 그가 옳다고 생각했다. 그래서 하나님을 거역해서 선악과를 먹기로 선택했다. 인간이 하나님께 불순종하고 사탄을 따른 이유는 그것이 자신에게 유익할 것이라고 믿었기 때문이었다.

인간의 원죄는 인간의 절대적 통치자이신 하나님의 주권에 대한 공격이었다. 그것은 선이 무엇이고 악이 무엇인가를 스스로 판단하고 그것에 따라 행동하면서 하나님으로부터 완전한 도덕적 독립을 선언하는 선포였다. 선악과 사건은 인간이 하나님의 통치에서 탈퇴해 스스로의 하나님이 되고 싶다는 배은망덕하고 죄악된 마음을 겉으로 드러낸 사건이었다. 이제 인간은 하나님께 책임질 것도 없고 하나님 법에 복종해야 할 필요도 없고 마음대로 행동할 수 있다고 생각했다.

인간은 자유의지를 갖고 죄를 지었지만 하나님은 죄를 용납하실 수 없었으므로 죄인된 인간을 자신의 임재에서 쫓아내었다. 인간은 하나님의 나라에서 쫓겨나 세상으로 오게 되었다. 타락한 천사 사탄도 역시 천상에서 쫓겨나 인간의 세상으로 내려오게 되었다. 인간은 에덴에서 하나님의 통치를 받았지만 이제는 자신의 선택을 따라서 세상에서는 사탄의 통치를 받게 되었다. 성경은 사탄이 세상의 임금이자 통치자라고 기록한다.

하나님은 왜 사탄을 곧바로 무저갱에 가두지 않고 세상으로 보내서 휘

젓게 하셨을까? 왜 사탄을 인간의 통치자가 되도록 허용하셨을까? 그래서 세상에 악이 횡행하고 고통받도록 허락하셨을까?

에덴에서 반역이 일어났을 때 하나님은 사탄과 사탄에 동조한 인간들을 즉각 멸망시키실 수 있었다. 그러나 그들을 멸망시키는 것이 문제해결의 최상의 방법은 아니었다. 인간은 어쩌면 자신의 생각이 맞았는데 하나님은 그것을 증명할 기회도 주지않고 치워버렸다고 오해할 수도 있을 것이다. 뿐만 아니라 아담과 하와 이후의 인간들도 언제든지 반역할 수 있었다. 그래서 하나님은 저들의 생각이 옳았는지 틀렸는지를 스스로 깨달을 수 있는 기회를 주고자 하셨다.

하나님은 인간의 주인이 되고 싶어 하는 사탄에게 인간의 통치를 허용하셨고, 또 사탄을 따르기로 결정했던 인간에게 하나님에게서 벗어나 사탄의 통치 아래에 들어가도록 허용하셨다. 사탄이 유혹한 대로 인간이 하나님 없이 스스로 선악을 결정해서 살 때 정말 자기 인생을 성공적으로 다스릴 수 있는지 경험할 수 있도록 허락하신 것이다.

죄와 고통

인간은 스스로의 판단에 따라 선악을 결정하고 자기 판단에 좋을 대로 살아갔다. 눈에 보이지 않는 사탄의 통치 아래서 인간의 악과 범죄와 고통이 계속되었지만 하나님은 침묵하셨다. 인간이 하나님을 거절했기 때문에 하나님은 인생에 간섭하실 수 없었던 것이다. 만약 세상에서 끔찍한 범죄들이 일어날 때 하나님이 막아 주신다면 반역자 인간들은 하나님 없이 스스로의 힘으로 사는 것이 가능하다고 생각하게 될 것이다. 그렇다면 하나님은 인간의 착각과 거짓말에 동조하시는 것이 된다.

무엇보다도 하나님은 인간에게 자유의지를 주셨고 자연의 법칙을 세우셨다. 하나님은 인간의 자유의지와 자연법칙을 정지시키고 무효화하면서까지 당신의 전능을 구사하거나 과시하시지 않는다. 인간의 그릇된 판단이 하나님의 전능에 의해 저지되지 않아 악과 고통이 발생하는 현상은 분명히 슬픈 일이지만, 하나님은 인간의 자유의지와 행동할 권리를 박탈하는 데 자신의 전능을 사용하시지 않는다. 하나님은 인간에게 선을 강요하시지 않는 것처럼 악도 강제로 막지 않으신다(롬 1:24,26,28). 그것은 전적으로 인간의 자유선택이다.

사실 문제는 죄된 행동이 아니라 죄된 마음이다. 죄된 행동이 하나님에 의해서 강제로 저지된다고 해도 죄된 마음을 깨닫고 회개하지 않는다면 언제라도 죄된 행동은 다시 시행될 것이다. 하나님은 인간의 죄를 막기 보다는 죄를 저지르고 그것의 아픈 결과를 보면서 스스로 깨닫기를 원하신다. 많은 경우에 고통은 인간이 하나님을 찾고 성숙하게 되는 계기가 되어준다. 그래서 하나님은 인간이 품고 있는 죄악된 마음을 겉으로 열매맺게 하시면서 고통을 허락하신다. "욕심이 잉태한즉 죄를 낳고 죄가 장성한즉 사망을 낳느니라"(약 1:15).

인간은 죄악으로 고난을 잉태하지만 하나님은 이 고난을 이용해서 축복으로 바꾸어 놓으신다. 고통은 나쁜 것이지만 하나님은 그것을 선한 목적을 이루는 도구로 사용하시는 것이다. "우리가 알거니와 하나님을 사랑하는 자 곧 그 뜻대로 부르심을 입은 자들에게는 모든 것이 합력하여 선을 이루느니라"(롬 8:28).

하나님이 인간의 죄를 즉각 심판하시지 않는 것에 대해서 비난하거나 무시하는 사람들이 있다. 마치 자신은 의로운 자라고 착각하는 것이다. 간일 악이 당장 심판받고 제거된다면 모든 인류는 삽시간에 사라져 버릴 것이다. 심판하시지 않는 하나님을 비난하는 사람도 당장 제거될 것이다.

좋으신 하나님은 당장 심판하시지 않고 오래 기다리신다. 우리가 회개하고 돌아오기를 오래 기다리신다. 하나님의 목적은 처벌과 심판이 아니라 우리의 회개이기 때문이다. 그래서 우리의 죄에 대해 오래 참으시는 것이다. 하나님의 오래 참으심은 업신여김을 받을 것이 아니라 감사를 받아야 한다. 나 같은 악인을 하나님이 오래 참아주셨기 때문에 결국 예수 그리스도를 믿을 수 있게 된 것이다.

부모를 떠난 자녀

죄악된 인간은 반항하는 자녀로 비유할 수 있다. 사춘기 자녀가 부모의 간섭을 받으며 학교가고 공부해야 하는 것이 싫어서 반항하고 가출하려고 했다. 아이는 부모의 간섭 없이 혼자 살면 자유롭게 잘 살 수 있을 것으로 생각했다. 아이는 자기 판단이 옳다고 생각하며 줄곧 그 생각에 사로잡혀 있었으므로 부모는 아이가 원하는 대로 할 것을 허락했다.

자녀는 집을 나가고 비로소 부모의 간섭과 잔소리를 듣지 않고 자기 마음대로 자유롭게 살 수 있게 되었다며 좋아했다. 하지만 아이가 스스로 할 수 있는 일은 거의 없었다. 돈도 없었고 집도 없었다. 그럼 가출한 자녀에게 부모가 용돈을 주고 밥과 옷을 대어 주는 것이 현명할까? 아이가 부모의 간섭 없이도 전혀 불편하지 않고 맘대로 원하는 것을 할 수 있다면 자신의 판단이 옳았다고 생각하며 집에 들어올 마음은 전혀 갖지 않게 될 것이다.

부모의 도움을 받지 못하는 어린 자녀가 세상에서 혼자 살 수 있는 방법은 없다. 아이는 어쩔 수 없이 검은 세계에 들어가서 저들의 지시를 받게 될 지도 모른다. 자신을 가장 사랑하고 가장 행복하기를 바라는 부모, 아니면 남을 이용해서 자신의 욕망을 채우려고 유혹하는 깡패조직 – 둘 중 하나의 지배 아래 들어가야 하는 것이다. 부모가 아닌 조폭의 세계를 선택한 아이는 악한 지시를 받고 행하며 고통받는다.

아이는 죄 가운데 고통받으며 비로소 따뜻한 부모와 가정을 생각하게 되었다. 학교에 가야 한다, 공부해야 한다, 게임을 그만하라고 잔소리했던 부모가 정말 나를 사랑하는 분이었구나 하는 사실을 깨닫고 비로소 집으로 돌아올 생각을 하게 된다. 부모는 여전히 그곳에서 아이를 기다리고 있었다. 성경은 이것을 돌아온 탕자의 이야기로 비유하며 설명해 준다. 부모께 돌아온 아이는 가정이 가장 귀하고 소중하다는 사실을 진심으로 깨닫고 그 안에서 감사하며 살아갈 것이다.

물론 집으로 돌아오지 않고 밖에서 방황하고 고생하다가 인생을 끝내는 사람들이 너무나 많다. 그들은 자신의 영원한 아버지가 오늘도 자신의 귀가를 간절히 기다리고 있다는 사실을 모르는 것이다. 이렇게 세상에서 죄짓고 방황하고 고생하는 것이 인생이라고 생각하는 것이다. 한편 성경을 통해 영원한 부모와 영원한 고향이 있다는 진리를 깨닫게 된 사람은 하나님의 품 안으로 들어와서 안식한다. 예수는 "수고하고 무거운 짐 진 자들아 다 내게로 오라 내가 너희를 쉬게 하리라"(마 11:28)고 약속하셨다.

성경은 하나님이 모든 인간의 아버지라고 분명하게 말씀한다. 아버지께 돌아오는 사람들은 누구를 막론하고 아버지의 용서와 보호와 공급하심을 받는다(요한 4:23; 고전 10:13). 그러나 끝내 아버지를 거절하는 자들에게는 아버지가 되어주시지 못한다. 그들은 자신이 심은대로 거두며 살다가 죽어서도 자신이 심은 것을 거두게 된다.

하나님 없는 세상

"신은 죽었다"는 말로 유명한 니체는 대표적인 무신론자였다. 선과 악은 없고, 하나님과 악마도 없고, 인간 스스로 초인이 되어서 무소처럼 나아가며 살아야 한다는 그의 주장은 하나님의 거추장스런 지배를 싫어하는 사람들에게 큰 호응을 얻었다. 이렇게 당당했던 니체는 막상 죽음을 너무나 두려워했고 정신발작을 일으키며 결국 완전한 정신병자가 되어 마지막 10년을 정신병원에서 살아야 했다. 자신의 철학처럼 살다가 실패한 그의 인생에도 불구하고 그의 철학은 지금까지도 큰 영향력을 주고 있다.

세상은 어떤까? 지난 6,000년의 역사 동안 하나님의 지도 없이 스스로 다스리며 살아왔는데 과연 성공했을까? 우리는 지금 과학이 가공할만큼 발전한 시대를 살고 있는데 세상은 점점 더 완벽한 것을 향해 가고 있을까?

세상은 점점 더 심한 불행과 난관들을 만나고 있다. 오랜 역사를 통해 인간 세계에는 갖가지 정부 형태가 시도되었지만 어떤 영웅이나 어떤 지혜자나 어떤 성인도 자기 백성들에게 안전과 행복을 가져다 줄 정부를 세워주지 못했다. 어떤 과학자나 철학자도 범죄, 공해, 전쟁, 가정 파탄 등의 문제들을 해결해 주지 못해서 문제는 더욱 악화되고 있다.

인간이 하나님을 떠나 스스로 다스리고자 노력한 결과였다(잠 19:3). 인간은 하나님을 떠나서 스스로 다스리는 일에 결코 성공할 수 없다는 것이 분명해졌다. 이제는 "걸음을 지도함이 걷는 자에게 있지 아니하다"(렘 10:23)는 성경 기자의 말이 참됨을 인정할 수밖에 없다.

2. 고통의 아이러니

사람들은 인생에 있는 고통들을 보면서 하나님이 없다고 핑계한다.

그렇다면 건강하고 지혜롭고 아름답고 부유한 사람들은 하나님의 존재와 선하심을 인정하는 것이 쉬울까? 천만에다. 대부분은 자신이 똑똑하고 운이 좋아서 행복하다고 생각하며 하나님을 찾으려 하거나 감사하려 하지 않는다. 반면에 가난하고 병들고 고통받는 사람들은 대부분 하나님을 부인하거나 저주할까? 아니다. 사람들은 고통과 외로움 가운데서 하나님을 찾게 되고 찾으면서 만난다. 이것이 인생의 아이러니다.

구약의 이스라엘의 역사는 인간의 그런 속성을 잘 보여 준다. 하나님은 이스라엘이 범죄할 때 고통을 주고 순종할 때 평강과 번영으로 복주시겠다고 약속했고 백성들은 하나님의 약속에 동의했다. 이스라엘은 복을 받아 평안해지자 우상숭배에 빠졌고 하나님은 약속대로 기근과 전염병과 전쟁으로 그들을 심판하셨다. 이스라엘은 고통 중에 회개하며 하나님을 찾았고 하나님은 그들의 회개를 듣고 구원하셨다. 구원받은 백성은 평안 중에 다시 우상숭배하며 범죄했고 하나님은 다시 심판하셔야 했다… 이런 사이클이 이스라엘의 천년의 역사에 나타나고 있다.

이스라엘의 역사가 보여 주듯이 우리 인간은 평안하고 형통할 때는 금새 교만해져서 하나님의 존재를 잊어버리고, 문제와 고통이 있을 때는 하나님을 기억하며 찾게 된다. 인간이 갖는 어쩔 수 없는 악함과 약함이다. 하나님은 악하고 어리석은 인간에게 고통을 허락하실 수밖에 없었다.

기독교라는 종교도 마찬가지다. 기독교는 탄생부터 유대인들과 로마인들로부터 무진 핍박을 받았다. 유대인은 예수를 그리스도라고 믿지 않았으므로 그리스도인들을 핍박했고 로마인은 황제를 신으로 섬기지 않는다고 해서 그리스도인들을 핍박했다. 그리스도를 구세주로 고백하는 자들은 사자의 밥이 되었다. 그 무시무시한 핍박 중에서 기독교는 건강하게 성장했고 개인의 믿음은 아름답게 성화되었다. 이런 기독교가 변질된 것은 로마에서 국교가 되면서부터였다. 그것은 축복이 아니라 재앙이었다. 종교를 이용한 권력과 재물의 맛을 보면서 무섭게 타락하기 시작했고 다른 기독교로 변질되었다.

지금의 교회들도 마찬가지다. 작고 가난한 교회에서 목사님은 헌신되고 충성되고 겸손함으로 기도한다. 그의 설교는 성경적이고 사람들을 감동시키고 변화시킨다. 그렇게 해서 교회는 부흥성장하며 많은 교인들이 들어오게 된다. 그럴 때 목사님의 사례비는 많아지고 교회는 큰 빌딩을 산다. 겸손하고 충성되었던 목사님들이 교회를 이용해서 재물과 명예를 축적하며 삯꾼 목사로 변해버리는 불행한 상황들이 목격되기도 한다. 과연 축복이 축복이었을까?

이런 아이러니는 개인의 인생에서도 얼마든지 볼 수 있다. 탈북자 지성호씨는 북한에서 할머니가 굶어 죽는 것을 목격했다. 그는 굶어 죽지 않기 위해 석탄을 훔쳐 달리는 열차에서 뛰어내리다가 한쪽 팔과 다리가 끼어 들어가 잘리며 불구자가 되었다. 어찌어찌 탈북하면서 그는 예수의 복음을 듣고 그리스도인이 되었다. 세상에서 가장 불행한 나라에서 죽음 직전의 배고픔을 겪다가 장애까지 얻은 그는 가장 불공평하고 가장 원망스런 인생을 산 사람이 분명하다. 그러나 예수를 만나고 그의 생각은 바뀌고 말았다. 그는 세상의 불공평과 고통의 이유를 다 알 수 없고 설명할 수 없지만, 더 이상 그것이 불만과 원망이 되지는 않았다. 하나님이 없다는 증거는 더더욱 되지 않았다.

세상에서 가장 불쌍한 사람만이 아니라 가장 많은 것을 누렸던 사람도 불행을 통해서야 하나님을 만날 수 있었다. 척 콜슨은 닉슨 대통령의 특별고문으로 모든 특권과 명예를 누리던 사람이었는데 워터게이트 사건으로 감옥에 가게 되었다. 그는 거기서 복음을 듣고 비로소 예수를 만날 수 있었다. 그는 자신을 그리스도인 되게 했던 범죄와 고통을 원망하지 않았다.

아직도 스스로 의롭고 강하다고 여겨서 하나님이 불필요하다고 생각하는 사람들이 있다면, 어쩌면 하나님은 그의 인생에서 악함과 미련함을 열매맺게 하여 겉으로 드러나게 하실지도 모른다. 그것은 너무나 두려운 일이지만, 그의 삶에 아무런 간섭도 하시지 않고 "그 상실한 마음대로 내어버려"(롬 1:28) 두시는 것보다는 복된 일이다.

예수를 진실로 사랑하는 사람들은 세상에서 완벽하게 복받은 사람들이 아니라 부족하고 고통받는 사람들이다. 그래서 어떤 사람들은 예수가 불구자의 지팡이에 지나지 않는다고 비웃기도 한다. 자신은 불구자에게나 필요한 지팡이가 필요 없는 정상인이라는 것이다. 그들은 세상에서 남들의 부러움을 받고 행복하게 살 수도 있겠지만 죽음 이후에는 하나님의 영원한 나라에 들어갈 수 없게 된다. 하나님이 간섭하시지 않고 상실한 마음

그대로 내버려 두셨으므로 그들의 인생은 죄악되어도 고통이 없었다. 마치 살이 떨어져나가도 아픔을 느끼지 못하는 문둥병자들처럼 산 것이다.

고통의 유무가 하나님 사랑의 유무의 증거라는 생각은 우리의 오해다. 불신자들은 세상의 불공평과 고통을 이유로 하나님은 없다며 불신을 핑계 대지만, 불공평과 고통을 통해서 사람들은 하나님을 만난다. 고통은 불신자들에게는 하나님을 배척하는 핑계가 되지만, 그리스도인들에게는 하나님을 만나는 디딤돌이 된다. 인간이 하나님을 찾을 수 있도록 고통을 허락하실 수밖에 없는 것은 인간의 악함과 연약함 때문이다.

3. 자녀만 책임지심

인류가 범죄한 순간부터, 아니 범죄할 것을 이미 아신 태초부터 하나님은 그리스도를 계획하셨다. 세상에서 죄와 고통으로 살고 있는 인류에게 하나님은 약속대로 자신의 아들 예수 그리스도를 보내 주셨다. 그리스도는 범죄하는 모든 인류를 위해 오셨지만 대부분은 배척했고 일부분만 그를 받아들이고 있다.

병들고 가난에 허덕이는 한 여인은 자신의 불행에 대해 하늘을 향해 원망하며 저주한다. 평상시에는 하나님을 인정하지도 않는 그녀가 불행 가운데서 하나님의 존재를 인정하며 원망하는 것이다. 하지만 불행은 하나님이 주신 것이 아니고 마귀가 가져다준 것인데 다만 하나님이 보호하시지 않았을 뿐이다. 하나님은 모든 인류를 창조하셨지만 그렇다고 그들 모두를 지키고 보호하시지는 않는다. 하나님은 모든 인류를 사랑하시고 공평하게 일반 은총을 베푸시지만 오직 자신을 인정하고 받아들이고 따르고 섬기는 자들의 인생에 대해서만 책임지신다.

반항하는 사춘기 자녀에게 부모가 할 수 있는 일은 그리 많지 않다. 자녀보다 나이도 많고 힘도 세고 돈도 많지만, 그렇다고 그의 인생에 강제로 끼어 들어가서 간섭할 수 없다. 그가 좋은 것들을 놓치고 시간을 낭비하며 스스로 해롭히는 것을 부모는 그저 안타깝게 바라보며 기다릴 수밖에 없다. 반항하고 불성실한 것을 보면 밉고 화나지만 그렇다고 그가 망하기를 원하는 것이 아니다. 정반대로, 진심으로 그가 잘되기를 바란다. 그를 보면서 미움과 분노와 안쓰러움과 가엾음과 슬픔의 감정이 복합적으로 일어나는 것이 부모의 심정이다.

세상 사람들에 대한 하나님의 심경이 이와 같다. 하나님은 그들에게 진정으로 복된 길로 인도해 주실 수 있지만 그들이 하나님의 개입을 원치 않아 혼자서 살며 실패하고 고통받고 죄짓고 망해 가는 모습을 눈물흘리며 안타깝게 바라보고 계실 뿐이다. 그들이 하나님의 품 안으로 돌아오면 가장 큰 기쁨으로 맞이하시지만 그전까지는 아무런 역사도 하실 수 없다.

자신을 거부하는 세상 사람들이 밉고 화나시면서 한편으로 불쌍하고 안쓰러우신 것은 그들에 대한 하나님의 진정한 사랑 때문이다. 자신을 배척하는 세상 사람들까지 모두 복되게 하시지 않는다고 해서 하나님이 사랑이 없다거나 전능자가 아니라고 말할 수 없다. 하나님이 왕이심을 인정하지도 않고 의지하지도 않으면서 왜 나를 지켜 주시지 않느냐고 분노하는 것은, 마치 남의 아버지에게 가서 왜 내 삶을 책임져 주지 않느냐고 불평하는 옆집 아들과 같다. 하나님은 자기를 의지하는 자녀에 대해서만 분명하게 책임지신다.

종말

예수를 그리스도로 믿고 따르는 사람들은 하나님의 지배를 받고 천국의 맛보기를 하며 살지만, 아직도 몸은 세상에 있어서 여전히 불평등과 죄와 고통을 겪는다. 완전한 천국으로 들어가기 전까지는 이 세상에서 여전히 죄의 가해자와 피해자가 되어서 탄식하며 회개하며 인내하며 소망하며 살 수밖에 없다.

기쁜 소식은 인생에 종말이 있다는 것이다. 사탄이 주인된 세상에서 영원히 영적 전쟁을 하며 힘들게 사는 것이 아니라 이제 늙어 기운 없어지고 기억력도 가물해 질 때면 하나님이 부르셔서 자신의 나라로 들이신다는 것이다. 그때는 이 땅에서의 모든 무거운 짐을 내려놓고 하나님이 다스리시는 완전한 나라에서 완전한 평강과 기쁨을 누리며 살 수 있게 된다.

천국이 더 좋음에도 불구하고 그리스도인이 모두 천국으로 옮겨지지 않고 아직도 세상에 살아 있는 이유는 세상에 예수를 증거하기 위함이다. 억울함을 당해도 인내하고, 미움을 받아도 사랑하고, 빼앗겨도 양보하고, 고통 중에도 낙심하지 않고, 소망의 이유를 묻는 세상에게 예수라고 답변하기 위해서 아직 기회가 있는 시간 동안 이 땅에서 충성하며 열심히 사는 것이다.

개인의 삶에 누구든지 종말이 있는 것처럼 인류 전체에도 종말이 있을 것이라고 성경은 말씀한다. 완벽하고 아름다웠던 창조세계가 인간의 악으로 인해서 부패하고 타락했지만 악은 영원할 수 없고 결국은 심판받고 멸망당할 것이다. 종말은 단순히 세상의 끝이 아니라 악이 제거되고 하나님의 창조목적이 이루어지는 때이다. 하나님의 정하신 심판 날에 사탄은 묶임을 받고 악은 영원히 소멸될 것이다. "이제 이 세상에 대한 심판이 이르렀으니 이 세상의 임금이 쫓겨나리라"(요 12:31).

악인(예수의 초청을 거절한 불신앙인)들은 세상의 종말과 심판을 가장 큰 두려움으로 맞이하겠지만, 의인(예수로 용서받은 그리스도인)들은 악이 소멸된 완전한 하나님의 나라로 들어가는 가장 큰 환희의 날을 맞이할 것이다.

18장

마귀와 귀신, 그리고 사탄숭배

마귀나 귀신은 권선징악을 위해 성경이 만들어낸 상징일 뿐일까 아니면 실재하는 존재일까? 귀신에 대한 과학적 증거가 없으므로 믿지 않는다는 사람들도 있고, 또는 과학적인 근거는 없지만 체험적으로 믿는다는 사람들도 있다. 혹자는 마귀나 귀신은 실재하는 것이 아니라 다만 악을 인격화한 것뿐이라고 믿는 반면, 혹자는 인간을 이롭게 하거나 해롭게 하는 착한 귀신과 나쁜 귀신이 있다고 믿기도 한다. 혹자는 귀신의 비위를 맞춰주어 복받으려하기도 하고, 사람이 죽으면 귀신이 된다고 믿어서 귀신을 불러내어 대화하기도 하고, 또는 귀신의 능력을 이용해서 앞날을 점쳐보기도 한다. 영적 존재나 영적 세계를 인정하지 않는다고 말해도 대부분의 사람들은 어둡고 음습한 곳에서 본능적으로 섬찟함과 두려움을 느낀다.

1. 악과 불행의 근원

세상의 종교들은 권선징악을 말하지만 정작 악의 정체에 대해서는 가르쳐주지 못한다. 반면 성경은 악의 근원이 마귀 또는 사탄이라고 가르쳐 준다. 마귀는 눈에 보이지 않지만 하나님처럼 실재하는 인격체다. 마귀는 단순히 악의 인격화가 아니라 생각하고 감정갖고 계획하고 일하는 사악한 인격체인 것이다. 복음이라고 불리는 성경에는 아름답고 좋은 이야기만 있을 거라고 생각하는 사람들이 있다. 하지만 성경에는 시편처럼 아름다운 이야기는 별로 없고 마귀와 마귀에게 속은 인간의 죄에 대한 이야기에 더 많은 부분을 할애하고 있다.[1]

마귀

하나님이 모든 것을 창조하셨다면 사악한 마귀도 창조하셨냐고 질문하는 사람들이 있다. 성경에 의하면 하나님은 영적 존재인 천사를 창조하셨는데 그들이 자유의지를 갖고 하나님을 배반함으로써 마귀 또는 사탄으로 불리게 되었음을 알 수 있다. 사탄은 영적인(엡 6:11-12) 피조물(겔 28:14; 욥 38:6-7; 골1:16)이며 원래는 천사로서 그룹이라고 불리는 서열에 속한 천사 중 뛰어난 존재였다(겔 28:12). 사탄은 지(고후 11:3), 정(계 12:17), 의(딤후 2:26) 및 도덕적인 책임성을 가진 인격체(마 25:41)로서 인칭 대명사인 '그'로 지칭한다(욥 1장).

계명성 또는 루시퍼라고 별칭하는 천사장은 매우 아름답고 존귀하게 지어졌고 하나님의 임재 안에 있었다. 그러나 다른 천사들 위에 보좌를 만들고 하나님의 영광을 강탈하여 천지의 소유자가 되리라는 교만한 마음을 가지면서 타락하고 하나님을 배반했다(벧후 2:4; 유 1:6; 사 14:12-20; 딤전 3:6). 타락한 천사장은 에덴에서 심판이 선고되었고(창 3:14-15), 본래 지위에서 쫓겨남을 당하며(겔 28:12-16), 천사들의 삼분의 일과 함께 땅으로 떨어졌고(계 12:4, 9, 13), 십자가에서 심판이 성취되었다(요 12:31). 장차 영

---

1 "성경에 나타난 마귀 사탄 귀신," http://www.biblenara.org/q&a/Q664.htm.

원한 불못에 던지움을 당할 것을 알고(계 20:10), 그는 지금도 여러 가지 모습으로 변신하며 사람들을 유혹해 멸망으로 인도하고 있다.

마귀는 교활한 뱀(계 12:9)이나 7개 뿔과 10개 머리를 가진 용(계 12:3)으로 상징된다. 10개의 머리는 엄청난 지력을 가졌음을 의미한다. 그는 선한 모습으로 양의 탈을 쓰고 오기 때문에 광명의 천사(고후 11:14)나 거짓의 아비(요 8:44)라고도 불린다. 인간을 위하는 것처럼 다가와서 범죄하게 만들어 하나님과 멀어지게 한다(창 3:4－5).

7개의 뿔은 권력을 의미한다. 마귀는 하나님 다음으로 높은 자리에 있다가 쫓겨났기 때문에 늘 권력에 대한 추구와 숭배받으려는 열망이 있다. 그래서 믿지 않는 인간들의 왕과 주인으로 행세하고 또 우상으로 절 받기를 좋아한다. 심지어는 예수로부터도 절을 받으려고 세상권력으로 유혹했던 적이 있다(마 4:4－11). 그것은 그리스도의 구속 사역을 방해하리라는 예언(창 3:15)의 성취였다. 그는 감히 그리스도를 유혹했을 뿐 아니라 그리스도의 사역을 훼방했고(마 2:16; 16:23; 요 8:44), 유다를 충동하여 은 삼십에 팔게 했다(요 13:37).

엄청난 지력과 권력을 가진 용은 세상에서 존귀한 자의 상징으로 여겨진다. 그래서 세상의 임금들은 용의 문양을 즐겨 사용하며 임금과 관련된 것들은 용안, 용포, 용상, 용루 등으로 불린다. 권력의 상징인 대통령의 국쇄에도 용이 새겨져 있고 권력의 종교인 로마 가톨릭의 성당 안에도 각종 용의 문양이 가득하다. 용은 인간 세계에서는 모두가 갈망하는 권력과 능력을 상징하지만, 성경에서는 하나님을 배반하고 인간을 멸망케 하는 마귀를 상징한다.

그의 직접적인 명칭으로는 사탄(벧전 5:8; 계 12:9; 욥 1:6), 마귀(벧전 5:8; 계 12:9), 바알세불(마 12:24), 벨리알(고후 6:15) 등이 사용되고, 간접적인 명칭으로는 악한 자(요일 5:19), 시험하는 자(살전 3:5), 이 세상 임금(요 12:31), 이 세상 신(고후 4:4), 공중 권세잡은 자(엡 2:2), 거짓의 아비(요 8:44), 살인자(요

8:44), 참소자(계 12:10), 미혹하는 자(계 20:10), 대적(벧전 5:8) 등이 사용된다.

도적질하고 죽이고 멸망시키는 자(요 10:10)로서 그는 인간들에게 거짓 말하도록 유혹하고(행 5:3), 형제들을 참소하게 하고(벧전 5:8), 일을 방해하며(살전 2:18), 귀신들을 고용해 성도를 패배시키려고 시도하며(엡 6:11－12), 부도덕에 빠지도록 유혹하며(고전 7:5), 성도들 가운데 가라지 씨를 뿌리며(마 13:38－39), 박해를 야기시킨다. 또 불신자를 지배하여(요일 5:19; 요12:31), 마음을 어둡게 하며(고후 4:4), 그들 가운데 역사하여(엡 2:2), 말씀을 제거하며(눅 8:12), 하나님을 대항하게(계 2:13) 미혹한다(계 13:14; 18:23). 또 열왕들을 충동하여(계 20:3) 아마겟돈 전쟁을 일으킴으로 그의 권세를 드러내려 할 것이다(계 16:14－16). 마귀는 영적 존재지만 육체의 형태로 나타날 수 있다(고후 11:14－15).

마귀는 인간 세계에서 많은 일을 하지만 궁극적인 일은, 하나님의 진리를 왜곡 변질시키고 인간으로 하여금 하나님을 믿고 따르지 못하도록 만드는 것이다. 그는 인간을 통해 무신론, 진화론, 공산주의, 우상숭배, 이단사상 등을 만들어 내어 하나님의 진리를 대적하며 하나님이 없다고 생각하게 하거나 다른 신을 만들어 하나님을 대신해서 숭배하도록 만든다. 사람들이 하나님을 거부하는 이유는 마귀의 거짓말에 속은 때문이다. 마귀는 지금도 자신의 모습을 감춘 채 수천 수만 가지의 모습으로 변장하고 두루 다니며 삼킬 자를 찾고 있는데(벧전 5:8－9) 세상은 그의 존재조차 부정하며 속임당하고 있다.

마귀의 별명 중 하나에 '정죄하는 자,' '참소하는 자'라는 것이 있다. 마귀는 인간에게 죄짓도록 유혹하고 유혹에 넘어가 죄짓고 나면 인생을 파멸시키거나 계속 죄인이라고 부르며 죄책감을 준다. 그래서 죄책감으로 무겁고 병들게 만들고, 미움이나 증오나 두려움이나 원망이나 불안 등을 주어서 정신병에 들게도 한다.

하나님도 인간에게 죄인이라고 하신다. 마귀와 다른 점은, 하나님은 그것을 인정하는 자들에게 예수 앞으로 나오라고 초청하신다. 그리고 예수의 십자가를 통해서 죄인들을 무거운 죄책감으로부터 자유롭게 하신다. 진리로 자유케 하시는 것이다(요 8:32).

귀신

원한을 품거나 악하게 죽으면 귀신이 된다고 생각하는 사상이 있다. 귀신을 죽은 자의 영으로 보는 것은 헬라문화에서 나온 사상이다. 불교에서도 억울하게 죽은 사람의 원혼이 구천을 떠돌아다닌다고 생각하고 비싼 돈으로 천도재를 드려서 좋은 곳에 가도록 한다.

그러나 성경은 그런 사상을 반대한다. 하늘에서 천사장이 하나님을 대항하자 천사 중 삼분의 일이 천사장 편에 가담하며 영적 전쟁이 있었다. 반역한 천사들은 결국 하늘에서 쫓겨났는데(계 12:4) 그들이 귀신이 되고 천사장은 귀신의 왕인 사탄으로 불리게 되었다(마 12:24; 엡 6:11－12). 귀신은 죽은 인간들의 영혼이 아니라 타락한 사탄의 천사들(계 12:9)인 것이다. 죽은 자들의 영혼이 귀신이 되지 않는다는 것은 나자로와 부자의 이야기에서도 알 수 있다. 부자가 죽어서 그 영혼이 잠시 인간의 세상에 오기를 원했지만 하나님에 의해서 금지되었다(눅 16:27－31). 죽은 육체는 땅에 묻히지만 영혼은 음부나 낙원에서 기다리다가 예수의 재림 이후에 부활되어 천국이나 지옥에 가는 것이다.

간혹 무속인들이 죽은 자의 혼을 불러낸다며 할아버지의 목소리를 내거나 그에 대한 어떤 사실을 알아맞추는 경우가 있는데 그것은 정말 죽은 할아버지의 영이 아니라 귀신이 거짓말로 속이는 것이다. '귀신처럼 안다'는 말이 있을 정도로 귀신은 나름대로 잘 발달된 지적 체계를 갖고 있다(딤전 4:1－3). 예수(마 1:24)와 자신의 운명(마 8:29)과 구원의 계획(약 2:19) 등을 알아낼 만큼, 비록 부분적이지만 미래를 볼 능력도 있어서 점쟁이가 되게도 한다(마 9:32－33).

귀신은 매우 지적이지만, 매우 부도덕하고 더러운 영(마 17:18; 막 9:25)으로서 온갖 부정적인 결과를 초래한다(딤전 4:1 - 2). 불화케 하며(삿 9:23), 시기와 다툼을 일으키며(약 3:13 - 15), 번뇌케 하며(삼상 16:14), 거짓말하게 하며(왕상 22:21-23), 눈멀게 하며(마 12:22), 귀머거리가 되게 하며(막 9:25), 간질하게 하며(마 17:15,18), 인간(마 4:24)과 동물(막 5:13)을 병들게 한다(눅 13:11,16). 하나님의 목적을 방해하려 하며(단 10:10 - 14; 계 16:13 - 16), 사탄의 명령을 행함으로써 사탄의 권위를 확장하려 하며(엡 6:11 - 12), 하나님의 자녀의 영적인 성장을 저해하고(엡 6:12), 그릇된 교리를 유포한다(딤전 4:1). 그러나 하나님은 자신의 선하신 목적 수행에 귀신의 활동을 역으로 이용하시기도 한다(삼상 16:14; 고후 12:7).

귀신은 사람의 밖에서도 활동하지만 사람 안에 들어가 점령하기도 한다. 귀신이 어떤 사람 안에 거하면 그에게 직접적으로 영향력을 행사하며 삶을 완전히 통제한다. 귀신들린 사람과 정신병자의 경우 증상이 비슷해서 구분이 어려운데, 귀신들린 경우에는 의료방법으로 개선이나 치유가 안된다고 한다.

2. 영적 전쟁

하나님은 그리스도인에게 마귀(사탄)에 대항한 영적 전쟁을 명하신다. 영적 전쟁의 대상은 물론 사람들이 아니라 사람들을 속이고 유혹하는 마귀와 귀신들이다. 마귀는 사람을 매우 괴롭히지만 하나님에 의해서 이미 패배한 원수다(요일 4:4). 그러나 그들의 존재를 분명히 인식하고 대적해 싸우지 않으면 속아서 실패하고 멸망한 인생을 살 수밖에 없다. 상대를 알지 못하면 싸우지 않을 것이고 싸우지 않으면 알지 못하는 사이에 영혼이 점령당해 멸망하고 만다.

어떻게 마귀에게 미혹받지 않고 싸워서 이길 수 있을까? 우선은 성경의 진리를 알아야 한다. 하나님의 말씀을 알지 못하면 마귀를 분별하지 못하므로 당연히 그에게 속아 넘어갈 수밖에 없다. 사탄을 경계하며(벧전 5:8), 하나님의 전신갑주를 입고(엡 6:11－18), 말씀으로(엡 6:17; 마 4:4－11) 사탄을 대적하며(약 4:7), 하나님이 성도들의 유익을 위해 사탄을 이용하실 수 있음(고후 12:7)을 믿고 담대하게 싸우는 것이다.

마귀는 늘 삼킬 자를 찾아다닌다. 어떤 사람들이 쉽게 사탄의 희생자가 될까? 사탄은 무엇을 좋아할까? 하나님이 인간에게 죄로 규정하신 것들이 있는데 바로 사탄의 성품이다. 마치 냄새나는 곳에 파리가 꼬이듯이 인간이 사탄의 성품을 갖게 될 때 사탄은 그에게 다가온다. 그래서 하나님은 미움, 분노, 교만, 시기, 질투, 탐욕, 살인, 거짓 등을 죄로 규정하시고 금지하시는 것이다. 하나님이 인간에게 죄짓지 말라고 하시는 이유는 인간의 자유와 권한을 속박하시려는 것이 아니라, 죄를 즐거워하는 사탄으로부터 인간을 보호하시기 위함이다. 오직 그리스도인만이 마귀의 존재를 믿고 예수의 능력으로 그와 대적해 싸울 수 있고 이길 수 있다.

3. 사탄숭배

하나님은 눈에 보이지 않지만 여러 방법으로 자신의 존재를 분명히 계시하시고 우리의 확실한 인식과 선택에 의해서만 경배받으신다. 반면에 사탄은 어둠 속에 숨어서 자신의 존재를 감춘 채 사람들의 생각과 행동에 은밀히 영향을 주면서 그들의 주인이 되려고 한다. 내가 내 인생의 주인이라고 생각하고 하나님의 통치를 거절하는 사람들은 자신이 의도했든 의도하지 않았든 상관없이 사탄의 지배를 받게 된다. 그럴 때 사탄은 사람들이 알지 못하고 의도하지 않아도 저들의 숭배를 받는다.

바티칸의 루시퍼 찬양

2014년 부활절 날 '엑술테트'를 부르는 바티칸 미사의 동영상이 인터넷에 올라오자 사람들은 로마 가톨릭이 루시퍼를 숭배한다는 사실을 확인했다며 경악했다. 일반적으로 루시퍼가 사탄이라고 알려졌기 때문이다.

루시퍼=사탄이라는 개념은 기독교 이전부터 구약의 위전(Pseudepigrapha)과 외경(Apocrypha)과 신화에 나타났고, 기독교 시대에 들어와서는 존 밀톤의 『실락원』, 단테의 『신곡』에서 발견된다. 이 서사시들에서 루시퍼는 사탄의 고유이름으로 사용되었다.

성경에 루시퍼(루치페르, 루키페르)가 처음 등장한 것은 4세기경 제롬이 새로운 라틴어 성경을 만들면서다. 구약은 히브리어로 기록되었는데 히브리어 헬렐(Shinning One)이 그리스어 헤오스포로스(Dawn-Bringer), 라틴어 루시퍼(Light-Bearer), 영어 모닝스타(Morning Star), 우리말 계명성으로 번역되었다(사 14:12). 이 라틴어 성경 불가타(Latin Vulgate)는 트렌트 공의회(1545 - 1563)에서 로마 가톨릭의 공인 성경으로 지정되었고 사람들은 루시퍼=사탄이라고 인식하게 되었다.

사탄은 완전하게 지어진 아름다운 천사였으나 하나님처럼 높아지려는 교만함으로 인해 심판받고 추락했다고 성경은 기록한다.

"네가 옛적에 하나님의 동산 에덴에 있어서 … 너는 기름 부음을 받고 지키는 그룹(angel)임이여 … 네가 아름다우므로 마음이 교만하였으며 네가 영화로우므로 네 지혜를 더럽혔음이여 내가 너를 땅에 던져 왕들 앞에 두어 그들의 구경 거리가 되게 하였도다"(겔 28:13 - 17).

두로 왕도 사탄과 같은 교만함을 가진 자였다.

"인자야 너는 두로 왕에게 이르기를 주 여호와께서 이같이 말씀하시되 네 마음이 교만하여 말하기를 나는 신이라 내가 하나님의 자리 곧 바다 가운데에 앉아 있다 하도다 네 마음이 하나님의 마음 같은 체할지라도 너는 사람이요 신이 아니거늘"(겔 28:2).

바벨론 왕도 사탄과 같은 교만함을 가진 자였는데 하나님은 그를 계명성이라고 불렀다.

"너는 바벨론 왕에 대하여 이 노래를 지어 이르기를… 너 아침의 아들 계명성이여 어찌 그리 하늘에서 떨어졌으며 너 열국을 엎은 자여 어찌 그리 땅에 찍혔는고 네가 네 마음에 이르기를 내가 하늘에 올라 하나님의 뭇별 위에 내 자리를 높이리라 내가 북극 집회의 산 위에 앉으리라 가장 높은 구름에 올라가 지극히 높은 이와 같아지리라 하는도다 그러나 이제 네가 스올 곧 구덩이 맨 밑에 떨어짐을 당하리로다"(사 14:4, 12－15).

그런데 성경은 예수도 계명성과 같은 의미의 새벽별이라고 기록한다. 예수는 자신을 '세상을 비추는 빛'(요 8:12)이라고 하셨고, 사탄은 빛되신 예수를 흉내내어 '광명의 천사로 가장하는 자'(고후 11:14)로 불리기 때문에 새벽별이나 계명성이라는 묘사는 자연스럽다. 따라서 로마 가톨릭은 그들의 엑술테트에 나오는 루치페르가 이사야서에 나오는 사탄이 아니라 요한계시록에 나오는 예수라고 주장한다.

하지만 요한계시록에서 예수를 지칭한 단어가 루시퍼로 번역된 적이 없기 때문에 그들의 주장은 틀렸다. 예수를 지칭한 그리스어 아스테르(Star)는 라틴어 스텔라(Star), 영어 모닝스타(Morning Star), 우리말 새벽별로 번역되었다(계 22:16). 인물이 아닌 물질을 지칭한 경우에 그리스어 포스포로스(Phosphorous)는 라틴어 루시퍼, 영어 모닝스타, 우리말 샛별로 번역되었다(벧후 1:19). 예수에 대한 지칭을 루시퍼로 번역한 경우는 전혀 없다. 바티칸이 그리스어나 라틴어를 몰라서 예수=루시퍼라며 찬양했을 리는 없다.

로마 가톨릭의 핵심 세력이 되어버린 예수회는 프리메이슨이고 프리메이슨이 루시퍼를 숭배한다는 것은 이미 잘 알려진 사실이다.

흔히 프리메이슨으로 통칭되는 비밀 엘리트 집단이 숭배한다는 루시퍼가 과연 새벽별 예수일까? 저들이 루시퍼를 어떻게 보는지는 저들의 글에서 분명히 발견할 수 있다.

프리메이슨의 루시퍼 숭배

"루시퍼를 악마라고 부르는 것은 얼마나 어처구니 없는 일인가? 지적 루시퍼는 지성과 사랑의 영이자 보혜사이자 성령이며, 육적 루시퍼는 우주적 마그네티즘의 대리인이다." – 프리메이슨이 숭배하는 바포멧을 만든 마법사, 엘리파스 레비, 『마술의 신비』.

"루시퍼는 생명과 생각과 번영과 문명과 자유와 독립을 상징한다. 루시퍼는 로고스이자 뱀이자 구원주다 … 이 지구상의 하나님, 유일한 하나님은 사탄이다 … 천상의 동정녀는 이처럼 하나님들과 마귀들의 어머니가 되셨다. 왜냐면 그녀는 영원한 사랑의 자애로운 하나님이기 때문이다 … 그러나 실재로 루시퍼가 그 이름이다. 루시퍼는 성스러운 지구상의 빛이요 성령이요 동시에 사탄이다." – 프리메이슨이며 뉴에이지의 어머니, 헬레나 블라바츠키, 『비밀 교리』.

"나는 여기 위대한 영 루시퍼, 악마의 왕자에게 서약한다. 내가 매년 사람들의 영혼을 그에게 갖다 바치며 그를 기쁘게 해 주면 댓가로 그는 내가 천수를 다하는 동안에 이 땅의 보화들을 주고 내 모든 소원들을 풀어줄 것이다. 만약 내가 이 헌물의 약속을 지키지 못한다면 내 영혼은 그에게 몰수될 것이다. 이 맹세에 피로 싸인하다." – 프리메이슨 33도, 맨리 팔머(실제로 팔머는 평생 동안 전 세계에서 수천회 강의하고 수많은 저서를 내고 영적 스승으로서 '미국 성자의 초상'이라는 명예를 얻었다), 『모든 시대의 비밀 가르침』.

"루시퍼, 빛을 나르는 자여! 어둠의 영에게 주어진 기이하고 신비한 이름이여! 루시퍼, 아침의 아들이여!… 만약 루시퍼가 하나님이 아니라면, 행위가 잔인하고 배신적이며 인류를 증오하고 야만적이며 과학을 혐오하는 아도나이(기독교의 하나님 – 저자 주)와 그의 제사장들(기독교인들 – 저자 주)이 루시퍼를 비방하겠는가? 루시퍼는 하나님이 맞다… 루시퍼는 빛과 선의 하나님으로서, 인류를 위해 어둠과 악의 하나님인 아도나이와 싸우고 있다… 기독교의 하나님은 미신의 하나님이다. 그러나 우리의 하나님은 미신에 의지하지 않고 섬길 수 있는 하나님이다… 프리메이슨 신앙은 우리 높은 계급의 메이슨들에게 순수한 사탄주의 교리로 유지되어야 한다…" – 프리메이슨 33도, 알버트 파이크, 『도덕률과 교리』.[2]

저들은 성경의 일부를 사용해서 예수와 뱀과 하나님과 사탄을 마구 혼합시켜 버렸다. 루시퍼=사탄=예수라는 해괴한 주장이 나오게 된 것도 저들의 전략이었다. 동과 서처럼 전혀 연관될 수 없는 두 존재가 저들에 의해서 마구 섞여지게 된 것이다. 기독교의 입장에서 보면 저들이 숭배하는 루시퍼는 사탄이 분명하다.

저들의 사탄적 사상이 많은 문서들을 통해서 폭로되었지만, 기독교가 주류를 이루는 미국과 유럽에서, 그것도 세계적 엘리트들이 사탄을 숭배한다는 루머는 믿어지지 않는다. 더구나 당사자들이나 지인들은 프리메이슨=사탄숭배자라는 주장이 왜곡이고 거짓이라고 반발하고 있다. 투철한 계급조직에서 고위급인 30도 이상에게만 극비밀로 유지되고 대부분을 차지하는 3도 이하의 초급 회원들은 고위급에 의해서 의도적으로 속임당하므로 내부인들이 외부인들보다 오히려 더 무지하기 때문이다. 저들은 평범한 사회구성원들로서 박애단체나 친목단체의 역할을 하기 때문에 자연스레 외부에 집단의 정체를 위장해 주는 역할도 한다. 그러나 전문가들의 추적이 계속되고 죽음을 무릅쓴 고위급 내부자들의 폭로가 이어지면서 저들에 대한 오랜 비밀이 거의 드러나게 되었다.

예수회에 정복된 바티칸

교황 클레멘트 12세는 1738년 교서 『인에미넨티』에서 프리메이슨을 '사탄의 무리'로 규정하고 가톨릭 신자들이 이 단체에 가입하는 것을 금지

2 http://www.theforbiddenknowledge.com/chapter1/realmatrix.htm.

했다. 이후 교황청은 총 21회 프리메이슨을 정죄하고 53회 항의 문서를 발송했다. 1884년 4월 20일 교황 레오 13세는 프리메이슨의 완악한 목표를 본질적으로 파헤친 '후마눔 제누스'칙서를 발표하기도 했다.

그런데 로마 가톨릭은 프리메이슨이 사탄숭배자라며 공식적으로 배척해 왔지만, 실제로는 고위급이 그들로 채워졌다는 사실이 밝혀졌다! 이런 사실을 알게 된 사제들은 경악하고 혼란스럽고 고발하며 죽기도 했다. 예수회 사제로서 로마 가톨릭을 위해 헌신했던 알베르토 리베라 박사가 한 예가 된다. 그는 예수회를 탈퇴한 후 많은 서적과 강연으로 진실을 밝히고 다니다가 1997년 죽음을 당했다. 로마 가톨릭은 그가 거짓말하는 것이라고 주장하며 그에 대한 가짜 정보를 만들어 퍼트렸지만, 알베르토 이외에도 많은 내부자들이 동일한 내용을 고발한다.

바티칸에서 40년간 일했던 몬시뇰(교황의 명예 전속 사제로 확정된 로마 가톨릭교회의 성직자) 마리오 마리니도 2008년 죽기 전에 "우리 손은 묶여 있다. 중요 직책을 맡은 사람들이 모두 프리메이슨 단원이기 때문에 우리는 아무 것도 할 수 없다. 우리는 프리메이슨에 의해 점령당했다"고 고백했다. 로마 가톨릭의 프리메이슨이 바로 예수회다.

예수회는 1534년 이그나티우스 로욜라에 의해 세워져 1540년 교황의 인가를 받고 바티칸에서 가장 큰 선교 단체로 자리잡게 되었다. 예수회에서 교육받은 바이샤프트는 1776년 일루미나티를 만들고 같은 사상의 프리메이슨과 결합하며 세력을 불려갔다. 인류 역사상 가장 오랜 역사를 지녔다는 프리메이슨은 세계의 정치 경제 문화 종교 등 모든 분야에 들어가 점령하는데 로마 가톨릭 안에는 예수회를 통해 들어갈 수 있었다. 바티칸 내부적으로 큰 갈등이 있었지만 결국은 점령되면서 이젠 한 몸이 되고 말았다.

프리메이슨 대통령들의 전기 작가 제임스 파튼은 『검은 교황』에서 저들의 관계를 이렇게 밝힌다.

"프리메이슨의 계보를 올라가 보자. 모든 조직들을 타고 올라가 가장 정상에 이르러 세계 메이슨들의 우두머리가 누군지 살펴보면, 당신은 예수회의 끔찍한 수장과 프리메이슨들의 우두머리가 같은 사람이란 사실을 발견할 것이다."

가톨릭에 대해 40년을 연구한 올란도 램버트는 『가톨릭의 모순』에서 예수회를 이렇게 폭로한다.

"바티칸 정치 집단이 수많은 폭로에도 불구하고 작금에 이르기까지 살아남은 비결은 간단하다. 그 비결은 '간에 붙었다 쓸개에 붙었다 하는 전략'이다. 중립인 체하면서 정치적 상황에 따라 형편에 맞게 이리저리 옮겨다니는 신앙고백을 한다. 그들은 이 지구상에서 가장 왜곡되고 가장 비도덕적이며 속임수를 일삼고 한 입으로 두 말 하는 갈라진 혀를 가진 정치 집단이다."

한때 예수회의 수사였던 말라키 마틴은 『예수회 수사들』에서 이렇게 고발한다.

"예수회만큼 교황권을 위해 복종한 단체가 역사 이래 없었고 또한 사탄을 위해 그들보다 더 잘 사용받은 단체도 없었다. 예수회 둘이 모이면 악마까지 해서 악마 셋이 된다."

세계 비밀 엘리트들의 계획

예수회와 일루미나티 등을 포함해서 프리메이슨으로 통칭되는 세계 엘리트 집단은 오랜 역사 동안 비밀 집단으로 숨겨져 왔지만 최근 들어서 거의 노출되면서 반기독교적 사교(邪敎, occult) 집단임이 확인되었다.

세계 비밀 엘리트 집단을 폭로하고 있는 『그림자 정부』, 『300인 위원회』, 『빌더버그 클럽』, 『세계금융을 움직이는 어둠의 세력』, 『다크플랜』, 『프리메이슨과 유대교』, 『프리메이슨 비밀의 역사』 등의 저서와 동영상과 신문잡지 등은 저들이 세계정부의 수립을 위해서 오랜 세월 동안 계획해 왔다고 증언한다. 데이빗 록펠러의 『회고록』, 브레진스키의 『두 시대 사이에서』, 메릴린 퍼거슨의 『의식혁명』, 허버트 웰스의 『신세계 질서』, "칼 마르크스와 바루쉬 레비 간의 편지," "시온 의정서" 등 그들 자신의 기록에서도 동일한 내용을 확인할 수 있다.

그래서 음모론이 세상에 확산되었는데, 이 황당해 보이는 주장은 데이빗 록펠러, 헨리 키신저, K.M.히튼, 제임스 워버그, 조지 부시, 버락 오바마, 브레진스키, 깅그리치 등 유럽과 미국의 정상급 지도자들의 연설을 통해서도 확인되었다. 지구상에 산적한 문제들의 시급한 해결이라는 명분으로 신세계 질서(New World Order)의 세계정부가 필요하다는 주장은 1990년 이후 세계 지도자들의 화두가 되었다.

세계정부주의자들의 주요 아젠다에는 인구 감축이 있다고 한다. 인류 통제를 용이하게 하기 위함이라고 하는데 오바마 대통령의 고문인 브레진스키의 연설을 들어보면 전혀 허황된 말은 아닌 것 같다. 그는 2008년 11월 런던 채텀 하우스에서 "오늘날은 대중이 정치에 대해 너무 많이 알게 되어서 통치가 힘들어졌다. 이제는 수백만 명의 사람들을 통제하는 것보다 수백만 명을 죽이는 것이 훨씬 더 쉬워지게 되었다"고 연설했다.[3]

2009년 유엔인구기금(UNFPA)의 "변화하는 세계를 맞이하며"라는 보고서에서 인구 과잉으로 인해 심각한 지구 온난화 현상이 일어나고 있다는 주장이 제기되었다. 2010년 2월 빌 게이츠도 지구상의 이산화탄소 증가와 세계 온난화 문제가 과잉 인구로 인한 것이라고 주장하며 인구 감축을 위한 해결책을 제안했다. 전 세계가 합심하여 백신을 통해 인구를 조절하면 2050년까지 인구를 10억 수준으로 줄일 수 있을 것이라고 전망했다.[4]

2012년 아리조나주립대학교의 바이오텍 토론회에서 미래의 80억 인류

---

3 "Brzezinski's Feared 'Global Awakening' Has Arrived," http://www.globalresearch.ca/video-brzezinski-s-feared-global-awakening-has-arrived/22995.

4 "Bill Gates - TED 2010 - Depopulation via Vaccinations and Health Care," https://www.youtube.com/watch?v=cQJAPcPnrzg.

를 먹여살리는 것이 적절한 것인지 아니면 인구 감축이 이루어져야 하는지에 대한 질의가 있었다.

찰스 안젠(Charles Arntzen)은 "'컨테이전'이란 영화를 본 사람 없습니까? 그 영화가 바로 해답입니다. 유전자 변형 기술을 갖고 보다 강력한 바이러스를 만들어 냅시다. 그렇게 하면 25%의 인구가 감염될 수 있습니다"라며 농담처럼 답변했다.[5] 그는 '전염병과 백신 바이오 연구소'의 책임자로서 록펠러재단의 후원으로 바나나 유전자 변형을 통해 개발도상국에 사용할 '먹는 백신'을 최초로 개발한 저명한 과학자다.

생물학자 에릭 피앙카(Erick Pianka)는 2006년 3월 텍사스과학학회에서 "현재 세계인구의 10%만 남을 때 생태계는 훨씬 좋아질 것이다. 세계인구의 90%를 급속도로 몰살할 수 있는 바이러스로는 에이즈보다 에볼라가 더 빠르고 효과적이다"고 연설하며 박수갈채를 받았다.[6] 그는 비공개를 요청했지만 그의 연설은 당시 지방신문에도 보도되었다.

엘리자베스 2세의 남편이자 빌더버그 회원인 빌립 공은 "내가 다시 태어날 수 있다면 치명적인 바이러스로 태어나서 세계의 과잉 인구를 막는데 헌신하고 싶다"고 했다. 일루미나티의 로마클럽이 발간한 『첫 세계혁명』(*The First Global Revolution*)에서 "인류의 적은 인간이다"고 주장한 것도 같은 맥락이다.[7]

바티칸도 NWO의 세계정부 건립에 찬성하며 지지성명을 발표했다.[8] 그

---

5 "Scientist Working on Gov't Ebola Drug Joked About Culling Population with GMO Virus," http://truthstreammedia.com/2014/08/05/scientist-working-on-govt-ebola-drug-joked-about-culling-population-with-gmo-virus/

6 "Professor's 'Kill 90% of Population' Comments Echo UN, Elite NGO policies," http://www.prisonplanet.com/articles/april2006/040406_b_depopulation.htm.

7 "MIT Predicts Half of Humanity to Be Culled in Post-Industrial Crash," http://www.infowars.com/mit-predicts-half-of-humanity-to-be-culled-in-post-industrial-crash/

8 "Vatican Calls for World Government and NWO," http://www.activistpost.com/2012/12/vatican-calls-for-world-government-and.html.

러면서도 인공피임을 적극 반대한다는 것은 아이러니다. 두 얼굴로 정체를 숨기려는 것이 아닐까?

루시퍼 복음의 뱀 숭배

프리메이스은 외적으로는 세계정부를 계획하는 권력 집단으로서 빅브라더(Big Brother)라고도 불리며, 내적으로는 지혜를 추구하는 신비 집단으로서 뱀 형제회(The Brotherhood of the Serpent)라고도 불린다. 저들이 숭배한다는 뱀은 창세기에 등장하는 안티 하나님적 존재로 루시퍼와 동일시되고 있음을 알 수 있다. 톰 에겔란은 『루시퍼 복음』에서 저들이 뱀을 숭배하는 이유를 설명해 준다.

인간은 원래 천국 같은 에덴에서 하나님과 대면하며 살던 존재였으나 뱀의 유혹을 받아 하나님이 금지하신 선악과를 먹고 에덴동산에서 쫓겨나며 고통받는 인생을 살게 되었다. 뱀의 모습으로 나타난 사탄은 하와에게 선악과를 먹도록 유혹할 때 이렇게 말했다.

"뱀이 여자에게 이르되 너희가 결코 죽지 아니하리라 너희가 그것을 먹는 날에는 너희 눈이 밝아 하나님과 같이 되어 선악을 알 줄을 하나님이 아심이니라"(창 3:4–5).

루시퍼 복음에서는 이것이 인간에게 불행과 심판을 가져온 사건이 아니라 오히려 인간이 하나님처럼 될 수 있는 '깨달음(지식)'을 갖게 된 사건이라고 주장한다. 에덴이란 감옥에 갇혀서 자신이 신이 될 수 있는 가능성도 알지 못한 채 여호와의 노예처럼 살고 있던 인간들에게 루시퍼가 뱀의 모습으로 찾아와 지식의 열매인 선악과를 먹게 함으로 깨달음을 주었다는 것이다. 그리스 신화에서 인간에게 빛(불)을 주었다가 신에게 핍박받는 프로메테우스 같은 존재로 자신을 묘사하는 것이다. 저들은 이렇게 말한다.

"하나님은 혼자만 지혜를 갖고 인간에게는 나눠주지 않으려고 동산의 과실을 먹지 못하게 금지했다. 그때 루시퍼가 뱀의 모습으로 나타나서 인간도 하나님처럼 될 수 있는 지혜를 가질 수 있도록 과실을 먹으라고 권면했다. 루시퍼는 하나님을 반역하는 이런 행위가 하나님에게 발각되면 저주받을 수 있다는 것을 알면서도 인간을 위해서 자기희생의 길을 선택했다. 그러므로 인류를 위해 진정한 자기희생을 보인 자는 십자가에서 죽은 예수가 아니라 하나님처럼 될 수 있는 지혜를 주었던 루시퍼다…"

성경에서 예수는 인간의 죄를 대속하고 죽으신 희생양이고 구세주지만, 루시퍼 복음에서는 뱀이야말로 하나님에게 진노당할 것을 알면서도 인간의 깨달음을 위해 자신을 바친 진정한 희생양이고 구세주가 된다. 성경에서 하나님은 인간을 창조하시고 지극히 사랑하시는 신이지만 루시퍼 복음에서 여호와는 인간을 괴롭히고 억압하고 학대하는 악한 신일 뿐이며 루시퍼야 말로 인간을 위한 선한 신이다.

루시퍼 복음에서 예수는 인생들을 구원하시러 오신 구세주 하나님이 아니라, 뱀을 통해 깨달음을 얻고 그리스도의 경지에 이른 신인(神人)일 뿐이다. 저들은 예수가 그리스도라고 말한다(이렇게 말한다고 모두 기독교인은 아니다!). 기독교의 예수뿐만 아니라, 힌두교의 구루, 불교의 부처, 도교의 도사 등도 모두 그리스도라고 한다. 저들뿐만 아니라 우리 모두 누구든지 루시퍼가 주는 빛을 통해 깨달음을 얻으면 예수와 같은 그리스도가 될 수 있다고 격려한다.

뉴에이지의 선악과

스스로 신이 될 수 있다는 루시퍼 복음은 바로 뉴에이지의 가르침이다. 프리메이슨은 고대 이집트의 신비 종교를 따르고 있어서 신비학회(Mystery School)라고도 불리고, 뉴에이지는 고대 바벨론의 신비 종교에 뿌리를 두고 있어서 고대 지혜라고도 불린다. 고대 바벨론의 신화에서 별들은 살아있는 인격체이자 신으로 섬김받았다. 에타나 신화에는 주(Zu)가 북쪽 하늘의 별 신들 가운데서 가장 높은 지위를 차지하려다가 쫓겨나는 이야기가 나오는데, 사탄적 왕에 대해 기록한 성경 내용과 유사하다(겔 28:2－18).

프리메이슨과 뉴에이지의 사상은 이집트와 바벨론의 신비 종교뿐 아니라 신비주의 유대교 카발라에 그 근원을 두고 있다고 주장한다. 결국은 모두 한 뿌리에서 나온 것이다. 광명회라고도 불리는 일루미나티는 이집트 신 호루스의 '모든 것을 볼 수 있는 전시안'을 그 상징으로 사용한다(미국의 1달러 지폐에서 이집트 신의 전시안과 이집트의 피라미드를 함께 볼 수 있다. 미국이 청교도들이 아닌 프리메이슨에 의해서 세워진 나라임을 드러내는 여러 증거들 중의 하나다).

성경의 복음은 모두에게 열려 있고 어린아이도 이해할 수 있을 만큼 단순하고 쉬운 반면, 저들이 '깨달은 빛'은 매우 비밀스럽고 매우 신비한 것으로 특별한 사람들만 이해할 수 있도록 온갖 비밀스런 상징에 의존해서 은밀하게 전수되어 왔다. 프리메이슨 작가인 칼 클라우디(Carl Claudy)는 그 깨달음의 깊음과 오묘함을 이렇게 말한다.

"껍질을 깨고 의미를 찾으라. 그 의미를 깨고 또 다른 의미를 찾으라. 당신이 깊이 파고 들수록 제3, 제4… 의 의미를 찾을 수 있을 것이다. 그것이 얼마나 많은 의미를 갖는지는 아무도 모른다."

역사적으로 많은 지성인들이 '하나님처럼 될 수 있는' 신비 지식을 추구해 왔다. 프리메이슨이자 '근대과학의 아버지'라고 불리는 아이작 뉴턴은 말련에 연금술과 같은 신비학을 연구하다가 '최후의 마법사'라는 별명을 얻기도 했다. 그것은 바로 하나님이 금지하셨던 선악과가 아닐까? 하나님이 금지하신 신비 영역을 추구하려는 자들에게 사탄은 잠시 '깨달음'도 주고 '능력'도 주면서 유혹한다.

과학이 고도로 발달한 현대 사회에서 최면술, 점성술, 마술, 도깨비 소환, 기 훈련, 풍수설 등의 신비 지혜, 신비 능력이 크게 인기를 끌고 있다. 새 생각(New Thought) 운동의 '긍정'과 '치유'라는 단어들도 유행처럼 번지고 있다. 뉴에이지가 우리 삶의 모든 분야에까지 깊이 파고든 것이다. 저들은 이런 방법들을 통해 하나님처럼 앞날을 볼 수 있고 현실을 변화시킬 수 있다고 주장하는데 그것이 미신이 아니라 과학에 기초한 것이라고 주장한다. 뉴에이지는 명상이나 기도 등을 통해 우리의 뇌가 어떻게 열리고 어떻게 신비한 영적 세계에 도달하며 어떻게 깨달음을 얻는지 등을 '과학적'으로 설명한다.

인기 있는 '다른 기독교'

모든 종교를 포괄하고 융합하기 위해서 기독교를 허물려고 하는 프리메이슨, 인간을 신의 경지에 올려 놓으려는 뉴에이지, 하나님과 사탄을 혼합한 루시퍼 복음 등이 세상에 은밀하게 퍼지고 있다.

적그리스도적 프리메이슨은 세상의 정치 경제 문화 언론 종교 등을 장악하고 심지어 교회 안에도 들어왔다. 프리메이슨들이 세상의 각 분야에서 최고 높은 자리에 앉아 있듯이, 교회에서도 가장 인기 있는 자리를 차지하고 있다. 빌리 그래함이나 릭 워렌에 대해서는 『시대 읽기』(CLC刊)에서 자세하게 밝힌 바 있다. 이외에도 '영성의 대가'로 불리는 예수회의 사제 헨리 나우웬, '영성 훈련의 아버지'로 불리는 레노바레의 리차드 포스터 등이 있다. 교회들은 저들이 가르치는 '영성'을 따라서 침묵기도를 하며 '다른 세상'으로 들려 올라가 '다른 하나님'을 만나는 신비 체험을 한다. '하나님과의 친밀함'을 주장하는 저들은 하나님의 음성을 듣고 하나님의 만져주심을 느끼고 하나님의 향기를 맡고 하나님의 환상을 보고 하나님의 계시를 받았다고 주장하며 하나님을 대신해서 '대언'도 한다.

신비주의 영성처럼 진지한 것뿐만 아니라 즐겁고 재미있는 것을 제공하는 교회들도 인기를 끈다. CNN이 취재한 뉴욕의 한 초대형 교회는 음악, 조명, 관중이 록콘서트장 같은 곳에서 록스타 같은 목사가 설교를 한다. 일루미나티에 소속된 연예인들도 부담없이 앉아 있다. 교인들의 변화를 기대/요구하지 않는다는 목사는 저들이 듣고 싶어하는 메시지를 전한다.

하나님은 우리를 있는 그대로 받아들이고 사랑하신다는 설교를 들으면서 수천 명의 교인들은 죄된 본성에 대해 전혀 부담을 갖지 않은 채 교회라는 울타리에 안심하며 앉아 있다.

저들은 죄된 본성은 변화받지 않은 채, 긍정과 번영의 메시지를 듣고 반복해 외치면서 그것이 현실로 나타날 것을 믿는다. "소우주인 내가 이 땅에서 무엇을 행하면 그것이 온 우주에 영향을 끼치면서 모든 현실을 조종할 수 있다"는 '믿음'은 성경적 믿음이 아니라 마술적 시스템이자 뉴에이지의 사상이다. 예수의 복음을 왜곡한 저들의 기독교는 무늬만 비슷할 뿐이지 기독교와는 관련이 없다.

사탄주의자들도 성경을 이용하고 성경의 일부 메시지를 주장한다. 세상은 너무나 관대(?)해서 일부 성경을 사용하고 일부 진리를 말해도 기독교라고 믿어준다. 하지만 일부 진리는 진리가 아니다. 생수 한 컵에 독 한 방울만 넣어도 사람을 죽일 수 있는 독약이 된다. 성경의 일부만 변경시켜도 '다른 기독교'가 되고 이단이 되는데, 하물며 성경의 일부를 이용해서 인간이 만들어낸 '다른 복음'들이랴!

사탄숭배 의식들

사탄의식들이 문화나 예술이라는 이름으로 자연스럽게 우리 곁으로 와 있다. 비기독교인들은 새롭고 흥미로운 퍼포먼스라고 생각할 수도 있겠지만 사탄의 실체와 영향을 아는 기독교인들은 이것이 영혼을 더럽히고 파멸할 수 있는 매우 위험한 의식이라고 믿는다.

FBI 국장으로 일하던 테드 건더슨은 많은 사건들을 파헤치다가 사탄 추종자들이 인신제사를 드리기 위해서 유괴와 간음과 살인을 행하고 있다는 사실을 발견했다. 인신제사의 사실을 폭로하는 그의 강연은 매우 충격적이다.[9] 미국 CBS 뉴스의 "60분"이 취재했던 어린 소녀 테레사도 동일한 내용으로 증언하며 인신제사의 사탄숭배 의식이 정말로 존재한다는 것을 확인해 주었다.[10]

2016년 미국 대선 기간 중에 있었던 일명 '피자 게이트' 사건을 통해서 미국 정계 인사들의 사탄의식 또는 주술의식이 다시 주목받게 되었다. 워싱턴에서 가장 영향력 있는 인물로 알려진 토니 포데스타의 계정이 해킹되고 그가 주변 인사들과 주고받은 이메일이 위키리스크로 넘겨지면서 저들 일상의 단면이 드러난 것이다. 마리나 아브라모빅이 저들을 '영혼쿠킹'(Spirit Cooking) 만찬에 초대한다는 내용이 있는데 저들의 대화는 암호로 이어졌지만 주술, 인신제사, 아동성애, 카발리즘, 인육먹기 등을 의미한다는 것을 짐작할 수 있다. 저들의 집에 전시된 예술품들도 역시 그런 것을 연상시킨다.[11]

힐러리를 비롯해서 워싱턴의 고위급 인사들이 교제하고 있는 아브라모빅은 주술가이자 사탄숭배자로 알려진다. 사탄의 상징인 오망성을 면도날로 자신의 배에 새기고 시체와 피를 주제로 하는 그녀의 엽기적 행위예술은 33도 프리메이슨이자 사탄숭배자인 크로울리의 의식과 가르침과 매우 닮았다.[12] 그런 그녀가 테드(TED)에서 강연을 했다. 테드는 '퍼트릴만한 가치가 있는 아이디어'라는 슬로건으로 미국에서 주최하는 연례 국제 콘퍼런스로서 엄청나게 비싼 방청료를 내야 갈 수 있는 곳이다. 사탄숭배자이자 무당인 그녀는 그저 강의만 한 것이 아니라 간단한 지시를 하면서 청중들을 자신의 의식에 동참시켰다.[13]

---

9 "Ted Gunderson," https://www.youtube.com/watch?v=9cJE9mgtOJA&t=19s.

10 "Teresa," https://www.youtube.com/watch?v=Qg8chzXhyFU.

11 "Spirit Cooking," https://www.youtube.com/watch?v=-DKr5x4fI5g.

12 "Marina Abramovic," https://www.youtube.com/watch?v=-DKr5x4fI5g&t=19s.

13 "TED," https://www.youtube.com/watch?v=M4so_Z9a_u0.

사탄숭배는 어느 시대나 어느 지역에서나 볼 수 있는 것이지만, 이런 것이 세상에 영향을 미치는 최고 엘리트 인사들에 의해 행해진다면 큰 문제가 아닐 수 없다. 그들은 대중매체를 통해서 자신이 원하는 방향으로 얼마든지 대중을 조종할 수 있기 때문이다.

사탄숭배자로 알려진 프리메이슨이 미국 정계를 뒤덮고 있다는 소문이 분분하자 CNN은 국회를 방문해서 인터뷰를 가졌다. 그리고 "미상원의원의 대다수가 프리메이슨으로 덮여 있다. 프리메이슨이 아니고는 정계에서 높은 지위로 올라갈 수 없다는 것이 공공연한 사실이다"고 보도했다. 당사자들은 "프리메이슨이 미국 국회를 덮고 있는 것은 사실이지만 사탄숭배 집단이 아니라 단순히 형제애 단체일 뿐이다"고 해명했다.[14] 그러나 무수하게 증언되고 목격되어온 프리메이슨의 제사의식은 분명히 사탄적이다.

1997년 터키의 프리메이슨 랏지에서 몰래 찍힌 두 개의 동영상이 여러 날 동안 주류 방송에서 방영되어 세상을 놀라게 했다. 과연 소문으로 들었던 것처럼, 입회자들은 배신에 대해 죽음을 서약하고 있었고 33도 급들은 사탄에게 제물로 바쳐진 염소의 피를 마시고 있었다. 프리메이슨의 바둑판 문양이 선명한 바닥에서 이루어진 사탄숭배 의식은 히브리어 기도로 마쳐졌다.[15]

매년 7월 샌프란시스코 북쪽의 보헤미안 그로부에서는 정계 재계 문화계 등 모든 분야에서 세계를 지배하는 최고 엘리트들이 철통 같은 보안 하에 비공식적 사교 모임을 갖는다. 그간 그에 대한 많은 소문이 있었는데 실제 모습을 볼 수 있는 기회가 있었다. 2000년 7월 15일 알렉스 존스가 잠입해서 촬영한 것이 미국 주류방송을 통해 공개된 것이다. 미국 대통령, 영국 수상, 재계와 언론계의 거물들, 할리웃 스타 등 참가자들의 얼굴이

---

14 "CNN," https://www.youtube.com/watch?v=GFuAPYKyPVU.

15 "Hidden Camera Masonic Ritual Satan Worship Exposed," https://www.youtube.com/watch?v=gbRmRkZxYk0.

보였다. 신부(神父)의 복장을 한 제사장이 거대한 부엉이 모양의 신상 앞에서 주문을 낭독하고 아기(또는 아기 모형)의 제물을 불 속에 던져 바치는 인신제사의식도 있었다.[16] 성경에서 하나님이 진노하셨던 인신제사의 몰렉신 숭배 의식이 재현된 것이다.

2006년 1월 스발리(가명)가 그레이 지맨스키의 라디오 방송에 출연해서 한 증언도 충격적이었다. 일루미나티 가정에서 태어나 성장하고 마인드 컨트롤 담당자로서 일하다가 탈출한 스발리는 그들이 사탄적 집단이라는 사실을 폭로했다. 그녀는 자신의 홈페이지와 다양한 매체를 통해 일루미나티와 로마 가톨릭에서 경험한 일들을 상세히 증언했는데 그중 가장 놀라운 것은 바티칸의 지하 납골당에서 치뤄졌다는 어린 남자아이의 희생제사의식이었다. 그녀가 어린 시절 직접 목격했다는 그 끔찍한 의식은 매우 구체적이었다. 그녀는 증언이 있은 후 갑자기 행방불명되어 지금까지 생사를 알 수 없고 웹 사이트도 물론 폐쇄되었다.[17] 그녀의 증언이 너무나 놀라워서 사실인가에 대해 의심하는 사람들이 많지만, 이외에도 많은 사람들이 동일한 것을 증언하고 있다. 마리아 벤디탈 수녀도 동일한 증언을 하고 다음날 바티칸 성당에서 떨어져 자살했다. 인신제사는 사탄이 받는 의식이다.

저들은 왜 역겨울 뿐만 아니라 범죄가 되는 의식을 치루는 것일까? 사탄이 이런 의식을 받고 자신이 원하는 것을 갖다준다고 믿기 때문이다. 그리고 사탄은 실제로 이런 의식을 받고 역사한다. 종교가들뿐만 아니라 정치가나 예술가에게도 능력과 영감을 주어 인기와 재물을 가질 수 있게 하고 유명인으로 만들어 준다. 한때 사탄숭배자로서 막강한 능력을 행사하고 엄청난 돈을 벌었지만 결국 그리스도인으로 전향한 존 라미레즈의 간증은 사탄의 존재와 특성을 매우 실감나게 해 준다.[18] 사탄은 인간의 숭배 의식을 통

16 "Bohemian Grove," https://www.youtube.com/watch?v=bnk61i3e698.

17 "Svali," http://blog.daum.net/j73lp7d3td/26.

18 "John Ramirez," https://www.youtube.com/watch?v=hiU1H2iIXdI.

해 힘을 얻고 역사한다. 사탄은 상징이 아니라 실재하는 존재다.

루시퍼 교회와 사탄 템플

미국에서는 사탄주의가 공개적으로 드러나고 있다. 종교의 자유가 있는 나라에서 사탄숭배교도 여러 종교들 중의 하나로서 합법적으로 존중되기 때문이다.

2015년 10월 미국 텍사스 휴스턴 교외에 루시퍼 교회가 공개적으로 등장했다. '대 루시퍼 교회'(GCOL)로 명명된 이 교회는 '새 시대(뉴에이지)의 첫 걸음'이라고 자임한다. 자신은 모든 인류의 정신적 자유를 위해 바쳐진 '열린 교회'라고 선전하면서 사탄숭배자가 아니고 좋은 사람들이라고 주장한다. 저들은 사탄숭배자가 아니라고 하면서도 사탄을 관대한 존재와 교사로 본다. 설립자 제이콥 노는 "우리는 '빛을 나르는 자' 또는 '빛을 찾는 같은 마음을 가진 자'들의 모임이다. 우리 미션의 일부는 우리가 스스로 신이고 여신임을 발견하는 것이다"라고 선포한다. 뉴에이지와 동일한 주장이다.[19]

2014년 5월 사탄 템플(Satanic Temple) 재단은 하버드대학교에서 사탄숭배제사인 '검은 미사'(Black Mass)를 하겠다고 선언했으나 학생들의 반대서명으로 취소되었다. 검은 미사에서는 하나님을 조롱하고 루시퍼를 숭배하며 신성모독적이고 끔찍한 인신제사와 음란한 의식 등의 퍼포먼스가 행해진다. 유명한 음악인 마릴린 맨슨이나 레이디 가가 등이 공연 중에 행하는 퍼포먼스와 비슷하다. 저들이 내건 깃발에서 "이것이 내 몸이며 내 피다"라는 예수의 말씀을 읽을 수 있다.[20] (혹시 기독교가 사탄숭배교를 표절했다거나, 둘 다 동일한 '신'을 추구한다는 주장이 나올지도 모르겠다.)

이 단체는 2015년 7월 디트로이트에 바포멧(Baphomet) 조각상을 설치하

19 "GCOL," http://www.amennews.com/news/articleView.html?idxno=13962.

20 "Black Mass," http://www.newsm.com/news/articleView.html?idxno=4209.

며 공개식을 가졌다. 참석한 추종자들은 영혼을 사탄에게 바치겠다는 맹세를 한 것으로 알려진다. 바포멧은 사탄을 상징하는 뿔난 염소의 형상을 하고 남녀 어린아이들과 다정스럽게 대화하는 모습이다. 사탄과 어린아이들이 함께 하는 모습을 어린시절부터 노출시키서 사탄을 자연스럽게 받아들일 수 있도록 하겠다는 것이 저들의 목적이다.[21]

뿐만 아니라 수업 이후에 아이들에게 성경을 가르치는 기독교의 '복음클럽'(GoodNews Clubs)에 대항해서 사탄에 대해 가르치겠다는 '방과 후 사탄클럽'(After School Satan Clubs)을 만들었다. 저들은 사탄이 인격적 존재가 아니라 상징일 뿐이며 과학이나 이성이라고 가르치는데, 과학과 이성의 이름으로 하나님을 부정하는 무신론과 진화론의 주장과 일치한다. 과학적 탐구, 이성적 판단, 일반 상식, 재미 등을 추구한다는 이 프로그램을 전국적으로 공립학교에 추진하겠다는 목적으로 홍보 영상과 포스터를 만들어 배포하고 있다.[22]

지금은 사탄숭배교의 주장과 행동이 하나님을 부정하는 세상에서조차 꺼림직하게 보이겠지만 이제 전국적으로 초등학교에서부터 교육되면서 곧 자연스러운 것으로 받아들여지게 될 것 같다. 종교의 자유가 있는 미국에서 사탄숭배교가 사악한 것이라고 말했다가는 종교차별 또는 종교탄압이라는 죄명으로 감옥에 갈 수도 있다.

나는 소셜워커 인턴으로 일할 때 클라이언트들에게 예수를 전하다가 큰 문제가 되어서 결국 아웃되었다. 기독교 국가라고 알려진 미국에서 예수의 복음을 전하는 것이 왜 문제인지 그때는 몰랐는데 이제는 알 것 같다.

---

21 "Satanic Statue Rises in the Fallen City of Detroit," https://www.youtube.com/watch?v=0Nqrsi1_7iU.

22 "After School Satan," https://afterschoolsatan.com/

19장

죽음 이후

우리는 매일 누군가의 죽음을 보고 들으면서도 나와는 아주 먼 일처럼 여겨 깊이 생각해 보지 않다가 직접 직면하게 되면 심각하게 생각해 보기도 한다.

무신론의 주장처럼 사람이 죽고나면 모든 것이 다 끝나버리고 말까? 아니면 불교의 주장처럼 다른 존재로 환생할까? 아니면 천국과 지옥으로 옮겨져서 살게 될까? 천국과 지옥이 있다면 어떤 사람들이 가는걸까? 착한 사람이 천국에 간다면 얼마큼 착해야 합격할 수 있는걸까?

이 세상에는 죽음을 경험하고 돌아와서 알려 주는 사람이 없기 때문에 아무도 정확한 것을 알 수 없고 죽어 보아야 알 수 있다고 생각하는 사람들도 있다. 그러나 생명과 죽음의 주관자 되시는 하나님이 성경을 통해서 분명한 사실을 알려 주고 계시므로 우리는 죽기 전에도 미리 알 수 있다.

1. 행위를 따라서

천국과 지옥

대부분의 종교나 신화는 이생에서의 선행과 악행에 따라서 죽음 이후에 좋은 곳이나 나쁜 곳에 간다고 말한다. 하나님이 사람의 양심과 자연만물에 심어놓으신 이치에 드러난 일반계시를 통해 천국과 지옥은 반드시 있어야 한다는 당위성을 본능적으로 알게 된 것이다. 원시 시대부터 여러 민족들의 신화에서 지옥은 '어둡고 뜨거운 지하세계'나 '외딴 섬' 등에 비유되어 등장한다. 그리스 신화에서 지옥은 죽음의 신 헤이데스가 사는 곳인데, 호머는 『일리아드』에서 그 곳을 '소름끼치는 공포에 떠는 끔찍스러운 썩은 방'이라고 묘사한다.

이슬람교의 꾸란은 이생에서 행한 선과 악의 무게를 재어서 사후에 천국이나 지옥에 간다고 가르친다. 힌두교는 죽은 영혼이 21곳의 지옥을 거치며 환생 과정을 겪는다고 가르친다. 이 가르침은 힌두교의 한 분파로 시작된 불교의 지옥관에 큰 영향을 끼쳤다. 그래서 불교는 무신론이면서도 지옥을 믿는다. 모든 생물이 윤회하는 육도(천상, 인간, 아수라, 축생, 아귀, 지옥)의 가장 밑바닥에 지옥이 자리한다고 가르친다. 불교에서 지옥은 붉게 달궈진 쇠철판 위에 발가벗은 사람이 맨발로 서 있는 모습으로 묘사된다. 뜨거워 두 발바닥을 번갈아 가며 떼야만 하는 무서운 상황이 반복된다는 것이다. 수억조 년 이상 이런 고통을 당해야 죗값이 갚아진다고 한다.

우리가 선을 행할 때 평안하고 기쁘며 악을 행할 때 마음이 불편한 이유는 우리 안에 양심이 심겨져 있기 때문이다. 지옥이라는 실체가 없다면 우리의 양심 한 켠에 은밀히 자리한 지옥에 대한 두려움도 없을 것이다. 신의 존재를 믿지 않거나 알지 못하는 사람들도 죄에 대한 심판이나 선에 대한 보상이 있다는 것을 어렴풋이나마 느끼며 산다.

정말 천국과 지옥이 있다면 어떤 사람들이 갈까? 대부분의 사람들은 선함과 악함에 따라서 천국이나 지옥에 갈 꺼라고 생각한다. 그래서 종교인들은 자신의 종교가 가르치는 것을 따라 행하느라고 열심이다. 로마 가톨릭은 봉사와 자선과 기도에 헌신한다. 무슬림은 매일 알라에게 절하며 꾸란을 암송하고 이교도들을 죽이고 순교도 한다. 불교는 깨달음을 얻어 열반에 들어가기 위해서 참선이나 명상을 하고 고행을 하기도 한다. 무종교인들도 혹시 있을지 모르는 천국과 지옥을 위해서 되도록 착하게 살고자 애쓴다.

그런데 과연 얼마큼 착하거나 의로워야 천국에 갈 수 있을까? 선과 악의 무게를 재어서 무거운 쪽으로 결정될까? 만약 선함이 49이고 악함이 51일 때 영원한 지옥에 갈까? 반대로 악함이 49이고 선함이 51일 때는 영원한 천국에 갈까? 이런 판결은 누가 봐도 불공평해 보인다. 그나마 자신의 선악의 무게도 잴 수 없으니 답답하거나 불안한 일이다.

이슬람은 살아 있는 동안에는 자신이 천국이나 지옥에 갈 것을 알지 못한다고 한다. 천국에 갈 수 있는 가장 확실한 보장은 순교뿐이다. 로마 가톨릭도 얼마큼 선행을 쌓아야 천국에 가는지 알지 못하고 죽어 보아야 안다고 말한다. 평생 동안 가난한 자들을 위해서 희생했다는 테레사 수녀는 죽기 전에 두려움으로 귀신들려서 퇴마사 로사리오로부터 퇴마의식을 받았다고 BBC가 보도했다.[1]

연옥

로마 가톨릭은 천국과 지옥의 중간 장소인 연옥이라는 곳을 믿는다. 중세 시대의 수도승 베르나르는 "육신을 벗어난 영혼들이 갈 곳은 세 곳이다. 온전히 정화된 성도들은 천국에 들어가고 완전히 악하게 된 자들은

1 "Exorcism performed on Mother Teresa," http://news.bbc.co.uk/2/hi/south_asia/1529093.stm.

지옥에 들어간다. 완전히 선하지도 악하지도 않은 성도들은 천국에 들어가기 위해 먼저 연옥에서 정화되어야 한다"고 했다.

연옥 사상은 1274년 리용 공의회와 1439년 플로렌스 공의회에서 정식 신조로 선포되고 1548년 트리엔트 공의회에서 승인되었다. 이후 가족의 대원(代願)을 통해 연옥에서 겪는 영혼의 고통을 단축 혹은 경감시키기 위해서 '죽은 자를 위한 기도'가 인기를 끌게 되었다.

교황은 십자군 전쟁에 참여하는 군인들에게 죽음 이후 연옥의 고통을 면제해 준다는 속죄장을 발급하면서 전쟁의 참여를 독려하기도 했다. 이후에는 전쟁에 참가하지 않은 사람도 돈으로 면죄부를 살 수 있게 되었다. 1393년 교황 보니화티우스는 속죄장을 대대적으로 발매하기 시작했고 1476년 교황 식스투스 4세부터는 연옥에 있는 가족들을 구원하기 위한 면죄부를 판매하면서 막대한 부를 축적할 수 있었다.

도미니칸 수도사인 테첼은 뛰어난 웅변술로 면죄부 판매를 성공시켰다. 그는 연옥과 지옥에서 받을 형벌을 강조해서 엄청난 공포심을 불러일으킨 후 이 면죄부가 과거에 지은 죄는 물론이고 장차 범할 죄도 용서해 주고 연옥에 있는 영혼들까지 구원할 수 있다고 설교했다.

"돈이 궤짝 속으로 들어가 짤랑 소리가 나자마자 영혼은 연옥에서 해방되어 뛰쳐나온다. 그대들은 적은 돈으로 그대들의 부모를 무서운 연옥 불에서 건져 낼 수 있다. 그런데도 불구하고 비통 중에 있는 부모를 구출하지 않고 배은망덕하게 있을 수 있는가?"

이 설교를 들은 자녀들은 죽은 부모를 위해서 집을 팔아서라도 면죄부를 구입했다.

이런 연옥 사상은 배화교와 힌두교의 베다경전에서 나온 것으로 성경과는 전혀 무관하다. 성경은 죽음 이후에는 오직 천국과 지옥만 있을 뿐이라며 연옥이나 죽은 자를 위한 기도를 완전히 부정한다. 한편 로마 가톨릭은 교황이 하나님의 대리자로서 성경보다 우위에 있고 성경을 수정할 수 있다고 믿기 때문에 성경과 다른 사상을 주장해도 문제되지 않는다. 지금도 로마 가톨릭은 연옥을 믿으며 죽은 자를 위한 기도를 하고 있다.

환생

이안 스티븐슨 박사는 가장 권위 있는 환생 연구가로 꼽힌다. 그는 세계 각 지역의 어린아이들이 자신과는 전혀 무관한 사람들, 장소들, 사건들을 기억하고 있음을 발견했다. 뿐만 아니라 전혀 배운 적 없는 외국어나 고대 언어를 구사하는 능력을 보이기도 했다. 스티븐슨 박사는 어린아이들이 다른 사람들의 삶을 기억해 내는 상황을 환생으로 밖에는 달리 설명할 길이 없다고 주장하며, 20명 아이들의 사례를 『전생을 기억하는 아이들』이란 책으로 출간했다.

지금도 최면술 등을 통해서 전생을 기억해 낸다는 사람들의 모습을 가끔씩 TV를 통해서 목격할 수 있다. 전생 또는 환생 사상에 의하면 모든 인생은 반드시 뿌린대로 거둔다. 예를 들어서, 이생에서 내가 물에 빠진 이유는 전생에서 남을 물에 빠트렸기 때문이며, 이생에서 물에 빠진 사람을 구하지 않으면 내생에서 내가 물에 빠지게 될 것이라고 믿는다. 그러므로 인간은 선을 행할 수밖에 없으며 또한 불행을 불평할 수 없다고 주장한다. 이것은 선인의 불행과 악인의 번영 같은 인생의 불평등이라는 수수께끼를 가장 합리적으로 설명해 주는 것 같다.

그러나 성경은 인생이 단 한 번이라고 가르친다. 어떤 인간도 한 번 태어나 한 번 죽고 이후에는 영원한 심판이 있다고 기록한다.

기독교는 환생의 증거라는 초자연적 현상을 귀신의 작업으로 이해한다. 피험자가 접신(Demon Possession) 상태에 들어가면 귀신이 과거 인물에 대한 정보를 소상하게 알려 주고, 피험자는 귀신이 알려 주는 정보를 따라서 그것이 자신의 전생 모습이라고 속는 것이다. 어린아이가 과거를 잘 맞추는 등의 신통력을 발휘하며 동자신(童子神)이라고 불리는 경우도 있는데 이 경우도 역시 귀신 들렸기 때문이다. 불교에서도 신이 들렸다고 표현하는데 그 신은 물론 하나님의 성신이 아니라 귀신이다.

2. 은혜를 따라서

성경에 의하면 모든 인간은 죄인으로 태어나서 평생 죄를 짓는다. 하나님은 인간을 완벽하게 창조하셨지만 자유의지를 가진 인간이 하나님 대신 사탄의 말을 듣고 죄를 선택하면서 죄인이 된 것이다. 원래 인간은 천국에서 하나님의 임재 안에 살고 있었지만 하나님은 결코 죄를 용납하실 수 없기 때문에 죄인된 인간을 천국에서 쫓아내고 인간은 세상에서 땀흘리며 힘들게 살게 되었다. 인간 세상에서 벌어지는 모든 문제와 슬픔과 고통은 사탄과 죄로 인한 것이며 때가 되면 죽을 수밖에 없는 것도 죄로 인한 것이다. 죄인의 DNA를 물려받은 인류는 어쩔 수 없이 죄를 지으며 고통과 슬픔 가운데 살다가 죽게 되었다.

인간이 죄를 선택하고 타락한 처음부터 하나님은 구세주를 계획하셨고 약속하셨고 때가 되매 그를 인류에게 보내 주셨다. 그가 바로 예수다. 예수가 하나님의 약속대로 인간에게 오신 것은 인류를 죄로부터 구원하시기 위함이었다. 하나님이신 예수는 전혀 죄를 지은 적이 없지만 모든 인류를 대신해서 죄를 대신 지시고 십자가의 죽음을 죽으셨다. 그것은 하나님이 인간에게 해 주시는 가장 큰 은혜요 선물이다.

이제 인간은 예수를 믿을 때 하나님의 약속을 따라서 모든 죄를 용서받고 구원을 얻는다. 그리고 때가 되어서 죽음을 맞을 때 하나님이 통치하시는 천국에 가게 된다. 그리스도인이 천국에 가는 것은 착한 일의 결과로서가 아니라 전적으로 하나님의 은혜로 인한 것이다. 그 은혜를 진심으로 믿고 깨닫는 사람들은 인생이 변할 수밖에 없게 된다. 감사와 감격과 기쁨과 은혜로 변화되어가는 것을 성화라고 부른다. 선한 변화는 구원의 조건이 아니라 구원의 결과다. 오직 예수의 은혜로 구원을 확신하는 자들만이 성화되고 변화되며 살아간다.

그럼 하나님은 왜 지옥을 만드셨을까? 지옥은 바로 사탄을 가두기 위함이다. 때가 되면 이 세상은 종말을 맞을 것이고 세상에서 주인행세하며 활개치던 사탄은 자신의 영원한 장소인 지옥에 가두어질 것이다. 자신의 운명을 아는 사탄은 기회가 있는 동안에 한 사람이라도 더 자신의 추종자로 만들기 위해서 모든 술수를 부린다. 하나님의 통치 아래에 들어가기로 선택하는 자가 아니라면 자신이 의도하지 않아도 사탄의 통치 아래에 있게 된다. 하나님이 베푸신 말할 수 없이 큰 은혜를 거부하는 사람들은 자신이 저지른 죄 때문에 죽음 이후 하나님의 나라에서 거절당하고, 사탄을 추종한 결과로 사탄이 가야하는 지옥에 함께 가게 된다. 성경은 이것을 명백하게 말씀하고 있다.

복음을 듣지 못한 자들

예수의 십자가 죽음이 있기 이전의 사람들과 그의 복음을 듣지 못한 사람들은 죽음 이후에 어떻게 될까? 성경은 그들에 대해서 말하지 않으므로 우리도 알 수 없다. 다만 사도 바울은 이방 민족에게 가서 복음을 전하며 이렇게 말했다. "하나님이 지나간 세대에는 모든 민족으로 자기들의 길들을 가게 방임하셨으나 그러나 자기를 증언하지 아니하신 것이 아니니 곧 여러분에게 하늘로부터 비를 내리시며 결실기를 주시는 선한 일을 하사 음식과 기쁨으로 여러분의 마음에 만족하게 하셨느니라 하고" (행 14:16-17).

즉 예수 그리스도를 통한 증언은 없었을지라도 자연을 통해서 하나님 자신을 증언하셨다는 의미다. 그러므로 예수와 성경이라는 분명한 증거가 없었을지라도 자연과 양심이 증거해 주는 하나님의 존재를 인정하며 거룩한 두려움으로 살았던 사람들은 구원받았을 것으로 추측할 수 있다. 하나님은 의로우시기 때문에 아무도 불의하게 다루시지 않을 것이고 하나님의 결정과 심판에 아무도 이견을 제시하지 못할 것이다.

저들의 구원에 대한 것은 우리가 분명히 모를지라도 우리에게는 예수와 성경이라는 분명한 증거가 있다.

3. 만민구원설

하나님의 사랑과 은혜만을 강조하는 어떤 사람들은 모든 인류가 다 구원받는다는 만민구원설을 주장한다. 하나님이 창조하시고 사랑하시는 인간을 죄 때문에 심판하시고 지옥에 보내신다는 것은 상상할 수도 없는 일이라며 저들은 성경을 근거로 반박한다.

첫째, 예수가 십자가에서 "다 이루었다"(요 19:30)고 말씀하신 것은 모든 인류의 구원을 다 이루었다는 의미가 되므로 예수의 죽음과 부활로 인하여 결국 모든 인류가 구원받게 된다는 주장이다. 만약에 하나님이 불신자들을 심판하시고 지옥에 보내신다면 그것은 십자가에서 "다 이루었다"고 하신 예수의 선포를 무의미하게 만드는 것이며 예수의 구원 사역은 '미완성'된 것이라고 주장한다. 예수의 공로가 헛수고가 되지 않고 값진 희생이나 눈부신 찬양의 대상이 되려면, 종교나 믿음이나 기타 다른 어떤 조건과도 상관없이 순수하게 '모든' 인간이 이미 구원을 받은 상태가 되어야만 한다는 것이다. 기독교가 예수의 공로가 정말 성공이었다고 주장하려면 '불신지옥'이라는 단어를 완전히 철폐해야 한다고 주장한다.

둘째, "하나님은 모든 사람이 구원을 받으며 진리를 아는 데에 이르기를 원하시느니라"(딤전 2:4). 또 "그의 십자가의 피로 화평을 이루사 만물 곧 땅에 있는 것들이나 하늘에 있는 것들이 그로 말미암아 자기와 화목하게 되기를 기뻐하심이라"(골 1:20)의 말씀처럼 만민의 구원이 하나님의 뜻이라면 하나님은 결국 자신의 뜻을 따라서 모든 사람을 구원하실꺼라는 주장이다.

이것은 성경적으로 보이기도 하지만 성경의 다른 말씀들과 상반되므로 진리가 되지 못한다. 하나님은 '사랑'이실 뿐만 아니라 '공의'시다. 하나님의 사랑만 생각하고 공의를 생각하지 않는다면 하나님의 모든 말씀은 철폐되야 하고 무의미한 것이 되어야 한다.

예를 들어서 재판관의 사랑하는 어머니가 큰 범죄를 저질렀다고 하자. 그가 어머니를 소환해서 재판을 진행할 때 그가 효자 아들이므로 모든 법률을 무시하고 어머니의 죄를 눈감아줄까? 만약 그런 일이 발생한다면 우리같이 불의한 자들도 가만히 있지 않고 촛불시위를 할 것이다. 그가 어머니를 아무리 사랑한다고 해도 재판관으로서 범죄한 피고를 공정하게 심판하고 선고하는 것이 마땅하다. 불의한 인간도 그래야 할 진데 하물며 완전하신 하나님이시랴!

하나님은 사랑과 긍휼 때문에 인간을 지옥에 보내시지 않을꺼라고 사람들은 오해한다. 그러나 하나님은 사랑과 긍휼 때문에 그분의 유일한 아들이신 예수 그리스도를 이 땅에 보내셔서 우리를 위해 십자가 위에서 죽도록 하신 것이다. 하나님은 매우 위험하게도 인간에게 자유의지를 주셨다. 하나님이 구원의 유일한 길로서 예수 그리스도를 보내 주셨어도 예수를 거부하고 무시하거나 자의적인 방법으로 구원에 이르려 한다면 하나님도 어쩔 수 없이 그를 거절하실 수밖에 없다. 아무리 좋은 것이라도 거절하려는 사람들을 하나님은 강요하시지 않는다.

성경은 용서받을 수 있는 죄와 용서받지 못하는 죄를 구분한다. 용서받는 죄는 우리가 인생을 살면서 수시로 저지르고 있는 죄로서 예수께 회개할 수 있으므로 물론 용서받는다. 그런데 예수를 거부하고 배척하는 불신앙의 죄는 회개할 수 없으므로 용서받지 못한다. 그래서 모든 죄 중에서도 불신앙은 가장 큰 죄이자 용서받을 수 없는 죄다. 예수가 "죄라 함은 저희가 나를 믿지 아니함이요"(요 16:9)라고 말씀하신 것처럼 하나님께 대한 근본적 죄는 불신앙이다. 하나님은 자신을 배척하는 인간을 강제하지 않으시니, 인간의 운명은 결국 하나님 없는 나라 즉 지옥에 가는 것이다.

인간들이 만든 종교나 신화에 등장하는 지옥이 제각각 모양의 그림자라면, 창조주 하나님이 계시하신 지옥은 분명한 실체다. 타종교에서 지옥관은 단지 교훈적이지만 기독교에서 지옥은 현실이다. 성경은 지옥을 엄연한 역사로 소개한다. 그리고 오직 예수가 하나님 나라에 가는 유일한 길이라고 공표한다.

"누구든지 생명책에 기록되지 못한 자는 불못에 던져지더라"(계 20:15).

"그들은 영벌에 의인들은 영생에 들어가리라"(마 25:46).

"나로 말미암지 않고는 아버지께로 올 자가 없느니라"(요14:6).

"다른 이로써는 구원을 받을 수 없나니 천하 사람 중에 구원을 받을 만한 다른 이름을 우리에게 주신 일이 없음이라"(행 4:12).

"하나님은 한 분이시요 또 하나님과 사람 사이에 중보도 한 분이시니 곧 사람이신 그리스도 예수라"(딤전 2:5).

"하나님이 세상을 이처럼 사랑하사 독생자를 주셨으니 이는 저를 믿는 자마다 멸망치 않고 영생을 얻게 하려 하심이니라"(요 3:16).

예수를 믿지 않아도 하느님 앞으로 갈 수 있다며 만민구원설을 주장하는 로마 가톨릭은 중세 암흑 시대의 영화를 지금 다시 누리면서 세계 최대 종교 집단이 되었다. 혹자는 최대 인구가 믿고 있으니 그것이 진리라고 주장한다. 그러나 진리는 다수에 있지 않다. 성경은 오히려 진리는 좁은 길, 좁은 문을 지난다고 했다. 오직 좁은 길로 갈 수 있는 그리스도인만이 구원에 이르고, 하나님의 주권에 따라 선택된 자가 된다(롬 8:29). 인간이 구원을 구한다고 얻는 것이 아니요, 하나님의 이끌어 주심을 따라야만 얻을 수 있는 것이다.

제6부

종교의 자유

20장. 바벨론, 그리고 마지막 바벨론

21장. 혼합종교 로마 가톨릭

22장. 부처가 없는 불교

23장. 폭력과 유혹의 이슬람교

24장. 세계정부를 기다리는 유대교

20장

바벨론, 그리고 마지막 바벨론

성경은 바벨론(옛 이름인 갈대아를 포함)을 350번 이상 언급하고 있다. 바벨론이 도대체 무슨 중요한 의미가 있길래 이렇게 많이 언급하는 것일까? 역사와 미래의 바벨론은 무수한 사람들을 속여서 우상을 숭배하며 하나님을 반역하도록 만들고 있는 적그리스도의 세력이기 때문이다.

『고대역사 백과사전』은 바벨론의 기원을 BC 2350년에 둔다. 성경의 니므롯과 시기가 일치한다. 니므롯은 바벨론의 여러 도시국가들을 평정하며 영웅이 된 인물인데 바벨탑을 쌓아 스스로를 신격화하려 하면서 이후에 생긴 모든 우상숭배교의 뿌리가 되었다.

BC 2000년경 비옥한 초승달 지역을 지배하고 있던 바벨론에 BC 1984년경 아모리 왕조가 세워지고 BC 1795 – 1750년에는 최초의 법전으로 유명한 함무라비 왕이 다스린다. 바벨론은 주변의 여러 나라들을 통합하는 제국으로 강성해지지만 BC 1595년 히타이트(헷족속)에 의해 멸망된다. 이것을 구 바벨론이라고 부른다.[1]

1 "Babylon," http://www.ancient.eu/babylon/

약 천 년이 지나서 BC 625년경 신 바벨론이 다시 세워졌다. 나보폴라살의 아들 느부갓네살 2세(BC 605–562)는 이스라엘을 침략해서 BC 587년 솔로몬 성전을 파괴하고 유대인들을 포로로 끌고갔다. 그는 마르둑(Marduk) 신을 위한 거대한 신전 지구라트와 공중정원 등을 건축한 것으로 유명하다. 바벨론은 신전이 가득한 신들의 나라로 유명하지만 신들의 보호를 받지 못하고 100년도 안되어 BC 539년에 페르시아에 의해 무너졌다.[2]

이후 로마가 일어나 여러 나라들을 제패하며 세계 최강국으로 부상했다. 로마는 제2의 바벨론이라고 불릴 정도로 모든 것이 바벨론적이므로 성경도 로마를 바벨론이라고 은유적으로 표현한다(벧전 5:13). 로마 치하에서 예수가 탄생하고 십자가형을 받으셨고, 예수를 따르는 기독교인들은 로마 치하에서 사자의 밥이 되거나 화형되어 죽임당했다. 이후 강력한 로마 제국도 결국은 무너지고 역사에서 사라지고 말지만 그들이 탄생시킨 로마 가톨릭은 지금까지 세계 최대 종교로 우뚝 서 있다.

요한계시록은 앞으로 인류에게 있을 일들을 예고하는 책인데 역사에서 이미 사라져 버린 바벨론에 대해 많이 언급하고 있다. 바벨론적 특성이 강한 매우 강력한 제국이 재건된다는 의미가 아닐까? 인류 역사 초기에 세워진 바벨론 문명이 역사 내내 모든 문명과 종교 가운데 퍼져가고 자라다가 이제 인류의 마지막 시대에 세계정부로 연합하며 회귀하려는 것으로 추측할 수 있다. 성경은 그것을 적그리스도의 세력이라며 저주한다(계 14:8; 17:4–5; 18:2–3, 10, 21).

---

2 "바벨론 역사," http://blog.daum.net/hks301/14651506.

1. 바벨론, 우상숭배의 시작

노아의 대홍수 이후 함의 손자이자 구스의 장남인 니므롯이 등장하여 최초의 정복 군주가 되었다. 그는 시날 4성읍과 앗시리아 4성읍을 건축하여 원시 바벨론 문명을 건설했다(창 10:9 – 12). 바벨론의 초대 군주인 그의 영토는 시날 땅의 바벨, 에렉, 악갓, 갈레까지 이르렀다(창 10:8 – 10; 대상 1:10; 미 5:6). 그에 대해서 성경은 이렇게 묘사한다.

"구스가 또 니므롯을 낳았으니 그는 세상에 첫 용사라 그가 여호와 앞에서 용감한 사냥꾼이 되었으므로 속담에 이르기를 아무는 여호와 앞에 니므롯 같이 용감한 사냥꾼이로다 하더라"(창 10:8 – 9).

니므롯이 '여호와 앞에서 용감한 사냥꾼'이었다고 하는데 '여호와 앞에서'는 '여호와를 대적하여'로 해석될 수도 있고 그것이 문맥상 더 적절한 것 같다. 또 사냥꾼은 짐승 사냥꾼뿐만 아니라 인간 사냥꾼으로 해석할 수도 있다. 에스겔도 인간의 영혼을 빼앗아 가는 영혼 사냥꾼에 대해 이야기한다(겔 13:18). 니므롯은 하나님을 대적해 인간들의 영혼을 사냥하는 정복 군주로서 끊임없이 전쟁을 벌이며 천하를 제패했던 것으로 보인다.

그때까지만 해도 인류의 언어가 하나였기 때문에 대부분의 사람들은 바벨론 문명권 안에서 니므롯의 통치 하에 살고 있었다(창 11:1). 하나님은 인류를 향해 전 세계로 흩어져서 각각의 문명을 이룰 것을 명하셨지만(창 11:4), 유대 역사가 요세푸스에 따르면, 자신의 권력이 흔들릴 것을 우려한 니므롯은 전제 정치를 확립할 목적으로 사람들을 선동하여 메소포타미아의 시날 평지 위에 바벨탑을 쌓으려 했다. 바벨탑은 바알(主神) 마르둑 신을 숭배하기 위한 신전으로도 사용되었고 이후에는 마르둑 신 이외에도 도시의 수호신을 섬기려는 목적으로 많은 지구라트들이 세워졌다.

하나님의 간섭하심으로 언어가 혼잡케 되고 사람들이 사방으로 흩어지면서 바벨론의 종교와 문화가 세계로 퍼지게 되었다. 고대 문명에서 종교는 모든 삶의 중심에 있었기 때문에 뿌리는 쉽사리 변하지 않았다. 그래서 많은 세월이 흘러갔음에도 불구하고 세계 각지에서 피어난 다양한 문명들 속에는 바벨론의 종교적 특성이 여전히 짙게 남아있다. 고대 역사가 헤로도토스는 세계 곳곳을 여행하면서 다양한 종교들의 의식을 목격한 후 그것들의 시초가 바벨론 밀교라고 그의 저서 『역사』에서 증언한다. 레이야드(Austin Layard)도 그의 저서 『니느웨와 그 유적들』에서 "원시 바벨론 문명으로부터 모든 우상숭배가 시작되었다는 것은 구속사와 세속사가 동일하게 증언한다"고 기록한다.[3]

하나님의 백성인 이스라엘조차 가나안에서 바벨론의 신들을 숭배하곤 했다. 성경에서 많이 언급되고 있는 신들로서 바알과 그의 아내인 아세라(아스다롯)가 있다(삿 3:7; 삼상 12:10). 바알 신은 원시 바벨론에서 벨(Bel) 또는 벨로스(Belos)로, 그리스에서는 제우스(Zeus)로 불리기도 했는데 성경은 벨과 제우스에 대해서도 언급한다(렘 51:44–45; 행 14:12).

아스다롯 또는 아세라는 '하늘여왕'으로도 불렸다(렘 7:17–19). 하늘여왕은 이후 여러 가지 이름으로 불렸다. 앗시리아에서는 이쉬타르(Ishtar, 이스터), 슈메르에서는 나나(Nana), 페니키아에서는 아스다롯(Ashtaroth), 그리스에서는 아프로디테(Aphrodite) 혹은 케레스(Ceres), 독일에서는 헤르타(Hertha), 스칸디나비아에서는 디사(Disa), 에투리아 지방에서는 누트리아(Nutria), 인도에서는 인드라니(Indrani), 고린도에서는 아프로디테(Aphrodite), 에베소에서는 다이아나(Diana) 혹은 아르테미스(Atremis, 아데미)로 불렸다. 아데미 여신숭배 사상은 그리스 로마 전체에 만연해서 엄청난 영예를 누렸는데 성경에도 그 사실이 언급된다(행 19:24–34). 이런 사상은 아프리카, 스페인, 포르투갈, 프랑스, 독일, 불가리아 등지에서도 만연했다.[4]

---

3 *Nineveh and its Remains*. http://biblicalstudies.org.uk/blog/nineveh–remains/#.WDDrxYWcFjo.

4 James George Frazer, *The Golden Bough*.

하나님의 수많은 경고에도 불구하고 이스라엘이 우상숭배를 멈추지 않자 결국 자신들이 앙망하던 바벨론에 의해 멸망당하며 흩어지게 되었다. 이스라엘은 멸망하지만 아주 멸망하지 않고 약속대로 70년만에 본국으로 돌아올 수 있었다. 그리고 400년의 침묵 기간이 있은 후 드디어 약속하셨던 구세주가 오셨다. 예수가 오실 당시에 이스라엘은 로마의 치하에 있었다. 로마는 세계를 제패한 제국이 되었지만 우상숭배의 바벨론 문명이 깊이 침투해 있었다.

2. 제2의 바벨론, 로마 제국

바벨탑 사건 이후 니므롯의 통치에서 벗어난 사람들은 지구의 곳곳에 정착하여 새로운 문명을 꽃피웠다. 세월이 지나면서 곳곳에서 왕국과 제국들이 세워졌다. 열국들은 서로 경쟁하면서 끊임없이 힘 싸움을 벌였고, 이윽고 로마 제국이 출현해 주변의 모든 세계를 정복하며 영향력을 행사하게 되었다. 명실공히 세계 제국이 된 것이다. 그러나 단순히 무력만으로는 세계 제국이 유지될 수 없었다. 로마 제국은 특별한 위협만 되지 않는다면 정복지의 모든 문화들을 고스란히 포용하는 정책을 펼쳤다. 이로 인해 바벨론 문명을 모태로 하여 전 세계 곳곳에서 독자적으로 발전했던 제반 문명들은 로마 제국이라는 한 지붕 아래에서 재차 집대성되었다.

로마 정부는 어떤 종교에 대해서도 반역을 부추기거나 도덕성을 약화시키지만 않는다면 관용적인 입장을 취했다. 그들이 어떤 신도 배척하지 않고 모두 숭배한 것은 모든 신들이 로마인들의 경건함에 보상을 해 준다고 믿었기 때문이다. 로마가 정복 전쟁에서 승리하게 된 이유들 중의 하나도 바로 종교에 대한 이러한 관용이었다고 한다. 여러 사상과 종교가 뒤섞여진 로마 제국은 만신전인 판테온(Pantheon)을 세워서 여러 신들을 모시기도 했다.

로마인들은 문화적으로도 절충적이었으므로 다양한 양식과 관습들을 폭넓게 받아들이는 데 인색하지 않았다. 특히 근동 지방에서 전래되는 것에 매료되었으므로 이집트는 가장 큰 관심의 대상이었다. 상류층 사람들은 이집트 제의(祭儀)를 받아들였다. 그 중에서도 모성과 생산성을 의미하는 이시스를 중심으로 하는 신비 종교를 좋아했다. 황제를 신으로 숭배했던 황제제의나 각 지역의 옛 신들에 대한 숭배 의식이나 동방의 신비주의 종교들도 번성해 갔다.

직업적인 사제들에 의해 주도된 신비 종교에는 이시스(Isis: 이집트의 大母神)교, 미트라(Mithras: 페르시아의 빛의 신)교, 아나톨리아 지방에서 유래한 아티스(Atis)교, 퀴벨레(Cybele)교 등이 있는데, 이러한 사교(邪敎)들은 상당한 대중적 호소력을 갖고 있었다. 어떤 이교 의식도 다른 의식을 배척하지 않았다. 많은 이교 의식들에 참여하는 데 제한이 되는 것은 단지 경비의 문제였을 뿐이었다. 다양한 신들이 단지 이름만 다른 동일한 신이거나, 또는 최고의 신 아래 있는 지역신들로서 모든 숭배 의식들은 느슨한 통일성을 갖고 있었다.

기독교와 이교의 혼합

모든 피정복민 가운데 매우 이질적인 문명과 신을 가진 민족이 하나 있었는데 바로 기독교였다. 처음에는 보잘것없던 기독교가 급성장하면서 로마 제국을 잠식해 갔다. 이에 당황한 로마 제국은 기독교인들을 모질게 핍박하고 죽였다. 그럼에도 불구하고 박멸되기는커녕 성장이 더욱 가속화되었다. 급기야 로마 제국 내에서 더 이상 무시하지 못할 정도로 큰 세력이 되었다. 모친이 기독교인인 콘스탄티누스가 황제가 되면서 여러 가지 목적으로 기독교가 공인되었고 이후에는 국교로까지 인정되었다.

한편 바벨론적 여러 종교들에 깊이 물들어 있던 로마 백성들이 매우 이질적인 기독교를 자연스럽게 받아들일 수 있도록 하기 위해서는 기독교를 적당히 변질시킬 필요가 있었다. 이런 정략적 이해관계에 기초해서 이후의 로마 황제들은 종교지도자들과 결탁해 로마에서 인기 있는 여러 종교들과 기독교를 혼합시키는 이교화 작업을 꾸준히 진행시켰다.

물론 초창기에는 신실한 기독교인들의 강력한 저항이 있었지만 모질게 핍박만 받다가 권력의 달콤한 맛을 보면서 변질을 용인하게 되었다. 결국 기독교적 이름을 붙여 로마교의 풍습을 행하면서 그리스도인이라고 불리게 되었다. 이렇게 태어나고 변질된 것이 로마 가톨릭이다. 로마 가톨릭이 수용한 바벨론/이집트적 신앙 가운데 대표적인 것이 태양신 숭배 사상과 모자(母子)신 숭배 사상이다. 이것은 가톨릭교회 안에서 완전히 뿌리를 내리게 되었는데 관련해서는 다음 장에서 언급한다.

3. 마지막 바벨론, 세계정부

다니엘은 세상에 나타날 네 제국들을 예언했던 예언자다. 신상으로도 표현하고(단 2장) 또 사자와 곰과 표범과 무서운 짐승으로도 표현했는데(단 7장), 역사가들은 이것이 바벨론, 페르시아, 그리스, 로마 제국이라고 설명한다.

요한도 인류의 마지막 시대에 어떤 짐승이 출현할 것을 예언했다. 요한이 환상으로 본 이 짐승은 용에게서 권세를 받고 땅에 거하는 자들을 미혹해서 우상을 숭배하게 하고 우상숭배를 거절하는 자들을 죽인다(계 13장). 음녀가 이 짐승을 타고 있는데 음녀의 이마에는 바벨론이라고 써있다(계 17:5). 바벨론의 세력인 짐승과 음녀는 누구일까? 시대를 연구하는 학자들은 바벨론의 짐승은 역사상의 네 제국들을 능가하는 초강력 세계정부이며, 바벨론의 음녀는 세계정부의 단일 종교라고 설명한다.

1990년 이후 세계 정상급 지도자들이 연설이나 저서를 통해서 NWO의 세계정부 수립과 종교통합의 필요성을 계속 언급해 왔다.

인류 초기에 영웅 니므롯이 스스로 하나님처럼 되어 세상을 지배하고자 바벨탑을 세우며 사람들을 미혹했던 것처럼, 인류의 마지막 때에 다시 영웅이 나타나 세계정부를 세우고 다스리며 모든 종교를 하나로 통일해서 하나님처럼 숭배받으려 하는 것이 아닐까?

우리는 인류 역사의 시간표에서 어느 시대에 살고 있을까? 다니엘은 마지막 시대에 많은 사람이 빠르게 왕래하고 지식이 더해지게 될 것이라고 예언했다(단 12:4). 다니엘이 환상으로 보고 묘사한 마지막 시대는 바로 우리가 지금 살고 있는 세상처럼 보인다. 다음은「아름다운 e세상」의 글을 발췌 요약한 것이다. 2004년의 글인데 매우 앞서있다.

유비쿼터스 시대

우리는 지금 유비쿼터스 시대에 살고 있다. 유비쿼터스란 '언제 어디서나 존재한다'는 라틴어로 유비쿼터스 컴퓨팅의 줄임말이다. 언제 어디서나 어떤 것을 이용해서라도 온라인 네트워크 상에서 서비스를 받는 환경/공간을 의미한다. 유비쿼터스 혁명은 인류에게 보다 더 편리하고 보다 더 풍요롭고 보다 더 행복한 세상을 약속한다는 유토피아적 메시지를 주며 우리 곁으로 다가오고 있다. 유비쿼터스가 실생활을 어떻게 변화시킬 것인지를 설명해 주는 몇 가지 대표적인 적용 사례를 보자.

냉장고는 음식을 신선하게 보관하는 기능에 더하여 스스로 인터넷 쇼핑 사이트에 접속하여 식품을 원격주문하고 결제까지 처리하는 인터넷 냉장고로 탈바꿈한다. 가스오븐은 요리 사이트에 접속하여 정보를 다운로드받아 스스로 음식을 조리한다. 화장실 변기는 소변 성분을 분석하여 자신의 의료사이트로 보내 건강을 진단하게 하며, 욕실의 욕조도 그 자신의 신체

상태에 가장 적절한 성분과 온도를 함유한 목욕물을 자동으로 받아준다. 또 전동치솔은 치아 상태를 점검하여 자신의 주치의에게 정보를 전송해 주는 단말기 역할을 한다. 고속도로 톨게이트에서 요금을 지불하느라 자동차가 길게 늘어설 필요도 없어진다. 센서가 자동차 번호판을 판독하여 휴대전화 요금으로 통행료를 부과하기 때문이다.

이런 미래가 과연 핑크빛이기만 할까? 그것의 이면을 살펴보자. 인터넷 냉장고와 인터넷 가스오븐은 오늘 저녁 당신의 식탁 위에 어떤 음식이 올라왔는지, 그리고 당신의 가족들이 무엇을 얼마나 많이 먹는지 속속들이 기록하고 그 정보를 쇼핑사이트에 제공해 줄 것이다. 인터넷 변기와 인터넷 욕조 그리고 인터넷 전동치솔은 당신도 몰랐던 자신의 건강정보를 의료사이트에 알려 주게 될 것이다. 고속도로 톨게이트의 판독기는 통행료만 부과하는 데 그치지 않고 당신이 언제 어디를 다녀왔는지까지도 기록해 놓을 것이다.

이처럼 모든 네트워크가 편재하는 유비쿼터스의 시대는 뒤집어보면 당신의 일거수 일투족에 대한 전자감시 시스템이 편재하는 제로 프라이버시를 의미한다. 사실 전자감시와 프라이버시 침해는 정보사회의 도래와 함께 진작부터 심각하게 제기되어온 문제였다.

그런데 프라이버시 문제보다 더 심각한 것은 기계 때문에 인간이 배제된다는 사실이다. 모든 것이 자동화되고 기계가 인간을 대신해 주면 이젠 헐값의 노동력이 필요 없게 된다. 인간이 배제된 채 사물과 사물의 네트워킹만으로 모든 업무가 처리되는 유비쿼터스 시대는 곧 영화 속에서 암울한 디스토피아적 미래로 그려진 매트릭스 세계의 출현을 예고한다.[5] 사실 초과잉 인구 시대에서 불필요한 인구의 감축은 세계정부주의자들에 의해서 꾸준히 연구되어온 과제다.

---

5 "유비쿼터스는 유토피아인가?" http://min.or.kr/120?ckattempt=1.

비스트 컴퓨터

비밀 엘리트 집단이 오래 전부터 계획하고 추진해온 세계정부가 실현되면, 유비쿼터스 시스템은 지배 계급이 피지배 계급을 효율적으로 통제하고 감시하고 관리하는 데 사용되면서 피지배 계급은 강압적으로 감시받고 통제받고 개개인의 인간성이 상실된 디스토피아의 세계를 살게될 것이다. 헉슬리의 소설 『멋진 신세계』가 바로 그런 세상을 그리고 있다.

세계 엘리트 세력인 일루미나티에 대해 가장 공공연하게 언급하는 사람들 중의 한 명은 프린스턴대학교 및 하버드대학교에서 역사 교수로 재직했던 카롤 키글리 박사다. 그는 저서 『비극과 희망』에서 일루미나티의 사악한 계획을 밝히며 카르텔의 세습가문들이 전 세계의 중앙은행들을 수세대에 걸쳐 통제해 왔다고 주장했다. 이제 전 세계에 걸쳐 중앙통제시스템이 작동되고 현금 없는 사회가 도래하면, 이 시스템을 안전하고 오류 없는 감시체제 속에서 구동시키기 위해서 궁극적으로 모든 세계시민들에게 개인 식별번호가 할당되고 중앙 컴퓨터에 기록되는 모든 금융 거래가 이 번호에 따라 각 개인에게 연결될 것이라고 전망한다.

이 중앙통제시스템은 전 세계의 각각의 개인들을 상대로 신뢰할만한 최신 개인정보를 수집하는 일을 용이하게 해 준다. 보다 정교화된 컴퓨터 거래정보들은 '세계질서 감시전문가들'로 하여금 전 세계 모든 개개인들이 가진 순자산, 부채, 개인적인 취향, 정치적 · 종교적 편향성, 심지어 그 사람이 현재 어디에 있는지에 이르기까지 모든 정보들을 다 모니터링하도록 도와줄 것이다. 이 중앙통제시스템에 등록되지 않은 사람은 아무런 사회활동을 하지 못하게 될 것이다. EU가 자리한 벨기에의 브뤼셀에는 B.E.A.S.T(비스트; 짐승)라고 불리는 3층짜리 수퍼 컴퓨터가 있다. 한 컴퓨터 전문가는 비스트에 대해서 이렇게 언급한다.

"하나 혹은 그 이상의 키워드(사회 보장 번호, 운전 면허 번호, 출생 신분 번호,

여권 번호, 그리고 우리가 사용하는 모든 형태의 신용카드 번호)를 통해 당신과 나, 우리 모두가 이 컴퓨터에 묶여 있다. 당신이 행하는 모든 움직임들, 그리고 1페니 단위의 납세액에 이르기까지 실로 모든 정보들이 이 국제 계정에 알려지고, 매년 모든 것들이 기록으로 남는다."

그런데 놀랍게도 성경도 그 시스템을 '짐승'이라고 부르고 있다! 이 짐승은 자신의 표인 666을 받아야지만 경제활동을 할 수 있도록 할텐데, 하나님은 짐승의 표를 받는 자에게 진노하시며 그의 표를 받지 않는 자만 하나님의 나라에 갈 수 있다고 말씀하신다(계 13:16-18; 14:9-10; 15:2; 20:4).

지구적 문제와 세계정부

지금까지 지구상에 수많은 영웅호걸이 제국을 이루기 위해서 정복 전쟁과 혁명으로 피의 역사를 만들었다면, 마지막 때 사탄은 하나님 없는 바벨론 문명을 만들고 하나님을 대적하는 바벨탑을 쌓기 위해서 지금까지와는 다른 방법들을 사용할 것이다. 세계 모든 나라와 민족의 경제와 정치와 문화와 종교를 통합하는 데 과학적이고 효과적인 방법들이 동원될 것이다. 경제 공황, 지구 온난화, 핵 전쟁, 종교 및 이념 충돌, 외계 침략 등의 전 지구적인 이슈를 확대하고 조작해서 전 세계의 나라와 민족이 연대하고 협력하도록 여론을 만들어 세계정부를 세우는 쪽으로 몰아가는 것이다.

오바마 미 대통령은 2014년 5월 미육군사관학교(웨스트포인트)의 연설에서 "우리는 이 세대의 도전들에 맞서기 위해 국제 질서를 새롭게 만들어 갈 필요가 있다… 우리는 테러, 핵 확산, 기후 변화, 경제 불황 같은 도전들을 해결하기 위해 더 확대된 국가 간의 협조, 더 강력한 국제 표준과 국제기구들, 국가 간의 협력 증진을 위한 새로운 국제 질서를 모색해야 한다"고 말했다. 세계정부주의자이자 미국 금융계의 중심 인물인 록펠러는 "우리는 지금 세계 변환의 직전에 와 있다. 우리에게 가장 필요한 것은 큰 재앙이 일어나서 나라들로 하여금 NWO를 받아들이게 하는 것이다"고 주장했다.

당대의 영웅 니므롯이 하나님을 대항해서 모든 사람들이 하나로 뭉치자며 선동해 절대 권력을 행사했던 것처럼, 마지막 때에도 세계 엘리트들이 세계정부의 필요성을 주장하며 선동할 것이다. 그리고 그들을 통제하기 위해서 전 세계를 거미줄처럼 엮어 놓은 짐승의 우상 유비쿼터스 시스템을 사용할 것이다. 생명을 존속시키는 기본적인 의식주를 공급하는 방법으로 유비쿼터스 체제를 통해 전 지구인에게 오른손에나 이마에 666 짐승의 표를 받게 하고 세계정부의 시민권을 부여할 지도 모른다.

어떤 나라의 국적을 취득한다는 것은 그 나라의 헌법을 존중하고 준수할 것을 선언하는 것이다. 짐승의 표를 받고 세계정부의 시민이 된다는 것은 세계정부의 헌법과 정신을 존중하고 준수하겠다는 의미다. 세계정부의 헌법은 유일하신 하나님과 그의 아들 예수 그리스도의 구속의 은혜를 부인하고 대신 모든 백성들이 하나로 통합된 단일 종교를 믿어야 한다고 규정할 것이다.

유엔과 로마 가톨릭을 중심으로 벌어지고 있는 에큐메니칼 운동은 모든 종교가 하나라고 주장한다. 그 일환에 뉴에이지가 있다. 우리가 인식하지 못하는 사이에 지금 문화 철학 종교 의학 등 사회의 거의 모든 분야에 뉴에이지가 스며들어 있다. 이름은 뉴에이지지만 고대 바벨론 종교가 부활한 것이기 때문에 그들도 자신의 핵심 가르침을 고대 지혜, 비밀 지혜, 영원한 지혜라고 부른다.

물병 자리 시대의 뉴에이지

뉴에이지라는 용어는 원래 점성술에서 나온 것이다. 점성술에 의하면 태양과 여러 행성들이 황도(黃道)라는 하나의 궤도를 돌면서 순환 운동을 하고 있는데 이 궤도를 한 바퀴 도는데 약 26,000년이 걸린다고 한다. 서양의 별자리를 빌어 이 기간을 12자리로 나누면 한 자리에서 다른 자리로 넘어가는 데 걸리는 시간은 26,000년을 12로 나눈 약 2,160년이 된다. 이것이 바로 '한 시대'(one age)라는 것이다.

점성술에 의하면 인류는 지금 물고기 자리로부터 물병 자리로 넘어가는 대전환의 시기를 살고 있다. 현대는 인류의 '영적 진화'를 위한 큰 전환점에 있다는 것이다. 여기서 인류의 영적 진화란 종교 문명과 물질 문명을 넘어선 '새로운 영적 문화'로의 이행을 뜻한다. 결국 과거 이천 년간의 기독교의 시대가 종말을 고하고 모든 인간이 신으로 진화하는 '영적 진화'의 시대에 들어왔다는 주장이다.

레이 윤겐의 『뉴에이지의 모든 것』, 콘스탄스 컴비의 『무지개의 숨겨진 위험들』, 한나 뉴먼의 『무지개 스와스티카』 등 많은 저서가 뉴에이지의 설립자인 엘리스 베일리의 '계획'(The Plan)을 폭로하며 뉴에이지의 정체와 위험성을 밝히고 있다. 베일리는 티벳의 승천대사라고 불리는 드왈쿨로부터 영적 계시를 받아서 '계획'을 기록하게 되었다는데, 유엔은 오래 전부터 베일리의 이념과 사상을 수용해서 전파하고 있다.[6] 그녀의 계획을 분석해 보면 다음과 같이 세계단일종교 수립과 기독교 멸절이 주된 내용이라는 것을 알 수 있다.[7]

1. 계획의 일차 목표는 세계단일종교, 즉 뉴에이지 종교와 세계 단일정치 및 사회체제를 수립하는 것이다.
2. 뉴에이지 세계종교는 고대 바벨론 종교의 부활이므로 신비주의와 마술 등이 만연하게 한다.
3. 뉴에이지의 메시아인 적그리스도가 그의 숫자 666을 가지고 육신을 입고 나타나서 뉴에이지 세계단일종교와 통합된 세계를 다스릴 때 계획의 완전한 성취를 이룬다.

---

6 "UN과 뉴에이지: 앨리스 베일리의 루시스 트러스트," http://blog.daum.net/discern/61.

7 "The Rainbow Swastika: A Report to the Jewish People about New Age Antisemitism," http://philologos.org/__eb-trs/naD.htm.

4. '인도하는 영들'이 인간을 도와 새 시대(뉴에이지)를 열게 하고, 전 인류로 하여금 사람인 동시에 신(man-god)인 적그리스도를 위대한 세계의 교사로 추앙하도록 만든다.
5. 뉴에이지 세계종교가 사람들을 모으는 데 사용하는 구호는 '세계평화,' '사랑,' '연합'으로 한다.
6. 전 세계 모든 사회의 모든 국면에서 뉴에이지의 가르침이 가르쳐지고 전파되게 한다.
7. 뉴에이지 리더들과 신도들은 예수가 하나님도 아니요 그리스도도 아니라는 주장을 퍼뜨린다.
8. 기독교를 비롯한 모든 종교들은 뉴에이지 세계종교의 한 부분으로 합병한다.
9. 사람들로 하여금 기독교 교리에 대한 신뢰를 없애고 그것을 버리도록 만든다.
10. 아이들을 뉴에이지 교리로 세뇌시키기 위해서 학교 교실을 이용한다.
11. 온갖 긍정적인 말을 동원해서 세상으로 하여금 인간이 신이라고 믿도록 만든다.
12. 과학과 뉴에이지 세계종교는 하나가 된다.
13. 이 '계획'을 거부하는 그리스도인들은 그 댓가를 치르게 한다. 필요하다면 제거되어야 하고 그럼으로써 세상은 '정화'될 것이다.

뉴에이지 교리의 핵심은, 인간은 죄로 가득찬 존재가 아니며 전혀 악하지 않기 때문에 십자가 위에서 치러진 예수의 희생은 무의미하고 불필요하다는 것이다. 인간은 수천 년 동안 완전함과 신성을 향해 진화해 왔기 때문에 죄에서 구속해 줄 구세주 따위는 필요하지 않다는 것이다.

인간을 신격화하고 절대적인 도덕 기준을 배제하는 이런 종교 철학이 세상 사람들에게 지극히 매력적이라는 것은 당연하다. 죄악이 관영하고 비윤리적인 행동으로 가득찬 세상에서, 자신이 죄인이라고 절대로 인정하려하지 않는 세상에서, 나르시스적 뉴에이지는 쉽게 개심자들을 얻게 된다.

1975년 출간되어 베스트셀러가 된 마릴린 퍼거슨의 저서『의식혁명』(*The Aquarian Conspiracy*)을 통해서 뉴에이지 사상이 세계에 퍼지게 되었다. 인간성 회복, 참된 평화, 참된 행복이 실현되는 새로운 시대를 이루기 위한 범 세계적 종교 운동이라는 슬로건을 내세워 정치, 경제, 사회, 문화, 교육 등에 깊이 파고들었다. 신세계질서(New World Order), 신세계주의(New Globalism), 신세대(New Age), 새정신(New Mind), 새사고(New Thought), 신초월주의, 마인드 콘트롤, 물병자리 시대, 의식혁명 등의 용어는 저들과 관련된 것이다.

뿐만 아니라 저들은 기독교적 용어를 사용하기도 한다. 물론 저들이 사용하는 용어는 성경이 의미하는 것과는 전혀 다르다. 성경의 본래 의미를 뉴에이지 식으로 해석함으로써 기독교를 왜곡시키고 그리스도인을 혼란케하려는 것이다. 다음의 설명을 읽어볼 때 뉴에이지의 해석과 자유주의 신학의 해석이 닮았다는 것을 알 수 있다.

1. 하나님은 비인격적인 에너지로서 모든 것 안에 내재한다. 하나님은 여성이나 남성, 어머니나 아버지, 남성신이나 여성신 모두를 의미할 수 있다. 어머니 지구(Mother Earth), 태양, 달, 별 등 자연에 속한 모든 것이 하나님으로 숭배될 수 있다.
2. 그리스도는 육화한 아바타(Avatar, 化身), 메시아, 또는 사자(Messenger)로서 지상의 생명체에게 향상된 계시를 주기 위해 천사들로부터 보냄을 받은 자다. 부처, 모하메드, 공자, 예수, 그밖에 다른 많은 이들이 그리스도들이었으며, 이제 얼마 안 있으면 그들보다 더 위대한 그리스도가 나타나 새 시대(뉴에이지)를 열 것이다(그리스도인들은 뉴에이지

가 기다리는 '그리스도'가 사실은 성경에서 예언된 적그리스도라는 사실을 알고 있다).

3. 천사라는 말보다는 승천대사, 지혜의 주인, 고대의 주인, 인도하는 영, 내재하는 인도자, 상담하는 영, 인간의 보다 숭고한 자아, 절대 자아(The Self), 초월적 존재, 영겁, 뮤즈, 현현(Walk-ins) 등이 더 자주 사용된다(어떤 용어로 불리든지 간에 이 영적 존재들은 기독교에서 천사가 아니라 마귀다).
4. 거듭남(중생)이란 개인적 또는 우주적 변혁 또는 치유를 의미한다. 이것은 '절대 자아' 또는 '내적 인도자'가 발현되게 하고 자신의 생을 인도하고 지도하도록 내어 주는 시점을 말한다. 혹자는 이것을 '쿤달리니'라고 부르는데, 이는 힌두교 용어로 '뱀의 능력'을 뜻한다. 즉 신도가 어떤 빛의 섬광에 의해 변화되는 그 순간이 다시 태어나는 순간으로, 그때 고차원적인 의식 및 더 위대한 영적 자각과 지혜를 부여받는다. 이러한 거듭남이 그것을 경험하는 사람에게 '그리스도 의식'(Christ Consciousness)을 가져다 준다.
5. 하나님의 나라(하늘)는 인류가 '그리스도 의식'을 완성하여 신적 존재가 되고 영적으로 정화된 세상을 가리킨다. 뉴에이지, 즉 물병자리 시대는 하늘과 하나님의 나라가 이 땅에 실현되는 시대다. '육화된 그리스도'(기독교에게는 적그리스도)는 세계단일종교를 구축하고 모든 나라를 하나의 거대한 정부 안으로 통합함으로써 이 뉴에이지 시대를 통치할 것이다.[8]
6. 지옥이나 심판은 없다. 죄와 악의 존재도 부정한다. 하나님은 선과 악을 초월하는 존재이기 때문에 선과 악이라는 말은 불필요한 것이 되어 버렸다.

---

8 "뉴에이지," http://blog.daum.net/jeus1988/5721033.

21장

혼합종교 로마 가톨릭

앞의 장에서 언급했듯이 로마 제국은 제2의 바벨론이라고 일컬어질 만큼 바벨론에 깊이 영향받은 나라였다. 로마 제국은 이집트와 바벨론에 뿌리를 둔 기존의 종교들을 용납한 채 새로운 기독교를 공인하면서 둘은 자연적으로 혼합되고 결국 로마 가톨릭이라는 혼합종교를 탄생시켰다. 로마 가톨릭이 드러내고 있는 바벨론적 특성을 살펴보자.

1. 이방적 교리

태양신숭배

이집트와 바벨론에서 시작되고 성행했던 바알 태양신의 우상숭배는 하나님의 백성에게도 크게 전염되었다. 성경에 벧세메스(Beth – Shemesh)라는 도시가 나오는데 이것은 '집'을 뜻하는 벧과 '태양'을 뜻하는 세메쉬가 합쳐진 '태양의 집'이라는 뜻이다. 하나님은 이스라엘이 저들을 본받아서 우상숭배하는 것에 진노하시어 "벧세메스의 주상들을 깨뜨리고 애굽 신들의 집을 불사르리라"(렘 43:13) 하셨다. 무리들은 "왕의 앞에서 바알들의 단을 훼파하였으며 왕이 또 그 단 위에 높이 달린 태양상들을 찍었다"(대하 34:4).

대영박물관에는 샤마쉬(또는 쉐메쉬, Shamash, Shemesh)가 새겨진 복원된 석판이 보관되어 있는데 이것이 바로 성경에 언급된 '바알의 제단 위에 달린 태양상'이다. 석판에 새겨진 샤마쉬는 겹쳐진 크고 작은 두 원 사이를 십자와 엑스자가 포개진 수레바퀴 모습이 선명하다. 저들은 태양신이 수레를 타고 다닌다고 믿고 수레바퀴 모습의 샤마쉬를 숭배했던 것이다.

태양신의 샤마쉬를 새긴 토판

태양신의 샤마쉬가 선명한 바티칸 광장

그런데 바티칸 광장에 이 샤마쉬가 선명하게 새겨져 있고 샤마쉬의 중심에는 태양기둥인 오벨리스크가 높이 서 있다. 오벨리스크는 돌로 만든 태양기둥으로서 성경에 언급된 '벧세메스의 주상'이다. 37년 초대 로마황제 아우구스투스가 이집트로부터 오벨리스크를 처음 공수해온 이래 공수는 계속되어서 지금 로마에는 이집트 전역에서보다 더 많은 오벨리스크들이 서 있다. 16세기 말 교황 식스투스 5세는 오벨리스크 하나를 지금의 바티칸 광장에 이전시키고 그 위에 예수의 십자가에서 가져왔다는 유물을 넣은 십자가를 매달았다. 그럼으로써 태양신과 예수를 혼합한 우상숭배의 정체를 드러냈다.

샤마쉬와 오벨리스크 이외에도 베드로 성당을 비롯한 여러 건물들의 외벽, 내부 천장과 바닥 등에 태양이나 사탄의 문양이 넘쳐나고 있다. 요한 바오로 5세, 그레고리 13세를 비롯한 많은 교황들과 추기경들이 사용한 문장이나 무덤에는 날개 달린 용, 독수리, 숫염소 등의 문양이나 조각들이 많이 보인다. 세상에서는 용이 왕권과 권력을 상징하지만 성경에서는 사탄을 상징한다. 숫염소는 사탄주의자들의 문양에서도 사용되고 있다.

마리아숭배

가톨릭의 마리아숭배(공경)도 바벨론교에서 나온 것이다. 바벨론교에서 모자(母子)신을 숭배했던 것처럼 가톨릭도 아기 예수를 안은 마리아를 숭배하는데 여러 종교에서 발견되는 모자신의 조각이나 그림이 '마리아와 아기예수'의 것과 흡사하다. 성경에서 마리아는 단순히 인간일 뿐인데 가톨릭은 마리아를 신으로 숭배하기 위해서 성경과 명백히 배치되는 교리들을 만들었다. 마리아는 하나님의 어머니, 하늘황후, 하나님과 사람 사이의 중보자, 공동 구속자로 신격되었고 이런 신격화를 위해서 무오설, 영원처녀설, 승천설 등의 교리도 만들었다.

무오설 : 1854년 피우스 9세는 마리아 무원죄 잉태설을 주장하고 이것을 가톨릭의 중요한 교회법 중의 하나로 만들어 12월 8일을 무염시태의 우주적 축제일로 기념하고 있다. 마리아를 경배와 기도의 대상이 되는 거룩한 존재로 만들기 위해서는 그녀에게 절대로 죄가 없어야 했기 때문에 성경에 없는 교리를 만들어 낸 것이다. 가톨릭은 예수가 무오하니 그를 낳은 마리아도 무오할 수밖에 없다고 주장하지만 이 얼마나 모순인가? 그렇다면 무오한 마리아를 잉태한 그의 어머니도 무오해야 하고 할머니도 무오해야 하고 맨 위로 올라가서 첫 여성인 하와까지 무오해야 한다.

하지만 하나님은 모든 인간이 예외 없이 죄인이라고 말씀하신다. 모든 인간이 이미 모태에서 죄 중에 잉태되어 누구나 예외 없이 원죄를 갖고 "죄악 중에 출생한다"(시51:5)고 선포하셨다. "의인은 세상에 아주 없다"(전7:20)고 하셨고 "만일 우리가 범죄하지 아니하였다 하면 하나님을 거짓말 하는 자로 만드는 것"(요일1:10)이라고 하셨다. 인간 마리아가 이러한 하나님의 선언에서 제외된다는 내용은 성경의 어디에도 없다. 이것은 마리아를 신격화하기 위해 하나님의 말씀을 무시하고 만들어낸 반성경적 교리가 분명하다.

영원 동정녀설 : 1962년 요한 23세는 마리아가 평생 동정녀였다고 선포했다.[1] 성경에 의하면 마리아는 동정녀인 채로 예수를 출생한 이후 야고보, 요셉, 시몬, 유다 등의 아들들과 여러 딸들을 두었다(막 6:3). 가톨릭은 예수의 형제들이 사촌형제들이거나 또는 마리아가 이미 여러 자녀를 둔 요셉의 둘째 부인으로 들어갔을꺼라면서 마리아의 동정녀설을 주장한다. 성경에 없는 내용을 추론해 가면서까지 마리아 동정녀라는 교리를 만든 이유는 이방의 처녀 여신들처럼 숭배하려는 것이다.

승천설 : 1950년 피우스 12세는 마리아의 승천을 주장하며 이것을 교회법으로 확정짓고 이후 8월 15일을 성모몽소 승천축일로 지키고 있다. 물론 성경에는 없는 이야기다. 십자가에서 죽으시던 예수의 부탁으로 마리아의 남은 생애를 맡아 돌보았던 사도 요한도 마리아에 대해 침묵한다. 또 요한의 제자이자 초대 교부였던 폴리갑이나 이그나티우스 같은 사람들도 성경의 교리들을 다루면서 많은 글들을 썼지만 마리아의 승천에 대한 언급은 없다. 이그나티우스의 마리아에 대한 언급은, 예수는 마리아의 아들이라는 점에서는 인간이고 하나님의 아들이라는 점에서는 신이라는 취지로 쓴 편지뿐이다.

하늘황후설 : 1931년 피우스 11세는 마리아가 하나님의 어머니라는 교

1 "처녀와 영원한 동정녀," http://keepbible.com/bbs/board.html?board_table=qna&write_id=263&cate_name=%EC%9D%B4%EC%82%AC%EC%95%BC.

리를 재확인했다. 그래서 성부, 성자, 성령 삼위일체 하나님에 성모가 하나 더 추가된다. 마리아는 '하나님의 어머니'(Mother of God)면서 또한 '하늘황후'(Queen of Heaven)라는 칭호도 받게 되었다.

가톨릭이 마리아를 부르는 하늘황후라는 칭호는 구약 시대에 하나님을 진노케 했던 우상숭배의 호칭과 일치한다(렘 7:18, 44:17-22). 구약의 이스라엘은 아세라(이쉬타르)를 하늘황후라고 부르며 섬기다가 결국 가증한 우상숭배의 죄로 인해 멸망받았다. 물론 마리아는 본인이 하늘황후라고 말한 적이 전혀 없다. 가톨릭은 마리아의 이름을 빌려 이방교의 여신을 섬기면서 하나님이 가장 가증스럽게 여기는 우상숭배의 죄악을 저지르고 있다.

중보자설 : 1883년 레오 13세는 "하나님과 화해시키는 중보자이자 하늘의 은총의 중보자인 동정녀에게 도움을 구하는 것 만큼이나 구속에 도움이 되고 힘이 되는 것은 없다"고 발표하며 '마리아 중보자설'을 공식화했다.

로마 가톨릭은 마리아가 하나님과 인간 사이를 연결해 주는 중보자이고 새로운 구원질서의 한 부분이고 이 땅에서 '은혜의 관리자'라고 주장하면서 많은 마리아 기도문들(Marian Prayers)을 만들었다. 살베레지나(Salve Regina, Hail Holy Queen), 마그니피캇(Magnificat, Song of Mary), 굽어보소서(Memorare), 아베마리아 (Ave Maria, Hail Mary), 로사리(Rosary), 안젤루스(Angelus), 레지나 챌리(Regina Coeli, Queen of Heaven) 등의 전통적 기도문 이외에도 교부들이나 교황들이나 성인들이 마리아에게 드린 기도의 기록이 많다.[2]

'마리아 중보자설'은 결국 '마리아 공동 구속자설'을 만들어냈다. 레지오 마리아 공인교본은 "하느님께서는 모든 피조물 가운데에서 오직 한 분, 성

---

2 "로마 가톨릭의 마리아숭배 내력," http://www.voamonline.com/ref-1/011_worshipMary/

모님만을 구속사업의 공동 사업자로 지정하셨다" 라고 기록한다.

과연 성경이 이것을 인정할까? 성경에 의하면 참 하나님과 참 사람의 양면성을 갖고 세상에 오셔서 죄인들의 죄를 대속하신 예수 그리스도만이 인간의 유일한 구속자가 되신다. 하나님은 그의 아들 예수 그리스도 외에 다른 중보자를 허락하신 일이 없다. 자신의 아들을 십자가에 희생시키신 하나님은 마리아 같은 중보자(Mediatrix), 또는 공동 구속자(Co-Redemptrix)를 허락하신 일이 없다. 인간의 구원은 전적으로 하나님의 독생자인 예수의 십자가 죽으심을 믿고 영접할 때에만 이루어진다고 선포한다.

"하나님은 한 분이시요 또 하나님과 사람 사이에 중보도 한 분이시니 곧 사람이신 그리스도 예수라"(딤전 2:5).

"다른 이로서는 구원을 얻을 수 없나니 천하 인간에 구원을 얻을 만한 (예수 이외에) 다른 이름을 우리에게 주신 일이 없음이니라"(행 4:12).

"예수께서 가라사대 내가 곧 길이요 진리요 생명이니 나로 말미암지 않고는 아버지께로 올 자가 없느니라"(요 14:6).

마리아는 예수가 인간으로 이 땅에 오시기 위해서 잠시 자궁만 사용된 한 순결한 여인에 지나지 않는다. 성경은 마리아에 대해서 그 이상도 그 이하도 말하지 않는다. 그러나 로마 가톨릭교회는 성경에 없는 마리아에 관한 교리를 10가지나 발명했다. 교황은 하나님의 대리자 또는 하나님보다 높은 자로서 성경을 마음대로 추가 변경 삭제할 수 있다고 생각하니 가능한 일이다.

인간의 신격화

성경은 적그리스도에 대해서 "저는 대적하는 자라 범사에 일컫는 하나님이나 숭배함을 받는자 위에 뛰어나 자존하여 하나님 성전에 앉아 자기를 보여 하나님이라 하느니라"(살후 2:4)고 말씀한다.

적그리스도의 '적'은 '대적하는' 뿐만 아니라 '대신하는'을 의미하기도 한다. 스스로 그리스도를 대신하는 자라는 의미다. 그런데 가톨릭의 교황들이 바로 그렇게 말하고 있다. 가톨릭은 마리아만 아니라 교황들도 신격화한다. 여기 교황들에 관한 선언을 보자.

"교황은 너무 존엄하고 높기 때문에 단지 인간이 아니라 하나님과 같은 존재로서 하나님의 대리자다."- 레오 13세, 『가톨릭 대백과 사전』.

"교황은 하늘의 왕, 지상의 왕, 연옥의 왕으로서 삼층 면류관을 쓴다." - 루시 페라리, 『교황의 호칭』(*Prompta Bibliotheca*).

"교황은 너무나 위엄이 있고 지고하기 때문에 그는 단순한 사람이 아니라, 하나님인 동시에 하나님의 대리자이시다. 교황은 지상의 하나님이시며, 왕중의 왕이시고, 최고의 권세를 갖고 계시다."- 루시 페라리, 『교황의 호칭』.

"교황은 단지 예수 그리스도의 대리자일 뿐만 아니라 육신의 베일 속에 감추어진 예수 그리스도 자신이다."- 루시 페라리, 『교황의 호칭』.

"성경에서 교회의 머리되시는 그리스도를 지칭하는 모든 명칭들과 그분의 최상권에 관한 모든 내용은 모두 다 교황에게도 적용된다."-로베르트 벨라민, 『공의회의 성격과 권위』.

"교황만이 가장 거룩하다고 불릴 수 있으며 거룩한 군주, 지고한 황제, 그리고 왕중 왕이라고 불릴 수 있다. 교황은 그토록 큰 위엄과 능력을 가지고 있기 때문에 그리스도와 하나가 되어 동일한 심판을 구성할 수 있다. 그래서 교황이 행한 바는 무엇이든지 하나님의 입으로부터 발해진 것처럼 여김을 받는다. 만일 천사들이라도 신앙을 거부한다면, 그들을 심판하고 파문에 처할 수 있다."-루시 페라리, 『교회사전』.

"우리들은 이 땅에서 전능하신 하나님의 자리를 차지하고 있다."-레오 13세, 로마 가톨릭 주교들에게 보낸 편지(Encyclical Letter).

교황권에 대한 이런 참람한 교리가 지금은 사라졌을까? 1985년 6월 오타비아니 추기경은 요한 바오로 2세의 대관식 때 그의 머리에 삼층관을 얹으면서 이런 기도를 했다. 하늘과 땅과 지하의 주권자라는 의미로 교황은 삼층관을 쓴다.

"세 관으로 꾸며진 이 삼층관을 받으소서. 당신은 군주들과 제왕들의 아버지이며, 세계의 주교요, 구세주 예수 그리스도의 지상 대리자임을 생각하소서. 주의 명예와 영광이 영원하실지어다."

성경은 오직 하나님만 인간의 죄를 사해 줄 권한이 있다고 명시하는데, 저들은 교황권 자신도 죄를 용서할 권한이 있다고 주장한다. 심지어는 하나님보다 우위에 있기도 하다.

"하나님 자신도 신부들이 용서해 주거나 용서하기를 거절하는 판단에 따라서 행하시며, 신부들의 선언이 선제한 후에야 하나님께서 그것에 의해 판단하신다."-알폰수스 리구오리, 『사제의 위엄과 의무들』.

"교황은 그의 권세가 사람에게서가 아니라 하나님에게서 온 것이기 때문에 하나님의 율법을 수정할 수 있고 땅 위의 대리자로서 그는 그의 양들을 매고 푸는 가장 큰 권세를 갖고 행동한다."-데스몬드 포드, 『다니엘』.

"용서는 하나님께로부터 직접 임하는 것이 아니다. 그러므로 자주 신부들에게 죄를 고백해야만 하는 것이다."-요한 바오로 2세, 교황 교서 (Dictatus Papae).

선지자 다니엘은 하나님을 대신하려는 적그리스도가 "때와 법을 변개코자 할 것"(단 7:25)이라고 예언했다. 그의 예언처럼 교황권은 자신에게 하나님의 법을 변경할 수 있는 권한이 있다고 믿는다. 『가톨릭 백과사전』은 다음과 같이 기록한다.

"베드로와 그의 후계자(교황)들은 교훈이나 금지에 관한 율법을 부가할 수 있는 권세를 가졌음과 아울러, 이러한 율법들로부터 면제해 주는 권세도 있고, 필요하다면 폐지시키는 권세도 있다 … 이러한 사법상의 권한은 심지어 죄까지라도 용서할 수 있는 권세를 포함하고 있다."[3]

그 권한을 따라서 교황권은 하나님이 주신 십계명도 변개시켰다. 십계명에서 두 번째 계명인 "우상을 만들거나 섬기지 말라"를 첫 번째 계명에 소속시킨다며 삭제하고, 대신 열 번째 계명을 둘로 나누어 십계명의 형태를 유지시켰다. 8세기에 이르러서는 거의 모든 가톨릭교회들이 각종 성상들로 가득 차게 되고 이것들에 입맞추고 기도하며 분향하고 절하는 일이 극에 달하게 되었다. 오히려 다른 종교들로부터 우상숭배자라고 조롱받는 지경에까지 이르렀다. 성전마다 여러 가지 그림들과 조각된 우상들로 단장함으로써 외관상으로나 내면적으로나 이교도들의 신전과 흡사한 것이 되었다.[4]

가톨릭의 인간 신격화는 지금도 계속되고 있다. 아들과 아내가 간통했다며 잔인하게 살해한 콘스탄티누스나, 권력의 유지와 확대를 위해서 히틀러를 지지하고 축복하며 제2차 세계대전을 일으켰던 비오 12세나, 빈민을 위한 성금을 빈민이 아니라 가톨릭 후원에 돌렸던 테레사 수녀 같은 사람들도 가톨릭에 의해서 '성인'이 되었다. 엄청난 원주민들을 학살하고 온 대륙을 가톨릭화시키는데 성공한 후니페로 세라, 사탄에게 가장 크게 쓰임받았다고 일컬어지는 예수회의 이그나티우스 로욜라 같은 인물 등도 성인의 반열에 올려 신성시하고 있다.

3 *The Catholic Encyclopedia*, vol. XII, 265, col. 2.

4 Von Mosheim, *Ecclesiastical History*.

2. 성경과 전승

가톨릭은 기독교를 표방하면서 정작 교리는 성경과 왜 이렇게 다를까? 가톨릭은 성경을 가르침의 참고자료로만 삼을 뿐 모든 교의의 절대적인 것으로 보지 않는다. 가톨릭은 과거 로마 제국 시절부터 행하던 이방적 혼합적 종교 관습을 전승이라는 이름으로 그대로 행하고 있다. 성경은 초기 제자들의 기록과 옛 선지자들의 기록일 뿐이므로 교황이 권위로 성경의 의미를 해석하거나 새로운 교리를 발표할 수 있다고 보는 것이다. 교황이 하나님의 말씀도 수정하고 첨가 삭제할 수 있다는 것이다. 이슬람의 마호멧이나 이단의 교주들이 하나님으로부터 계시를 받았다며 성경을 수정하거나 재해석하는 것과 동일하다. 그러나 성경은 하나님의 말씀에 삭제나 첨가가 없어야 함을 엄격하게 말씀한다.

"만일 누구든지 이것들 외에 더하면 하나님이 이 두루마리에 기록된 재앙들을 그에게 더하실 것이요 만일 누구든지 이 두루마리의 예언의 말씀에서 제하여 버리면 하나님이 이 두루마리에 기록된 생명나무와 및 거룩한 성에 참여함을 제하여 버리시리라"(계 22:18 – 19).

가톨릭이 전승을 따라 행하는 종교 의식이나 교리들에는 하나님이 금지한 것들이 많다. 그것이 이교도들이 하는 우상숭배이기 때문이다. 하나님이 우상숭배를 얼마나 미워하시는지 심지어 자신의 백성인 이스라엘까지 그 죄악으로 멸망시키셨다. 그런데 가톨릭이 그것을 따라서 행하고 있다.

이교도의 우상숭배 관습

구약 시대 바알신을 섬기던 제사장들은 태양을 상징하는 둥그런 원의 형태로 체발하거나 가운데를 둥그렇게 밀어서 대머리처럼 만들었기 때문에 성경은 그것을 분명하게 금지했다. "머리 가를 둥글게 깎지 말며"(렘

19:27), "제사장들은 머리털을 깎아 대머리 같게 하지 말며"(렘 21:5)라고 금지하는 이유는 머리형태를 지적하는 것이 아니고 바알신 숭배를 따라하지 말라는 것이다. 그런데 가톨릭은 633년 톨레도 종교회의에서 모든 성직자들이 머리를 둥글게 체발해야 한다는 규정을 만들었다. 가톨릭 그림에서도 사제들이 가운데 머리를 둥그렇게 밀어서 대머리처럼 만들었던 모습을 볼 수 있다. 성경이 금지한 태양신의 바알 제사장의 머리 모습을 구태어 따라 한 것이다.

가톨릭은 사제들에게 독신을 규정한다. 그런데 하나님은 결혼과 자녀의 번성을 축복하시며 결혼을 금지하지 말라고 하셨다. 자원해서 독신을 선택할 수는 있지만 독신을 명령하는 것은 귀신의 가르침이라고 하셨다(딤전 4:1-3).

가톨릭은 죽은 자에게 기도하고 죽은 자와 대화하는 데 성경은 이것이 신접한 자와 마술사가 하는 짓이라고 비난한다(사 8:19). 죽은 사람은 산 사람을 위해서 어떤 일도 할 수 없다. 다른 사람은 커녕 자신의 운명도 바꾸지 못한다. 죽은 사람은 하나님의 심판을 기다리는 것 외에는 아무 것도 할 수 없다.

가톨릭은 성경이 전혀 언급하지 않는 연옥에 대해서 가르친다. 천국에 직접 갈 수 없는 사람들이 연옥에서 고통받으며 죄의 문제를 해결하고 나서 천국에 간다는 것이다. 초기에는 자기 몸을 채찍질했던 '채찍질 고행자'(Flagellant)들이 있었다. 미리 고행을 받으면 죽어서 연옥에서의 고통의 시간이 감해질 것이라고 믿는 것이다. 오늘날에도 가톨릭교회는 그러한 고행을 하나님의 은총을 입는 주요 수단으로 여기고 있는데 성경은 이런 행위를 금지하고 있다(골 2:22-23).

가톨릭은 죽은 자의 연옥에서의 불고통의 기간을 단축시키기 위해서 산 자의 종교 의식과 기도가 효험있다고 가르치는데 이것은 물론 이교도의 풍습을 빌어온 것이다. 뮬러(C. O. Muller)는 『도리아인의 역사』에서 아리고스인들은 사람이 죽은 뒤 13일째 되는 날에 죽은 자들의 안내자인 머큐리 신에게 제물을 드렸다고 기록한다. 인도에서도 엄청난 비용으로 스랏다(Sradd'ha)의 장례 의식이 치뤄졌는데 그런 의식을 효험있게 하기 위해서 죽기 전에 당사자가 가축이나 땅, 금, 은 등의 재물을 헌납했다고 한다. 「아시아틱 저널」은 죽은 자들을 위한 타타르인의 구르유미(Gurjumi) 의식이나 그리스인의 텔레트(Telete) 신비 의식이 최고로 비싼 것이었다고 기록한다. 윌킨슨(Alan Wilkinson)은 "성직자들은 장례 의식을 위해 많은 비용을 치르도록 유도했으며 생필품도 겨우 구할 정도의 가난한 많은 사람들이 고인을 위한 의식에 드는 비용을 구하지 못해 안달이었다"고 말한다. 성직자들은 유가족이 비용을 지불할 수 있는 한 시시때때로 그러한 의식을 계속해 주었다고 한다.[5]

죽은 자를 위한 기도는 연옥이라는 개념 하에 이루어졌고, 어떤 기도도 성직자들의 기도 없이는 완벽한 효력을 발휘하지 못했고, 어떤 성직자들도 특별 보수가 없이는 움직이지 않았다. 부모의 상을 당한 자녀들의 슬픈 감정을 이용해서 성직자들은 상당한 이익을 취하곤 했다. 로마 가톨릭도 비성경적이고 이교도적인 연옥 사상과 죽은 자들을 위한 기도를 가르치면서 바티칸은 큰 돈을 축척할 수 있었다.

성경은 우리가 살아서 예수 그리스도를 믿을 때 그의 속죄적 죽으심이 우리의 모든 죄를 완전하게 용서해 준다고 거듭 언급한다. 죽은 자를 위한 기도나 종교 의식이나 고행은 죽은 자에게 아무런 도움을 주지 못할 뿐만 아니라 하나님 앞에 우상숭배의 큰 죄악이 된다.

---

5 "연옥과 죽은 자를 위한 기도," http://www.biblemaster.co.kr/bbs/board.php?bo_table=B44&wr_id=87.

3. 예수회 탄생

중세 시대 동안 로마 가톨릭 교인들은 바티칸의 지시를 따를 뿐 직접 성경을 읽을 수 없었기 때문에 그 교리와 의식이 반성경적임을 알지 못했다. 그러다가 사제 마틴 루터가 성경을 읽고 깨닫게 되면서 종교개혁이 일어나고 초기 기독교가 부활되었다. 중세 시대 천 년 동안 최고 권력을 누리던 바티칸은 교황의 입지가 크게 흔들리는 위협을 당하게 되었다.

그때 이그나티우스 로욜라(Ignatius Loyola)가 등장한다. 그는 가톨릭에 저항하는 기독교에 분노하며 교황을 위해서 헌신하기로 결심하고 1534년 수도회를 설립했다. 교황에 대한 그의 열심은 극심이었고 수단과 방법을 가리지 않았다. 교황과 바티칸을 위해서라면 거짓말과 술수도 행해야 한다고 가르쳤다.

가톨릭의 문제는 여기에서 시작된다. 기독교는 하나님 한 분을 숭배하고 충성해야 한다. 하나님의 대리자라고 하는 교황이나, 예수의 충성된 일꾼을 자처하는 목사나, 성경의 복음을 위해 헌신하는 선교사나, 그들이 아무리 훌륭하고 헌신되었다 할지라도 인간에게 헌신하고 인간을 숭배하면서부터 급속도로 '다른 길'을 가게 되는 것이다. 하나님이 받으실 영광과 숭배를 교황이나 목사가 받은 순간부터 나락으로 떨어지고 만다. 목사는 그저 성경 말씀을 잘 이해하고 가르치는 선생의 역할과 연약한 성도들을 인도하고 양육하는 아버지의 역할을 행할 뿐이다. 그 이상으로 욕심을 냈다가는 신격화되어서 당장 사탄의 밥이 되어버린다. 사탄은 바로 그런 자들을 노리고 멸망시키려 한다. 사탄 자신도 그렇게 멸망되었듯이 말이다.

로욜라의 비뚤어진 충성심은 교황을 기쁘게 하고 그의 인정을 받으면서 예수회라는 이름을 하사받게 되었다. 바티칸에 예수회가 들어오고 예수회를 통해서 프리메이슨/일루미나티가 들어오면서 심각한 내부 갈등이 일어났다. 엄청난 반발을 받으며 심지어 교황 살해 사건도 일어났지만 권모술

수에 뛰어난 예수회는 어느샌가 가톨릭의 중심 세력이 되어버렸다. 예수회의 수장은 겉으로 드러나지 않지만 바티칸의 실질적 머리가 되므로 '검은 교황'이라고 불린다.

예수회의 종교적 특성은 '신비 영성'이다. 로욜라와 제자들은 극단적인 고행과 묵상 등의 종교 의식을 행하면서 하느님(?)을 만나는 신비 체험을 하는데 이런 신비 영성이 가톨릭에 정착되고 기독교 안에 들어오면서 '성령 운동'이라고 불렸다. 교황의 감독 제도, 교황의 무오설, 마리아 숭배, 성현들의 신격화, 사제의 독신주의, 연옥설, 성찬의 화체설, 고해성사, 죽은 자들을 위한 기도 등 가톨릭의 제도, 신앙, 교리 등이 모두 비성경적인데, 저들의 이교적인 가르침과 상관없이 성령(?)이 행했다는 신비한 기적 안에서 기독교와 로마 가톨릭이 하나가 되어가고 있다.

예수회는 한편으로는 신비 종교 집단이면서 다른 한편으로는 강력한 정치 집단이라고 불린다. 수많은 역사가와 정치인과 내부자들이 예수회의 정체를 폭로했는데, 대표적인 것으로 에드몽 파리의 『예수회의 비밀역사』, 말라키 마틴의 『예수회』, 에릭 펠프스의 『바티칸 암살자』, 아브로 맨하탄의 『억만장자 바티칸』과 『20세기의 바티칸 제국주의』, 구엔터 레비의 『가톨릭교회와 나찌 독일』, 니로 벨로의 『바티칸 문서들』, 알베르트 리베라의 『어둠의 세력』 등이 있다. 그들은 인류 역사에서 일어났던 거의 모든 전쟁의 배후에 예수회가 있었다고 고발한다. 예수회는 '하느님의 이름으로' 나라들을 약탈하고 학살하고 침략해서 교황에게 바쳤다.

세상에서 가장 존경받는 인물로 매년 로마 가톨릭의 교황이 꼽히고 있다. 실추된 교황의 권위를 회복시키겠다며 무수한 인명을 살해하면서 가장 악마적인 집단으로 알려진 예수회가 가장 거룩한 집단으로 보이는 데 성공한 것이다. 저들은 왜 역사상 가장 사악한 집단이라는 오명을 갖게 되었을까? 아마도 하나님의 이름이 빙자되었기 때문일 것이다. 그래서 사탄은 어떤 정치 경제 집단보다도 더 분명히 조종하고 더 잘 이용했을 것이다.

4. 일곱 산 위의 음녀

종교들의 혼합으로 탄생한 로마 가톨릭은 인류의 마지막 시대인 지금도 종교들의 통합을 시도하고 있다. 성경의 가르침과 달리 가톨릭은 예수 그리스도를 믿지 않아도 하나님께로 갈 수 있다고 가르친다. 그로써 모든 종교를 대표해서 모든 종교와 국가 위에 군림하겠다는 것이다.

성경은 마지막 시대에 바벨론의 음녀 종교가 나타날 것이며 결국은 멸망당할 것이라고 예언한다. 성경은 그 음녀가 일곱 산 위에 앉아 있다고 설명한다(계 17:9). 로마는 일곱 산으로 유명한 도시였으므로 일곱 산이 로마를 상징한다는 것은 당시 잘 알려진 사실이다. 또 성경은 교회를 여자로도 표현하는데 음녀라면 타락한 교회일 것이 분명하다. '로마에 위치한 타락한 교회'는 정확히 로마 가톨릭을 가리키는 묘사다.[6]

성경은 음녀에 대해서 더 구체적으로 "그 여자는 자주 빛과 붉은 빛 옷을 입고 금과 보석과 진주로 꾸미고 손에 금잔을 가졌는데 가증한 물건과 그의 음행의 더러운 것들이 가득하더라"(계 17:4)고 묘사한다. 자주 빛(purple)과 붉은 빛은 바티칸의 공식 색상으로 추기경 등의 고위 성직자들이 입는 옷 색깔이기도 하다. 또 금과 보석과 진주는 교황의 부와 사치를 가리킨다. 비오 12세가 썼던 티아라(Tiara)라고 하는 삼중관은 11개의 사파이어, 19개의 에메랄드, 32개의 루비, 252개의 진주, 529개의 다이아몬드로 장식되어 있다. 요한 바오로 2세가 미사에서 사용했던 금잔에는 500개의 다이아몬드가 박혀있다.[7]

바티칸이 보유하고 있는 보석은 헤아릴 수 없고 값도 측정불가라고 한다. 시스티나 성당의 교황 제의실에는 진귀한 보석이 박힌 교황의 삼중관부터 교황이 미사를 집전할 때 쓰는 모자, 신발, 장갑, 금과 루비가 박힌

---

6 "세계최고 권력 집단, 가톨릭," https://www.youtube.com/watch?v=nhKOZ4u-930w#t=1646.

7 "큰 창녀의 실체," http://egloos.zum.com/kjv1189/v/670905.

십자가와 촛대 등 인간이 만들 수 있는 최고의 보물들이 보관되어 있다. 가톨릭 신자들의 기증이나 국가 원수들의 선물이라고 변명하지만, 사실은 십자군 전쟁 등에서 무수한 인명을 살해하고 약탈한 보물과 문화재 등이 대부분을 차지하는 것으로 알려진다. 『백과사전』은 십자군 전쟁에 대해 이렇게 기록한다.

"말이나 당나귀를 끌어들여 성물과 보물을 실어나르면서 당나귀가 미끄러져 넘어지면 가차없이 죽여버렸다. 십자군들에게는 이제 눈앞의 보물만 보일 뿐 신의 징벌도 두렵지 않았다."[8]

성경은 왜 로마 가톨릭을 음녀라고 부를까? 성경은 하나님이 믿는 자의 남편이 되신다고 말씀한다. 가톨릭은 남편되시는 하나님과 함께 다른 신들을 우상숭배하기 때문에 하나님께 음녀가 되는 것이다. 모든 종교의 모든 신들을 다 포용한다는 음녀, 즉 바벨론 종교가 세계정부 시대에 단일종교를 위해서 사용될 것이다. 성경은 바벨론의 음녀를 단호한 목소리로 저주한다.

"바벨론은 여호와의 수중의 온 세계로 취케 하는 금잔이라 열방이 그 포도주를 마시고 인하여 미쳤도다"(렘 51:8).

"물 위에 앉은 큰 음녀의 받을 심판을 네게 보이리라 땅의 임금들도 그로 더불어 음행하였고 땅에 거하는 자들도 그 음행의 포도주에 취하였다"(계 17:1 – 2).

"그 이마에 이름이 기록되었으니 비밀이라 큰 바벨론이라 땅의 음녀들과 가증한 것들의 어미라 하였더라"(계 17:5).

"힘찬 음성으로 외쳐 이르되 무너졌도다 무너졌도다 큰 성 바벨론이여 귀신의 처소와 각종 더러운 영이 모이는 곳과 각종 더럽고 가증한 새들이 모이는 곳이 되었도다"(계 18:2).

---

8 "제4차 십자군," https://ko.wikipedia.org/wiki/%EC%A0%9C4%EC%B0%A8_%EC%8B%AD%EC%9E%90%EA%B5%B0.

22장

부처가 없는 불교

기독교는 하나님이 직접 계시하셔서 알게 된 진리인 반면에, 다른 종교들은 인간이 인생에 대해 질문하고 답변을 추구하며 사색하다가 깨달음을 얻어 만들어진 것이다. 깨달음의 종교라고 자칭하는 불교는 세계 최대 종교의 하나이자 한국인에게는 가장 친숙한 종교다. 창조주 하나님의 존재를 부인하는 무신론이자 인간의 주체적 노력을 중시하는 인본주의 종교인 불교가 제시하는 인생의 문제와 해결법과 궁극적인 목표가 무엇인지 알아본다.

1. 불교의 목적

불교의 종파와 교리들은 매우 다양하고 복잡하지만 불교의 창시자인 석가의 주장은 이렇게 요약할 수 있다.

"인생은 고통이다, 고통은 끝없는 욕망과 집착에서부터 나온다, 욕심은 무지에서 나온다, 무지란 모든 것이 고통이고(고) 모든 것은 실체가 없으며(무상) 심지어 '나'라는 자아 정체성마저도 없다(무아)는 사실을 모르는 것이다. 이 무지가 제거되면 해탈해서 윤회에서 벗어나게 된다."

이 가르침은 고(苦), 집(集), 멸(滅), 도(道)라는 사성제(Four Noble Truths)의 가르침으로 요약된다.

"'고'는 인생의 모든 것이 고통이다, '집'은 고통의 원인이 욕망과 집착이다, '멸'은 애욕과 집착을 끊어버리면 고통이 사라지고 열반의 경지에 이르게 된다, '도'는 고통을 끝내는 구체적인 길이 있다는 가르침이다."

불교의 궁극적 목적인 해탈은 깨달음의 경지에 이르러 고통에서 풀려나오는 것이다. 몸과 마음의 고뇌와 속박의 원인인 욕망과 집착과 번뇌로부터 완전히 해방되며 벗어나는 것이 해탈이고, 해탈의 경지에 대한 표현이 열반이다. 해탈해서 열반에 들어가면 두 번 다시 생명을 부여받지 않고 두 번 다시 생존하지 않으며 윤회의 윤(輪)으로부터 탈출할 수 있게 된다. 고해뿐인 인생을 두 번 다시 살지 않아도 되는 것이다. 이것이 불교의 최고 목표다.

반가운 소식은, 해탈하고 열반하고 탈윤회하는 길이 있다는 것이다. 부처는 그 해답으로 팔정도를 제시했다. 정견(正見, 올바른 관점), 정사유(正思惟, 올바른 생각), 정어(正語, 올바른 말), 정업(正業, 올바른 행위), 정명(正命, 올바른 생활), 정정진(正精進, 올바른 노력), 정념(正念, 올바른 명상), 정정(正定, 올바른 집중)이 그것이다. 좀더 구체적인 수행 방법으로 남자는 250가지의 규율을 지켜야 하고 여자는 348가지 규율을 지켜야 한다고 제시했다.[1]

과연 8정도와 250가지 계율을 지키려고 손가락을 태우고, 10만배로 정진하고, 솔잎과 쌀로 생식하고, 수년간 장좌불하고, 사람들과 접촉하지 않고, 가족들과 인연도 끊으며 초인적인 극기수행을 했던 최고의 고승들이 열반하고 해탈하며 부처가 되었을까?

---

1 "불교의 계율," http://jgs.or.kr/xe/baeoom/90190.

2. 부처는 없다

불전에 의하면 매우 오랜 기간 동안 한 마음으로 수행을 쌓지 않으면 결코 부처가 될 수 없다. 어떤 불전은 사람이 부처가 되리라 결심하고 나서 성불하기까지 걸리는 시간이 3겁이라고 한다. 이것은 129억 6천만 년에 해당된다. 또 어떤 불전은 '삼아승기백대겁'이 걸린다고 기록한다. 교학자들의 말에 따르면 '삼아승기'란 3 x 10의 59승이며, '백대겁'은 8천 겁과 같고, 1겁은 43억 2천만 년이므로 '삼아승기백대겁'은 약 1조 년의 10의 61승이 된다. 뭐라고 부를 수도 없는 숫자다.

인류의 역사가 몇 년인가? 성경에 의하면 6,000년이지만 진화론에 따라서 10만 년내지 100만 년이라고 해도 부처가 되기 위해 필요한 3겁이나 또는 삼아승기백대겁의 시간보다 턱없이 부족하다.

선(禪)으로 수행해야만 부처가 될 수 있다는 것이 자력불교라면, 손쉽게 염불만 외워도 부처가 될 수 있다는 것이 타력불교다. AD 1세기 무렵에 쓰였다는 대무량수경이라는 불전에 따르면 아미타불은 15겁 년(약 648억 년) 전에 지구에 살았다고 한다. 그는 어느 나라의 왕이었으나 어느 날 왕위를 버리고 출가해 수행을 시작했다. 그리고 5겁이라는 오랜 기간 동안 윤회를 거듭하면서 수행을 하고 선행을 쌓아 마침내 큰 서원을 했다. 반드시 모든 사람을 구원해 정토로 이끌겠다는 것이었다(예수 그리스도처럼). 만약 그 서원이 충족되지 않으면 성불하지 않으리라는 굳은 결심이었다. 이후 5겁 년이 걸려서 마침내 성불을 했다고 한다. 이제는 어렵게 수행하지 않아도 아미타불을 믿고 그 이름을 외우는 사람은 어느 누구라도 정토에 갈 수 있으며 구원을 받는다(부처가 된다)는 염불의 가르침이 나오게 되었다.

타력불교의 법화경에 의하면 석가는 인간계에 처음 나타난 부처가 아니라 일곱 번째로 나타난 부처다(과거 일곱 부처 사상). 여섯 번째 부처와 일곱 번째 부처 사이에는 180겁(7,776억 년)이나 되는 긴 세월의 간격이 있다고 한다. 석가가 부처되기에 필요한 최소 한도의 기간이 129억 6천만 년이니까 둘을 합치면 7,709억 6천만 년, 여기에다 그 앞에 다섯 부처가 더 있으니 그들이 부처가 될 수 있었던 기간을 최소 한도로 잡아서 129억 6천만 년 곱하기 다섯 번, 즉 648억 년을 더하면 8,553억 6천만 년이라는 계산이 나온다.

타력불교의 주장을 따라 계산해도 인간이 부처가 되기에는 인류의 역사가 턱없이 부족하다. 아미타불에 귀의하여 부처가 되겠다고 외우는 염불 '나무아미타불'은 완전히 '도로아미타불'이 된다. 선을 행하서든 염불을 외워서든 인류 역사에서 부처가 된 사람은 아무도 없다.[2]

3. 거짓말이다

성철 스님은 인간의 한계를 넘는 대단한 극기 수행으로 드디어 큰 깨우침을 얻어 견성성불의 높은 경지에 이르렀다고 한다. 그는 온 불자들의 존경과 선망을 한 몸에 받으며 지금도 불자들 사이에서 '우리 곁에 왔던 부처'라고 추앙받는다. 그러나 세상이 알고 있는 것과는 달리 그는 내심 말 못하는 갈등으로 괴로워하며 방황하다가 결국 회한으로 몸부림치며 천추의 한을 안고 세상을 떠났다. 그는 생전에도 불교를 부정하는 것 같은 설법을 많이 했었다. 1982년 석탄일 법어에서 그는 이렇게 말했다.

"극락이 있다고 믿는 사람은 잠잘 때 꿈 속에서 잠꼬대하는 소리와 같습니다. 불교를 노인들이 죽어서 극락이나 가려고 염불을 하는 종교로 착각하는 사람이 많은데, 이러한 생각은 매우 잘못된 생각입니다. 사람이 만

2 "왜 석가는 부처일 수 없는가?" http://egloos.zum.com/scepter/v/7196094.

들어 놓은 부처는 허수아비에 불과한 것입니다. 저는 일생 동안 부처 앞에 절을 하거나 목탁을 치고 염불을 한 적이 한 번도 없습니다."

사실 원시불교는 신의 존재를 믿지 않으므로 극락이나 지옥이라는 개념도 없다. 그런데 성철은 극락은 없다고 하면서 지옥에 대해서는 여러 번 언급했다. 그가 말한 지옥은 어떤 의미일까? 1989년 석탄일 법어에서 지옥에 대해 이렇게 말했다.

"천상천하에 독존 무비한 부처님의 처소는 험악하고도 무서운 저 지옥, 지옥에서 온갖 고통을 받고 신음하는 모든 중생들의 그 고통을 대신 받고, 그들을 안락한 곳으로 모시며 그들을 돕기 위하여 부처님은 항상 지옥에 계십니다. 중생계가 한이 없으니 부처님의 지옥생활도 끝이 없습니다. 오늘도 내일도 중생계가 다 할 때까지…."

불교에선 이것을 위대한 '보살정신'이라고 자평한다. 자신은 곧바로 성불할 수 있는데도, 지옥에 있는 중생들을 한 명도 남김 없이 구제할 때까지 지옥을 떠나지 않겠다고 발원했다는 것이다. 그것은 개인 구원을 넘어서 모든 중생을 위해 지옥까지도 마다하지 않는 위대한 희생정신이라고 평한다. 부처를 마치 그리스도 구원주처럼 생각하는 것이다.

하지만 자신도 하나님의 심판을 받아서 지옥에서 극심한 고통을 받고 있는데 지옥에 있는 다른 자들을 구제하겠다는 발상은 엄청난 착각이다. 무엇보다도 지옥은 자신이 선택해서 간 것이 아니라 하나님의 심판으로 간 것이다.

성철은 죽음이 임박해서야 딸 불필에 대한 죄된 마음을 전하면서도 지옥을 언급했다. 그는 출가 전 부인이 딸을 낳았다는 소식을 듣고 '필요 없는' 자식이라는 의미로 불필로 작명하고 54년간 단절하고 살았다. 그는 천륜인 딸과 절교하면서까지 평생 불교의 도를 구했지만 모두 헛된 거였다며 통한에 울부짖었다. 뿐만 아니라 자신의 거짓말 때문에 지옥에 간다고까지 말했다.

"내 죄는 산보다 높고 바다보다 깊은데 내 어찌 감당하랴. 내가 80년 동안 포교한 것은 헛것이로다. 우리는 구원이 없다. 죄 값을 해결할 자가 없기 때문이다. 딸 필히와 54년을 단절하고 살았는데 죽음 임종시에 찾게 되었다. 필히야 내가 잘못했다. 내 인생을 잘못 선택했다. 나는 지옥에 간다."

1993년 11월 4일 성철이 죽기 하루 전날 불자들이 "일천 삼백만 불자가 있는데 그 불자들에게 한 말씀만 해 주십시오"라고 요청했다. 그러자 그는 "내 말에 속지 마라. 내 말한테 속지 말어. 나는 늘 거짓말만 하니까"라고 답변했다. 무슨 거짓말인가? 그의 열반송이 답변이다.

"일생 동안 남녀의 무리를 속여서 하늘을 넘치는 죄업(罪業)은 수미산을 지나친다. 산채로 무간 지옥에 떨어져서 그 한이 만 갈래나 되는지라. 둥근 수레바퀴가 붉음을 내뿜으며 푸른 산에 걸렸도다."[3]

그는 자신도 속아서 거짓말을 최상의 진리인 줄 알고 가르치며 평생 남녀 무리를 속여 왔다. 그 속임은 앞으로도 계속 이어질 것이니 그 엄청난 죄를 어떻게 감당할 것인가! 임종을 앞에 둔 어느 날 푸른 산에 걸려 있는 곧 떨어질 불타는 붉은 석양을 바라보며 그는 가야 할 불지옥을 생각하고 회한으로 몸부림치며 천추의 한을 토로한 것이다.

이에 대해서 불교지도자들은 그것은 성철 스님의 겸손을 나타낸 것이라고 설명한다. 세상을 속인 죄가 너무 커서 지옥에 떨어지니 한이 만 갈래나 된다고 천추의 한을 토로한 것이 어떻게 겸손을 나타낸 것이란 말인가! 그것은 상징도 비유도 겸손도 아니고 운명 직전에 영안이 열려서 실상을 보고 진실을 말했던 것이다. 그는 열린 영안으로 지옥에서 석가를 보기도 했다. 그가 마지막으로 지은 깨달음의 시를 보자.

---

3 「조선일보」(1993.11.5), 「동아일보」(1993.11.5), 「경향신문」(1993.11.5), 「중앙일보」(1993.11.5).

“석가는 원래 큰 도적이요 달마는 작은 도적이다. 서천에 속이고 동토에 기만하였네. 도적이여 도적이여! 저 한없이 어리석은 남녀를 속이고 눈을 뜨고 당당하게 지옥으로 들어가네. 한마디 말이 끊어지니 일천성의 소리가 사라지고, 한칼을 휘두르니 만리에 송장이 즐비하다. 알든지 모르든지 상신실명을 면치 못하리니, 말해 보라 이 무슨 도리인가. 작약꽃에 보살의 얼굴이 열리고, 종녀잎에 야차의 머리가 나타난다. 목위의 무쇠간은 무게가 일곱 근이요, 발밑의 지옥은 괴로움이 끝없도다. 석가와 미타는 뜨거운 구리 쇳물을 마시고, 가섭과 아난은 무쇠를 먹는다. 몸을 날려 백옥 난간을 쳐부수고, 손을 휘둘러 황금 줄을 끊어버린다. 산이 우뚝우뚝 솟음이여 물은 느릿느릿 흐르며, 잣나무 빽빽함이여 바람이 씽씽분다. 사나운 용이 힘차게 나니 푸른 바다가 넓고, 사자가 고함지르니 조각 달이 높이 솟았네. 알겠느냐? 1 2 3 4 5 6 7 이여, 두견새 우는 곳에 꽃이 어지럽게 흩어졌네 억!”

마지막으로 “억” 소리와 함께 운명하기 직전 성철은 지옥에서 괴로워하는 석가와 달마와 가섭과 아난의 모습을 보았다. 무속인들이 귀신의 능력으로 점을 보듯이 성철도 그렇게 영계를 보았던 것이다. 이 열반송은 성철의 운명 전「시사저널」담당 기자가 취재해 적어온 것이다.

이에 대해 원택스님은 “반어적인 긍정이 선(禪)적 표현의 묘미인데, 진의를 파악하려 하지 않고 일부 기독교인들이 선교의 목적으로 이를 이용하고 있다”고 비난한다. 너무나 심오(?)해서 일반인들은 도무지 이해할 수 없는 성철의 가르침을 모두 상징이나 반어적 표현이라고 해석하려는 것이다. 하지만 석가와 자신의 평생 가르침이 거짓말이었다는 성철의 고백은 반어법이 아니라 진실한 것이었다.

물론 불교의 교훈에는 옳은 것이 많다. 그러나 불교의 본질적이고 근본적인 주장과 교리는 유감스럽게도 거짓말이다. 성철의 회한과 통탄의 고백과 토로는 본인이 그것을 의식하고 했건 의식하지 못하고 했건 그 진리를 강력하게 시사한다.

지인인 윤 선교사는 라마교의 서열 높은 고승을 만나 기독교의 예수를 전할 기회가 있었다. 고승은 자신이 가르치는 불교가 진리가 아닌 것을 진작 알고 있었지만, 자신이 평생 수행해 왔고 가르쳐 왔고 무수한 제자들이 따라오고 있는 이것을 이제와서 돌이킬 수 없다며 매우 슬픈 표정으로 고개를 떨구고 돌아갔다고 한다. 아마도 많은 스님들이 그럴 것이라고 추측한다. 오랫동안 또는 평생 동안 걸어왔던 길이지만 그것이 헛된 것임을 깨닫고 이제라도 돌이킬 수 있는 용감한 자들만이 진리와 생명을 얻을 수 있다.

4. 기독교와 비교

불교는 욕망을 가지고는 해탈할 수가 없고, 기독교는 죄를 가지고는 천국에 들어갈 수가 없다. 불교는 스스로의 수행과 고행을 통해 욕심을 버려 해탈할 수 있다고 하고, 기독교는 반드시 하나님으로부터 죄의 용서를 받아야 한다고 한다.

불교는 해탈에서 실패한 인생은 다음 인생에서 다시 태어나며 윤회를 반복한다고 믿고, 기독교는 인생은 오직 한 번 태어나 한 번 죽고 이후에는 하나님의 심판이 있다고 믿는다. 불교에서 말하는 인생이란 전생에서 해탈에 실패하고 어쩔 수 없이 이생에서 살아내야만 하는 저주일 뿐이고, 기독교에서 인생이란 하나님이 각자에게 특별한 목적을 갖고 이 땅에 보내신 가장 존귀한 존재라고 본다. 불교에서는 인간이 스스로를 구원할 수 있다며 무한한 신뢰를 보내지만, 기독교에서는 모든 인간이 하나님의 구원하심과 인도하심이 필요한 죄인이자 미련한 양과 같다고 말한다. 그럼에도 불구하고 불교는 염세적 종교요 기독교는 낙관적 종교라고 불린다.

구원주는 나 vs 하나님

불교는 욕망으로부터 구원받아 해탈과 열반에 이르는 방법론에서 심리학적 자기수양이라는 엄격한 통제에 의해 얻어진다고 가르친다. 그러므로 인간은 그 자신의 구원자가 된다. 자신으로부터 욕망을 제거하고자 하는 목표를 향한 지속적인 노력과 그것을 가능케 하는 능력에 의해서 자신을 구원한다는 것이 불교의 구원론이다.

반면 기독교에서는 죄된 마음이 수련이나 극기로 없앨 수 있는 것이 아니다. 본능을 무기로 죄를 유혹하는 사탄의 파워는 인간의 의지보다 훨씬 더 크기 때문이다. 사탄이 인간 세상의 통치자로 있기 때문에 인간의 의지와 노력으로 절대로 죄를 통제할 수 없다. 하나님이 보내신 구원주 예수를 통해서 죄의 용서를 받을 때 하나님의 백성이 되면서 비로소 하나님의 통치 아래에 들어가게 된다. 그것은 내 인생의 주인은 나 자신이 아니라 하나님이 된다는 선택이고 고백이다. 우리에게 생명을 주신 이도 하나님이요 거두어 가시는 이도 하나님이시라는 고백이다.

이젠 죄와 고통의 문제를 하나님 앞으로 갖고 나온다. 하나님 앞에 죄의 마음을 아뢰고 도우심을 구한다. 죄를 고백하고 시인하면서 하나님의 용서를 구하고 죄의 욕망을 없애달라고 도움을 청한다. 고통의 근본이 되는 죄의 문제를 해결하는 것이 고통스런 인생에서 평안을 누릴 수 있는 길이 된다. 우리가 하나님의 지배를 받기로 결정할 때 죄로 유혹하는 사탄은 크게 힘을 쓰지 못하게 된다. 죄로부터 구원하시는 분도 하나님이시요 죄짓지 않도록 도우시는 분도 하나님이시다.

죄의 해결 vs 번뇌에서 도피

불교의 교리문답에 의하면 한 찰나라도 열반의 체험이 있어야 해탈이 가능하다. 열반의 체험은 바로 해탈이기도 하다. 해인사에서 10만배 정진하고 오른손 세 손가락을 태우고 다진 솔잎과 쌀로 생식하며 태백산 도솔암에서 3년간 정좌불로 수행했다는 혜국 스님은 "누구든 자기 벽만 허물면 명상을 통해 심오한 세계에 몰입할 수 있다"고 말한다. 각산 스님은 "마음을 관찰하고 호흡을 관찰하면서 명상에 들어가면 호흡의 극치인 감미롭고 황홀한 호흡을 체험하게 된다. 내려놓거나 마음을 비우는 명상 수행은 생로병사의 고뇌와 번뇌로부터 해방되며 삶의 행복이 시작되는 길이다"고 설법한다.[4]

마음 훈련을 통해서 니르바나, 오르가즘, 열반의 기쁨을 체험했다는 불교 교수의 떨리는 목소리를 들은 적이 있다. 그의 경험은 사실이었을 것이다. 세상의 모든 고난과 번뇌로부터 완전히 해방되는 완전한 자유와 평강의 순간이었을 것이 분명하다. 하지만 그의 열반, 완전한 평강은 일생 동안 계속되는 걸까? 물론 아니다. 이 세상에 살고 있는 한 여전히 죄와 고통과 슬픔의 인생을 경험하며 그는 황홀한 열반의 경험을 잊지 못해서 모든 생업을 접어두고 어쩌면 가정도 뒤로 한 채 수행에만 매진할 수도 있다.

그것이 과연 의미 있는 투자가 될까? 그것은 무익할 뿐만 아니라 마약처럼 지극히 해로운 것이다. 더 달려가면 뭔가 있을 것 같아서 조금만 더 조금만 더 하고 열심을 부리지만 정상도 없고 끝도 없다. 그곳에는 아무것도 없다. 혹시 잠깐 신기루 같은 기쁨을 맛보겠지만 한순간의 쾌락일 뿐이다. 그 신기루를 위해서 인생을 소진하고 있는 것이다.

불교가 고뇌로부터 탈출하는 종교라면 기독교는 죄에서 구원받는 종교다. 기독교는 죄를 처절하게 인식하고 그것을 하나님 안에서 해결하려고 적극적인 데 비해서 불교는 의도적으로 무념무상을 만들어서 욕망과 번뇌를 외면하려 한다. 근본적이고 본질적인 해결이 아니고 도피함으

---

4 http://www.ibulgyo.com/news/articleView.html?idxno=107860.

로 해결하려는 것이다. 죄라는 암덩어리가 우리 몸 안에 있는데 그것을 보지 않고 몰핀을 맞으며 고통에서만 면제받으려는 것이다. 죄를 직면하지 못하게 함으로써 죄의 암덩이를 제거하지 못하고 죽음으로 달려가게 만든다.

윤회 vs 일회

윤회 사상을 최초로 체계적으로 서술한 인도의 우파니샤드 문헌에는 인간이 어떻게 환생하는가를 설명하는 내용이 있다. "사람은 죽은 뒤에 달 세계로 들어가 이 세상의 선업(善業)의 과보를 누린 뒤에 비가 되어 지상으로 되돌아온다. 그리고 음식물로 인간에게 섭취되어 정자가 되었다가 여성의 태내로 들어가 새로운 신체로서 재생한다"고 한다. 티벳에서는 고승이 죽은지 10개월이 지난 뒤 49일 사이에 그가 죽음에 임하면서 유언했던 환생의 방향을 따라서 그 지방에서 태어난 어린이 중에서 활불(活佛)을 선정한다. 활불로 선정된 어린이는 영적 지도자가 된다. 달라이 라마가 그런 인물 중의 하나다.

윤회설이 사실일까? 불교의 주장대로 인간이 윤회를 반복한다면 세계인구는 고정되어 있어야 한다. 이미 해탈되어서 윤회를 반복하지 않는 사람들을 제한다면 세계인구는 오히려 감소되어야 한다. 하지만 세계인구는 계속 증가해 왔다. 동물이 선한 일을 해서 인간으로 환생한 것일까? 영혼 없는 동물이 어떻게 선악을 분별해서 선행할 수 있을까? 불교의 윤회설은 역사와도 불일치한다.

한편 성경은 모든 사람이 한 번 태어나서 한 번 죽는다고 분명하게 기록한다. 인생은 단 한 번의 기회며 이 땅에서 어떻게 살았느냐에 의해서 죽음 이후에 하나님의 심판을 받는다. 하나님을 따랐으면 하나님이 완전히 다스리시는 나라에 들어가고, 하나님이 주신 생명의 길인 예수를 부인했으면 하나님 없는 나라에 들어간다. 지금 이 땅에는 하나님의 은혜가 선인과 악인에게 골고루 미치고 있어서 하나님을 믿지 않아도 살 만하지만, 이제 하나님을 거부한 사람들이 가는 지옥에는 하나님의 은혜가 한 점도 없다.

인생은 고해 vs 목적

행복하든 불행하든 불교에서 인생은 고해와 같다. 고해 같은 이 세상에 다시 태어나지 않는 것이 불교의 목적이다. 이 세상에 태어났다는 것은 전생에서 아직 열반을 이루지 못한 실패의 결과이며 고통스런 인생을 다시 반복해야 한다는 불행을 의미한다. 어떻게 열반에 성공해서 다음에는 다시 태어나지 않을 수 있을까?

욕망이 있기 때문에 존재가 있고 존재가 있기 때문에 욕망이 있다고 한다. 인간을 세상과 연결시키며 세상에 태어나도록 원인을 제공하는 욕망과 집착을 끊어내는 데 완전히 성공만 할 수 있다면 더 이상 생사윤회 세계에 태어나는 일은 없을 것이다. 생사윤회로부터 해탈된다는 것은 무생무사(無生無死)인 생사환멸연기에 이르는 것이 된다. 그래서 불교에서는 욕망과 집착을 갖지 않고자 가족과도 단절하고 인간관계도 최소한으로 하려고 산속에 들어와 속세와의 인연을 끊기도 한다.

반면 기독교에서는 모든 각자의 인생에게 하나님의 특별한 이유와 목적이 있다고 믿는다. 그것이 비록 가난하고 병든 불구자의 삶이며 괴롭고 힘든 인생일지라도 하나님의 징벌이나 심판이 아니라 그를 향한 하나님의 특별한 목적이 있다는 것이다. 그래서 병들고 가난하게 태어났든 건강하고 부유하게 태어났든 하나님이 각자에게 주신 크고 적은 달란트를 갖고 최선을 다해서 사는 것이 승리한 인생이요 하나님의 칭찬이 된다. 불교에서는 인생 자체가 전생의 실패요 저주요 고해가 되지만, 기독교에서는 모든 인생이 하나님 안에서 아름답고 귀한 축복이 된다.

선악이 동일 vs 반대

한국 불교계의 큰스님이라 불리는 성철은 선이나 악이나 모두가 동일한 것이라고 말한다. 그는 1986년 초파일 법어에서 재소자들과 호스티스들을 향해 "교도소에서 살아가는 거룩한 부처들, 오늘은 당신의 생신이니 축하합니다. 술집에서 웃음을 파는 엄숙한 부처들, 오늘은 당신의 생신이니 축하합니다. 천지도 한 뿌리요 만물은 한 몸이라. 일체가 부처님이요 부처님이 일체시니 모두가 평등하며 낱낱이 장엄합니다"라고 설파했다. 1987년 초파일 법어에서는 이렇게 말했다.

"사탄이여! 어서 오십시오. 나는 당신을 존경하며 예배합니다. 당신은 본래 거룩한 부처님입니다. 사탄과 부처란 허망한 거짓 이름일 뿐 본 보습은 추호도 다름이 없습니다. 사람들은 당신을 미워하고 싫어하지만 그것은 당신을 모르기 때문입니다. 당신을 부처인 줄 알 때에 착한 생각, 악한 생각, 미운 마음, 고운 마음, 모두 사라지고 거룩한 부처의 모습만 뚜렷이 보게 됩니다. 그리하여 악마와 성인을 다 같이 부처와 스승으로 부모로 섬기게 됩니다… 아 ! 이 얼마나 거룩한 진리입니까. 이 진리를 두고 어디에서 따로 진리를 구하겠습니까. 이 밖에서 진리를 찾으면 물속에서 불을 찾는 것과 같습니다. 당신을 부처로 바로 볼 때 인생의 모든 문제는 근본적으로 해결됩니다. 선과 악으로 모든 것을 상대할 때 거기에서 지옥이 불타게 됩니다. 선악의 대립이 사라지고 선악이 융화상통할 때에 시방 세계에 가득히 피어 있는 연꽃을 바라보게 됩니다. 연꽃마다 부처요 극락 세계 아님이 없으니 이는 사탄의 거룩한 본 모습을 바로 볼 때입니다."[5]

부처와 사탄이 동일하다는 것은 그의 유언에서 다시 반복되었다. 그는

---

5 「조선일보」「경향신문」(1987. 4.23), 대한불교 조계종 종정사서실. 『큰빛총서 1』.

분명히 사탄과 부처를 동일하게 부른 것이다. 당황한 불교 측에서는 성철이 '적불'을 '사탄'으로 잘못 말했다고 변명하고, 조현 기자는 이렇게 옹호 해석한다.

"선사는 극락에 집착하는 이의 극락에 대한 착을 베어내고, 지옥에 대한 두려움에 집착으로 묶여 있으면 그 지옥착을 베어내는 것이다. 마귀도 자처하고, 지옥도 들어가고, 부처조차 단칼에 베어버리면서 그 고정관념을 180도, 360도 돌리며 깨부수고 해탈케 하는 것이다. 천국과 지옥이라는 이분법적 편견으로부터 해방돼 5천 만 동포도 하나같이 '귀염둥이 악마'(붉은 악마)가 되어 춤을 추고 뛰었는데, 부처와 성철이 어찌 지옥에 들어가 함께 춤추지 못할 것인가."[6]

결국 석가나 성철은 선과 악, 지옥과 극락이라는 이분법을 깨어부수기 위해서 스스로 마귀를 자처하고 스스로 지옥에 갔다는 것이다. 불교인들이 이런 스승을 존경하며 따르고 있다니 얼마나 놀라운 일인가?

선이나 악을 구별하지 말라는 것은 죄악을 증오하는 하나님의 생각과 상반되며, 선과 악을 혼동시키는 사탄의 생각과 일치한다. 기독교의 하나님은 우리에게 악은 모양이라도 버리라고 말씀한다. 악을 짓도록 유혹하는 마귀는 그리스도인에게 명백한 원수가 된다. 인간의 모든 고통은 죄악과 그것을 유혹하는 마귀에게서 오기 때문이다. 성경의 가르침은 어린아나 무학자도 이해할 수 있도록 쉽고 명백하다.

---

6 "기독교 일부 부흥사, 초파일 법문 들먹이며 비방," http://well.hani.co.kr/18463.

23장

폭력과 유혹의 이슬람교

570년 아라비아의 메카에서 탄생한 마호멧은 30대 후반부터 홀로 묵상 가운데 지내면서 610년부터 알라로부터 신탁을 받아 가르침을 시작했다고 한다. 그의 가르침은 이후 제자들에 의해 꾸란으로 기록되었다. 마호멧은 스스로 신은 아니고 알라신이 그를 예언자로 불렀다고 하는데 아담, 노아, 아브라함, 모세, 다윗, 요나, 예수 등의 28명 예언자 중에서 자신이 가장 위대한 예언자이자 최후의 예언자라고 주장했다. 그러나 유대인들과 기독교인들이 그를 하나님의 예언자로 받아 들이지 않고 조롱하자 그들에 대한 증오를 설파하기 시작했다. 또 알라의 마지막 예언자라고 자처하는데 예수의 존재가 방해물로 여겨지자 예수를 공격하기 시작했다.

이슬람에 대해 연구와 비판은 마호멧이 죽은 지 20년 뒤 '다마스쿠스의 요한'에 의해 처음으로 이루어졌다. 그는 알라가 계시했다는 꾸란의 내용이 사실은 유대교 경전, 기독교의 이단 사상, 아랍의 토속 신앙들이 마구 합쳐진 영지주의적 혼합종교라는 결론을 내린다.[1]

1 http://www.churchr.or.kr/news/articleView.html?idxno=4636.

이슬람은 성경을 존중한다고 말하지만 그것은 꾸란에 비추어서 충돌되지 않는 부분들에 대해서만 부분적으로 존중한다는 것 뿐이다. 꾸란은 구약과 신약에 등장하는 인물들에 대한 일화들을 다른 버전으로 이야기하는 경우가 많다. 실제로 꾸란에 등장하는 이사(예수)도 정경(복음서) 속의 예수와는 상당히 다르고 오히려 위경이 말하는 예수와 더 유사하다.[2]

1. 폭력과 부도덕의 교리

혹자는 이슬람교가 평화의 종교라고 주장한다. 사실 마호멧이 메카에서 전한 것은 평화의 메시지였으며 종교의 강요도 없었다(꾸란 2:256). 그러나 624년 메디나의 최고 통치자가 되자 마호멧은 알라로부터 이전과 다른 새로운 계시를 받았다고 주장했다. 알라가 왜 상반된 계시들을 내리는가 의심하는 사람들을 위해서 꾸란에는 이런 귀절이 있다. "알라는 전능하시니까 이미 내린 계시를 취소할 수도 있고 망각케 할 수도 있고 다른 구절로 대치할 수도 있다"(꾸란 2:106).

이후로 이슬람은 평화의 계시를 취소하고 전쟁을 선포하게 되었다. 아직 힘이 생기기 전까지는 평화를 말했고 종교 강요도 없었지만 강력해지면서부터 호전적이고 강압적이 되었다.[3]

흔히 이슬람을 설명할 때 "한 손에는 꾸란, 한 손에는 칼"이라는 표어를 사용한다. 이슬람 전문가가 꾸란의 내용을 13교리로 정리해서 발표한 것을 보면 이슬람은 매우 폭력적인 종교라는 것을 알 수 있다. 이에 대해 이슬람 옹호자들은 "이런 주장은 일부 몰지각한 근본주의 개신교인들이 악

---

2 "비교신화/종교: 예수 vs 이사: 코란과 기독교 위경들," http://kwangmin.blogspot.com.

3 "이슬람의 또 하나의 전략, 타끼야 위장," http://www.christiantoday.co.kr/articles/201629/

의적으로 해석하고 거짓으로 유포한 것"이라고 주장한다. 하지만 우리는 꾸란의 내용과 무슬림의 폭력을 볼 때 그런 표어의 사실성을 부인할 수 없다. 그것은 일부 무슬림들이 반꾸란적으로 저지르는 기행이 아니라 오히려 꾸란과 하디스의 구체적이고 반복적인 명령을 충성되게 순종하고 있는 것이다. 계속 벌어지고 있는 자살폭탄, 연쇄 테러, 인질극, 무차별 총격 사건 등의 주역은 꾸란의 가르침대로 산다는 이슬람 원리주의자들이다.

무지막지한 폭력을 목격하면서도 이슬람을 평화의 종교라고 오해하는 것은 지즈야(Jizya)나 타끼야(Taqiyah)에 속은 때문이다. 지즈야는 비이슬람교인이 이슬람의 지배에 복종하고 2급 시민의 지위를 받는다는 조건으로 내는 인두세다. 인두세를 냄으로써 생명을 보장받으니 평화의 종교라는 건데 지즈야를 내지 않으면 살해도 당한다.[4] 또 타끼야는 이슬람을 보호하거나 지지하기 위해서 거짓이나 위장을 허용한다는 특수한 교리다. 예를 들어서 꾸란에는 이혼의 방법을 가르치는 이혼장(65장)이 있는데도 이슬람에서는 죽을 때까지 이혼이 안된다고 홍보한다.

그럼 이슬람의 경전인 꾸란과 하디스를 살펴보면서 그 정체를 알아본다.

비이슬람에 대한 폭력 명령

꾸란은 이교도 사람들(기독교인이나 유대교인 등)과 이슬람교를 떠나는 사람들을 죽이거나 상해하라고 명령한다. 꾸란을 문자적으로 순종하기 위해서 무슬림들은 기독교인들을 잡아 묶어서 엎어 놓고 자동차로 끌고 다니며 아스팔트에 의해 눈 코 입이 닳아 없어지도록 만들기도 한다. 또 유혹이나 폭력으로 이슬람교에 가입했다가 실상을 알고 나서 탈퇴하는 배교자들을 고문 사형시키기도 한다. 살해와 폭력에 대한 꾸란의 명령을 살펴보자.

---

4 "지즈야 거부한 이집트 기독교인 피살," http://www.missionews.co.kr/lib/news/215507.

"알라께서 불신자들을 두렵게 할 것이니 너희는 그들의 목을 치거나 손가락을 잘라버리리라"(꾸란 8:12).

"너희가 불신자를 만났을 때 그들의 목을 쳐라"(꾸란 47:4).

"무슬림들이여! 너희가 얼마나 잔인한지 알 수 있도록 가까이 있는 불신자들과 싸우라. 알라께서는 경건한 자들과 함께 계시느니라"(꾸란 9:123).

"금지된 달(이슬람에 귀의하라고 주어진 4개월간의 유예 기간)이 지나면 너희가 발견하는 불신자마다 살해하고 그들을 포로로 잡거나 포위할 것이며 그들에 대비하여 복병하라. 그러나 그들이 회개하고 예배를 드리며 이슬람 세를 낼 때는 그들을 위해 길을 열어 주리니 알라는 관용과 자비로 충만하심이라"(꾸란 9:5).

"알라와 선지자에 대항하여 지상에 부패가 도래하도록 하려는 그들은 사형이나 십자가에 못 박히거나 그들의 손발이 서로 다르게 잘리우거나 또는 추방을 당하리니 이는 현세에서의 치욕이며 내세에서는 무거운 징벌이 그들에게 있을 것이라"(꾸란 5:33).

"오 성경의 백성들(유대인과 기독교인)이여 알라가 계시한 것을 믿으라. 그것은 너희가 갖고 있는 것(신구약 성경)을 확증하는 것이다. 그렇지 않으면 우리는 너희 얼굴을 눈 코 입이 없는 뒷목처럼 만들어 버리거나, 우리가 안식일을 어긴 자들을 저주한 것과 동일한 방식으로 그들을 저주할 것이다. 알라의 명령은 때를 가리지 않고 집행되리라"(꾸란 4:47).

"그들이 배반한다면 그들을 포획하고 그들을 발견하는 대로 살해할 것이며 그들로부터 친구나 후원자를 찾지 말라"(꾸란 4:89).

"무슬림이 말로 또는 행동으로 배교의 범죄에서 유죄로 판정된다면 그는 삼일 동안 회개가 요구될 것이다. 그가 이 기간 안에 회개하지 않으면 그는 배교자로서 사형에 처해지며 그의 재산은 국고에 귀속된다. 예배를 거부하는 모든 무슬림은 규정된 기간 안에 예배하는 의무에 응하라고 요구될 것이다.

그가 계속하여 거절한다면 사형으로 처벌된다"(모리타니아 헌법 306조).

현재 이슬람권의 최고 학자들 중 하나인 유수프 알 카라다위(Yusuf al-Qaradawi)는 "배교자를 죽이라는 율법이 없었다면 이슬람은 초기에 없어졌을 것이다"고 방송에서 고백했다.[5] 꾸란의 황당하고 사악한 교리에도 불구하고 이슬람교가 여전히 확장되는 이유를 잘 설명해 준다.

천국과 상급의 보장

이슬람에는 배신에 대한 무서운 보복만 있는 것이 아니라 충성에 대한 달콤한 유혹도 있다. 살아 있는 동안 누구도 천국에 관한 보증은 없지만, 그러나 지하드에서 순교한 자들만은 곧장 천국에 갈 수 있다. 이교도를 죽이고 순교하면 천국에서 처녀를 상급으로 받기까지 한다. 얼마나 많은 처녀들이 낙원에서 그 순교자를 기다릴까? 마호멧은 그들이 72명이나 된다고 했다.[6]

"알라께서는 신자들의 생명과 재산을 낙원을 주고 사셨다. 그들은 알라를 위해서 죽이기도 하고 죽임을 당하기도 했노라. 이것은 신약과 구약과 꾸란에 기록된 진정한 약속이니라. 누가 알라보다 약속을 더 잘 지키겠느냐? 그대들은 거래로 인하여 기뻐하라. 그것은 최고의 성공이니라"(꾸란 9:111).

"현세를 내세와 바꾸고자 하는 이들은 알라를 위해 싸우라. 알라를 위해 싸우는 이는 누구든지 죽임을 당하거나 승리를 거두거나 우리는 곧 그에게 놀라운 보상을 해 줄 것이다"(꾸란 4:75-77).

"줄줄이 놓여 있는 보좌들에 기댄 채, 너희가 행한 일로 인해 기쁘게 먹고 마실지라. 그러면 우리가 순결하고 아름다운 처녀들을 동석케 하고…"(꾸란 52:19-20).

---

5 "Killing Of Apostates Is Essential For Islam To Survive," https://www.youtube.com/watch?v=huMu8ihDlVA.

6 "72 virgins," https://wikiislam.net/wiki/72_Virgins.

"의로운 자들은… 알라가 아름답고 눈이 큰 처녀들과 결혼시켜 줄 것이니"(꾸란 44:51–54).

"의로운 자들은 승리할 것이니… 요염한 여성들이 그들의 것이 될 것이니"(꾸란 78:31–33).

꾸란을 믿는 이슬람 원리주의자들은 아름다운 처녀들이 기다리는 천국의 입장권을 얻기 위하여 꾸란의 가르침에 순종하면서 과거 1,400년 동안 엄청난 숫자의 이교도들을 테러하고 참수하고 도살했다. 남의 생명을 죽이고 자신들은 '천국'에서 72명의 아름다운 처녀들과 즐긴다는 것이다.

약자에 대한 횡포

최근 예멘에서 출산하던 12세의 어린 소녀 포지야 유세프가 3일간 끔찍한 산통을 겪다가 태아와 함께 사망했다. 이 사건으로 이슬람 사회에 보편화된 조혼에 대한 비판이 거세게 일기도 했다. 이슬람의 조혼 풍습은 선지자 마호멧으로 인한 것이다. 그는 50세 때 6세의 아이샤와 결혼했고 9세부터 합방했다. 그래서 이맘 호메이니는 여성의 결혼에 연령 제한을 없앴다. 합법적으로는 9세가 넘으면 결혼할 수 있으나 9세 이하의 어린이나 심지어는 젖먹이와도 결혼할 수 있다.[7]

이슬람은 일부다처제다. 꾸란에 의하면 아내를 2, 3, 4명 둘 수 있다는데, 혹자는 최대 4명이라고 해석하기도 하고 혹자는 2+3+4= 9명으로 해석하기도 한다. 모든 행위와 규범의 기준이요 모든 사람이 본받아야할 표준이 된다는 마호멧은 죽을 때 9명의 부인이 남아 있었다고 한다. 이슬람은 아내의 숫자에 제한을 두지 않을 뿐 아니라 성노예 소녀들을 둘 수도

---

7 "Contemporary Pedophilic Islamic Marriages," https://wikiislam.net/wiki/Contemporary_Pedophilic_Islamic_Marriages.

있고 그들을 책임질 필요도 없다.[8]

여성이 강간당했음을 증명하기 위해서는 4명의 이슬람 남성의 증인이 필요하다. 여성 5, 6명의 목격자가 증언해도 증거 불충분으로 가해자는 석방된다. 강간당한 여성이 법에서 요구하는 충분한 증인을 제시하지 못하면 오히려 무고죄로 처벌받는다. 피해자가 임신되면 가족들은 그 수치를 견디지 못해 피해자를 죽여서 문제를 해결하려는 소위 '명예살인'이 성행하기도 한다. 매년 평균 5천여 명의 여인이 명예살인의 희생자가 되고 있다고 한다. 「타임」지 표지 인물에 코와 귀가 잘린 아프간 여인의 사진이 실린 적이 있는데 가해자는 처벌받지 않았다.

"간음죄를 정죄하면서 4명의 증인을 제시하지 못하면 80대의 태형으로 다스릴지니라"(꾸란 24:4).

"남자는 여자보다 우위에 있다. 반항적으로 되기 쉬운 여자는 구타해도 무방하다"(꾸란 4:34).

"누군가 마음에 드는 2, 3, 4명의 여자와 결혼해도 좋다"(꾸란 4:3).

"남편이 자기 아내를 때릴 때 제삼자는 왜 때리느냐고 물어서는 안 된다"(Abu Dawood Book 11, Number 2142).

폭력의 근거

흔히 이슬람 근본주의자들을 비난하면서 기독교 근본주의자들을 함께 비난하는 사람들이 있다. 이슬람의 꾸란은 폭력을 지지하고 명령하지만, 그러나 기독교의 성경은 폭력을 절대 부정한다. 예수는 "검을 가진 자는 검으로 망하리라"(마 26:52)고 하셨다. 기독교는 폭력으로 복음을 전하는 것이 아니라, 복음을 전하다가 오히려 폭력당하고 죽임당하는 종교다.

혹자는 구약에서 언급된 '폭력'을 제시할 지 모른다. 그러나 지하드 워치

---

8 "이슬람의 정체를 알자," http://www.wgmnews.com/index.php?document_srl=17211&mid=board6.

(Jihad Watch) 책임자인 레이몬드 이브라힘(Raymond Ibrahim)이 지적한 것처럼 "기독교의 역사와 이슬람의 신학을 혼돈하여 볼 때 근본적인 문제가 생긴다."

이슬람의 신학은 모든 신도에게, 모든 경우에, 모든 때에 교조적으로 적용되어야하는 신의 명령이며 항구적 구속력을 갖는다. 반면 구약 시대에 하나님이 이스라엘에게 명하신 가나안 7족의 진멸은 특정한 때에 특정한 대상에 대한 특정한 사건이었다. 이것은 심각하게 타락한 가나안의 범죄를 심판하기 위한 사건이었을 뿐, 이슬람이 이해하는 것처럼 이교도들을 죽이라는 계속된 명령이 아닌 것이다. 이에 대해서는 14장에서 설명했다.

2. 운명결정론

이슬람은 유일신을 인정하지만 신의 초월을 너무 강조한 나머지 신의 내재를 부인한다. 이슬람의 알라신은 이 세상을 창조한 후에 아무 것도 하지 않는다. 인간의 궁극적 문제를 해결하기 위해서 어떠한 행동도 취하지 않는다. 이 세상은 신이 창조할 때 정해 놓은 이치대로 그저 굴러갈 뿐이다. 인간의 문제를 해결할 수 있는 신은 있지만 이 세상 밖에 있어서 세상에 개입하거나 세상에 찾아오지 않는다. 그렇기 때문에 이슬람의 신은 인간의 문제를 해결하는 데 아무런 도움이 되지 않는다.

"선한 행위가 더 무거운 사람들은 구원을 얻을 것이다. 그러나 선한 행위가 가벼운 사람들은 그들의 영혼을 잃게 되고 지옥에 머물게 될 것이다"(꾸란 23:102–103)라는 귀절에서 보듯이 이슬람의 구원관은 행위에 의한 것이다. 선한 행위가 악한 행위보다 더 많아질 때 구원을 얻게 된다고 한다. 이슬람이 말하는 선한 행위란 꾸란의 계율들을 지키고 이슬람교를 포교하는 것을 말한다. 그래서 무슬림은 구원 받고 천국가기 위해서는 이슬람의 규율을 지키고 포교하면서 선한 행위를 많이 쌓아야 하는데, 문제는 이슬람의 신 알라가 각 개인의 운명과 행위를 이미 결정해 놓았다는 것이다. 그리고 자신의 운명에 대해서 마지막 심판의 날까지 모른다고 한다.

"신은 당신을 창조했을 뿐만 아니라 당신이 행하는 것조차도 창조했다"(꾸란 37:94)라는 귀절에서 보듯이 이슬람 신앙에서 신은 선과 악을 미리 결정해 놓았고 인간의 생각과 말과 행동 그리고 모든 일어날 일들을 이미 신의 의지에 따라서 결정해 놓았다고 한다. 신은 사람을 타락하게끔 인도하기도 하고 선한 길로 가도록 인도하기도 한다. 내가 죄를 지어도 신이 그렇게 하게끔 한 것이다.

이슬람의 신은 그의 명령과 그의 원함에 의해서 어느 때나 선과 악을 창조하는 힘이 있다. 선한 것과 악한 것은 신의 뜻의 결과이다. 모든 무슬림은 이것을 믿어야 하는 의무가 있다. 해를 입히거나 선을 베푸시는 분은 신이다. 어떤 사람의 선한 행위나 악한 행위는 그들을 처벌하거나 또는 포상하고자 하는 신의 뜻의 표시들(signs)이다. 만일 신이 어떤 사람을 그에게 가까이 오게 하려면 신은 그에게 선을 행하게 하는 은혜를 주실 것이다. 만일 신이 어떤 사람을 거절하고 그 사람에게 수치를 주고자 한다면 신은 그에게 죄를 행하게 할 것이다. 그들의 인삿말인 '인샬라'(알라의 뜻대로 하옵소서)에는 그런 의미가 들어있다. 이러한 운명 결정론은 이슬람의 교리를 모순으로 만들며 여러 가지 문제들을 수반한다.

첫째, 신이 인간의 행동을 이미 결정해 놓았고 천국과 지옥에 보낼 사람도 다 결정해 놓았다면 인간은 하나의 로봇에 불과하다. 그렇다면 인간 행동의 책임을 인간에게 물을 수는 없게 된다. 악을 행하고 나서 신을 탓할 수 있다.

둘째, 신이 선을 창조했을 뿐만 아니라 악도 창조했다면 이 세상의 모든 고통과 불행의 원인은 이슬람의 신 알라라는 결론에 이를 수 있다. 이 세상 모든 피조물에 악과 고통을 제공한 알라는 선한 존재가 아닌 것이다.

알라와 악마의 차이도 없다. 알라는 인간이 믿고 의지하고 따라갈 신이 아니라 자기 멋대로 인간을 끌고 다니는 신일 뿐이다.

이슬람의 알라와는 반대로 기독교의 하나님은 악을 창조하지 않았다. 선이 결여된 곳에 악이 들어온 것 뿐이다. 즉 하나님이 없는 곳에 사탄이 들어선 것이다. 그것은 전등이 꺼지면 어둠이 생기는 것과 같은 이치다. 인간은 하나님을 배척하면서 본인도 모르는 채 사탄을 따르고 범죄하게 되었다. 인간은 하나님의 형상대로 자유의지를 가진 자유로운 존재로 창조되었기 때문에 자신의 악과 죄에 대해서 책임져야만 한다. 예수를 믿거나 배척하는 것도 자유로운 선택에 의한 것이므로 반드시 책임지게 되어있다.

3. 지하드

무슬림 원리주의자이자 말레이시아의 총리였던 마하티르(Mahathir bin Mohamad)는 "온 세계가 알라의 것이 될 때까지 지하드(Holy War)를 하겠다"고 선포했다. 지하드는 이슬람을 포교하기 위한 전쟁이지만, 폭력만 아니라 어마어마한 돈도 사용된다. 법률 지하드, 금융 지하드, 문화 지하드 등의 다양한 전략이 있다.

법률 지하드

법률 지하드는 이슬람의 실상이 세상에 밝혀지지 못하도록 법률로 금지한다. 유럽에는 '신성모독법'을 통과시킨 나라들이 있는데 그곳에서는 이슬람교의 실상을 밝히거나 비방하면 알라를 모독했다는 죄목으로 법의 처벌을 받게 된다. 우리나라에서도 '차별금지법'이나 '인권법'의 이름으로 이런 법률을 통과시키려는 시도가 있었고 거의 통과될 뻔했다. 이런 법령이 통과되면 알라는 우상이며 마호멧은 거짓 선지자라고 가르칠 때 처벌받게 된다. 기독교가 예수 그리스도 외에는 다른 이름으로 구원받을 수 없다고 설교해도 종교차별금지법에 저촉되어 벌금을 내거나 징역을 살 수도 있다.

금융 지하드

폭력 지하드가 비용도 많이 들고 감시와 견제가 심하므로 다른 전략을 펼치게 되었는데 그중의 한 방법이 금융 지하드다. 이슬람은 아시아에 금융 지하드를 퍼트리는 교두보로 한국을 지목하면서 한국에 '수쿠크'(Sukuk)가 퍼지기도 했다. 수쿠크는 일종의 금융상품으로 이슬람 율법에 따라 운용된다. 이 돈을 받아쓰는 사람은 이슬람 율법을 받아들여야 한다. 즉 돈을 빌어쓰는 대신에 이슬람교인이 되야 하는 것이다. 받은 돈의 2.5%는 자동으로 떼어서 '자카드'라고 부르는 그들의 포교단체에 내야 한다. 만약 이슬람의 법대로 시행하지 않으면 갑자기 대출 자금을 회수해 가 버린다. 좋은 대출 조건을 이유로 일부 정치인들이 수쿠크 자본을 도입하자는 법안을 국회에 제출했는데 거의 통과될 뻔 했다가 이슬람의 포교 수단을 알아챈 이혜원 국회의원의 방해로 실패하고 말았다.

문화 지하드

무슬림은 자카드(구제사업)에 사용하기 위해서 연수입의 2.5%를 자진 출연해야 하는데, 이것은 가난한 사람들을 위해 사용되는 것이 아니라 이슬람 문화활동을 지원하며 포교하는데 사용된다. 자카드는 구휼단체라고 하지만 사실은 이슬람 포교단체인 것이다.

국비장학생들을 지원해 주는 자카드도 있다. 파키스탄 같은 나라에서 국비장학생들을 많이 보내고 있는데 국비장학이란 비자가 쉽게 나오기 위한 서류상의 방편일 뿐 실제로는 자카드에서 나오는 기금이라고 한다. 일단 학생들이 오면 알라를 경배할 수 있는 모든 권한을 보장해 줄 것을 학교에 요구한다. 기도처소를 만들어 주고, 알라의 경배를 방해하는 교수를 처벌하고, 학생들에게 종교생활을 지도할 수 있는 이맘을 학생 10명당 1명씩 파견할 수 있도록 보장해 달라는 식으로 요청하는 것이다. 무슬림 학생들을 유치하기 위해서 이런 요청을 받아들이는 학교가 늘어나고 있다고 한다.

결혼을 지원해 주는 자카드도 있다. 현지 여성(한국 여성)과 결혼해서 아이를 낳으면 1인당 6천만 원이 더 나온다고 한다. 이슬람은 일부다처제이기 때문에 본국에 자기 아내를 두고도 한국에 와서 다시 결혼할 수 있다. 무슬림 학생들이 자카드로 유학오고 결혼해 아이를 낳으면서 또 자카드에서 돈도 받는 것이다.

자카드는 산학협력도 지원한다. 어떤 대학들은 정원을 채우지 못하면서 학교설립 인가가 취소당할 위기에 처해지고, 또 어떤 산업체들은 청년들이 오지 않아서 인력난으로 어려움을 겪고 있다. 그래서 무슬림 학생들이 자카드의 지원으로 유학생 비자를 받고 정원미달의 대학교에 와서 바로 산업체 현장으로 보내지고 있다고 한다. 이런 산학협력의 명분으로 젊은 무슬림들이 한국에 대거 들어오고 있다.

이런 식의 자카드 지원으로 한국에 무슬림 인구가 급격하게 늘어나고 있다. 한국뿐만 아니라 다양한 포교 방식으로 이슬람은 전 세계를 점령해 가고 있다. 아프리카와 동남아를 비롯해 유럽에서도 크게 확대되고 있다. 영국 같은 경우는 무슬림들이 금요일 저녁에 크게 파티를 열어서 주민들을 초대한다고 한다. 교회 잔디밭에 꽃도 꽂고 음식도 차려 놓고 누구든지 와서 공짜로 먹고 음악을 들으면서 춤추고 밤새도록 즐기게 한다. 그렇게 부담없이 와서 이슬람 문화와 친숙해지다가 모스크에 와서 예배도 드리며 무슬림이 되어가는 것이다.

칼과 폭력으로 강제하든 돈으로 유혹하든 그렇게 갖게 된 믿음은 참된 믿음이 될 수 없다. 참된 믿음은 교리를 분명히 알고 자진하고 자원해서 받아들일 때만 가질 수 있는 것이다.

24장

세계정부를 기다리는 유대교

하나님은 자신이 친히 통치하시는 나라를 세우시고자 BC 2000년경 아브라함을 부르셨다. 아브라함과 그의 후손들로 인해서 백성이 생기고, 모세를 통해서 나라법이 세워지고, 여호수아를 통해 땅이 생기면서 이스라엘이라는 나라가 세워졌다. 그러나 이스라엘은 하나님이 주신 법령을 무시하고 우상을 숭배하면서 예언자들을 통해 수많은 경고를 받았고 우상숭배에서 온전히 돌이키지 않자 12지파는 남북으로 나뉘고 결국 BC 722년과 586년에 앗시리아와 바벨론에 의해 패망했다.

하나님은 많은 선지자들을 통해 이스라엘의 회복을 약속하셨고 약속대로 70년만에 페르시아에서 고토로 돌아오는데 그때 유다 지파를 제외한 대부분은 흩어져버렸다. 이후 다윗의 후손이자 다수가 된 유다 지파를 따라서 이스라엘은 유대인이라고 불리게 된다.

이후 하나님이 약속하신 메시아가 유대인 가운데 태어났으나 유대인들은 그를 인정하지 않았고, 당시 세계를 정복해 나가던 로마에 의해 70년에 멸망당하면서 세계 곳곳으로 흩어지게 되었다. 그러다가 1948년 이스라엘이 다시 세워지는 놀라운 일이 일어났다. 인류 역사에서 그런 예는 없었다.

이처럼 독특한 역사를 갖는 이스라엘과 유대인에 대해서 세계는 어떻게 바라볼까?

1. 친유대주의

서구의 수많은 유명 인사들이 유대주의와 유대인에 대해 발언한 것을 들어보면 역사상 어떤 민족에 대한 것보다도 가장 혹독하다.[1] 저들의 반기독교적 사상이 반인륜적 행위로 맺힌 열매들을 목격했기 때문이다. 유독 현대 서방 기독교만이 유대교에 대해서 매우 호의적인데, 하나님이 '아브라함의 자손'을 축복하는 자를 축복하고 그들을 저주하는 자들을 저주하시겠다는 말씀을 오해해서 무조건 호의적이어야 한다고 생각한 것이다.

사라졌던 작은 나라가 거의 1,900년이 지나 단 시간에 다시 세워진 것에 대해서 친유대적 기독교는 하나님의 뜻이자 예언의 성취라고 감격한다. "한 땅이 하루 만에 진통 가운데서 생겨나겠느냐? 한 나라가 일시에 태어나겠느냐? 시온은 진통과 함께 아들을 낳았다"(사 66:8)는 예언이 성취되었다는 것이다.

이스라엘은 건국되었지만 세계에 흩어진 유대인들은 대부분 아직 고토로 돌아오지 못하고 있다. 친유대적 기독교인들은 성경을 제시하며 유대인의 알리야(고토로의 귀환)가 하나님의 뜻이라고 지지한다.

"여호와께서 가라사대… 내가 그들을 그 열조에게 준 그들의 땅으로 인도하여 들이리라"(렘 16:14-15).

"내가 너희를 여러 나라 가운데서 인도하여 내고 여러 민족 가운데에서 모아 데리고 고국 땅에 들어가서… 내가 너희 조상들에게 준 땅에서 너희

---

1 "유대인들에 대한 진실," http://blog.daum.net/midshipsnake/27.

가 거주하며 내 백성이 되고 나는 너희 하나님이 되리라"(겔 36:24-28).

또 그들은 모든 유대인이 예수를 믿어 구원받게 될 때 예수의 재림이 있을 것이라고 믿는다. 예수의 재림 날을 앞당기기 위해 이스라엘 선교에 우선적이고, 메시아닉 쥬(예수를 믿는 유대인)의 계속적인 증가가 예수의 재림과 세상의 종말이 임박했다는 증거라고 주장하며 성경을 제시한다.

"이 비밀은 이방인의 충만한 수가 들어오기까지 이스라엘의 더러는 완악하게 된 것이라 그리하여 온 이스라엘이 구원을 얻으리라 기록된 바 구원자가 시온에서 오사 야곱에게서 경건치 않은 것을 돌이키시겠고 내가 저희 죄를 없이 할 때에 저희에게 이루어질 내 언약이 이것이라 함과 같으니라"(롬 11:25-27).

정통 기독교가 '세대주의'라고 이름 붙인 이런 사상을 지지하는 대표적 기관으로 KIBI(한이성경연구소)가 있다. 그들은 지금이 바로 이스라엘에 대한 하나님의 예언들이 성취되는 때라고 주장하며 알리야의 행렬을 지지 후원하고, 더 나아가 유대교와 기독교의 이중계약설을 유포하기도 한다. 구약학자 월터 카이저 박사도 이스라엘 땅의 회복과 종말론을 묻는 질문에 "유대인들이 이스라엘 본향 땅으로 돌아가는 것이 예수님의 재림에 관한 신호라는 것은 의심할 여지가 없다"고 답변한다.

방송을 통해 기독교인들에게 많은 영향을 주었던 팻 로버트슨 목사도 세대주의자로 알려지는데, 그는 "하나님이 유대인에게만 준 팔레스타인 땅에서 팔레스타인을 완전히 몰아내고 유대 국가를 세워야 한다"고 주장한다. 팔레스타인과 타협하는 정치인은 하나님의 심판을 받을 것이라고도 말한다. 가자 지구의 유대인 정착촌을 철수시킨 아리엘 샤론 이스라엘 총리가 2006년 1월 뇌출혈로 쓰러졌을 때는 "하나님의 땅을 나눈 데 대한 하나님의 처벌"이라고 주장했고, 팔레스타인과 협상을 추진한 이츠하크 라빈 이스라엘 총리가 1995년 극우 청년에게 암살당한 것도 역시 하나님의 심판이라고 주장했다.

"하나님은 가나안 입성 시 아말렉을 다 죽이라고 하셨다. 여리고성이 무너져 이방인들이 다 죽었듯이 이스라엘의 회복을 위해서는 희생당하는 이들과 피 흘리는 이들이 필요한데 그들이 팔레스타인들이다"는 극단적인 주장도 있다.

세대주의자의 이런 주장들이 맞다면 "하나님은 매우 폭력적이고 인종차별적이다"는 반기독교의 주장은 옳다. 하지만 그것은 성경의 바른 해석이 아니라며 반박하는 의견들이 많다.

시오니즘의 폭력성

이스라엘의 1948년 건국은 하나님이 행하신 기적이 아니라 인간의 치열한 모략에 의한 것이었다. 인간의 적극적인 개입이 없이 자연스럽게 이루어진 일이라면 하나님이 행하신 기적이 맞겠지만 그 일을 이루기 위해서 시오니스트 유대인들은 오랜 계획과 작업을 했다. 그것은 하나님이 허락하신 일이기는 하지만 하나님이 직접 행하신 일은 아니었다.

그래서 유대인 지도자들 사이에서도 "이스라엘의 건국은 하나님이 행하신 것이 아니다. 진정한 유대인이라면 시오니즘을 거부해야 한다"는 의견이 있다. 전통적 유대인 중에는 메시아가 오기 전에 (그들은 이천 년 전에 오신 예수를 메시아로 믿지 않는다) 인위적으로 유대 국가를 설립하는 것은 하나님의 뜻이 아니라며 세금납부와 군입대를 거부하는 부류도 있다.

이스라엘의 건국 이후로 세계 곳곳에서부터 유대인의 알리야 행렬이 이어지면서 지금까지 팔레스타인에는 치열한 땅 싸움이 계속되고 있다. 시오니스트 유대인들은 성경을 인용해서 하나님이 '이스라엘의 회복'을 약속하셨다고 주장하며 전쟁을 정당화하는데, 국제정치학자 이인엽 박사는 이렇게 반박한다.

"기본 인권조차 유린당하는 팔레스타인의 현실을 무시하는 극단적 기독교 시각은 구약에 등장하는 출애굽과 가나안 정복, 이스라엘의 왕국 수립을 인종주의 관점으로 해석한 때문이다. 선민인 유대 민족을 편애하시며, 이스라엘 국가 수립을 위해 원주민을 학살하는 분으로 왜곡하여 이해하는 것이다. 그러나 출애굽 당시 대제국이었던 이집트가 약소국 이스라엘을 노예화하여 학대하고 이스라엘을 해방시키라는 하나님의 명령을 거부했기에 심판받은 것이지, 단지 이방인이라서 심판받은 것이 아니었다. 가나안 정복 때도, 당시 수간(獸姦)이나 인신제사와 같은 가나안 주민들이 저지른 죄가 관영했기(레 18:1-23) 때문에 심판하신 것이었지 단순히 이방인이라서 죽이고 땅을 빼앗은 것은 아니었다."[2]

하나님은 이스라엘도 죄를 지으면 심판하셨고 심지어 멸망시키기도 하셨다. 하나님은 이방인이건 이스라엘이건 불의함과 죄를 심판하시는 분이시다. 이스라엘이 언약을 어기고 가나안처럼 죄를 저지르면 "그 땅이 너희가 있기 전 주민을 토함같이 너희를 토할까 하노라"(레 18:28)고 심판을 경고하셨고 결국 포로와 멸망이라는 심판이 실현되었다.

육적 이스라엘과 영적 이스라엘

그럼 하나님이 회복을 약속하신 '이스라엘'은 누구일까?

성경은 '아브라함의 혈통적 후손'이 아니라 '언약을 지키고 믿음을 이어받은 백성'을 이스라엘이라고 부른다. 혈통적 이스라엘도 하나님의 언약을 지키지 않으면 백성 중에서 끊어지게 되며, 이방인일지라도 하나님을 사모하여 이스라엘 공동체에 들어오고자 하는 이들은 받아들여졌다(사 56:3-7). 출애굽 때에도 여러 이방 민족이 유대인을 따라 나섰으며(출 12:38), 예수의 족보에 있는 라합, 룻, 밧세바 등 다수가 이방 출신이었다(마 1장). 이스라엘은 혈통이 아닌 언약의 공동체였던 것이다.

복음주의 신학자인 존 스토트는 『이스라엘의 장소』(*The Place of Israel*)에

---

2 "세대주의와 기독교 시오니즘, 그리고 친이스라엘 정책," http://www.newsnjoy.or.kr/news/articleView.html?idxno=197164.

서 "유대인들의 귀환과 유대 국가 수립을 성경 예언의 성취로 보는 세대주의 신학에 반대한다. 유대인들의 회복은 영토나 국가의 회복이 아닌, 메시아이신 예수님으로 돌아오는 것이다"고 밝혔다. 구약학자인 김구원 교수도 성경은 특정한 한 민족이 아닌 인류 전체의 구원을 강조하며, 구약성경에 나오는 '이스라엘,' '다윗,' '성전'의 개념은 이 뜻을 위한 도구적 의미로 이해해야 한다고 강조했다.

이필찬 교수도 『이스라엘과 교회, 어떻게 이해할 것인가?』에서 이스라엘 지역과 민족이 회복되어야만 종말이 온다는 신앙은 성경적으로 왜곡된 것이라고 했다. 구약의 이스라엘 민족이 에덴과 아담의 회복을 위한 그림자였다면, 구약의 성취인 예수 그리스도 이후로는 새 이스라엘인 교회를 중심으로 하나님의 구속 사역이 진행된다는 것이다. 따라서 오늘날에도 이스라엘 민족의 특수성을 강조해 이들이 회복되어야만 종말이 온다는 주장은 성경적이지 않다고 강조한다. 이들이 성경에 나오는 '이스라엘'과 '온 땅'의 의미를 왜곡해 지리적 혈통적 이스라엘의 회복을 주장하고 있다며, 이는 "문자적 해석에 기초한 잘못된 성경 해석"이라고 비판한다.

구약의 예언과 시오니즘, 이스라엘 국가 수립 사이에 필연적인 연관 관계가 있다고 오해해서 예수의 재림과 통치를 앞당기는 일로 여기고 유대인의 팔레스타인 귀환과 영토 회복을 지지하는 세대주의적 '기독교 시오니즘'에 대해서, 이인엽 박사는 "하나님을 한 민족의 수호신으로 격하하는 신성모독이자 예수가 크게 질타하신 바리새인의 선민 사상"이라고 비난한다.

성경의 가르침은 이스라엘의 선민 사상과 전적으로 충돌한다. 세례 요한은 하나님이 돌들로도 아브라함의 후손이 되게 하실 수 있다고 했고(눅 3:8), 예수는 많은 이들이 아브라함과 이삭과 야곱과 함께 천국에 앉을 때 본 자손들은 쫓겨나 이를 갈게 될 것이라고 바리새인의 선민 사상을 질타하셨다(마 8:11-12). 그리고 민족이나 남녀나 빈부귀천의 구분을 뛰어넘는 복음을 선포하셨다(갈 3:28-29). 결국 아브라함의 후손은 혈통이 아니라 믿음의 의를 따르는 자들이고(롬 4:13-14; 9:6-8), 참 이스라엘은 메시아를 거부한 유대인들이 아니라 예수를 메시아로 믿는 교회가 되었다.

2. 반유대주의

기독교에서도 반유대적 입장이 있는데 그것은 과거 로마 가톨릭이 유대인을 학살하는 명분으로 제시했던 "유대인이 예수 그리스도를 죽였다"는 것 때문이 아니다. 유대교는 예수 그리스도를 적그리스도로 보고 앞으로 올 적그리스도를 메시아로 환영할 것이기 때문이고, 또 성경의 일부를 왜곡 해석해서 역사적으로 무수한 전쟁을 일으켰기 때문이고, 또 기독교의 멸절을 목적하는 프리메이슨과 관계가 있기 때문에 반대하는 것이다.

반유대주의라고 말할 때 마치 친히틀러라고 생각하는 사람들이 있는데 물론 완전한 오해다. 히틀러나 로마 가톨릭은 유대주의의 사악함을 폭로하고 폭력을 휘두르면서 오히려 더 사악한 집단이 되었다. 저들의 폭력의 목적은 진리가 아니라 권력의 확대였다. 진리는 폭력이나 유혹으로는 절대로 강요할 수 없다. 진리는 오직 바르게 전함으로써 자원해서 선택할 수 있게 해야 한다.

이스라엘이 기다리는 정치적 메시아

유대인 중에서도 예수를 믿으면 기독교인이 된다. 그렇지 않은 유대교인은 예수를 그리스도로 보지 않을 뿐 아니라 하나님의 대적자로 본다. 그들은 언젠가 '진짜 그리스도'가 와서 이스라엘을 완전히 회복시켜 줄 것을 고대한다. '이스라엘만의 메시아'가 와서 온 인류를 통치하고 이스라엘은 세상의 중심에 설 것을 기대한다.

저명한 유대인 신학자 마틴 부버(Martin Buber, 1878-1965)는 "하나님이 이집트에서 그들을 구원했다고 믿지 않는 사람들, 그리고 우리의 메시아가 분명히 미래에 오실 것이라고 믿지 않는 사람들은 유대인이 아니다"고 말했다. 또 『두 형태의 신앙』(*Two Types of Faith*)에서 "기독교가 실현된 종말론을 믿는 반면에 유대교는 미래에 이루어질 종말론을 믿는다"고 말했다.

기독교는 예수 그리스도를 통해 영적 구원을 받고 그의 재림 시에 육적 구원을 받으며 구원의 완성이 이뤄질 것을 믿는데, 부버가 언급한 것을 보면 유대인에게는 영적 구원이 없고 육적 구원만 있다. 제1의 출애굽 사건이 3,500년 전에 일어나면서 이스라엘에 대(大)구원이 이뤄졌고, 이제 제2의 출애굽 사건을 주도할 메시아(왕)가 오실 때 그 구원이 완성된다고 본다. 유대인들은 하나님이 과거에 출애굽으로 이스라엘을 구원해 주셨듯이 미래에도 모세와 같은 구원자를 보내어 이스라엘의 구원을 완성해 주실 것을 믿는 것이다.[3] 조동호 교수는 이렇게 설명한다.

"유대교인들은 2,500여 년 전부터 두 가지를 희망해 왔는데 첫째는 메시아가 나타나는 것이고 둘째는 그 메시아가 가져올 올람 하바(Olam HaBa)다. 올람 하바란 메시아 시대 혹은 다가올 세계(World to Come)를 뜻한다. 올람 하바 곧 다가올 메시아 세계는 흔히 말하는 종말 시대, 마지막 시대다. 유대인들이 말하는 다가올 시대란 그들 민족만의 축복된 시대가 된다. 올람 하바는 유대인의 제2의 출애굽 사건, 곧 유대인의 대구원 사건을 말하는데, 이것은 영적 사건이 아니고 육적 사건이다. 문자적인 이스라엘 왕국의 완전한 회복을 말하는 것이다.

1948년 5월 14일에 이스라엘이 건국되었는데 건국된 지 70년이 되가도록 이스라엘이 완전히 회복되었다고 믿는 유대인은 없다. 아직 '메시아'가 나타나지 않았기 때문이고, 세계를 통합할만한 여력도 없기 때문이다."[4]

---

3 "Martin Buber," http://www.iep.utm.edu/buber/

4 "유대교와 기독교의 관계와 차이," http://kccs.info/with_home/bbs/board.php?bo_

유대인의 혈통적 후손뿐만 아니라, 7세기경 유대인의 대열에 자원해서 들어온 카자르족처럼 유대 율법을 지키며 유대교를 믿을 때 유대인이 되기도 한다. 그런데 정통 유대교인들은 종교적 시오니스트로서, 현대 유대인들이 세속적 정치적 시오니스트이자 사회주의자나 막시스트라며 인정하려하지 않는다. 후자의 현대 유대인들은 과거에도 지금에도 미국과 세계를 지배해 왔던 (지배하고 있는) 막강 세력으로서 프리메이슨, 일루미나티, 예수회 등의 비밀 엘리트 조직을 만들고 (혹은 가담하고) 세계정부를 구상해 왔다. 저들이 계획하는 세계정부의 NWO(New World Order)는 JWO(Jew World Order)로 불리기도 한다.

유대인과 프리메이슨

이리유카바 최는 그의 저서 『그림자 정부』에서 유대인과 프리메이슨의 관계를 상세하게 설명해 준다. 둘이 언제부터 연합하기 시작했는지에 대해서 그는 두 가지 이론을 제시한다.[5]

첫째, 구즈노 데 무쏘(Gougenot des Mousseaux)와 코뺑 알방셀리(Copin Albancelli)는 "유대인들이 기독교 문명국가들을 붕괴시키고 장막 뒤에서 일반 혁명을 증식시켜 이스라엘의 지배를 이끌어내기 위해 전적으로 프리메이슨 조직을 만들었다. 프리메이슨 조직은 단지 유대인 수중에 들어 있는 도구이자 수단이다"고 주장한다.

이 이론을 지지하는 유대인 랍비 아이작 와이즈(Isaac Wise) 박사는 저널 「미국 이스라엘인」에서 "프리메이슨 조직은 유대인의 제도다. 그것의 역사, 계급, 문장(紋章), 암호, 의미는 처음부터 끝까지 유대인의 것이다"라고 말했다.

table=thesis_ss&wr_id=22.

5 "그림자 정부, 프리메이슨편 요약," http://blog.daum.net/jesusofbible/5.

둘째, 웹스터 윈치틀(Webster Winchtl)은 "프리메이슨은 원리적으로는 선하고 건전한 조직체지만, 혁명적 선동가들인 유대인들이 주로 이 단체를 비밀 사회로 이용하고 있으며 조금씩 조직 안으로 침투해 들어갔다. 그들은 혁명적인 목적으로 그것을 활용하기 위해 그것을 변질시켰으며 본래의 도덕적 박애적 목적을 바꾸어 버렸다"고 주장한다.

이 이론을 주장하는 베르나르 라자르(Bernard Lazare)는 그의 저서 『반 셈족 정책』(*Anti Semitism*)에서 "둘의 관계는 무엇인가? 유대인들이 반드시 메이슨 조직의 영혼, 머리, 그랜드 마스터는 아니었다. 그러나 메이슨 조직이 생겨난 배경에 카발리스트 유대인들이 함께 했었다는 것만은 확실하다. 가장 가능한 추론은 프랑스 혁명 이전 유대인들이 대거 비밀교단 지부에 밀려 들어갔으며 그 뒤에 그들 스스로 비밀 사회들을 창립했을 거란 것이다. 그중에는 바이샤프트와 마르티네 드 파스칼리스와 함께 일하는 유대인들도 있었다"고 말한다.

유대인과 프리메이슨의 관계를 밝혀주는 글은 이외에도 많다.

"프리메이슨이라는 엄청난 조직의 명목상 우두머리가 아닌 진짜 우두머리는 유대주의의 강경 멤버와 고위 카발들과 엄격하고 복잡하게 연합되어 있다. 조직의 엘리트는 이스라엘 카발리스트의 비밀부서에 고용되어 있다." – 구즈낫 데 모소, 『유대인, 유대주의, 그리고 그리스도인의 유대화』, 1869년.

"프리메이슨리는 유대교에 기반을 둔다. 메이슨 의식에서 유대교의 가르침을 빼면 무엇이 남겠는가?" –「쥬이시 트리뷴」, 1927년.

"프리메이슨의 가장 중요한 의무는 유대인들을 영화롭게 하는 것이 되어야 한다. 그것은 변함없이 신성한 지혜의 기준을 간직하고 있다." – 프랑스의 메이슨 잡지 「르 심볼리즘」, 1928년 7월.

"프리메이슨의 상징들과 의식들은 모두 유대 카발라의 오컬트 철학에 기초한다. 프리메이슨의 모든 비밀은 유대 카발라의 덕택이다." – 프리메이슨의 최고 리더였던 앨버트 파이크.

"프리메이슨리는 이스라엘에서 탄생했다." -「유대가디언」, 1922년 4월 12일.

"우리의 의식은 처음부터 끝까지 유대적인 것이다. 이로부터 대중은 우리가 유대인과 실제적으로 관련이 있다는 것을 알 수 있어야 한다." - 고위직 프리메이슨 루돌프 클레인 박사, 『라토미아』, 1928년.

"프리메이슨리는 온 세계에 퍼진 비밀 단체들이 겹쳐져 이루어진 몸이다. 이것의 목적은 기독교 원리에 입각한 현재의 문명을 파괴하는 것이며 그 자리에 - 비록 과학과 이성을 종교로 내세우지만 사실은 물질주의로 바로 인도하는 - 무신론적 이성주의 사회를 세우는 것이다. 겉모습은 종종 바뀌었지만 이 목적은 바뀌지 않고 유지되어 왔다. 이 몸부림의 본질은 영적인 것이다. 이것은 이성주의와 기독교 사상과의 충돌이며, 신인(神人)이 될 인간의 권리와 하나님의 권리와의 충돌이다. 이 최종 목표를 이루기 위해서 권위와 전통의 원칙을 내세우는 군주제를 뒤엎기 시작하고 그 대신에 이를 보편적 무신론적 메이슨 공화국으로 차차 대체할 필요가 있었다. 프리메이슨의 역할은 직접 행동하는 것보다는 혁명적 정신 상태를 창조하는 것이다." - 비콤테 폰신, 『프리메이슨과 유대교: 혁명 뒤의 비밀 세력』, 1929년.

"시오니스트 세계의 리더들, 도처의 메이슨 조직에서 영향력 있는 사람들은 세계단일종교와 세계정부를 가져올 세계혁명을 위해 결탁하여 노력해 왔다. 많은 메이스닉 랏지들은 유대인들로만 구성된다. 매우 악명 높고 위험한 반 인종주의연맹(Anti Defamation League)을 탄생시킨 브나이 브리스 랏지(B'nai B'rith Lodges)가 그 한 예가 된다." - 레이 노보셀(Ray Novosel), 2004년.

"유대인들은 미국 프리메이슨의 시초부터 참여해 왔다. 최초 13개 주 중 7개 주에서 메이슨리를 설립한 사람들 중에 이들이 있었다는 증거가 있다… 유대인 메이슨인 모세 헤이즈는 미국에 스카티시 라이트를 소개하는 것을 도왔다… 랍비들을 포함한 유대인들은 우리 온 역사를 통해 미국의 메이슨 운동에 지속적으로 참여해 왔다. 지금까지 51명의 미국 유대인 그랜드 마스터들이 있었다… 메이슨과 유대교의 의식과 상징 그리고 용어에는 많은 공통적 주제와 이상이 발견된다." – 친 프리메이슨적 인기 사이트「유대교와 프리메이슨리」.

배척되는 음모론

프리메이슨으로 통칭되는 세계 비밀 엘리트 집단은 오랫동안 비밀로 감추어 있다가 전문가들의 연구뿐만 아니라 내부자들의 고발을 통해서 때가 차매 거의 드러나게 되었다. 그런데 구체적이고 상세한 증거 자료들에도 불구하고 세상 사람들은 그것을 음모론이라고 치부하며 배척하고 있다.

이에 대해서 언론인 팻 섀넌은 "세상에서 음모론을 믿는 자들은 오직 그것을 연구해 본 자들이다"고 말한다. 조지타운대학교의 캐롤 퀴글리 교수는 그의 저서 『비극과 희망』에서 "대중은 이미 세계정복을 목표로 하는 소수의 강력한 그룹의 주관 아래 있다"며 퀴글리 자신도 그것에 소속되어 있다고 공인했다. 모건 스탠리의 스티븐 로치 회장은 "나 자신은 음모론을 믿는 사람이 아니었지만 90년대 말 FRB의 행동을 목격하며 내 생각을 바꾸지 않을 수 없었다"고 고백했다.

스탠 존스 의원도 "세계 엘리트들의 비밀 조직이 공산주의적인 세계정부를 만들어 가고 있다는 음모론은 실재다"라고 주장했다. 저들은 자본주의를 이용해서 세상의 돈을 끌어모아 세계정부를 만들겠지만 결국 세계정부는 공산주의/사회주의/전체주의가 될 것으로 전망한다. 자본주의나 공산주의나 모두 유대인 프리메이슨에 의해 만들어졌고 세상은 이 상반된 사상들로 인해서 오랜 전쟁이 있었다.

게리 알렌은 저들의 음모를 숨은 그림찾기에 비유한다. 역사 안에 몰래 숨겨져 있지만 찾으면 찾을 수 있는 그림이라는 것이다. 세상에서는 감추어져 있어도 기독교만은 반드시 알아야 하는 이유는, 저들이 세계정부에 가장 방해가 되는 기독교를 허물기 위해서 온갖 이방 사상들을 슬며시 들여오기 때문이다. 저들의 정체를 알지 못하는 교회들은 미혹에 속아서 '다른 기독교'로 빠지고 있다.

저들이 세상에서 깊이 감추어질 수 있었던 이유는 유대인이 장악하고 있는 신문방송 덕분이다. 신문방송은 유대인에 대해 절대로 부정적인 발언을 할 수 없다. 백악관 기자실의 '살아 있는 전설'로 유명한 헬렌 토머스 기자는 유대인에 대해 부정적으로 말했다가 60년 경력의 퇴임을 며칠 앞두고 파면되는 일이 발생했다. CNN에서 이스라엘에 비판적인 보도가 나간 뒤 한 간부는 하루에 6,000통의 항의 이메일을 받았고, 공영 라디오방송인 NPR은 2003년 이스라엘에 비판적인 보도를 했다가 100만 달러 이상의 후원금을 잃었다는 정보도 있다. 학계에서도 이스라엘에 비판적인 학자들이 위협과 압력을 받는다는 사실이 보고되고 있다.

이제는 프리메이슨과 유대인이 주체가 되는 음모론이 인터넷을 통해 많이 퍼져나가고 있다. 그런데 말세가 매우 임박했다고 주장하는 극단적 세대주의자들이나, 또는 주관주의/신비주의/열광주의라고 비난받는 신사도 운동가들이 성경을 왜곡 적용하며 음모론을 퍼트리고 있어서 음모론이 배척받고 있다. 심지어 반기독교인들은 "성경을 기록한 저자들의 정체는 시오니스트 일루미나티 악마들이다. 일루미나티 악마들이 성경의 내용을 이스라엘 시오니즘으로 기록했으므로 성경 자체가 악마적이다"는 해괴한 주장도 한다.

이렇게 사실이 거짓에게 이용당하면서 음모론 자체가 배척받는다. 진리와 비진리가 마구 섞여서 진리가 배척당하고 비진리가 용납되게 하려는 것은 사탄의 전략이다.

3. 마지막 시대에

저들의 계획이 성공해서 세계정부가 세워지게 된다면 그 시스템은 적그리스도적이 될 것이다. 세계정부에서 기독교인은 가장 큰 문제거리가 될 것이므로 유엔 부사무총장을 지냈던 로버트 뮬러는 기독교 근본주의자들을 무력화시키지 않는 한 세계평화는 불가능할 것이라고 위협했다.

그러나 기독교 역사를 볼 때 기독교인들은 무력으로 탄압받을 때마다 더욱 강해져왔다. 사자의 밥이 되거나 화형으로 불살라지는 것도 두려워하지 않고 신앙을 지켰다.

기독교인을 없애기 위한 더욱 효과적인 방법은 예수를 부정하는 사상이나 주의를 만드는 것이었다. 18세기 이후부터 세계 엘리트들은 무신론, 진화론, 유물론, 공산주의, 자본주의, 인본주의, 계몽 사상 등을 만들고 확산시키며 기독교를 대적해 왔다.

그러나 기독교인들은 저들이 만들어낸 반기독교적 사상을 좇지 않고 여전히 성경을 따라서 예수의 신앙을 지켜 왔다.

이제 저들은 기독교의 멸절을 위해 더 확실하고 교묘한 방법을 사용해야 했다. 기독교에 다른 종교를 혼합하고 변질시켜 '다른 기독교'를 만드는 것이다. 존 다니엘은 "예수회는 그들의 목적을 달성하기 위한 가장 훌륭하고 효과적인 도구로서 개신교도들 사이에 프리메이슨 조직을 완성시켰다"고 했다. 과연 프리메이슨과 일루미나티와 예수회에 소속된 빌리 그래함, 릭 워렌, 헨리 나우웬 등은 기독교계의 거장으로서 수많은 기독교인들에게 영향을 주었다. 세상에서 프리메이슨이 가장 높은 자리를 차지하고 있는 것처럼, 기독교에서도 프리메이슨은 가장 인기 있는 자리를 차지해 왔던 것이다.

프리메이슨이 만든 WCC(세계교회협의회)도 한국에서 대형교회의 유명 목사가 주도하고 있다. 세계평화와 화합과 사랑이라는 이름으로 종교대화, 종교화합, 종교일치, 종교통합을 주장하며 많은 기독교인들을 포섭해 온 WCC는 기독교 집단으로 알려졌지만 실상은 프리메이슨이 만들어낸 명백한 이단 집단이다. 황상하 목사는 WCC와 자유주의 신학의 이단성을 비판하면서 가짜꿀은 진짜꿀로 만들어진다고 비유로 설명했다. 진리와 비진리가 섞여서 대부분을 속일 수 있었던 것이다.[6]

이방 종교에 자연스럽게 물든 많은 교회들이 예수회의 로욜라가 만든 영성법을 배우고 힌두교와 불교와 로마 가톨릭과 함께 (또는 동일한 방법으로) 묵상기도를 한다. 그리고 온갖 기이한 신비 체험을 하면서 그것이 성령의 역사라고 믿는다. 결국 모두 '한 성령' '한 하나님' 안에 있다는 종교다원주의의 결론이 가능하게 되었다. WCC의 목적이 달성되는 것이다.

요한이 예언한 대로 인류의 마지막 시대는 바벨론의 '짐승'이 다스릴 시대가 될 것이다. 마지막 날에 하나님은 '비밀'이라 '바벨론'이라 불리는 가증한 큰 음녀뿐만 아니라, 음녀의 포도주를 함께 마시는 자들을 심판하고 멸하실 것을 예언하셨다(계 18장). 하나님의 백성으로 자처하는 기독교인이라도 음녀의 포도주에 취해 우상숭배할 때 함께 멸망받는 것이다.

성경은 구원받는 자의 숫자가 적을 꺼라고 예언한다. 마지막 시대가 끝나고 예수가 재림하실 때에 "세상에서 믿음을 보겠느냐"(눅 18:8) 하셨고, "생명으로 인도하는 문은 좁고 길이 협착하여 찾는 자가 적다"(마 7:14) 하셨고, "들어가기를 구하여도 못하는 자가 많으리라"(눅13:24) 하셨고, "청함을 받은 자는 많으나 택함을 입은 자는 적다"(마 22:13) 하셨고, "적은 무리"(눅 12:32)라고 하셨다.

그러나 우상숭배하는 이방 종교에 물들지 않고 기독교의 좁은 길을 지나는 자들은 그 적은 무리에 남아있을 것이다.

---

6 "WCC - 가짜꿀 재료는 진짜꿀," http://blog.daum.net/_blog/BlogTypeView.do?blogid=0HVvB&articleno=8438946&categoryId=471336&regdt=20120422201749.

후기

서른세 살에 예수님을 영접한 이후 내 인생의 중심점은 매우 극적으로 그리고 서서히 바뀌어 갔다. 인생의 기쁨과 슬픔에서, 문제와 평강에서, 나뭇잎이나 감자 한 알에서도, 나는 성경의 렌즈를 통해 하나님을 계속 알아갔다. 그것은 내 인생에서 가장 큰 감사거리다.

내 인생에서 가장 억울한 것은 뒤늦게 예수님을 알게 된 것이고, 가장 잘한 것은 이제라도 예수님을 믿은 것이다. 내 인생의 분기점은 당연히 예수님이다. 나는 당연히 예수님을 전하기 시작했고 모든 사람들이 당연히 기뻐하며 예수님을 영접할 줄 알았다. 하지만 사람들은 예수님에 관심이 없거나 배척하거나 조롱했다.

시간이 지나면서 '다른 복음'을 전하는 교회들이 있다는 것을 알게 되었다. 세상이 예수님을 배척하는 것도 의아했지만 교회들이 '다른 예수'를 전하는 것은 더욱 놀라웠다. 모든 기독교가 같은 기독교가 아님을 알게 되면서 당혹스럽고 혼란스러웠다.

더 많은 시간이 지나서 나는 세상을 지배하는 비밀 엘리트 세력의 존재와 그들의 안티예수적 사상과 역사를 알게 되었다. 세상이 왜 예수님을 배척하는지도 이해되었고, 성경이 왜 사탄을 세상의 공중권세 잡은 자라고 말했는지도 알게 되었고, 교회들이 왜 왜곡된 다른 복음을 전하는지도 알게 되었다. 그래서 쓰게 된 것이 작년에 출간된 『시대 읽기』다. 『시대 읽기』가 안티예수적인 세상과 교회를 고발하는 책이라면 『예수신화? 예수실화!』는 예수님을 변증하는 책이다.

『예수신화? 예수실화!』는 반기독교인들에게서 모티브를 얻은 것이다. 인터넷에서 예수님을 전하면서 반기독교인이나 비기독교인으로부터 엄청나게 많은 댓글들을 받았다. 그들의 글을 보면서 기독교가 크게 오해받는다는 사실을 알게 되었다. 그들의 수백 가지 반박과 비난과 질문들에 답변하기 위해 공부하다가 내용을 종합해서 결국 책으로까지 출간하게 된 것이다.

사람들은 진리보다는 원하는 것을 믿으려 한다. 사실 하나님이 없다고 믿어서 예수님을 거부하는 것이 아니라 하나님이 없기를 바라며 예수님을 거부하는 것일지 모른다. 그래서 진화론이나 무신론의 주장이 비과학적이고 비이성적임에도 불구하고 그것을 믿기로 선택하는 것이다.

그러나 정말 하나님이 계신가, 하나님이 계시다면 정말 성경이 계시한 그분이 맞는가를 진심으로 알고자 하는 사람들을 하나님은 반드시 만나주실 것이다. "하나님께 나아가는 자는 반드시 그가 계신 것과 또한 그가 자기를 찾는 자들에게 상 주시는 이심을 믿어야 할지니라"(히 11:6)고 말씀하셨다.

예수신화? 예수실화!

Jesus, Fact or Fallacy?

2017년 8월 10일 초판 발행

지은이 | 김주옥

편 집 | 정희연, 이태원
디 자 인 | 윤민주, 이보람
펴 낸 곳 | 사)기독교문서선교회
등 록 | 제16-25호(1980. 1. 18)
주 소 | 서울시 서초구 방배로 68
전 화 | 02) 586-8761~3(본사) 031) 942-8761(영업부)
팩 스 | 02) 523-0131(본사) 031) 942-8763(영업부)
홈페이지 | www.clcbook.com
이 메 일 | clckor@gmail.com
온 라 인 | 기업은행 073-000308-04-020, 국민은행 043-01-0379-646
예금주: 사)기독교문서선교회

ISBN 978-89-341-1687-5 (03230)

이 도서의 국립중앙도서관 출판시 도서목록(CIP)은 서지정보유통지원시스템 홈페이지(http://seoji.nl.go.kr)와 국가자료공동목록시스템(http://www.nl.go.kr/kolisnet)에서 이용하실 수 있습니다.
(CIP제어번호: CIP2017016097)